REVISTA DE DIREITO MERCANTIL
industrial, econômico e financeiro

166/167

Publicação do
Instituto Brasileiro de Direito Comercial Comparado
e Biblioteca Tullio Ascarelli
do Departamento de Direito Comercial
da Faculdade de Direito da Universidade de São Paulo

Ano LIII (Nova Série)
agosto 2013/julho 2014

MALHEIROS EDITORES

REVISTA DE DIREITO MERCANTIL

industrial, econômico e financeiro

Nova Série – Ano LIII – ns. 166/167 – ago. 2013/jul. 2014

REVISTA DE DIREITO MERCANTIL
Publicação trimestral de
MALHEIROS EDITORES LTDA.
Rua Paes de Araújo, 29, conjunto 171
CEP 04531-940
São Paulo, SP – Brasil
Tel.: (11) 3078-7205
Fax.: (11) 3168-5495

Assinaturas e comercialização:
CATAVENTO
DISTRIBUIDORA DE LIVROS S/A
Rua Conselheiro Ramalho, 928
CEP 01325-000
São Paulo, SP – Brasil
Tel.: (11) 3289-0811
Fax.: (11) 3251-3756

Diretor responsável: Álvaro Malheiros
Diretora: Suzana Fleury Malheiros

Supervisão Gráfica: Vânia Lúcia Amato
Editoração Eletrônica: Cicacor Editorial

SUMÁRIO

PARECERES

OPINIÃO

COLABORADORES

Adriana Maria Cruz Dias de Oliveira – Mestranda em Direito Comercial pela Faculdade de Direito da Universidade de São Paulo-USP. Advogada.

Caio Henrique Yoshikawa – Mestrando em Direito Comercial pela Faculdade de Direito da Universidade de São Paulo. Advogado.

Daniela Mussolini Llorca Sanchez Andrei – Mestre em Direito pela Pontifícia Universidade Católica de São Paulo, Brasil (2006). É Doutoranda em Direito pela Universidade de São Paulo.

Eduardo Goulart Pimenta – Doutor e Mestre em Direito Empresarial pela UFMG. Professor Adjunto de Direito Empresarial na UFMG e na PUC/MG. Procurador do Estado de Minas Gerais. Advogado e Consultor em Direito Empresarial.

Eduardo Goulart Pimenta – Mestre e Doutor em Direito pela Universidade Federal de Minas Gerais. Procurador do Estado de Minas Gerais. Professor Adjunto III nos Cursos de Graduação, Especialização, Mestrado e Doutorado da PUC/MG. Professor Adjunto de Direito Comercial e Empresarial na Faculdade de Direito da UFMG. Professor licenciado dos cursos de Economia e Administração do IBMEC/MG e Advogado e consultor em Direito Empresarial. É membro da ALACDE (Associação Latino-Americana e do Caribe de Direito e Economia), membro fundador da Associação Brasileira de Direito e Economia (ABDE) e da Associação Mineira de Direito e Economia (AMDE).

Fábio Nusdeo – Doutor em Economia pela Universidade de São Paulo. Professor Titular da Universidade de São Paulo.

Gustavo Vieira da Costa Cerqueira – Doutor em *Droit international privé* pela *Université de Strasbourg*, França (2014). *Maître de conférences* da *Université de Reims Champagne-Ardenne, Centre de Recherches Juridiques sur l'Efficacité des Systèmes Continentaux* (Cejesco), França. Advogado.

João Alberto Schützer Del Nero – Doutor em Direito (Área de Direito Civil) pela USP (1995). Professor Titular de Direito Romano da Faculdade de Direito de São Bernardo do Campo (1991-1998). Professor Titular de Direito Civil III da Faculdade de Direito de São Bernardo do Campo (1992-1993). Procurador-Geral da USP (1998-2005). Professor Doutor de Direito Civil da Faculdade de Direito da USP (desde 1997). Advogado.

Juliana Krueger Pela – Doutora em Direito Comercial pela Faculdade de Direito da USP (2007). Professora Doutora do Departamento de Direito Comercial da Faculdade de Direito da USP (2008). Advogada em São Paulo.

Luciana de Castro Bastos – Especialista em Direito Civil. Mestranda em Direito Privado pela PUC/MG. Professora de Direito Empresarial na PUC/MG. Advogada.

LUCIANA DE CASTRO BASTOS – Mestranda em Direito Privado pela Pontifícia Universidade Católica de Minas Gerais-PUC/MG. Pós-Graduação *Lato Sensu* em Direito Civil e Direito Processual Civil pela Universidade Veiga de Almeida-RJ (2004).

MÁRIO COSAC OLIVEIRA PARANHOS – Pós-graduação (*lato sensu*) em Direito dos Contratos pela Fundação Getúlio Vargas-GV*Law*/FGV. Mestrando na Universidade de São Paulo. Advogado.

NILSON LAUTENSCHLAGER JR. – Mestre e Doutor em Direito pela Universidade de Munique, Alemanha. Advogado.

PAULO FERNANDO CAMPOS SALLES DE TOLEDO – Professor de Direito Comercial da Faculdade de Direito da Universidade de São Paulo. Desembargador aposentado do Tribunal de Justiça do Estado de São Paulo. Árbitro e Consultor Jurídico de empresas. Fundador e Presidente do Instituto Brasileiro de Estudos de Recuperação de Empresas-IBR. Membro do Quadro de Árbitros de diversas câmaras de arbitragem. Conselheiro de Administração Certificado pelo Instituto Brasileiro de Governança Corporativa. Advogado.

RICARDO OLIVERA GARCÍA – Professor Titular de Direito Comercial da Faculdade de Direito da Universidade da República do Uruguai. Diretor Emérito da Faculdade de Direito da Universidade de Montevideo.

RODRIGO BARREIRA ROSO – Mestrando em Direito Comercial pela Universidade de São Paulo. Advogado, com atuação em direito empresarial e projetos de infraestrutura.

ROGÉRIO ALESSANDRE DE OLIVEIRA CASTRO – Doutor pela USP e Professor de Direito Comercial da Faculdade de Direito de Ribeirão Preto/USP.

VITOR MENDES COSTA PINTO – Graduado em Direito pela USP (2014). Trabalhou no Colegiado da Comissão de Valores Mobiliários-CVM. Advogado.

Textos Clássicos

NOTAS SOBRE "A HISTÓRIA DO PRINCÍPIO DA MAIORIA", DE OTTO FRIEDRICH VON GIERKE (1841/1921) *

NILSON LAUTENSCHLAGER JR.

> "[...] so erhebt sich in ununterbrochen aufsteigender Wölbung der erhabene Bau jener organischen Verbände, welche in immer größeren und umfassenderen Kreisen den Zusammenhang alles menschlichen Seins, die Einheit in seiner bunten Mannichfaltigkeit, zur äußeren Erscheinung und Wirksamkeit bringen. Aus der höchsten der das Einzelleben nicht überdauernden Verbindungen, der Ehe, wachsen Familien, (...) Staaten und Staatenverbände in reichhaltiger Abstufung hervor, und für diese Entwicklung läßt sich keine andere Grenze denken, als wenn sich in ferner Zukunft einmal die ganze Menschheit zu einem einzigen organisierten Gemeinwesen zusammenschließen [würde]. "
>
> (O. v. Gierke, Das deutsche Genossenschaftsrecht, vol. 1, p. 1)

Poucos autores na história do direito tiveram a coragem e a determinação de analisar uma questão tão complexa e direta, como a das maiorias. O texto de Otto von Gierke é assim uma verdadeira raridade histórica e não deve ser lido, mas degustado, pois que a rara erudição do texto nada prejudicou a profundidade dos elementos de reflexão que traz à luz.

Não poderíamos deixar de trazer referido texto, que se encontra ora traduzido para o português, sem referenciarmos sua aparição e importância, para que seja mais bem apreciado pelos leitores. Não é simples introduzir, ainda que de forma muito singela, a obra de um autor detentor de tamanha envergadura intelectual, como aquela de Otto Friedrich von Gierke. Faz-se, necessário, entretanto.

Otto von Gierke iniciou seus estudos jurídicos em 1857 nas cidades de Berlim e Heidelberg. Obteve o título de doutor em direito junto ao importante historiador Carl Gustav Homeyer. Filho de funcionários do governo prussiano e acostumado às discussões sobre política e economia em sua própria casa, carregava como marco mais contundente da sua obra a clara preocupação com os fundamentos sociais do direito, especialmente, do direito alemão em contraposição às ideias individualistas decorrentes do crescente renascimento dos estudos sobre o direito romano marcado pelo movimento pandectista alemão.

Principal obra de Otto von Gierke foi, indubitavelmente, a *Das deutsche Genossenschaftsrecht* (*Direito Alemão das Associações*). Trabalho profundo e intenso no qual o autor

* Tradução, introdução e revisão por Nilson Lautenschlager Jr. Colaboraram com parte da tradução, Klaus Peter Rieckmann e Jürgen Dittberner.

pesquisa a origem e a natureza histórica das diversas associações humanas, onde as interpreta historicamente como personificações ou corporações (*Körperschaften*) com independência e caráter próprios. Procura, assim, demonstrar que as associações humanas apresentam uma realidade peculiar, a qual suplanta a realidade e a existência dos seus próprios membros. Por isso, ficou tão conhecido como o pai da teoria realista das associações ou sociedades, embora tal classificação seja uma redução simplista, até mesmo desdenhosa, da complexidade da sua obra.

Passando pela construção histórica das associações humanas não deixou Otto von Gierke de perscrutar questões absolutamente basilares de tais formações ou criações, na melhor leitura da linguagem do autor. Foi, assim, com o processo decisório em tais entes. Otto von Gierke não permitiu que respostas que hoje temos como indubitáveis e, até mesmo, óbvias, deixassem de passar pelo escrutínio da indagação científica e histórica. Assim, colocou o princípio da maioria, hoje aceito, quase que inconscientemente, por todos como regra básica de convivência humana, em perspectiva histórica, e mostrou a real importância de tal regra para a evolução das associações e corporações. Fica evidente, assim, a preocupação com indagações basilares do convívio social.

O elemento mais contundente do seu texto encontra-se no esclarecimento sobre a crise gerada pela perpetuação da maioria e os mecanismos, para não dizer artifícios, sociais que foram emplacados para permitir a sua aceitação, pois que a falta de consenso absoluto era percebida como elemento de instabilidade social. O texto percorre exatamente os meandros da evolução de tal embate social para dar o real conteúdo histórico do princípio da maioria. Nenhuma introdução é mais reveladora, todavia, que o próprio texto de Otto von Gierke. Que o leitor brasileiro tenha a chance de apreciar o belo texto histórico desse grande autor.

*DA HISTÓRIA DO PRINCÍPIO DA MAIORIA***

OTTO VON GIERKE

O princípio da maioria na atualidade. Seu desenvolvimento histórico. Antiguidade. Direito Romano. Direito Germânico. Ato coletivo unânime original. Decisão em caso de disputa. Congressos políticos. Associações comerciais. Decisões judiciais. Desenvolvimento e significado da expressão: "A minoria deve seguir a maioria". Condenação. Influência do conceito de corporação. A teoria das corporações da jurisprudência medieval. Legistas. Canonistas. "Major et sanior pars." Teoria das entidades coletivas. Teoria da "persona ficta" coletiva. Disputa entre as duas correntes. A doutrina naturalista da sociedade. Sua derivação do princípio da maioria. Transmutação no correr do século XIX. *Concepção histórico-orgânica das associações. Razão de validade e valor do princípio da maioria sob tais prismas.*

O princípio da maioria na atualidade

Talvez o princípio da maioria nunca tenha desenvolvido um papel tão importante quanto na atualidade. Em eleições gerais e locais, nas decisões parlamentares e municipais, nos colégios administrativos e de magistrados, em todas as corporações privadas e públicas, nas associações com propósito econômico ou idealista é a voz da maioria que decide. Por todos os lados vale o que a maioria quer, como expressão da vontade de todos. Por meio de um cálculo exempli-

** Discurso realizado no Congresso Internacional dos Historiadores, em Londres, abril de 1913.

ficativo fixa-se o que todos os participantes devam reconhecer como vinculante para si, trate-se de 16 milhões de eleitores, como na recente eleição presidencial americana, ou de uma votação em um colégio composto por três pessoas. Apenas quando esse número for abaixo de três não funciona mais tal panaceia para conflitos de opiniões. Para as sociedades duais não há maioria. O mais íntimo relacionamento humano, o casamento, não pode contar com a votação.

Em razão de tal reconhecimento geral aceitamos hoje o princípio da maioria como algo óbvio e não quebramos muito a cabeça a respeito dos motivos pelos quais, aqui, a parte equivale tanto quanto o todo. Também nos textos jurídicos, políticos e filosóficos raramente encontramos tentativas efetivas de justificá-lo.[1]

Não foi sempre assim! O princípio da maioria não imperou de forma alguma desde sempre. Impôs-se de forma gradual na história e desenvolveu-se de forma muito diferenciada. Suas razões de validade foram compreendidas e formuladas de maneira muito distinta e desigual. O grande interesse histórico por esse processo torna-se ainda maior quando se constata que há uma estreita relação desse processo com a mudança da concepção geral sobre a natureza das organizações humanas (*menschlichen Verbände*). Poderá, porém, ao mesmo tempo, servir para propiciar uma compreensão mais profunda da nossa atual situação jurídica.

Seu desenvolvimento histórico. Antiguidade. Direito romano

Gostaria, portanto, de chamar a atenção para a história do princípio da maioria. Para tanto, irei limitar-me à descrição do desenvolvimento ocorrido sob o direito germânico medieval e na era moderna. Não tratarei mais de perto, em especial, da história do princípio da maioria na antiguidade. Entre gregos e romanos, o princípio da maioria imperava de forma inequívoca nos tempos mais recentes, sobre os quais temos mais conhecimento, para todas as decisões coletivas. Para os estágios mais distantes, que ao certo ocorreram, não estamos informados de forma segura. De qualquer forma, mesmo que não consciente do princípio, não havia nenhuma dúvida sobre a legitimidade da decisão através da contagem de votos. Não encontramos na doutrina política grega reflexões sobre as razões de validade da maioria de votos. Somente com os juristas romanos ocorre a busca pelas razões de sua validade. Contentam-se, porém, com uma justificativa muito superficial. "Referetur ad universos quod publice fit per majorem partem", diz Ulpiano na L. 160 § 1 D. de R. J. O mesmo pensa Scaevola em L. 19 D. Ad municipalem (5, 1): "Quod major pars curiae effecit pro eo habetur, ac si omnes egerint". Tais afirmações, que tiveram grande importância mais tarde, lastreiam-se em uma ficção jurídica, pela qual a maioria deve imperar como se o todo fosse. Como tal ficção relaciona-se com a conhecida regra jurídica positivada, que exigia a presença de dois terços nas cúrias municipais para a validade de uma decisão por maioria, não a explicitaram os juristas romanos, os quais sequer construíram uma teoria geral das decisões nas corporações.

Direito germânico

Para o direito germânico, no estágio ainda desigualmente mais primitivo em que se encontrava quando de sua entrada para as luzes da história, permanecia o princípio da maioria algo desconhecido. Para o direito germânico, a vontade geral significava a vontade assemblear e a vontade assemblear, a vontade de todos os participantes. Para o

1. Com detalhes Simmel trata o problema, *Soziologie*, 1908, pp. 186 até 197 (Digressão sobre o consenso). Uma explicação, que, porém, permanece ignorada, nas representações dos tempos mais primitivos, tenta também Bolze, *Der Begriff der juristischen Person*, pp. 109 e ss.

pensamento concreto e real dos tempos antigos, eram portadores de todo o direito da comunidade as assembleias e os dominadores (*Herrscher*) que podiam ser vistos. Não havia uma separação entre a personalidade individual dos dominadores e sua posição como líderes de uma comunidade e, assim, muito menos a separação entre a totalidade e a diversidade geral para as assembleias. O direito comum havia de ser exercido, portanto, pela assembleia dos integralmente legitimados em sua aparição única e de muitas cabeças. É no querer e agir coletivo de todos que surge o todo vivo.

Ato coletivo unânime original

Portanto, para toda decisão municipal ou do povo era necessário, em princípio, um ato coletivo unânime. Em caso de conflitos para se chegar ao ato, havia o conselho. Quando, porém, o poder de convencimento das razões ou a presença e a retórica dos homens antigos não conduziam para o consenso, então, se impunha, em regra, a opinião da maioria mais expressiva. Originalmente, tal não ocorria de forma alguma por meio de uma votação que vinculava por lei a minoria. Não se falava em voto ou contagem de votos. Muito pelo contrário. Os reunidos informavam em conjunto e em uníssono sua decisão. Abalroar de armas, ovações ou quaisquer aprovações com as mãos e boca correspondiam à aceitação, gritos altos e expressões de desaprovação, à rejeição de uma proposta. Assim descreve Tacitus a tomada de decisão nas assembleias germânicas antigas e fontes mais recentes a confirmam como uma prática geral dos povos germânicos.[2] Calando-se os que não concordavam, anunciava a assembleia, então, em conjunto e em uníssono a sua vontade. E mesmo a discordância de um ou outro, quando não escutada ou sufragada, não impedia o anúncio do resultado como uma decisão assemblear unânime.

Decisão em caso de disputa

Não havia, porém, uma obrigação legal de acatar a decisão da maioria ou mesmo tempo de aceitá-la como sua própria decisão. Aquele que mantinha sua posição contrária à decisão da maioria não se submetia à decisão dos demais membros, que não representavam mais a totalidade. Ele se separava da totalidade, em si unitária, dos demais. E se apresenta perante a totalidade como inimigo relegado à sua força bruta. Como não havia perspectiva para a resistência contra tais imposições em razão da força da maioria, em regra, a simples ponderação sobre as consequências do ato conduzia a minoria a desistir do posicionamento contrário. Apenas o poder de fato podia sobrepujar os obstinados. E quando a minoria também possuía força e confiava na vitória, então assumia a cena, no lugar da decisão assemblear unitária, a divisão em unidades fragmentadas, para as quais, em casos extremos, as armas decidiam.

Quadro muito claro da perenidade desse vetusto costume oferecem as eleições régias alemãs até a alta Idade Média adentro. Exigem a unanimidade, inicialmente unanimidade dos líderes comunitários reunidos e dos eleitores, em seguida a unanimidade dos príncipes[3] e, posteriormente, a partir do

2. Germ. c. 11: "sin placuit, frameas concutiunt; honoratissimum assensus genus est armis laudare"; conf. *Hist*. vol. 17. O encontro de armas é visto também mais tarde entre os francônios como forma especialmente festiva de decisão do povo: abalroar dos escudos e ovações na eleição de Clodwigs pelos francos ripuários segundo Gregor Tur. II. 40; "vocibusque simul et armorum plausu sententiam ducis firmaverunt", conf. *Annales Mettenses*, s. F. 690, MG. S.S. I 318. Entre os povos nórdicos como *vápnatak* por ocasião de atos legislativos e coroação de reis. Entretanto, como se extrai de *Germ*. c. 11, o abalroar de armas não era a única forma de aprovação. Era suficiente a *acclamatio*. Nas coroações alemãs de reis é mencionado o ato de estender a mão ao alto, além dos aplausos; Widukind, *Res gest. Sax*. I. 26, II. 1. Portanto, tal como corresponde ao antigo formalismo jurídico, a aprovação com a mão e a boca.

3. Ainda *Sachsensp*., III. 57 § 2, exige consenso de todos os príncipes sobre a eleição como fundamento

momento em que os príncipes eleitores se tornaram eleitores únicos através de pré-eleição, a unanimidade dos príncipes eleitores. Foi tão somente com a Bula Dourada que o princípio da maioria foi introduzido como elemento basilar do direito imperial.[4] Até então a minoria que não se coadunasse de forma voluntária era forçada a reconhecer o rei eleito pela força das armas. Os inúmeros combates entre os asseclas e adversários dos reis em eleições polarizadas são conhecidos na história.

Congressos políticos. Associações comerciais

Aliás, os costumes antigos também assim se mantiveram muitas vezes com insistência. Tanto nas eleições alemãs quanto nas da Francônia, a unanimidade era primeiramente exigida para a tomada de decisões e a submissão daqueles que se apartassem dela dependia da coerção da força preponderante. Somente após o fim do século XIII as decisões por maioria foram reconhecidas de forma definitiva, muito mais tarde a contagem de votos, introduzida com a fixação do peso dos votos, até que finalmente nos três colégios, nos quais se dividiam, o princípio da maioria se impôs, permanecendo necessária somente a unanimidade dos colégios ou, no caso da *itio in partes,* de ambos os corpos religiosos. Foi de forma lenta e incipiente que a unanimidade, em medida muito restrita, foi suplantada pelo princípio da maioria nas assembleias locais, e aqui também somente em alguns organismos locais individualmente. Isso ocorreu de forma mais lenta ainda nas associações federais, como nas ligas alemãs de comércio e na Confederação Suíça. Também por todos os lados da Europa o princípio da maioria foi obrigado a lutar com muito sacrifício por sua eficácia formal, a qual foi finalmente conquistada, nas reuniões políticas. Em alguns países o princípio da unanimidade obteve até mesmo eficácia formal contra o princípio da maioria,[5] o qual obteve, porém, sua derradeira vitória somente na dieta polonesa com o rumoroso *liberum veto.*

Por mais tempo ainda que no alto da vida pública afirmou-se o antigo direito em suas bases. Especialmente nas associações de mercadores e agricultores do interior, as decisões eram sempre declaradas e decididas pela multidão reunida dos associados de forma uníssona e unânime. É compreensível que decisões que atingissem direitos individuais dos associados dependessem do consentimento desses; entre esses, porém, contava-se também muitas vezes, sob a perspectiva da antiga propriedade comum sobre o mercado, o ingresso de novos associados com direito de participar e toda a disposição sobre a servidão ou seus frutos em benefício de não associados, concedendo-se, assim, a cada associado em tais casos um direito de oposição formal, que se extinguia somente pelo silêncio em um ano e dia.[6] Também quando simplesmente se tratava do exercício

da eleição formal: "sven die vorsten alle to koninge erwelt, den solen sie (die Kurfürsten) aller erst bi namen kiesen".

4. Para a sanção de deliberações imperiais pelos príncipes eleitores, o princípio da maioria já havia sido reconhecido por um Costume Imperial de 1281 (MG. Const. III 290). Para as eleições imperiais foi fixado primeiramente na Const. Lud. Licet juris de 6 de agosto de 1338 o quórum deliberativo de uma maioria de quatro príncipes eleitores, sem ainda derrubar, porém, a exigência da unanimidade dos presentes.

5. Assim até 1292, em Aragão.

6. Sobre o ingresso de novos membros veja o meu *Genossenschaftsr*. II. 232, Comentário 1.567, Maurer, *Einl*. 141 ss., *Markenv*. 112 ss., e a respeito do direito originário, como informa o bem compreendido Tit. Leg. Sal. de migrantibus, o meu *Genossenschaftsr*. I. 76 ss. Para disposições sobre servidões, meu *Genossenschaftsr*. II. 232, observação 153, 158-160, Lamprecht, *Deutsches Wirtschaftsleben im Mittelalter*, I. 310, observação 6; especialmente ainda a clientela de 1487, em Grimm, *Weist*. I. 400. Para permissão do desbaste conforme depoimentos de testemunhas de 1560, em Landau, *Territorien*, p. 117, observação 1; sobre isso compare Pollock e Maitland, I. 684.

do direito comum ou do bem-estar comum, quando o direito era provado ou definido, ou quando um superior ou funcionário público era eleito, havia necessidade de um ato assemblear único. Para tanto, a maioria claramente preponderava. A partir do século XIII foi sendo concedida mais e mais a primazia jurídica da maioria dos votos também nas assembleias cantonais.[7] Com isso, não se abandonou de forma alguma inicialmente, como veremos, a necessidade do derradeiro consenso de todos, de forma que, como mostram inúmeros documentos e brocardos, mais e mais as decisões assembleares eram promulgadas como declarações de reuniões unânimes.[8]

Decisões judiciais

Não menos interessante permaneceu o raciocínio ancestral das decisões de todas as assembleias judiciais (*Gerichtsversammlungen*). A sentença prolatada somente se tornava eficaz através da *vulbort*, o consentimento geral dos competentes membros do júri. Onde os membros do júri ou outros juízes fossem obrigados a decidir sem rodeios, era indispensável ao menos uma aprovação unânime. E esse princípio sobreviveu novamente à introdução do princípio da maioria. Com o veredito do júri ocorreu um pouco diferente, pois que por natureza não era sentença, mas sim testemunho.[9] Entretanto, o testemunho geral também exigia um depoimento geral unânime e falhava em caso de conflito de opiniões. O simples desconhecimento de um ou outro não deveria conspurcar a eficácia do veredito geral, como então formou-se a regra rígida no direito normando, já que para o veredito unânime bastavam 11 de 12 jurados. Entretanto, a contestação expressa de somente um único jurado impedia a prolação de um veredito válido.[10] A partir daqui se desenvolveu a inflexível necessidade da unanimidade no *jury* inglês.[11] Poderia também permitir a eclosão do princípio da maioria, seja porque permanecia necessária uma maioria preponderante, seja porque era decidido com simples maioria, tal como no direito normando era o caso nos processos possessórios[12] e, na Alemanha, nos casos que restavam somente testemunhos de relações possessórias através das circunstâncias.[13]

Desenvolvimento e significado da expressão: "A minoria deve seguir a maioria"

Como vimos, a tendência geral do desenvolvimento estava direcionada para o crescente reconhecimento do princípio da maioria, que na segunda metade da Idade Média, também na Alemanha, valia indubitavelmente nos tribunais, assembleias corporativas, comunas, cidades, corporações de ofício e grêmios e foi declarado como regra geral nos livros jurídicos, nos brocardos jurídicos e em inúmeras outras fontes do direito. Pessoalmente já apontei para o fato de que, de início, não significou de forma alguma um rompimento com os conceitos tradicionais, mas sim que se incorporou nas suas estruturas como um instrumento jurídico para alcançar uma deliberação assemblear unânime. Assim, recebe-se o entendimento: "A minoria deve seguir a maioria", *minor*

7. Expressamente fala-se já no *Sachsensp*. II 55: "Spat so die burmester schept des dorpes vromen mit milkore der merren menie der bure, dat ne mach die minre deil nicht wederreden". Compare *Schwabensp*. (L.) 214 (com o acréscimo: "dass selbe recht sol man halden in den stetten"). *Rupr. Freis*. I. 142. A esse respeito há muitas evidências do Weistümern no meu *Genossenschaftsr*. II 220 ss., 478 ss. Compare também Maurer, *Markenv*. p. 359 ss. *Dorfv*. L. 220, II. 86 ss.; Thudichum, Gau. e Markv. p. 315.

8. Veja o meu *Genossenschaftsr*. II, 483, 501 ss.

9. Mais detalhes sobre a relação de votos em veredítos são apresentados por Brunner, *Entstehung der Schwurgerichte*, pp. 363-371.

10. Brunner, ob. cit., p. 365

11. Pollock e Maitland, II. 625 ss.

12. Brunner, ob. cit., p. 367 ss.

13. *Sachsensp*. III. 21 § 1 a.1: "Sve de merren mennie an'me getüge hevet, die behalt dat gut".

pars sequatur majorem.[14] Por meio de tal expressão ou expressões com significado semelhante declara-se que a minoria deve desistir de sua contestação e concordar com a maioria, de maneira que se forme uma vontade geral unânime: uma "sententia per approbationem et collaudationem communem, quae volga dicitur, ab omnibus et singulia stabilita", como diz um brocardo de 1340.[15]

Mostra-se, aqui, o extraordinário progresso da doutrina. A superação da controvérsia não deve mais depender do maior poder de barganha e da força coercitiva, mas do cumprimento da obrigação jurídica imposta à minoria. Como decorrência da relação associativa, o membro, para garantir a união do todo, deve submissão ao resultado da votação, transformando, assim, a vontade da maioria em vontade de todos. Afinal de contas, ainda é necessária a unanimidade. Dessa forma, a decisão somente ganha força se a minoria realmente seguir a maioria. Caso a minoria continue a insistir na sua posição, talvez cometa um ato ilícito punível,[16] mas não se chega a nenhuma decisão válida da associação. Caso a solução do conflito seja absolutamente necessária, a essa somente se chega por decisão do órgão hierarquicamente superior.[17]

Condenação

De forma muito clara, essas diferentes opiniões surgem no processo judicial.[18] Encontrada a sentença para a questão a ser decidida pelo juiz, qualquer juiz honorário poderá contrapor a essa uma sentença que lhe pareça mais conveniente, argumentando contra a aprovação. Assim, aquele que na hora da votação tenha tais seguidores, continuará com sua opinião. Essa sentença receberá a aprovação por meio de adesão da minoria à decisão da maioria. A partir daí, essa decisão torna a sentença incontestável e transforma-se em sentença de todos, "comum", "total", "unânime", "indivisa". Somente o juiz honorário dissidente pode proceder de forma diversa, enquanto não tiver sido dada a aprovação. Ele pode "criticar" ou "desconsiderar" a sentença, mostrando que a considera proposta ilícita, e declarar a próprio risco que jamais seguirá a referida sentença, nem mesmo quando a maioria votar a favor dela. Nesse caso, não se chega a uma sentença "comum", nem se pede a aprovação, e afastada fica qualquer possibilidade de uma decisão judicial pelo tribunal onde está tramitando o processo, que transite em julgado. Aqui, a solução do litígio ocorre por outro tribunal, talvez hierarquicamente superior, que decidirá em um novo processo se a sentença procede ou não. Quem perde o processo, não apenas perde sua sentença, mas também fica obrigado a pagar uma multa. Entretanto, o *Espelho dos Saxões* (*Sachsenspiegel*) ressalta o direito privilegiado dos saxões de escolher outro caminho. Nesse caso, a decisão é tomada por duelo judicial. Sete dos seus devem lutar com espadas contra sete dos outros: ganha o lado em que se encontra a maioria.[19] Aqui, estranhamente, o princípio da maioria foi aplicado à decisão de armas executada à moda antiga, realizada dentro do processo judicial: onde a maioria de votos fracassa, decide a maioria vitoriosa.

14. Reunião de inúmeras evidências no meu *Genossenschaftsr*. II. 482-483.

15. W. v. Trense em Grimm, I. 810.

16. Às vezes, o cumprimento da obrigação de seguir a decisão da maioria é prometido formal e antecipadamente, e tal compromisso está incluso no juramento do juiz honorário; meu *Genossenschaftsr*. II. 484, notas 25-26.

17. Meu *Genossenschaftsr*. II. 483, nota 23

18. Especialmente no *Sachsenspiegel* II. a. 12, com o qual encontram-se em conformidade as outras fontes saxônicas e aquelas do sul da Alemanha. Veja sobre os aspectos a serem levados em consideração meu *Genossenschaftsr*. II. 483 ss.

19. *Sachsenspiegel* II. 12 art. 8 e I 18 art. 3 e *Lehnr*. 69 art. 3. O vencido está obrigado a pagar ao juiz as custas e à outra parte, a multa.

Influência do conceito de corporação. A teoria das corporações da jurisprudência medieval

Contudo, mesmo nas áreas onde se aplica de forma irrestrita o princípio da maioria dos votos ("A minoria deve seguir a maioria"), não foi superada a antiga visão das entidades associativas, pois, ainda assim, considera-se a totalidade igual à multiplicidade de todos. Isso somente muda quando a decisão da maioria é considerada a expressão direta da vontade de todos. Esse passo da evolução tinha de ser alcançado assim que o termo da cooperativa foi ampliado ao termo da corporação, o que ocorreu mais cedo nas cidades.[20] De fato, é possível perceber como a configuração corporativa das associações acompanha essa nova visão do princípio da maioria e, portanto, o consentimento posterior da minoria some cada vez mais, por ser considerado mero formalismo desnecessário.

Enquanto o direito germânico realizava tal transformação do princípio da maioria partindo de si mesmo, sua forma terminológica foi determinada pela jurisprudência medieval com base no direito romano e canônico. Foi ela a primeira a criar uma teoria de corporação elaborada até os últimos detalhes, tornando-se a base para todos os tempos posteriores, nos quais o princípio da maioria teve um papel central.

Legistas

Os legistas, juristas especializados no direito romano, deduziram a validade de decisões majoritárias do *Corpus Juris Civilis*, justificando-a por uma ficção segundo a qual, juridicamente, a decisão da maioria deveria ser vista como se fosse a decisão de todos. Porém, enquanto os "glosadores" ainda ficaram presos à ideia de que a totalidade corresponde à soma de todos,[21] os "pós-glosadores" introduziram a diferenciação entre *omnes ut universi* e *omnes ut singuli*, que, em Odofredus, já constitui o fundamento da doutrina das deliberações corporativas e, em Bartolus, recebe sua configuração final.[22] Somente onde a lei reúne uma diversidade como *universitas*, a maioria corresponde ao todo, enquanto que, onde a diversidade apenas é considerada a soma dos indivíduos, o consenso de todos os outros fracassa face à contestação de um único indivíduo. A partir desse ponto, foi reconhecida a prevalência da vontade da maioria como princípio especificamente corporativo. A prevalência foi deduzida da natureza da corporação, uma vez que esta associa os membros a *universitas*. Por outro lado, negava-se o reconhecimento ao princípio da maioria quando se tratava da mera sociedade ou da comunidade com o argumento de se tratar de uma relação *plures ut singuli*. Além disso, a validade da decisão majoritária ficou associada à forma da sua tomada, em assembleia devidamente convocada e realizada, pois, juridicamente, essa era a única forma através da qual a totalidade seria representada como unidade, constituindo, a partir daí, a detalhada doutrina dos requisitos de qualquer deliberação corporativa. Por meio de uma generalização baseada no direito romano dos *decuriones*, a capacidade de tomada de decisões da assembleia dependia da presença de dois terços dos membros, aceitando, porém, outras disposições constitucionais como válidas. Finalmente, com base na diferenciação de *omnes ut universi* e *omnes ut singuli*, foi desenvolvida a teoria do *jura singulorum*[23] intocável para a deliberação majoritária,

20. Este é o tema do meu *Genossenschaftsr*. II 573 ss., 829 ss.

21. Sobre a doutrina dos glosadores veja meu *Genossenschaftsr*. III. 220 ss. Na *Gl. ord. ref.* 1.7 art. 1 *D. h.t.v. non debetur* (idem nota 107) ainda se lê: "universitas nihil aliud est quam singuli homines qui ibi sunt".

22. Meu *Genossenschaftsr*. III. 391 ss.

23. O início se encontra no Uzo e no Glosse; ob. cit., p. 222, nota 108. Sobre a jurisprudência posterior pp. 393, nota 445 ss., 472 ss.

que se consolidou no decorrer dos séculos, enquanto a delimitação de direitos especiais continua a ser o problema mais polêmico do direito corporativo até hoje. Por um lado havia a possibilidade da quebra de toda a força coercitiva da comunidade por ampliação exagerada do termo do *jura singulorum*, a exemplo do frequente questionamento da validade da maioria dos votos quanto à fixação dos impostos nas categorias profissionais, com o argumento de que a disposição sobre o dinheiro do cooperado certamente afetaria seu direito especial e até a posterior paralisação da força do Estado, ocorrida na Alemanha. Por outro lado, a manutenção dessa restrição representava um meio de proteção indispensável contra a tirania da maioria. Não obstante, a luta pelo *jura singulorum*, plena de reviravoltas, constitui um capítulo à parte na história do direito.

Canonistas

Com a doutrina dos juristas medievais, os especialistas em direito romano encontraram a doutrina do direito canônico e dos canonistas,[24] que também ganhara cada vez mais influência sobre aqueles. Enquanto na Igreja o princípio da maioria sempre era excluído em questões de fé, este se aplicava de forma geral às eleições e a todas as deliberações colegiais, embora a unanimidade fosse considerada desejável. Nos primórdios da Idade Média, as ideias germânicas influenciaram a configuração do princípio da maioria, sendo esse princípio apenas tratado como meio para abrir o caminho para o *comunis consensus*.[25] No entanto, a teoria canonista não se distinguia da teoria romanista quanto à igualação entre a vontade da maioria e a vontade da totalidade. Esta também ensinava em todos os "negotia universitatis, quod major pars facit, totum facere videtur", em virtude de ficção jurídica, ao contrário da "*res comunes pluribus ut singulis*", mas procurava uma razão interna e a encontrou no fato de que seria mais provável que muitos acertassem mais o que é certo do que poucos: "quia per plures melius veritas inquiritur".[26]

"Major et sanior pars"

Esse pensamento foi o motor para a estranha transformação do princípio da maioria através da introdução da frase de que a verdadeira maioria somente é a "major et sanior pars".[27] A *pars numerosior* somente tem a seu favor a presunção do melhor reconhecimento, mas na maioria dos casos perde a validade a partir do momento em que seja provado o contrário. Desenvolvido pela doutrina e jurisprudência desde o século XII, o dogma "major et sanior pars" foi tratado como válido de forma geral no ano 1179, no terceiro *Concilio lateranensi,* por Alexandre III e, a partir daí, conquistou rapidamente lugar dominante e inconteste no direito canônico. A opinião de que os votos não só devem ser contados, mas também pesados, não foi estranha ao direito germânico e se expressou no sobrepeso dos votos dos mais reputados na hora da apuração da deliberação da assembleia. Mas foi o direito canônico que moldou esse ponto de vista de forma jurídica e internalizou a medida da avaliação. Para se verificar qual parte é a mais saudável, devem ser considerados, além da reputação (*auctoritas*) dos votantes, suas características intelectuais e morais (*ratio* e *pietas*), bem como a probidade de seus motivos (*bonus zelus et aequitas*). Além disso, deve ser examinada a razoabilidade do resultado (especialmente nas eleições: a dignidade do eleito). Nas exatas regras sobre a avaliação dos aspectos individuais, mostra-se de forma característica

24. Ob. cit., pp. 312 ss.

25. Ob. cit., pp. 323 ss.

26. Dizer do papa Inocêncio IV, ibidem, p. 324, nota 246.

27. Sobre a origem e a evolução desta teoria, v. ob. cit., pp. 324 ss., 475.

o traço espiritualista do direito canônico. Por outro lado, a exigência da *sanioritas* representa subjugar o princípio da maioria ao princípio da autoridade hierárquica, pois o poder de decisão fica exclusivamente nas mãos do superior da Igreja. Muitas vezes foi defendida até mesmo a opinião de que pela *saniorita* o número menor se transforma em *maiors pars*, o que "detona" o próprio princípio da maioria. No fim, venceu a opinião de que *major et sanior* é indispensável para garantir a validade da deliberação, ou seja, o maior número e valor dos votos. E, pelo menos nas eleições, a opinião prevalecente é aquela segundo a qual, no caso da maioria de dois terços, a força da presunção aumenta pela *sanioritas* até que se torne certeza. O único caso em que não havia a possibilidade da verificação da *sanioritas* pelo superior da Igreja era o caso da eleição do papa, onde era necessária a maioria de dois terços.

Embora os canonistas tenham, no início, exigido o reconhecimento da validade geral do seu *major et sanior* e até recebido um ou outro aplauso,[28] no final venceu a opinião de que aqui se trata de uma particularidade do direito da Igreja.[29] Somente em alguns casos isolados aparecem limitações do princípio fora do direito canônico no mundo.[30] A opinião canonista, por outro lado, segundo a qual o sobrepeso forte, no mínimo o dobro, seria uma garantia da razoabilidade da decisão majoritária, ganhou importância geral. Daí decorre a exigência da maioria de dois terços ou três quartos em deliberações, especialmente no caso de emendas constitucionais. Tanto é assim que ela já aparece na Idade Média[31] e hoje faz parte das restrições mais comuns do princípio da maioria.

Teoria das entidades coletivas

Em muitos outros aspectos, os canonistas acrescentaram à sua doutrina das deliberações questões duradouras. Quero chamar a atenção para apenas dois itens. Comparado com a regra defendida pelos canonistas, segundo a qual a assembleia seria capaz de tomar decisões com a presença de dois terços dos membros, sobrepôs-se a opinião de que bastaria a presença de qualquer número, por menor que fosse, desde que a assembleia em si tivesse sido devidamente realizada, com o argumento de que os membros que não comparecessem se excluíssem dessa assembleia específica (*se alienos fecerunt*).[32] Portanto, todos os casos em que o quórum necessário para a tomada de decisões dependesse da presença de um determinado número de membros eram considerados exceções justificadas, o que também é o ponto de vista do direito atual. Mais tarde, os canonistas fomentaram a doutrina dos direitos individuais pela primeira vez utilizando a distinção entre os direitos individuais e os direitos especiais corporativos, o *jura singulorum propria* e o *jura singulorum collegialia* ou *in universitae*.[33]

Se olharmos para a relação entre a teoria da corporação romano-canonista e a opinião básica da natureza das associações, fica claro que a teoria tinha concluído pela abstração da multiplicidade para a unidade da totalidade por meio da distinção entre *omnes ut universi*

28. Veja as referências in ob. cit., p. 294, nota 169, p. 475, nota 284.

29. Idem, p. 475. No direito canônico o princípio da *major et sanior pars* nunca foi abandonado, mas perdeu força no decorrer do tempo. Com a admissão de votações anônimas, ele se tornou impraticável.

30. Veja os lugares de dizeres no meu *Genossenschaftsr*. II., 481, nota 14. Observe também o poder do Presidente do Tribunal Superior, de levar *ad votum imperatoris* uma decisão colegiada se essa tem apenas uma pequena maioria e não obviamente as melhores razões a seu favor.

31. Meu *Genossenschaftsr*. II. 481, nota 15

32. Idem. III. 320 ss., 467 ss. A consequência é que o "jus universitatis recidit in ceteros vel in unum". Falava-se de uma "*magna controversia*" entre especialistas no direito romano e canonistas.

33. Idem, pp. 297 ss., onde são transcritos os lugares mais importantes de Inocêncio IV, Joh. Andrae, Antonius de Byrtrio e Panormitanus; veja pp. 445 ss., 472.

e *omnes ut singuli* ainda desconhecida no mundo germânico.

No início, a teoria ficou presa à identificação da corporação com a totalidade como termo homogêneo. A *universitas* coincide com o *omnes ut universi*. Por isso, sempre se denominava a assembleia de membros querendo e atuando como a própria corporação, a *universitas ipsa*.[34] No âmbito da aplicação do princípio da maioria, *universitas ipsa* aparece na *major pars*. Por meio de uma nova ficção, assembleias de representantes, como por exemplo, conselhos de cidades, igualam-se a *universitas ipsa*.[35] Em todos esses casos, a *universitas* atua *per se*. Por outro lado, existe um *agere per alium* quando encarregados ou funcionários públicos estão atuando. Eles são meros representantes da totalidade e somente praticam atos no lugar da *universitas*, em virtude de procuração legal ou particular, onde a *universitas ipsa* não consegue agir. Essa distinção entre os atos próprios da corporação e os atos de seus representantes é de importância fundamental para a criação da teoria de corporação medieval e dominava especialmente a doutrina dos delitos de corporações, que é considerada altamente polêmica.[36]

Teoria da "persona ficta" coletiva

Além da opinião de associação coletiva, porém, uma opinião totalmente diferente daquela dos canonistas foi se formando com total nitidez e clareza, primeiramente por Inocêncio IV, no sentido do conceito canônico de instituição, que depois foi estendido a todas as entidades corporativas. Ela encontra a unidade de associação na natureza transcendente própria da totalidade de seus membros, uma personalidade especial da associação, representada tanto pela assembleia de todos os membros como pelos encarregados e funcionários públicos. O meio de sua construção, porém, é uma nova ficção. É a pessoa ficta, insinuada no *Corpus Juris Civilis*, mas agora nitidamente esculpida e colocada no foco, a *persona ficta, representata, imaginaria*, o indivíduo inventado, artificial! Realizada essa ficção de forma consequente, a equiparação da totalidade dos membros com a *universita ipsa* desaparece. A *universita ipsa* é somente o sujeito jurídico ideal e invisível, que *per alium agit* até quando a assembleia delibera. Com isso, a teoria das deliberações corporativas foi levada a um nível mais alto, pois agora a eficácia de todos os atos da assembleia em assuntos corporativos pode ser mantida dentro dos limites de uma competência constitucional atribuída à assembleia em si, onde somente ela representa a pessoa ficta. Essa competência está limitada, sobretudo, pelo âmbito da vida corporativa, mas também pelas competências da diretoria e/ou de outros representantes do sujeito jurídico artificial. Nem sequer a deliberação unânime da assembleia consegue ultrapassar esse limite. Portanto, fracassa mais ainda o princípio da maioria, que carimba somente a vontade da maioria como vontade da assembleia. Entretanto, o preço que se paga por qualquer progresso desse tipo é o recalque da unidade da associação viva pelo fantasma da personalidade fictícia. A nova senhora das esferas comunitárias é um conceito incapaz de ter vontade ou de praticar atos, igualando-se a uma criança, ou melhor, visto que a criança ganha capacidade de ter vontade e atuar, a um louco incurável. Ela ficou desonerada da responsabilidade por atos ilícitos, mas, ao mesmo tempo, nos seus atos, ficou submetida à representação de curatela. O pensamento germânico de cooperativas foi eliminado. O conceito da corporação recebeu uma mera coloração de instituição.[37]

34. Idem, pp. 219 ss., 390 ss., 461 ss., 477 ss.
35. Idem, pp. 222 ss., 394 ss., 478 ss.
36. Idem, pp. 234 ss., 402 ss., 491 ss.

37. Sobre a origem canonista da teoria da *persona ficta* e sua importância para a teoria da vontade e atuação corporativa veja ob. cit., pp. 277 ss. 308 ss. 342 ss.

Disputa entre as duas correntes

A teoria da *persona ficta* também foi adotada pelos civilistas e aparentemente dominava toda a jurisprudência dos séculos que se seguiram. Prestava importantes serviços à transformação de todo e qualquer direito das associações no espírito do Estado autoritário. Raramente foi posta em prática de forma consequente, e, na maioria das vezes, tendia a se arranjar com a opinião coletiva em que se insistia. Assim, mesmo na doutrina das deliberações das corporações, sobrepunha-se o tratamento da vontade consensual e de todos os membros como vontade da corporação em si. Portanto, posteriormente à deliberação por maioria, foi considerada declaração da vontade da *universitas ipsa*, na medida em que a equiparação jurídica da maioria com o todo era suficiente, e diferenciada entre atos próprios da comunidade e seus atos por representantes.[38] Com isso, se, por um lado, os defensores dessa teoria se perdiam em numerosas contradições, por outro lado ganhavam a possibilidade de atender às necessidades das figuras de origem germânica que tinham sobrevivido e de deixar espaço para pensamentos cooperativos. Somente no século XIX, Savigny e seus alunos levaram a sério o termo da pessoa fictícia como um estranho indivíduo artificial associado à totalidade e se aproveitaram dele como fundamento da sua reconstrução da doutrina das pessoas jurídicas, como era conhecida então, onde o princípio também recebeu de novo a correspondente versão.

A doutrina naturalista da sociedade

Essa restauração surgiu da luta contra a doutrina social do direito natural, que se desenvolveu nesse tempo, tornando-se uma supremacia que inundou o direito positivo. Isso porque o direito natural exagerou o entendimento coletivo de todas as formas associativas humanas. Partindo dos indivíduos livres e iguais, ele conduziu todas as formas de associação até o nível do Estado, a partir da união contratada dos indivíduos iguais e livres, formando um direito associativo como um direito individual confederado. O Estado lhe valia tanto quanto o matrimônio e cada sociedade com fins lucrativos significava uma *societas* fundada em contrato. O conceito de sociedade absorveu o conceito de corporação da mesma forma como o conceito de instituição. Porém, agora o contrato exige o consenso de todos os contraentes. Foi justamente por isso que o princípio da maioria causou relevantes dificuldades aos mestres do direito natural. Eles se fundamentaram na suposição de que, nos contratos sociais originais, a validade da vontade da maioria nos assuntos da sociedade era acordada de forma unânime. A sociedade constituída dessa forma poderia instalar uma constituição (estatuto) própria através das decisões da maioria. Nelas, podia-se determinar que no futuro a maioria fosse representada por uma assembleia mais restrita na qual, por sua vez, a decisão da maioria prevaleceria. Além disso, a maioria formada como *societas aequalis* teria que se subjugar a uma coerção tornando-se assim uma *societas inequalis*, caso a intenção fosse assegurar a subserviência ao contrato social. Assim surgiu o Estado como produto principal de um segundo contrato, através do qual a sociedade burguesa tinha transferido de alguma forma a *summa potestas* para um *imperans*. Na monarquia ela tinha se subjugado a um soberano único, na república a um regente coletivo. E, no segundo caso, foi novamente uma maioria em assembleia a quem tinha sido conferido o poder, de forma que não havia impedimento para construir na democracia um contrato especial de subordinação entre a maioria da totalidade original com poder de decisão e a

38. Idem, pp. 363 ss., 390 ss., 402 ss., 425 ss., 461 ss., 491 ss. A negação da capacidade de cometer delitos das corporações nem sequer teve sucesso entre os canonistas; ob. cit., p. 343

respectiva maioria futura de todos. A partir de uma rede de contratos desse tipo, surgiu, finalmente, um corpo societário uniforme. Já a sua unidade foi obra de relações coletivas e representativas produzidas artificialmente. Assim, ao se atribuir personalidade às unidades societárias, não se elevou ao conceito de uma personalidade independente do todo e, sim, ativeram-se aos conceitos de uma personalidade coletiva das totalidades e uma personalidade representativa dos dirigentes. A grande disputa a nível mundial na doutrina do direito natural do Estado estava entre a personalidade do povo e a do regente. A personalidade viva do Estado permanecia desguarnecida. A *persona ficta* supraindividual foi gradativamente eliminada. No seu lugar entrou o que os mestres do direito natural denominam *persona moralis*. Porém eles entendiam que uma pessoa moral é somente uma personalidade coletiva. Além disso, entendiam que várias pessoas em suas alianças sociais desempenham o papel de uma única pessoa, como, de modo inverso, uma única pessoa pode ser incumbida do poder de representar o papel de várias pessoas.

Sua derivação do princípio da maioria

Seguindo um pouco mais o entendimento de direito natural pelo princípio da maioria, encontramos em Grotius uma detalhada explicação do teorema onde a validade da maioria dos votos em um acordo unânime baseia-se no contrato social original.[39] Desde então, esse termo se transformou em um teorema da teoria social do direito natural. Hobbes e Locke, Ulrich Huber, Pufendorf, Thomasius, Christian Wolff, Nettelbladt e Achenwall o apresentam de forma uníssona,[40] Rousseau o fundamenta,[41] e Kant declara expressamente que, nos grandes Estados, as instituições indispensáveis para as decisões da maioria e da representação de somente "uma aprovação unânime, ou seja, através de um contrato" podem ser justificadas a partir de uma suposição encerrada.[42] A ponderação de que cada indivíduo teria o direito ao fracasso de seu consenso, era eliminada com a indicação, de que ele, assim, teria se excluído da sociedade e de que essa teria sido constituída sem ele. Hobbes diz que, nesse caso, os demais aliados do Estado teriam recebido o direito de guerra do estado natural que, de acordo com Hobbes, foi um *bellum omnium contra omnes*. A maioria dos mestres do direito natural se esforça ao mesmo tempo para uma explicação racional do princípio da maioria, onde deduziram uma assunção geral, até que haja prova de convenções contrárias, para sua introdução contratual em cada constituição de uma sociedade. Deve-se supor que quem quisesse uma sociedade também desejava a sua perpetuação e capacitação. Para alcançar essa meta, o meio mais adequado seria o reconhecimento de decisões tomadas pela maioria. Grotius expõe que, tendo em vista que era necessário existir uma maneira racional de execução uniforme de negócios, onde o desejo da minoria sucumbiria à decisão da maioria, não restaria nada mais do que atribuir à maioria o *jus integri*. Hobbes, Pufendorf, Gundling e outros frisam que cada universo reunido em

39. Grotius, *De. j. b. et p.* ii. c. 5, §17. Nos antigos debates de filosofia do direito sobre o Estado e outras associações públicas, foi admitida, sem ressalvas, a validade do princípio da maioria e as demais regras sobre as decisões corporativas para toda *universitas* constituída e assim também para a maioria do povo; meu Genossenschaftsr. III, 599 ss., meu artigo sobre Johannes Althusius, p. 85, obs. 30, p. 138, obs. 48, p. 215, obs. 14.

40. Hobbes, *De cive*, c. 6, §§ 1-2; Locke, II. c.8, § 96-99; U. Huber, *De jure civ.*, I. 2, c.3, § 27 ss., II. 3, c. 1, §§ 21-22, c .2, §§ 3-4; Pufendorf, *Elem. j. b.* 12, § 27, *Jus nat. et gent.* VII, c. 2, §§ 15-19, c. 5 § 6, *De officio civis*, II. c. 6, § 12; Thomasius, *Inst. jur. div.* III. c. 6, § 64; Wolff, *Inst.* §§ 841-845; Nettelbladt, *Syst.* § 388; Achenwall, *Jus nat.* II §§ 24-28. Especialmente detalhado, Ickstatt, *De jure majorum in conclusis civitatis communibus formandis*, Opusc. II. op. 1, principalmente c.1, §§ 65-68. Veja também em Gundling, *Diss. de universitate delinquente*, §§ 6-8.

41. Rousseau, *Contr. soc.* IV. c. 2. Veja também Sieyès, I. 144 ss., 167, 207 ss.

42. Kant, *Werk*, VI. 328 ss.

uma sociedade teria que ser capaz de decidir como unidade, e que, para isso, não existiria nenhum meio de informação melhor do que a equiparação da vontade da maioria. Locke parte do conceito de que o corpo societário deve ser movimentado, assim como o todo corpo, por um poder único e de forma igual, e defende que o poder aqui somente poderia ser encontrado através do poder maior sustentado pela maioria; por isso, seria inerente às leis naturais e da razão fazer valer a vontade da maioria como vontade do todo. Em outros casos também se referia à supremacia da maioria pela força exterior.[43] Porém, nesse caso também recorreu à noção germânica para legitimar uma obrigação de obediência da minoria.[44] Em sua famosa diferenciação entre a *volonté générale* e a *volonté de tous,* Rousseau procurou comprovar, por meio de um truque dialético, que a vontade geral seria uma vontade necessária e ao mesmo tempo sensata e justa, já que não compreenderia o especial e o casual contidos na vontade individual. Porém, ficou devendo somente a explicação para isso, porque essa vontade geral se sobrepõe à vontade da maioria, satisfazendo-se com a ficção vaga do acordo unânime, contida no contrato original. No fundo a consequência dos pensamentos que lhe conduziram à recusa do princípio da representatividade, também deveria tê-lo conduzido à recusa do princípio da maioria. Alguns mestres do direito natural também chegaram até essa consequência extrema do individualismo. Afirmaram que a exigência de decisões unânimes se justificaria a partir do direito natural, e que por isso em cada sociedade haveria uma tendência ao princípio da unanimidade e que o direito da maioria somente poderia valer por força de exceções especialmente acordadas. Assim, por exemplo, pai e filho Schlözer de forma unânime.[45] O cúmulo, porém, conseguiu Fichte, simplesmente negando a validade jurídica do princípio da maioria e admitindo, em certos casos excepcionais, que a maioria teria o direito de excluir os dissidentes.[46]

Transmutação no correr do século XIX

À medida que, no século XIX, a teoria societária de direito natural era superada, a sua explicação individual do princípio da maioria também perdia a notoriedade. Porém afirmou-se o pensamento germânico de cooperação preparado por ele. O entendimento das associações humanas avançou. Esse entendimento cooperativo das associações humanas avançou por sua vez vitoriosamente frente ao entendimento estatal e corporativo. Por isso, também não houve o sucesso, na visão das decisões majoritárias, da teoria romano-canônica. Muito mais, em detrimento dela, avançavam continuamente as novas visões desenvolvidas a partir da teoria cooperativa germânica desenvolvida no direito germânico mais recente.

Concepção histórico-orgânica das associações

Porém eu não posso acompanhar a demanda das interpretações conflitantes e das numerosas tentativas de ajuste, até hoje não resolvida. Somente quero frisar rapidamente quais pontos de vista devem ser determinantes para a avaliação do princípio da maioria, à luz da interpretação histórico-orgânica de cooperação, que conseguiu alcançar a

43. Assim principalmente Ickstatt, ob. cit., que esclarece que na *motiva disparia* as *motiva fortiora* deveriam decidir. Porém, o parâmetro só poderia ser externo.

44. Daries, *Inst. Jurispr. Univ.* §§ 750-762 (a unanimidade é necessária, porém para a minoria existe uma *obligatio perfecta* para a adesão). Essa é também a opinião de Pufendorf, quem reserva a si o seu *consensus*, não impede a decisão da assembleia, ligando-o muito mais à força da prescrição geral, *ut para se conformet ad bonum totius.*

45. A. L. Schlözer, *Allg. Staatsr.*, pp. 76 ff.; Chr. V. Schlözer, *De jure sufragii in societate aequali*, Göttingen, 1795, §§ 9-14.

46. Fichte, *Naturrecht*, *Einl.* n. III.i. 198, 217 ss. (tomos II, 16, 164, 178 ff, 184 ss.).

supremacia na percepção moderna, mantida viva durante séculos, onde essa construção jurídica é fundamentada somente na sequência da teoria cooperativista.

Se as associações humanas são organismos sociais, eles, como seres vivos independentes, desenvolvem-se sobre a existência individual e a existência da espécie, e também se apresentam para o direito frente às pessoas individuais como pessoas de ordem superior. Não podem ser entendidos, no sentido do direito natural, como aglomerações de indivíduos em unidades coletivas. Na interpretação da teoria da ficção, como indivíduos artificiais, não podem também ser segregados de totalidades unidas. Muito mais eles são pessoas íntegras e reais, seres comuns independentes com unidade de vida imanente, um conjunto orgânico, que é constituído de indivíduos, que por sua vez não satisfazem com a soma de suas partes. Por isso, não somente a aparência externa, mas também a vida interior das pessoas cooperadas, que ao mesmo tempo é a vida exterior das pessoas coligadas, são objeto da ordem jurídica. As normas jurídicas decidem tanto sobre a composição e a estruturação do corpo cooperativo, como sobre sua organização para uma unidade homogênea e sobre as relações das partes entre si e em relação ao todo. Foi assim que surgiu o termo jurídico do órgão constituído. Órgãos são os membros ou complexos dos membros, em um determinado ramo de atividade para a representação da personalidade cooperada. Não são representantes no sentido do direito individual, mas ferramentas visíveis da unidade viva invisível do corpo social. No sentido jurídico, o que o órgão quer e faz dentro de suas atribuições, a pessoa cooperada faz por si mesma. Através de órgãos, e somente através deles, o Estado e qualquer outra associação corporativa tomam decisões como seres vulgares com desejos e ações. Assim também a totalidade dos membros pode expressar o desejo coletivo, enquanto estiver constitucionalmente convocada a sua assembleia ordenada nos termos da lei ou sua atuação coletiva conjunta ao órgão de vontade da pessoa cooperada. O ser coletivo em si é algo totalmente distinto da soma dos seus membros individuais, e nada é capaz de extrair da vontade individual concordante a vontade homogênea do Estado ou da corporação. Como membros da cooperativa, cada pessoa, em seu contexto organizado, somente pode representar a totalidade viva em sua unidade jurídica. Assim cada assembleia nada mais é do que um órgão. Mesmo quando engloba todos os membros e decide por unanimidade, ela permanece somente um órgão da associação e assim somente é soberana no segmento de sua competência constitucional para a formação e declaração coletiva de vontade. Ela é também um órgão, quando toma uma decisão majoritária por força da existência da corporação. Para explicar o princípio da maioria, não é suficiente nem necessária uma equiparação da maioria com a totalidade. A validade da decisão majoritária como meio constitucional para a obtenção de uma ação padronizada da assembleia é somente uma peça da formação juridicamente ordenada do órgão. Ela é um elemento da organização de um órgão composto.

Razão de validade e valor do princípio da maioria sob tais prismas

Analisado sob este ponto de vista, o princípio da maioria não recebe uma validade absoluta na essência das associações humanas, mas apenas um valor historicamente condicionado. O simples poderio da maioria dos votos não pode chancelar em nenhuma associação ou muito menos no Estado o caráter de pessoa jurídica viva. Ao lado de uma assembleia dos membros com decisão pela maioria, sempre há a necessidade de órgãos líderes para que se constitua uma condição coletiva capaz de agir. Enquanto em uma constituição monárquica um líder da associação é nomeado órgão supremo, a maioria de uma assembleia pode gerar, por si só, uma condição cooperada uniforme. Mas também onde, por força da constituição democrática, a essência decisória dos membros age como órgão supremo, o desejo comum se revela nas últimas decisões das votações a ele reservadas, enquanto outros órgãos independentes nas suas áreas de competência imediatamente revelam a personalidade do todo. Em qualquer organismo social, o princípio da maioria é complementado por força do princípio da autoridade na distribuição constitucional das funções. As instalações representativas essenciais em associações maiores também seguem nessa mesma direção e, por força destas, em vez da realização de eleições geralmente limitadas à totalidade dos membros com direito a voto, assembleias mais restritas ou colégios, que na sua constituição organizacional não são mandatários da coletividade, mas sim órgãos representativos imediatos do ser coletivo, são nomeados para a formação de uma vontade coletiva. Se para a tomada de suas decisões novamente vale o princípio da maioria, é impossível que isto signifique mais do que um princípio organizacional para uma parte do organismo total. Como o princípio da maioria vale por força da ordem jurídica positiva desenvolvida historicamente, dela dependem tanto sua conformação como sua limitação. Quanto a sua conformação, várias instituições visam ao impedimento da superação da maioria real por uma maioria aparente. Assim existem as exigências para a competência da decisão das assembleias, os escrutínios proporcionais, a obrigação da votação e da eleição. Outras instituições visam à redução da supremacia de um número maior. A essas pertencem todas as restrições relativas aos membros com direito a voto, todos os escalonamentos de peso do voto conforme capacidade, formação ou posse, através da formação de classes ou voto plural, todas os desmembramentos da votação conforme as classes ou profissões. Quando se realiza a equalização da vontade coletiva com a vontade da maioria, todos são falsificações condenáveis da vontade coletiva. A interpretação orgânica de associação não pode conceder ao princípio mecânico de número de cabeças uma validade geral. Uma limitação do princípio da maioria está nas determinações, de acordo com as quais se necessita de uma maioria reforçada ou qualificada, ou até mesmo da unanimidade. Se por aqui ou por outros meios a minoria é capaz de impedir a decisão da maioria, nesse ponto o direito moderno tende ao reconhecimento dos direitos positivos de minorias, que permitem que a minoria para uma determinada representatividade aja em certos casos pela coletividade e funcione, dessa forma, como órgão da pessoa da associação. No sentido da dedução do princípio da maioria a partir da essência das associações, tais conformações são evidentemente irracionais. Finalmente, é evidente que a validade do princípio da maioria é limitada pela inviolabilidade dos direitos especiais. Aqui se trata, porém, de barreiras, onde, no sentido de nosso ordenamento jurídico, são retirados todos os poderes associativos, pois cada associação engloba as pessoas somente pela parte de seu ser e, além disso, mantém sua personalidade individual intocada. Os direitos especiais, mesmo com base nos direitos associativos, são classificados no direito individual reservado de seus membros. Portanto, nenhuma decisão unânime da corporação pode dispor sobre ele. Além disso, é necessária a participação de um ato individual de anuência.

Assim, para a análise histórico-orgânica, o princípio da maioria é um fator importante para a constituição das associações, embora não seja capaz, por si só, de conformar um corpo social vivo. O seu âmbito de validade não pode ser fundamentado racionalmente, mas apenas historicamente, e seu valor não pode ser determinado de forma absoluta, e sim medido apenas conforme seu respectivo efeito na vida orgânica do ser coletivo.

A LEI URUGUAIA DE CONCURSOS E REORGANIZAÇÃO EMPRESARIAL

RICARDO OLIVERA GARCÍA

1. Introdução

Em 23.10.2008 foi promulgada, no Uruguai, a Lei 18.387 de Concursos[1] e Reorganização Empresarial (LCRE), que alterou de maneira integral o regime então vigente em matéria de falência, liquidação judicial, concurso civil, concordatas preventivas e resolutórias, e moratórias.

O regime anterior à nova lei estabelecia um caótico sistema, no qual diversos procedimentos incidiam, a depender do estado de dificuldade econômica, a saber: (i) processos de execução concursal do patrimônio do devedor: falência, liquidação judicial e concurso necessário (para não comerciantes); (ii) processos preventivos da execução concursal: concordata preventiva para comerciantes e sociedades comerciais, concordata preventiva de sociedades anônimas, concordata privada, concordata de liquidação, moratórias e concurso voluntário; e (iii) processos resolutórios do estado de execução concursal: concordatas na falência e na liquidação judicial de sociedades anônimas.

Este regime, substancialmente inalterado desde finais do século XIX, consagrava um sistema ineficiente e perverso, que não conseguia atingir seu objetivo primordial: a melhor satisfação dos credores. A economia, por outro lado, via desaparecer uma unidade empresarial produtiva, muitas vezes viável, a qual era lentamente desmantelada.

Os processos de execução concursal (falência, liquidação judicial) demonstraram ser depredadores do magro patrimônio do

1. O termo "concurso" identifica, no direito uruguaio, o procedimento estabelecido para a resolução das crises empresariais. No mesmo procedimento se incluem o processo de falência e o de recuperação da empresa.

devedor em crise, negando a ele, aliás, a possibilidade de continuar exercendo sua profissão e de contar com patrimônio próprio. Essa situação resultava na aversão tanto de credores quanto de devedores a transitar por esses processos.

A inoperância afetava também os processos preventivos (fundamentalmente a concordata), devido à falta de incentivo aos devedores para procurar, em tempo, um acordo com seus credores. Assim, adiavam-se as situações de dificuldade até o momento no qual restava muito pouco a fazer.

Esse panorama desalentador se traduz em retração e maior custo do crédito, bem como na excessiva apelação às garantias reais, com os custos de transação e imobilização de bens que as mesmas encerram.

Esses foram os problemas que a nova lei procurou solucionar, criando – no marco de um processo mais ágil e eficiente – um mecanismo capaz de dar uma melhor alternativa às crises empresariais, que evitasse ou minimizasse a destruição do valor, fortalecesse o crédito (outorgando maior proteção aos credores) e mantivesse as unidades econômicas viáveis e as fontes de trabalho associadas a elas, e garantisse a saída do mercado de empresas economicamente insustentáveis.

2. Objetivos da Lei de Concursos

A LCRE procurou superar as ineficiências e iniquidades que apresentava o regime anterior.

Começa por reconhecer que as crises dos agentes econômicos não são patologia de funcionamento do mercado, mas consequência inevitável e necessária da economia de mercado.[2] A gestão empresarial é, por essência, atividade de risco. A mesma pode traduzir-se em obtenção de lucro ilimitado, porém, igualmente, tem a contingência do fracasso. Esses fracassos se exprimem muitas vezes na impotência dos agentes econômicos em cumprir com seu fluxo regular de fundos e com as obrigações contraídas perante seus credores, incidindo não apenas na situação deles, mas do mercado em geral.

O objetivo de uma lei de concursos não é impedir que essas situações de crise ocorram, mas procurar que elas tenham o menor custo para a economia em seu conjunto, garantindo o menor dano aos credores e uma adequada defesa dos demais agentes econômicos de uma possível concorrência desleal. Tal objetivo é alcançado através da preservação do valor dos ativos do devedor, e sua rápida e nova atribuição.

Reduzir a destruição de valor que a crise empresarial produz é um dos eixos da LCRE. Para tanto, incentiva-se a adoção em tempo das decisões de reorganização necessárias para impedir a progressiva deterioração do valor das unidades produtivas. Além disso, e fundamentalmente que, mesmo diante da insolvência do devedor, os processos permitam as unidades produtivas economicamente viáveis continuem em funcionamento, sob a direção do próprio devedor ou daqueles dis-

2. A Exposição de Motivos que acompanhou o envio do projeto de lei do Poder Executivo ao Parlamento expressa: "Os fenômenos de crise econômica são consequência inevitável e necessária da economia de mercado. Os mercados se caracterizam, entre outros elementos, por um natural processo no qual novas empresas entram neles e outras o abandonam. A própria atividade econômica implica que nascem oportunidades em alguns setores e lentamente desaparecem oportunidades em outros. Além disso, as empresas operam geralmente em situações de relativa incerteza quanto a seu entorno e à factibilidade no prazo médio das decisões econômicas que tomam. Aliás, os resultados econômicos e financeiros nem sempre estão compassados e seus desajustes podem traduzir-se em dificuldades para que as empresas cumpram com suas obrigações. Em última instância, a própria atividade empresarial implica assumir riscos a respeito do resultado da mesma. Por tudo isso, as dificuldades econômicas e financeiras das empresas não podem se dissociar de sua atividade, e não devem se associar a comportamentos patológicos, mas podem ser entendidas como resultado natural da própria atividade econômica".

postos a adquirir tais unidades e prosseguir com sua exploração.[3]

A escolha da melhor opção de reorganização recai sobre os próprios agentes econômicos envolvidos – com especial relevância dos credores quirografários, por serem aqueles que possuem o incentivo econômico mais claro para escolher soluções aptas a reduzir a destruição do valor dos ativos provocada pela crise. A LCRE exclui, portanto, toda intervenção do Estado – inclusive a própria da Administração de Justiça – para decidir sobre essas opções. A decisão sobre a viabilidade das unidades produtivas e a conveniência de continuação de sua operação deve ser uma decisão econômica e não uma decisão política.

A LCRE visa também que a solução de situações de crise seja conseguida no menor tempo possível, e, para tanto, procura que as soluções concursais se encarem em tempo, antes que a perda de valor da unidade econômica seja maior. A iniciativa concursal recai, então, não só sobre o devedor, mas também sobre os credores e demais agentes econômicos que possam ser atingidos pela decisão de procurar a via concursal. Isso se obtém através do estabelecimento de um mecanismo de presunções e incentivos, que analisaremos posteriormente.

A otimização do manejo do tempo concursal também é um objetivo do novo regime. Desta forma, através da simplificação dos procedimentos, tenta-se superar os vícios que fizeram do regime anterior um sistema absolutamente inadequado.

A celeridade na solução das situações de crise procura evitar outro dos efeitos produzidos no funcionamento do mercado. A concorrência no mercado é seriamente alterada quando coexistem agentes econômicos que cumprem com suas obrigações com outros que não as cumprem, atuando com estruturas de custos substancialmente diferentes.

Através de uma análise das características que consideramos mais relevantes da LCRE, pretendemos transmitir a maneira pela qual a nova lei procura cumprir com esses objetivos.

3. A unificação dos processos civis e comerciais

A LCRE procurou superar a desagregação e atomização de processos que caracterizavam o regime anterior.

Na opinião do legislador, carece de fundamento a adoção de soluções legislativas diferentes de acordo com o caráter comercial ou não comercial da atividade desenvolvida pelo devedor. Isto porque, existe uma multiplicidade de agentes econômicos não comerciais (entidades de saúde, associações civis, sociedades agropecuárias) que desenvolvem igualmente uma atividade empresarial, cuja importância econômica não é menor daquela de empresas comerciais.

De acordo com a corrente majoritária na legislação comparada, a LCRE inclui no regime legal os agentes econômicos, tanto civis quanto comerciais. No entanto, apesar de suas boas intenções, o legislador, no último momento, desistiu parcialmente dessa solução, excluindo da aplicação da lei os consumidores. Essa decisão política se baseou no entendimento de que as soluções da lei não são adequadas para atender à situação de endividamento decorrente de relações de consumo. Essas continuam regendo-se pelas normas do Código Geral do Processo (CGP), as quais, parcialmente alteradas pela Lei 19.090, incorporaram às normas de concurso civil, de maneira inorgânica, algumas de soluções isoladas da LCRE.

São também excluídos do regime da LCRE o Estado, as autarquias, os governos

3. Nesse sentido, a solução da LCRE é superior do que aquela do regime anterior, no qual a falência ou a liquidação judicial do devedor implicavam necessariamente a clausura de sua atividade econômica, e a realização de seus ativos de maneira atomizada no marco do processo concursal respectivo.

departamentais e as entidades de intermediação financeira. Essas últimas são sujeitas a um regime legislativo especial.[4]

4. A insolvência como pressuposto do concurso

A LCRE apela ao conceito de "estado de insolvência" para estabelecer o pressuposto objetivo da declaração de concurso, abandonando o conceito de cessação de pagamentos estabelecido pela lei anterior, o qual estava associado ao conceito de descumprimento.

O estado de insolvência é um conceito econômico e se identifica com a situação do devedor "*que não pode cumprir com suas obrigações*". A insolvência é a impossibilidade do devedor para cumprir com suas obrigações, existindo ou não descumprimentos específicos de alguma delas. Trata-se de um conceito funcional de insolvência, independente da situação de desequilíbrio patrimonial do devedor.

Nesse sentido, o conceito abrange tanto insolvência atual quanto insolvência iminente.

Quanto ao estado de insolvência, existe uma assimetria entre as informações que o devedor possui e aquelas que seus credores têm. Esses últimos não conhecem a capacidade do devedor para cumprir suas obrigações, guiando-se apenas por evidências externas.

Desta forma, a fim de permitir que os credores possam submeter à análise judicial a situação de insolvência do devedor e determinar se existe um cenário de declaração de concurso, a lei estabelece presunções relativas e absolutas do estado de insolvência.

São presunções relativas do estado de insolvência:

a) Existência de passivo superior ao ativo (patrimônio negativo);

b) Existência de duas ou mais penhoras por quantia superior à metade do valor dos ativos;

c) Existência de uma ou mais obrigações vencidas há mais de 3 meses;

d) Omissão de pagamento de obrigações tributárias por mais de 1 ano;

e) Fechamento permanente de sede ou estabelecimento comercial; e

f) Suspensão ou encerramento de contas correntes no sistema bancário por emissão de cheques sem fundos.

Por outro lado, são presunções absolutas do estado de insolvência:

a) O pedido de concurso pelo próprio devedor;

b) A declaração de concurso ou falência no país no qual o devedor tem seu domicílio principal;

c) A realização de atos fraudulentos para obter créditos ou subtrair bens à perseguição dos credores; e

d) A ocultação ou ausência do devedor ou dos administradores, sem deixar representante com faculdades bastantes para cumprir as obrigações.

As presunções absolutas determinam a imediata declaração de concurso pelo Juiz, enquanto as presunções relativas acarretam um processo incidental, que visa a determinar se o devedor está efetivamente em estado de insolvência.

5. Um único processo com etapas sucessivas

Seguindo a tendência legislativa marcada pela Lei de Insolvência alemã de 1994 e pela Lei Concursal espanhola de 2003, a LCRE prevê um e único processo concursal,

4. De maneira quase simultânea, foi aprovada a Lei 18.401, a qual alterou a Carta Orgânica do Banco Central do Uruguai. Em um de seus capítulos, essa lei regula o Processo de Resolução Bancária, como forma de solução da crise de entidades de intermediação financeira.

no qual se pretende dar solução a todo o problema decorrente da insolvência do devedor. Esse processo se estrutura em três diferentes etapas, com diferentes alternativas de refinanciamento, reorganização ou liquidação, conforme as melhores formas de obter um pagamento eficiente das obrigações.

A primeira etapa é destinada à obtenção de convênio entre devedor e determinadas maiorias de credores quirografários,[5] através do qual se busca a reestruturação da atividade do devedor e reversão do estado de insolvência em que ele se encontra. A LCRE supera também a exclusiva opção concursal de abatimentos e/ou prazos, aumentando as alternativas do conteúdo do convênio, o qual pode consistir em: abatimentos e/ou prazos, cessão de bens aos credores, constituição de uma sociedade com os credores quirografários, capitalização de passivos, criação de fideicomisso, reorganização da sociedade, administração de todo ou parte dos bens em interesse dos credores, ou qualquer outro conteúdo lícito.

A segunda etapa, caso a primeira não prospere, consiste na liquidação da empresa em funcionamento, realizada através da venda judicial em bloco, por processo licitatório, no qual podem inclusive participar cooperativas ou sociedades de trabalhadores através da capitalização de seus créditos trabalhistas. Essa alternativa supera a assimilação entre os conceitos de falência e encerramento da atividade do devedor e permite conservar o valor decorrente da preservação da empresa.

A terceira etapa, caso a venda da empresa em bloco não prospere – seja por não existir propostas, seja por elas não superarem a base de adjudicação –, é a liquidação da empresa por partes. Nessa hipótese, as unidades produtivas serão alienadas como um todo, salvo que seja mais conveniente para a massa a realização isolada dos elementos que a compõem.

Como há de se ver, esse processo coexiste com a possibilidade de celebração de acordos extrajudiciais entre o devedor e seus credores, tanto antes de ser declarado o concurso quanto durante o seu desenvolvimento.

6. Alerta precoce do estado de insolvência

A LCRE parte do suposto de que os estados de crise empresariais destroem valor. O devedor em estado de insolvência tem um estímulo econômico para adotar decisões não filiadas ao objetivo de manter o valor da organização. Partindo desse pressuposto, a lei procura criar incentivos para que devedor e credores recorram em tempo ao processo concursal, a fim de buscar a melhor solução ao estado de insolvência.

Na hipótese de pedido de concurso pelo próprio devedor, o concurso será "voluntário". O concurso declarado a pedido dos credores, por sua vez, será "necessário".

No concurso voluntário, o devedor consegue uma série de benefícios, a saber:

a) Conserva a administração de seu patrimônio, sob controle de interventor judicial, desde que seu patrimônio líquido seja positivo. Na hipótese de concurso necessário, o devedor perde a administração de seu patrimônio, passando-a para um síndico;

b) Faz jus a perceber alimentos às custas da massa do concurso;

c) Evita a presunção de culpabilidade do concurso – o que ocorre na hipótese de concurso necessário, a qual tem uma série de

5. Como princípio geral, para que a proposta seja aceita será necessário que votem a favor dela credores que representem no mínimo a maioria do passivo quirografário do devedor. Quando a proposta implicar a outorga de abatimentos superiores a 50% ou prazos superiores a 10 anos, o quórum de voto se eleva a 2/3. Quando a proposta implicar pagamento íntegro em prazo superior a 2 anos, ou pagamento imediato com quitação inferior a 25%, será suficiente que votem a favor da proposta mais credores do que aqueles que votaram contra, com a condição de que o voto favorável supere 25% do passivo quirografário o devedor.

consequências que serão analisadas ao tratar da qualificação de conduta; e

d) No caso de sociedade comercial, evita a penhora cautelar sobre os bens dos administradores, liquidantes ou integrantes do órgão de controle interno.

A lei também estabelece incentivos para que os credores solicitem o concurso do devedor, caso seja verificada alguma das presunções de insolvência. O principal estímulo para o credor que requer o concurso é sua transformação em privilegiado de 50% de seu crédito, com um montante máximo de 10% da massa do concurso.

A fim de evitar abusos no pedido de concurso pelo credor, a lei declara explicitamente que este será responsável pelo caráter abusivo ou a falta de fundamento do pedido, podendo ser obrigado a constituir contracautela. Aliás, a lei impede a desistência pelo credor da ação que visa a promover o concurso.

Esse sistema de incentivos pretende evitar que os devedores retardem o pedido de concurso quando estejam em estado de insolvência. Para que o concurso seja considerado voluntário, o pedido do devedor deverá anteceder à solicitação apresentada por um credor.

Por sua vez, o credor-requerente é premiado com a consideração como privilegiado de parte de seu crédito, na medida em que o pedido de concurso evita a deterioração patrimonial do devedor em estado de insolvência, prestando com este ato um serviço a toda a massa de credores.

7. Hierarquização do credor quirografário

Uma das características mais relevantes da lei é a hierarquização da figura do credor quirografário, como legitimado para a tomada de decisões essenciais durante o funcionamento do concurso.

A LCRE parte da ideia de que, em situação de crise empresarial, os credores quirografários são os que estão em melhor posição para adotar as decisões mais adequadas para reduzir ou mitigar a destruição de valor da empresa.

Isso determina que a lei adote uma série de soluções que visam a, por um lado, despertar o interesse dos credores quirografários de participar do processo concursal; e, por outro, aumentar seu poder na decisão das questões essenciais do concurso.

Entre as primeiras está a "poda" de privilégios e a criação da categoria de "créditos subordinados", às quais nos referiremos no item a seguir, tendentes ambas a melhorar as expectativas de cobrança dos credores quirografários.

Entre as segundas pode ser salientada uma série de soluções que visam a incrementar o poder deles no processo:

a) A potestade de solicitar o concurso do devedor. Qualquer credor, tenha ou não seu crédito vencido, está legitimado para requerer o concurso do devedor;

b) A potestade de designar o administrador da massa ativa ou a Comissão de Credores. Em qualquer estado do processo, credores que representem a maioria do passivo quirografário com direito de voto têm a faculdade de substituir a forma de administração do concurso prevista na lei por um administrador designado por eles;

c) A potestade de passar diretamente à etapa de liquidação. Em qualquer estado do processo, na Junta de Credores ou fora dela, credores que representem a maioria dos créditos quirografários com direito a voto têm a faculdade de dispor a preclusão da etapa de consideração da proposta de convênio apresentada pelo devedor e a liquidação imediata da massa ativa;

d) A potestade de promover ações revocatórias concursais;

e) A potestade de promover ações de responsabilidade contra os administradores, integrantes do órgão de controle interno ou liquidantes;

f) A potestade de promover ação de responsabilidade contra o síndico, o interventor ou os auxiliares; e

g) A potestade de acertar propostas de venda a crédito da empresa em andamento.

Em situação de crise empresarial, são os credores – e dentre eles, os credores quirografários – os que estão em melhor situação para a adoção de decisões mais eficientes. Da circunstância de serem os credores quirografários os que tomem as melhores decisões com respeito ao patrimônio do devedor, diminuirá a destruição do seu valor e melhorará a recuperação dos créditos. Nesse sentido, o interesse do credor quirografário é o que melhor se adequa ao interesse da Economia, em seu conjunto, de evitar ou reduzir a destruição de valor que a crise produz.

A função do direito concursal é procurar a satisfação dos credores, através da liquidação da empresa, de sua conservação ou das vias que eles escolherem ao seu livre-arbítrio. Essa função satisfatória do concurso procura a melhor satisfação dos credores, entendendo que suas decisões são as que melhor garantem a conservação do valor da empresa.

8. "Poda" de privilégios e créditos subordinados

Uma maneira de melhorar a expectativa de cobrança dos credores quirografários é a redução ou "poda" de privilégios. Nesse sentido, a LCRE elimina uma enorme quantidade de privilégios estabelecidos pela lei anterior.

A lei mantém o privilégio especial para os credores garantidos com penhor e hipoteca, os quais ficarão quites com o produto da alienação dos bens onerados; no entanto, ressalvado esse caso, a lei outorga privilégio geral apenas a três classes de créditos:

a) Créditos trabalhistas, gerados até com dois anos de anterioridade à declaração de concurso, e até um montante de 260.000 UI[6] (aprox. USD 26.000); e créditos por contribuições pessoais com a previdência social originados no mesmo prazo;

b) Créditos por tributos nacionais e municipais (excluídas multas e acréscimos), exigíveis até com quatro anos de anterioridade à declaração de concurso; e

c) 50% do montante do crédito quirografário do qual for titular o credor-requerente do concurso, com um máximo de 10% da massa ativa.

A lei procura também eliminar os chamados "privilégios indiretos". Trata-se daqueles requisitos formais de apresentação de comprovantes, documentos ou atestados que exigem a totalidade do pagamento de determinados tributos ou preços públicos. Esta exigência pressupõe indiretamente, a obrigação de quitar tributos ou paratributos independentemente das preferências estabelecidas pela lei. Estes requisitos desaparecem.

Paralelamente a essa solução, é criada a categoria de créditos subordinados, a qual não existia no regime anterior. Trata-se de antiprivilégios criados pela lei, que visam a excluir determinados créditos do processo de decisão do concurso e adiá-los em sua possibilidade de cobrança sobre o produto da venda da massa ativa, no caso de liquidação.

A LCRE dispõe que serão créditos subordinados as multas e punições pecuniárias, de qualquer natureza, e os créditos de pessoas especialmente relacionadas com o devedor.

Serão consideradas pessoas especialmente relacionadas com o devedor os parentes próximos; os sócios ilimitadamente responsáveis ou titulares de mais de 20% do capital social; os administradores de direito ou de fato e os liquidantes; e as sociedades

6. As Unidades Indexadas (UI) são unidades de valor expressas em pesos uruguaios, reajustadas de acordo com a inflação do país, que é medida pelo Índice de Preços ao Consumidor.

que façam parte de um mesmo grupo de sociedades.

A subordinação, baseada em pressupostos absolutamente objetivos, funda-se no fato de tais pessoas físicas ou jurídicas serem *insiders*, os quais puderam ter acesso a melhor informação sobre a situação do concursado ou estiveram em posição na qual deveriam ter financiado adequadamente o devedor. Aliás, é paradoxal que o processo concursal possa estar controlado por sociedades do mesmo grupo através de sua posição e influência nos órgãos concursais.

9. Celeridade dos processos

O próprio processo concursal determina – em si mesmo – uma perda de valor da empresa. A mesma terá maiores dificuldades na tomada de decisões e carecerá de acesso ao crédito. O estado de incerteza quanto a seu futuro causa uma progressiva deterioração, que tem relação direta com a duração do processo.

Por essa razão, a LCRE estabelece uma série de medidas que procuram estabelecer um justo equilíbrio entre a celeridade dos trâmites processuais e a outorga ao devedor e aos credores da possibilidade de defesa de seus direitos. Nesse sentido:

a) É estabelecido um regime de prazos processuais breves, peremptórios e inadiáveis;

b) No ato de declaração de concurso deve ser fixada, com prazo máximo e inadiável de 180 dias, a data para a reunião da Junta de Credores, que decidirá sobre a proposta de convênio que terá de apresentar o devedor;

c) Caso se passe à etapa de liquidação, deverá licitar-se a empresa em andamento, em prazo máximo de 90 dias;

d) Salvo situações extraordinárias, os recursos contra as decisões judiciais não interrompem o processo, não tendo efeito suspensivo;

e) Demissão do síndico que não tiver terminado o processo de liquidação após dois anos da decretação do concurso; e

f) Processo especial, com prazos ainda mais abreviados, para os pequenos concursos, com passivo não superior a UI 3:000.000 (aprox. USD 300.000).

A lei pretende que, dentro dos prazos estabelecidos, seja encerrado o processo concursal e se atinja a melhor satisfação dos credores. Ao mesmo tempo, o regime pressupõe que, em 180 dias (prazo da Junta de Credores), deverá ser decidido acerca da possibilidade do devedor continuar atuando no mercado, questão importante sob o ponto de vista da preservação de um regime de leal e adequada concorrência.

10. Conservação da empresa em funcionamento

A LCRE desterra a tradicional assimilação entre os conceitos de concurso e liquidação da atividade econômica do devedor que caracterizava a falência e a liquidação judicial no regime anterior. Consagra, porém, o princípio de continuação da atividade econômica desenvolvida pelo devedor, sob controle de um interventor ou através de um síndico.

Além dos problemas derivados de seu endividamento, a empresa em funcionamento tem, normalmente, valor superior ao de cada um dos elementos que a compõem. A atividade da empresa em funcionamento gera um fluxo de benefícios esperados cujo valor presente supera a soma do valor de cada um dos elementos que compõem seu ativo. A conservação da atividade empresarial pressupõe a conservação de um valor econômico (valor-chave, *good will, avviamento*) produto da organização dos ativos e de sua aplicação no desenvolvimento de uma atividade produtiva.

Esse maior valor da empresa em funcionamento não só melhora a capacidade de recuperação de seus créditos pelos credores, mas também permite a conservação de uma série de relações contratuais com fornecedores e distribuidores que, de outro modo, veriam afetada sua própria operação por uma sorte de "efeito dominó" que, na maioria dos casos, resulta na desaparição de todo agente econômico, especialmente quando se trata de empresas de maior porte.

A conservação da atividade econômica também implica a não interrupção das relações de trabalho, evitando ou mitigando o efeito social que a crise empresarial produz. Evita também o potencial desequilíbrio provocado por novas obrigações decorrentes das indenizações, quando do término das relações de trabalho.

A atividade empresarial só deveria descontinuar-se quando o produto da realização separada dos elementos aplicados à atividade empresarial permitisse uma melhor satisfação dos credores do que o produto derivado da venda da empresa em funcionamento.

Esse princípio de conservação da atividade empresarial não se circunscreve ao período de tramitação do concurso, mas se estende ainda à etapa de liquidação. Nesse sentido, a LCRE consagra uma solução inédita no direito uruguaio, tornando viável que a liquidação seja realizada através da venda da empresa em funcionamento, ao melhor lance, mediante processo licitatório.

Essa venda deverá realizar-se através de licitação em sede judicial, com base de 50% do valor de avaliação da empresa. Nela, a igual preço, terá preferência a oferta realizada por cooperativa ou sociedade comercial integrada pelos próprios trabalhadores da empresa.

A venda será paga à vista, a menos que credores quirografários, que superem 75% do passivo da mesma natureza, aceitem uma venda a crédito por uma quantia maior.

Para viabilizar a venda da empresa em andamento, a LCRE modifica o princípio tradicional, consagrado pela Lei 2.904, de 1904, de que a venda do estabelecimento comercial gera responsabilidade solidária do adquirente pelos passivos do alienante. A esse respeito, dispõe que a alienação dos ativos do estabelecimento ou a exploração do devedor não geram responsabilidade alguma para o adquirente pelas obrigações comerciais, trabalhistas, municipais, tributárias ou de qualquer outra natureza pelos passivos do alienante. Esses créditos serão satisfeitos, no processo de liquidação, com o produto da venda da empresa, de acordo com os privilégios e preferências que a lei estabelece para esses fins.

11. Concursalidade dos acordos extrajudiciais

Além do desenvolvimento do processo concursal, com as características analisadas anteriormente, a LCRE prevê a possibilidade de que o devedor celebre com seus credores acordos extrajudiciais, os quais têm efeitos de natureza concursal.

Do deficiente regime anterior, a lei resgatou a experiência de celebração de concordatas extrajudiciais e privadas, as quais, em muitas ocasiões, deram solução satisfatória à reestruturação financeira do devedor e pagamento a seus credores.

A experiência uruguaia demonstra que não existe oposição conceitual entre a celebração de acordos entre o devedor e seus credores fora do marco do processo concursal e a consecução de uma solução concursal global adequada à situação de crise que enfrenta o devedor.

No regime da LCRE esse acordo privado pode ser atingido tanto para conseguir um convênio dentro do concurso já declarado quanto para evitar a sua declaração, através de um pacto preconcursal. Em qualquer desses casos repousará exclusivamente na vontade dos credores quirografários (com direito de voto) pactuar com o devedor as condições nas quais se terá de reorganizar a empresa, a fim de que ela saia de sua situação de insolvência atual ou iminente.

O primeiro caso consiste na celebração, durante a etapa de convênio, de um acordo entre o devedor e as mesmas maiorias de credores quirografários requerida para aprovação do convênio na Junta de Credores. Esse acordo, alcançado fora do âmbito do processo concursal, substitui a aprovação do convênio na Junta, de modo que o Juiz terá de proceder a suspensão da Junta e sujeitar o acordo extrajudicial a um sistema de controle judicial, prévio a sua homologação.

Esse acordo extrajudicial, obtido fora do âmbito do processo, mas homologado depois no mesmo, produziria iguais efeitos que um convênio entre devedor e credores, alcançado na Junta.

Além desse processo, a LCRE prevê que, antes da declaração judicial de concurso, o devedor possa celebrar um acordo privado de reorganização (APR), com credores quirografários que representem, no mínimo, 75% do passivo quirografário do devedor.

O efeito desse APR é semelhante ao de um convênio celebrado no âmbito concursal, atingindo os credores aderentes e não aderentes ao mesmo.

A apresentação judicial desse APR na via judicial interrompe qualquer pedido de concurso requerido contra o devedor.

Se mediarem oposições dos credores não aderentes, estas serão tramitadas na via judicial, devendo ser objeto de homologação pelo Juiz.

12. Regime punitivo. A qualificação do concurso

A LCRE leva em consideração a conduta do devedor concursado. Para tanto incorpora o regime de qualificação do concurso, o qual é tramitado na via concursal, já que é o Juiz do concurso quem possui maiores elementos de juízo para valorar essa conduta.

Todo processo concursal deve eventualmente transitar pelo incidente da qualificação, salvo aquele a que a lei expressamente excetuar do mesmo, por ter reunido em forma acumulativa as condições a seguir:

a) O concurso é voluntário (quer dizer, solicitado pelo devedor); e

b) Existe convênio aprovado que permite a satisfação íntegra dos créditos concursais em prazo não superior a dois anos ou, em caso de liquidação, que do atuado resulte que o ativo do devedor é suficiente para satisfazer seu passivo.

O concurso pode ser qualificado como culpável ou como fortuito. Será culpável quando, na produção ou na agravação da insolvência, tiver existido dolo ou culpa grave do devedor ou de seus administradores ou de seus liquidantes, de direito ou de fato. Fora destes casos, o concurso será fortuito.

A LCRE contém um rol de presunções absolutas e relativas de culpabilidade. São presunções absolutas: quando o devedor tiver se apoderado da totalidade ou parte de seus bens, em caso de infracapitalização, nos dois anos prévios à declaração do concurso, omissão de manter contabilidade ou falsidade da mesma, ou falsidade dos documentos apresentados. São presunções relativas: a omissão do devedor de solicitar seu concurso, a falta de cooperação durante o processo, e o descumprimento da obrigação de apresentar em tempo e forma os estados contábeis.

A LCRE regula também a figura do cúmplice, aquela pessoa que, com dolo ou com culpa grave, tenha cooperado com o devedor na produção ou agravamento da insolvência.

A declaração do concurso como culpável produz diferentes efeitos quanto ao devedor e seus administradores ou liquidantes, bem como a respeito dos cúmplices:

a) Inabilitação do devedor ou de seus administradores e liquidantes, ainda que de fato, para administrar bens próprios ou alheios, por prazo de cinco a vinte anos;

b) Perda de qualquer direito que tiverem os cúmplices contra o devedor, estando obrigados a reintegrar os bens ou direitos da massa ativa do concurso que estejam em seu poder, bem como a reparar as perdas e danos causados; e

c) Os administradores e liquidantes, de direito ou de fato, poderão ser também condenados a cobrir a totalidade ou parte do *déficit patrimonial* em benefício da massa passiva.

Além do processo de qualificação de concurso seguido na via concursal, a LCRE tipifica o crime de fraude concursal, correspondendo à Justiça Penal entender nesse assunto.

13. A suspensão e conclusão do concurso. O "fresh start"

O concurso terá de ser sustado em caso de inexistência ou exaustão da massa ativa. O concurso sustado poderá ser reaberto quando, dentro dos cinco anos de sua suspensão, ingressarem ou aparecerem bens no patrimônio do devedor.

O concurso se conclui pelo íntegro cumprimento do convênio, a íntegra satisfação dos credores ou o decorrer de dez anos a partir da sustação (isso último no caso de concurso voluntário e qualificado como fortuito no qual o devedor tenha cumprido com o dever de colaboração).

À diferença do regime anterior, no qual o estado de falência não cessava nunca enquanto existissem passivos concursais pendentes de pagamento, a LCRE estabelece a possibilidade de que, decorrido o termo de dez anos, o Juiz possa dar por encerrado o processo, declarando extintos os créditos concursais na parte que não tiverem sido satisfeitos.

Esta extinção de créditos não pagos é o meio pelo qual o legislador uruguaio procurou dar ao devedor honesto uma segunda oportunidade ou "*fresh start*" para que possa recomeçar sua atividade sem os empecilhos da falência.

Trata-se de um conceito inovador, tomado do direito anglo-saxão, que visa a obter a reinserção do devedor na atividade produtiva. No entanto, o prazo excessivo estabelecido pela norma para que o Juiz aplique esse regime conspira contra a eficácia do mesmo.

14. Especialização de magistrados e funcionários

O bom funcionamento do sistema concursal dependerá, em grande medida, da existência de juízes, funcionários judiciais e auxiliares de justiça (síndicos e interventores) que conheçam a problemática concursal e que estejam em condições de conceder-lhe a dedicação que o tema demanda.

No Uruguai existem juízos especializados em matéria concursal desde o ano 2001, sendo avaliada de maneira favorável essa experiência.

Nesse sentido, a LCRE mantém a figura dos Juízos de Concursos, os quais conhecerão em primeira instância de todos os processos concursais cuja competência corresponder ao departamento de Montevidéu, bem como nos processos concursais originados fora do departamento de Montevidéu cujo passivo seja superior a 35.000.000 UI (USD 3 milhões).

Aliás, enquanto não existir um Tribunal de Apelações com competência em matéria concursal, é previsto que a segunda instância se concentrará em um único Tribunal de Apelações no Cível, com o intuito de unificar a jurisprudência na matéria.

Em cada Juízo de Concursos é criada, também, a figura de um Secretário Contador, que tem por função assessorar ao magistrado nos temas contábeis e financeiros que o concurso apresentar.

No entanto, a modificação mais importante se produz no regime aplicável aos síndicos e interventores. Foi criado o Cadastro de Síndicos e Interventores Concursais que será mantido pela Suprema Corte de Justiça, do qual deverão extrair-se as designações que realizarem os Juízos de Concursos. Esse Cadastro será composto por 30 titulares e 30 suplentes, designados por um período de quatro anos, ao qual se terá de ingressar por estrito concurso, para o que se dará preferência aos egressos de cursos de especialização para síndicos e interventores concursais, ministrados por entidades universitárias ou associações de profissionais universitários.

Com isso, busca-se profissionalizar a atuação de síndicos e interventores, ao tempo que lhes garante uma recorrência nas designações para desempenhar essas funções.

Do Cadastro constarão o histórico da atuação de cada síndico ou interventor que tenha sido designado, bem como o resultado das avaliações de uma Unidade de Avaliação de Síndicos, integrada pelos Juízes de Concursos e por representantes dos Conselhos de Advogados e de Contadores e da própria Suprema Corte de Justiça.

Os síndicos e interventores designados não poderão rejeitar as designações que neles recaírem, salvo que medeiem causa grave ou que renunciem a sua inscrição no Cadastro, visando a impedir a dilatória nos processos produzida por falta de aceitação dos mesmos.

15. Reflexão final

Esse trabalho pretende dar uma visão panorâmica do regime concursal uruguaio, estabelecido pela LCRE de 2008.

Para o Uruguai essa norma representou uma relevante e profunda atualização de sua legislação falimentar, inspirada em princípios de sanidade econômica, celeridade e justiça. A norma procurou contemplar a realidade social e financeira uruguaia, da qual a normativa anterior se encontrava desligada de maneira irremissível.

A aprovação da LCRE implicou uma mudança revolucionária quanto ao regime anterior, introduzindo soluções inovadoras, conforme as mais modernas tendências do direito concursal, que alteraram os objetivos, a dinâmica, os princípios e os incentivos dados pelo regime anterior.

O regime atualmente em vigor demonstrou ter impacto relevante sobre o funcionamento do crédito e o manejo das crises empresariais, moldando de maneira substancial a conduta dos operadores econômicos, oferecendo mecanismos eficientes para a solução temporânea das crises empresariais e reduzindo o impacto negativo que as mesmas produzem no funcionamento do mercado.

Apesar de sua mocidade, a lei tem contribuído com soluções eficientes a diversas situações de crises empresariais, permitindo reduzir sensivelmente a destruição de valor e melhorar a possibilidade de cobrança dos credores.

O REGIME DE RESPONSABILIDADE DOS SÓCIOS NAS LIMITADAS E A APLICAÇÃO DAS REGRAS DAS SOCIEDADES SIMPLES

JULIANA KRUEGER PELA

1. Introdução. 2. A aplicação de regras das sociedades simples às sociedades limitadas – O núcleo do tipo societário como critério norteador dessa aplicação. 3. Responsabilidade por "obrigações sociais" na cessão de quotas – Art. 1.003, parágrafo único, e art. 1.032 do CC. 4. Apuração de haveres em caso de patrimônio líquido negativo – Arts. 1.031 e 1.007 do CC. 5. Insuficiência do ativo na liquidação da sociedade – Art. 1.103, V, do CC. 6. Conclusão.

Resumo: A aplicação, às limitadas, dos artigos do Código Civil que regem as sociedades simples (arts. 1.003, 1.032, 1.031, 1.007 e 1.038) deve respeitar as diferenças tipológicas entre essas sociedades, especialmente o regime de responsabilidade.

Palavras-chave: Sociedade Limitada; Regime de Responsabilidade; Sociedade Simples; Cessão e Transferência de Quotas; Apuração de Haveres; Liquidação.

1. Introdução

Ao entrar em vigor, o Código Civil de 2002 foi alvo de contundentes críticas a respeito da disciplina conferida às sociedades limitadas.[1] Após quase 15 anos de vigência do Código, há interpretações atribuídas a seus dispositivos que merecem ser comentadas. É o caso daquelas que acabam por derrogar uma das regras fundamentais desse tipo social: o regime de limitação da responsabilidade dos sócios.[2]

1. Para exemplos de críticas: Luiz Gastão Paes de Barros Leães, "A disciplina do direito de empresa no novo Código Civil brasileiro", *RDM* 128/7-14, São Paulo, Malheiros Editores, outubro-dezembro/2002; Vera Helena de Mello Franco, "O triste fim das sociedades limitadas no novo Código Civil", *RDM* 123/81-85, São Paulo, Malheiros Editores, julho-setembro/2001; João Luiz Coelho da Rocha, "O novo Código Civil e a retirada de sócios nas limitadas", *RM* 131/191-205, São Paulo, Malheiros Editores, julho-setembro/2003.

Para contrapontos: Mauro Rodrigues Penteado, "Críticas ao novo direito societário: *modus in rebus*", *Revista do Advogado* 71/80-87, São Paulo, AASP, agosto/2003; Mariana Pargendler, in *Revista de Direito Bancário e de Mercado de Capitais* 59/215-256, São Paulo, janeiro-março/2013; Carlos Portugal Gouvêa, "Em defesa do regime: as regras aplicáveis às sociedades limitadas como um convite à inovação institucional", in Luiz André Moura Azevedo e Rodrigo Monteiro de Castro (orgs.), *Sociedade Limitada Contemporânea*, São Paulo, Quartier Latin, 2013, pp. 298-351.

2. Embora inexistentes – de acordo com os resultados de minha pesquisa – em estudos acadêmicos e doutrinários, essas interpretações costumam ser construídas para apoiar alegações das partes em litígios societários, conforme indicam as decisões proferidas pelo TJSP citadas neste estudo. Foi justamente o recorrente emprego

Refiro-me, aqui, às interpretações dos seguintes artigos:[3] (i) art. 1.003, parágrafo único, que trata da responsabilidade do cedente em negócio de cessão de quotas,[4] e art. 1.032, que cuida da responsabilidade em caso de retirada, exclusão ou morte do sócio;[5] (ii) art. 1.031, que define o critério para apuração de haveres;[6] (iii) art. 1.007, referente à participação dos sócios nos lucros e perdas;[7] e (iv) art. 1.038, § 2º,[8] c/c art. 1.103,[9] que disciplinam a dissolução e a liquidação das sociedades.

Embora tais artigos (arts. 1.003, 1.032, 1.031, 1.007 e 1.038) constem do capítulo dedicado às sociedades simples, eles integram a disciplina das sociedades limitadas por força de remissão expressa ou em razão da aplicação subsidiária prevista no art. 1.053.[10] Além disso, contratos sociais por vezes transcrevem esses artigos como próprias cláusulas contratuais, prática que acaba por tornar essas regras parte da disciplina da sociedade limitada, tornando desnecessário o recurso – bastante debatido em nossa doutrina[11] – à aplicação subsidiária (ou supletiva) das normas da sociedade simples.

O art. 1.003 estabelece que a modificação do contrato social com o consentimento dos demais sócios é requisito de eficácia para a cessão de quota. O parágrafo único do mesmo artigo cria, por dois anos a contar da averbação da alteração contratual, um regime de responsabilidade solidária do cedente "pelas obrigações que tinha como sócio". Por força do parágrafo único do art. 1.057,[12] que

dessas interpretações na prática societária brasileira que serviu de motivação para a elaboração deste estudo. Cumpre notar, contudo, que a pesquisa jurisprudencial realizada não foi exaustiva (limitou-se ao TJSP e, nesse Tribunal, aos casos em que houve aplicação dos arts. 1.003, 1.032, 1.007 e 1.038 do CC) e teve por objetivo apenas ilustrar o problema aqui exposto.

3. Em razão da necessidade de consulta à redação dos artigos para compreensão do raciocínio aqui empreendido, os artigos serão transcritos em nota de rodapé.

4. CC, parágrafo único do art. 1.003: "Parágrafo único. Até 2 (dois) anos depois de averbada a modificação do contrato, responde o cedente solidariamente com o cessionário, perante a sociedade e terceiros, pelas obrigações que tinha como sócio".

5. CC: "Art. 1.032. A retirada, exclusão ou morte do sócio não o exime, ou a seus herdeiros, da responsabilidade pelas obrigações sociais anteriores, até 2 (dois) anos após averbada a resolução da sociedade; nem nos 2 (dois) primeiros casos, pelas posteriores e em igual prazo, enquanto não se requerer a averbação".

6. CC: "Art. 1.031. Nos casos em que a sociedade se resolver em relação a um sócio, o valor da sua quota, considerada pelo montante efetivamente realizado, liquidar-se-á, salvo disposição contratual em contrário, com base na situação patrimonial da sociedade, à data da resolução, verificada em balanço especialmente levantado".

7. CC: "Art. 1.007. Salvo estipulação em contrário, o sócio participa dos lucros e das perdas, na proporção das respectivas quotas, mas aquele, cuja contribuição consiste em serviços, somente participa dos lucros na proporção da média do valor das quotas".

8. CC, § 2º do art. 1.038: "§ 2º. A liquidação da sociedade se processa de conformidade com o disposto no Capítulo IX, deste Subtítulo".

9. CC: "Art. 1.103. Constituem deveres do liquidante: (...) V – exigir dos quotistas, quando insuficiente o ativo à solução do passivo, a integralização de suas quotas e, se for o caso, as quantias necessárias, nos limites da responsabilidade de cada um e proporcionalmente à respectiva participação nas perdas, repartindo-se, entre os sócios solventes e na mesma proporção, o devido pelo insolvente; (...)".

10. Segundo esse art. 1.053, caso o contrato social não preveja expressamente a aplicação subsidiária da lei que rege as sociedades anônimas, a sociedade limitada fica submetida às normas próprias das sociedades simples. No regime anterior, estabelecido pelo Decreto 3.708/1919, as lacunas na disciplina das "sociedades por quotas de responsabilidade limitada" deveriam ser supridas pela aplicação subsidiária da Lei das Sociedades Anônimas (art. 18).

11. Sobre o tema, cf.: Vera Helena de Mello Franco, "O triste fim das sociedades limitadas no novo Código Civil", cit., *RDM* 123/81-85; Paula Forgioni, "A unicidade do regramento jurídico das sociedades limitadas e o art. 1.053 do CC. Usos e costumes e regência supletiva", *RDM* 147/7-12, São Paulo, Malheiros Editores, julho-setembro/2007; E. L. Teixeira, "As sociedades limitadas e o Projeto do Código Civil", *RDM* 99/67-74, São Paulo, Ed. RT, julho-setembro/1995; Haroldo Malheiros Duclerc Verçosa e Zanon de Paula Barros, "Breve estudo comparativo esquemático das sociedades limitadas no novo Código Civil brasileiro", *RDM* 130/69-93, São Paulo, Malheiros Editores, abril-junho/2003.

12. CC, parágrafo único do art. 1.057: "Parágrafo único. A cessão terá eficácia quanto à sociedade e terceiros, inclusive para os fins do parágrafo único do art.

faz referência expressa ao parágrafo único do art. 1.003, esse regime de responsabilidade solidária passa a integrar a disciplina normativa das limitadas. As questões que se apresentam aqui são: O que se entende por "obrigações que [*o cedente*] tinha como sócio"? Elas são as mesmas na sociedade simples – *locus* de aplicação primária da norma – e na sociedade limitada?

As mesmas perguntas devem ser feitas ao se analisar o art. 1.032, aplicável às limitadas por força do art. 1.086 do CC.[13] Quais as "obrigações sociais" pelas quais respondem o sócio que se retirou, o sócio excluído ou os herdeiros do sócio pré-morto?[14] É indiferente tratar-se de sociedade simples ou de limitada?

O art. 1.031 encerra regra geral de direito das sociedades: salvo disposição contratual em contrário, em caso de resolução do vínculo societário em relação a um sócio, seus haveres devem ser apurados de acordo com o valor patrimonial da respectiva quota. Ao fazer referência expressa a esse dispositivo, os arts. 1.077[15] e 1.086 do CC elegem tal critério também para as hipóteses de exercício do direito de recesso e exclusão de sócios nas sociedades limitadas. Pergunta-se: qual a consequência de eventual apuração de patrimônio líquido negativo na data da resolução do vínculo? A solução jurídica deve ser a mesma para as sociedades simples e para as limitadas?

O art. 1.007 prevê que nas sociedades simples os sócios participam dos lucros e das perdas, na proporção das respectivas quotas. Embora as normas que regem a sociedade limitada não façam referência expressa a esse artigo, pode-se aventar sua aplicação às sociedades limitadas em razão do disposto no art. 1.053 do Código;[16] ou mesmo se cláusula com conteúdo idêntico integrar o contrato social da limitada, o que não é incomum. Nesse caso, cabe indagar: tal aplicação deve conferir à norma o mesmo alcance que ela tem na sociedade simples?

Por fim, tem-se o art. 1.103, V,[17] do CC. Previsto em capítulo próprio – e, portanto, em princípio aplicável a todos os tipos societários –, integra a disciplina das sociedades simples em razão da referência expressa do art. 1.038, § 2º, do mesmo Código. Em sua incidência às limitadas – seja em virtude da regência supletiva determinada pelo art. 1.053, seja por se tratar de norma societária geral –, deve ter idêntico sentido?

Neste estudo pretendo demonstrar que respostas afirmativas às perguntas enunciadas acima ignoram o núcleo do tipo sociedade limitada e contrariam um de seus pilares: a responsabilidade limitada dos sócios. Ao fazê-lo, dão margem, inclusive, para a construção de novas hipóteses de desconsideração da personalidade jurídica, alheias aos pressupostos do art. 50 do CC.

1.003, a partir da averbação do respectivo instrumento, subscrito pelos sócios anuentes".

13. CC: "Art. 1.086. Efetuado o registro da alteração contratual, aplicar-se-á o disposto nos arts. 1.031 e 1.032".

14. Há quem entenda que nas limitadas o art. 1.032 só se aplica ao sócio excluído, pois consta da seção referente unicamente à exclusão de sócio. A respeito, v.: Modesto Carvalhosa, in Antônio Junqueira de Azevedo (coord.), *Comentários ao Código Civil*, vol. 13, São Paulo, Saraiva, 2003, p. 364; e Priscila Corrêa da Fonseca. *Dissolução Parcial, Retirada e Exclusão de Sócio*, 4ª ed., São Paulo, Atlas, 2007, pp. 250-253.

15. CC: "Art. 1.077. Quando houver modificação do contrato, fusão da sociedade, incorporação de outra, ou dela por outra, terá o sócio que dissentiu o direito de retirar-se da sociedade, nos 30 (trinta) dias subsequentes à reunião, aplicando-se, no silêncio do contrato social antes vigente, o disposto no art. 1.031".

16. CC: "Art. 1.053. A sociedade limitada rege-se, nas omissões deste Capítulo, pelas normas da sociedade simples".

17. CC: "Art. 1.103. Constituem deveres do liquidante: (...) V – exigir dos quotistas, quando insuficiente o ativo à solução do passivo, a integralização de suas quotas e, se for o caso, as quantias necessárias, nos limites da responsabilidade de cada um e proporcionalmente à respectiva participação nas perdas, repartindo-se, entre os sócios solventes e na mesma proporção, o devido pelo insolvente; (...)".

2. A aplicação de regras das sociedades simples às sociedades limitadas. O núcleo do tipo societário como critério norteador dessa aplicação

O regime jurídico das sociedades limitadas é determinado, em primeiro lugar, pelas normas inscritas no Capítulo IV do Título II, do Livro II da Parte Especial do Código Civil. Por vezes essas normas fazem referência expressa a outras leis, ditas especiais – como é o caso do art. 1.081[18] –, ou a dispositivos situados em outros capítulos do Código, em geral o Capítulo I, que trata da sociedade simples. A referência expressa a esses dispositivos os integra ao regime jurídico das limitadas como normas primárias, de incidência direta, isto é, como se estivessem transcritos no próprio Capítulo IV.

Segundo o *caput* do artigo 1.053 do CC, na omissão do Capítulo IV, a sociedade limitada rege-se pelas normas da sociedade simples. A literalidade do artigo parece indicar que o Capítulo IV deve ser complementado pelas normas que regem a sociedade simples, e não pelo regramento do contrato social.[19] Em outras palavras: as normas da sociedade simples supririam a omissão das regras específicas da sociedade limitada, antes mesmo que se analisasse a disciplina que os sócios procuraram atribuir ao tema no contrato social.

Essa visão não me parece ser a mais adequada, considerando os princípios que regem o direito societário e o alcance que a autonomia privada deve ter no direito empresarial. De toda forma, a determinação da hierarquia das fontes que compõem o regramento da sociedade limitada – tema extremamente controverso na doutrina e na jurisprudência brasileiras desde a vigência do Decreto 3.708/1919 – escapa ao objeto deste estudo. O que importa, aqui, é que essas normas integram também o regime jurídico das limitadas.

A aplicação às limitadas das normas das sociedades simples – quer diretamente, em razão da referência expressa, quer subsidiariamente, em razão da omissão do citado Capítulo IV do Código seguida de previsão de regência supletiva pelo contrato social – não pode ignorar as diferenças entre os tipos societários. Uma aplicação indistinta das regras compromete a coerência do sistema do direito societário brasileiro e a imperatividade do princípio da tipicidade fechada das sociedades.[20] Assim, as regras da sociedade simples devem ser aplicadas no que forem compatíveis com a estrutura da sociedade limitada.[21] O núcleo do tipo impõe, portanto, limites claros a essa aplicação.

De modo simplificado, pode-se entender por núcleo do tipo o conjunto de elementos – ou "fatores tipicizantes", na nomenclatura de Paolo Spada[22] – capaz de conferir autonomia ao tipo societário e o distinguir dos demais. Para Sílvio Marcondes um desses elementos é necessariamente o regime de responsabilidade dos sócios, cuja função é proteger os terceiros que contratam a sociedade.[23]

18. CC: "Art. 1.081. Ressalvado o disposto em lei especial, integralizadas as quotas, pode ser o capital aumentado, com a correspondente modificação do contrato".

19. Egberto Lacerda Teixeira, "As sociedades limitadas e o Projeto de Código Civil brasileiro", *RDM* 55/164 (pp. 162-169), São Paulo, Ed. RT, julho-setembro/1984; e "As sociedades limitadas e o Projeto do Código Civil", *RDM* 99/72, cit..

20. A respeito: Rachel Sztajn, *Contrato de Sociedade e Formas Societárias*, São Paulo, Saraiva, 1989.

21. Como destacou Paula Forgioni ao comentar o art. 1.053 do CC, "o texto normativo mostra sentido óbvio e mantém, *grosso modo*, nossa tradição: *aplicar as 'regras gerais' naquilo que não conflitarem (ou mesmo que puderem ser harmonizadas) com a disciplina específica das limitadas*" ("A unicidade do regramento jurídico das sociedades limitadas e o art. 1.053 do CC. Usos e costumes e regência supletiva", cit., *RDM* 147/11).

22. Paolo Spada, *La Tipicità delle Società*, Pádua, CEDAM, 1974, p. 27.

23. Sílvio Marcondes, "Qualificação e classificação das sociedades", in *Problemas de Direito Mercantil*, São Paulo, Max Limonad, 1970, pp. 163-181.

Nesse sentido, o núcleo do tipo "sociedade limitada" é necessariamente composto pela norma do art. 1.052 do CC. Esse dispositivo fez uso de conjunção adversativa para precisar o regime de responsabilidade do tipo societário. Acabou por desenhar, a rigor, duas regras complementares. A regra geral: "a responsabilidade de cada sócio é restrita ao valor de suas quotas"; e a regra especial: "responsabilidade solidária dos sócios pela integralização do capital".

Diante da contorcida redação do dispositivo, é preciso recorrer à já cristalizada interpretação do Decreto 3.708/1919 quando da entrada em vigor do Código Civil. O referido decreto estabelecia o regime de responsabilidade dos sócios em dois artigos: o art. 2º, que trazia a regra geral (responsabilidade limitada à importância total do capital social), e o art. 9º, que encerrava a exceção (em caso de falência, responsabilidade solidária dos sócios pela parcela não integralizada).[24] Ao comentar o art. 2º, Egberto Lacerda Teixeira afirmou que, "como regra, o quotista responde normalmente até o valor das quotas por ele subscritas. Ocorre, todavia, que o art. 9º do mesmo decreto diz que, 'em caso de falência, todos os sócios respondem solidariamente pela parte que faltar para preencher o pagamento das quotas não inteiramente liberadas'. *A contrario sensu*, portanto, integralizado todo o capital social, os quotistas não teriam mais responsabilidade adicional".[25]

O mesmo raciocínio aplica-se ao art. 1.052 do CC.

Como regra geral, o sócio responde perante a sociedade e os demais sócios pelo valor das quotas adquiridas. Ou, para dizer o mesmo: o sócio responde pela integralização das quotas que adquiriu. Trata-se de responsabilidade individual (*Haftung*), por obrigação (*Schuld*) própria (em oposição à obrigação assumida por terceiros). Essa responsabilidade é disciplinada pelos arts. 1.058 e 1.004[26] do CC.

Segundo o art. 1.058, "não integralizada a quota de sócio remisso, os outros sócios podem, sem prejuízo do disposto no art. 1.004 e seu parágrafo único, tomá-la para si ou transferi-la a terceiros, excluindo o primitivo titular e devolvendo-lhe o que houver pago, deduzidos os juros da mora, as prestações estabelecidas no contrato mais as despesas". Diz o art. 1.004: "Os sócios são obrigados, na forma e prazo previstos, às contribuições estabelecidas no contrato social, e aquele que deixar de fazê-lo, nos 30 (trinta) dias seguintes ao da notificação pela sociedade, responderá perante esta pelo dano emergente da mora". E seu parágrafo único: "Verificada a mora, poderá a maioria dos demais sócios preferir, à indenização, a exclusão do sócio remisso, ou reduzir-lhe a quota ao montante já realizado, aplicando-se, em ambos os casos, o disposto no § 1º do art. 1.031".[27]

A mera leitura conjunta desses artigos já sugere dificuldades interpretativas. O art. 1.058, à semelhança do que fazia o Decreto 3.708/1919,[28] atribui uma faculdade aos

24. Na redação original do Decreto 3.708/1919:

"Art. 2º. O titulo constitutivo regular-se-á pelas disposições dos arts. 300 a 302 e seus numeros do Codigo Commercial, devendo estipular ser limitada a responsabilidade dos sócios à importancia total do capital social".

"Art. 9º. Em caso de fallencia, todos os socios respondem solidariamente pela parte que faltar para preencher o pagamento das quotas não inteiramente liberadas. Assim, tambem, serão obrigados os socios a repor os dividendos e valores recebidos, as quantias retiradas, a qualquer titulo, ainda que autorizadas pelo contracto, uma vez verificado que taes lucros, valores ou quantias foram distribuidos com prejuizos do capital realizado."

25. Egberto Lacerda Teixeira, *Sociedades Limitadas e Anônimas no Direito Brasileiro*, São Paulo, Saraiva, 1987, p. 8.

26. Em razão da remissão expressa feita pelo art. 1.058. É um dos exemplos de normas da sociedade simples que passam a integrar o regime das limitadas, como se estivessem escritas no referido Capítulo IV.

27. Note-se que se trata de uma segunda remissão, agora indireta, do art. 1.058. Embora irrelevante para o comentário que se pretende fazer neste estudo, revela os tortuosos caminhos para aplicação do Código Civil às limitadas.

28. Decreto 3.709/1919: "Art. 7º. Em qualquer caso do art. 289 do Codigo Commercial poderão os

"demais sócios":[29] (i) tomar as quotas do sócio remisso para si; ou (ii) transferi-las a terceiros. Ocorre que o mesmo artigo, ao se valer da expressão "sem prejuízo", determina a aplicação simultânea e complementar do art. 1.004, *caput*, e – aqui parece morar a contradição – de seu parágrafo único. O art. 1.004, *caput*, estabelece que o sócio remisso deve indenizar os danos causados à sociedade. Tal indenização é compatível com a faculdade atribuída pelo art. 1.058 aos "demais sócios". O mesmo não se pode dizer do parágrafo único, que confere à "maioria dos sócios" o poder de excluir o sócio remisso da sociedade ou de reduzir sua participação ao valor já integralizado. Embora haja quem procure dar sentido à remissão ao parágrafo único,[30] ela me parece equivocada.

A regra especial de responsabilidade, inscrita na segunda parte do art. 1.052, estabelece responsabilidade solidária dos sócios por dívida de terceiro, no caso, o sócio que não integralizou sua participação. A responsabilidade do sócio continua sendo limitada, porém não ao valor de subscrição, mas ao capital não integralizado. Ao contrário do Decreto 3.708/1919, o Código Civil não condiciona a existência dessa responsabilidade à verificação da falência da sociedade. Não há dúvida, contudo, de que se trata de responsabilidade subsidiária. Isso porque o art. 596 do CPC de 1973 – cujo teor foi mantido pelo art. 795, § 1º, do vigente CPC, aprovado em 2015 – confere ao sócio o direito de exigir que primeiro sejam excutidos os bens da sociedade.

Portanto, o regime de responsabilidade dos sócios na limitada é dúplice. Os sócios obrigam-se a integralizar as quotas que adquiriram e por essa obrigação respondem individualmente, ficando sujeitos às consequências de seu inadimplemento (o que os tornaria sócios remissos). Além disso, mesmo que tenham cumprido sua obrigação individual, respondem solidariamente perante terceiros pelo valor ainda não integralizado. Daí se dizer que nas limitadas o sócio responde subsidiariamente até o limite do capital não integralizado.[31]

Nas sociedades simples a responsabilidade dos sócios tem contornos diversos, conforme determinam os arts. 1.023 e 1.024 do CC.[32] Embora subsidiária, a responsabilidade dos sócios pelas dívidas da sociedade é

outros socios preferir a exclusão do socio remisso. Sendo impossivel cobrar amigavelmente do socio, seus herdeiros ou successores a somma devida pelas suas quotas ou preferindo a sua exclusão, poderão os outros socios tomar a si as quotas annulladas ou transferi-las a estranhos, pagando ao proprietario primitivo as entradas por elle realizadas, deduzindo os juros da móra e mais prestações estabelecidas no contracto e as despesas".

29. O Código perdeu a oportunidade de definir a maioria do capital remanescente como possível critério para a deliberação nesse grupo de sócios. Diante da redação vigente, a única interpretação que parece possível, embora incoerente com o tipo, é a unanimidade dos sócios, aferida por cabeça, sem considerar, obviamente, apenas o sócio remisso.

30. Modesto Carvalhosa, por exemplo, tentativamente propõe que, "num primeiro momento, podem os demais sócios, de acordo com o art. 1.004, simplesmente manter o sócio inadimplente na sociedade, exigindo, no entanto, o valor dos danos emergentes dessa mora. Pode também a maioria dos sócios, em vista do parágrafo único desse mesmo art. 1.004, reduzir a participação do sócio remisso às quotas que este já integralizou. Essas duas alternativas podem ser aplicadas alternativamente à exclusão do sócio inadimplente. Por outro lado, sendo intenção dos outros sócios excluir o sócio remisso, podem, em vez de reduzir o capital social no valor das quotas não integralizadas, tomá-las para si de forma proporcional, mantendo-se a proporção do capital havida sem a participação do remisso, ou transferi-las a terceiros" (in Antônio Junqueira de Azevedo (coord.), *Comentários ao Código Civil*, vol. 13, São Paulo, Saraiva, 2003, pp. 95-96).

31. Esse regime de responsabilidade é verdadeiro benefício conferido aos sócios das limitadas em relação aos outros tipos societários. Evidencia esse aspecto o art. 1.080 do CC, que penaliza com a responsabilidade ilimitada a aprovação de deliberações infringentes do contrato ou da lei.

32. CC:

"Art. 1.023. Se os bens da sociedade não lhe cobrirem as dívidas, respondem os sócios pelo saldo, na proporção em que participem das perdas sociais, salvo cláusula de responsabilidade solidária.

"Art. 1.024. Os bens particulares dos sócios não podem ser executados por dívidas da sociedade, senão depois de executados os bens sociais."

ilimitada, ou seja: os sócios respondem com todo seu patrimônio (exceto, obviamente, o bem de família e os demais bens considerados impenhoráveis) pelas dívidas que não possam ser saldadas com os bens da sociedade.[33] Essa responsabilidade ilimitada é tão abrangente que atinge, inclusive, o sócio ingressante em relação a dívidas sociais anteriores à sua admissão (cf. art. 1.025 do mesmo Código[34]).

Essa diferença entre os regimes de responsabilidade da sociedade limitada, de um lado, e da sociedade simples, de outro, não deve ser desconsiderada ao se interpretar as normas que, embora também aplicáveis às limitadas, se encontram topologicamente situadas no capítulo destinado a disciplinar as sociedades simples (Capítulo IV do Título II, do Livro II da Parte Especial do Código Civil). Nos itens subsequentes tratarei especificamente de algumas dessas normas.

3. Responsabilidade por "obrigações sociais" na cessão de quotas – Art. 1.003, parágrafo único, e art. 1.032 do CC

Os arts. 1.003, parágrafo único, e 1.032 do CC aplicam-se respectivamente às hipóteses de cessão de quotas e rompimento do vínculo societário, por retirada, exclusão ou falecimento. Atribuem àquele que deixou a sociedade (ou a seus sucessores, conforme o caso) responsabilidade pelas "obrigações que tinha como sócio" – na dicção do art. 1.003 – ou pelas "obrigações sociais", na redação do art. 1.032.

Nas limitadas tais obrigações não se confundem com as obrigações da própria sociedade. Afinal, há autonomia das esferas patrimoniais da pessoa jurídica, de um lado, e dos sócios, de outro. Comunicação entre tais esferas ocorre, para o Código Civil, na hipótese de não integralização do capital social, ocasião em que os credores da sociedade podem buscar satisfazer seus créditos no patrimônio pessoal dos sócios, e, ainda assim, se não houver ativos suficientes no patrimônio da própria sociedade.[35] Portanto, nas limitadas, as "obrigações que [*o quotista*] tinha como sócio" são obrigações *internas*, dos sócios perante a sociedade e perante os demais sócios, como a obrigação de integralizar o capital e a obrigação de exata estimação do valor do bem conferido ao capital social (art. 1.055).[36] São as obrigações *internas* – e apenas essas – que devem remanescer sob a responsabilidade do sócio após sua saída da limitada.[37]

Interpretação diversa estaria em contradição com o tipo "sociedade limitada", pois modifica o regime de responsabilidade previsto no art. 1.052 do CC.[38] Isso porque faz surgir, ao lado da responsabilidade individual

33. Embora o art. 997, VII, pareça facultar aos sócios a adoção da subsidiariedade, o art. 1.024 e o disposto no Código de Processo Civil não deixam dúvidas a respeito.

34. CC: "Art. 1.025. O sócio, admitido em sociedade já constituída, não se exime das dívidas sociais anteriores à admissão".

35. Não se considera, aqui, a eventual previsão, em lei especial, de responsabilidade direta do sócio por dívidas da sociedade.

36. Segundo Alfredo de Assis Gonçalves Neto, há obrigações que, embora "sociais", são pessoais, e por isso não devem ser atribuídas ao cessionário, como a obrigação de repor os lucros distribuídos em prejuízo do capital social (art. 1.059) (*Direito de Empresa*, 3ª ed., São Paulo, Ed. RT, 2010, p. 338).

37. Nesse sentido, afirmou Aline França Campos em estudo específico sobre a responsabilidade dos sócios em limitada: "Estando todo este [*o capital social*] integralizado, ainda que a sociedade esteja regida à regência das normas aplicáveis às sociedades simples, não há que se falar em obrigação do cedente perante a sociedade e terceiros" ("A extensão da responsabilidade dos sócios de sociedade limitada no Código Civil", *Revista da AJURIS* 128/34 (pp. 13-46), Porto Alegre, dezembro/2012).

38. No mesmo sentido: Modesto Carvalhosa, in Antônio Junqueira de Azevedo (coord.), *Comentários ao Código Civil*, cit., vol. 13, pp. 326-328 e 364; Priscila Corrêa da Fonseca, *Dissolução Parcial, Retirada e Exclusão de Sócio*, cit., 4ª ed., Capítulo 10. Ambos entendem, porém, que o art. 1.032 seria aplicável apenas às hipóteses de exclusão de sócio, e mesmo nesse caso criticam tal aplicação, por incompatível com o regime de responsabilidade limitada.

pelo valor subscrito e da responsabilidade solidária pelo valor não integralizado, uma terceira hipótese: a responsabilidade pelas dívidas da própria sociedade.

Sob essa interpretação, a saída da sociedade – por qualquer causa, inclusive falecimento – agravaria a responsabilidade dos sócios na limitada. Na vigência do vínculo societário os quotistas somente respondem por dívidas da sociedade se (i) o capital não tiver sido totalmente integralizado e (ii) a sociedade não tiver ativos suficientes.[39] Mesmo nesses casos sua responsabilidade é limitada ao valor pendente de integralização. Ao deixarem os quadros sociais passariam a responder – pelo prazo de dois anos e ilimitadamente – por quaisquer obrigações da própria sociedade.

Em recente caso julgado pelo TJSP, por exemplo, cogitou-se responsabilizar ex-sócio pelo pagamento de indenização devida pela sociedade a terceiro.[40] Após a saída do sócio a sociedade foi condenada, em sede arbitral, por inadimplemento contratual. Tratava-se, portanto, de obrigação própria da sociedade, decorrente de suas atividades. Salvo se o patrimônio do ex-sócio pudesse ser alcançado por recurso à desconsideração da personalidade jurídica, não lhe deveria ser imputada responsabilidade. A decisão, porém, não descaracterizou em abstrato tal responsabilidade, mas a afastou em razão do decurso, *in casu*, do prazo de dois anos.

Ao admitir que, por força dos arts. 1.003, parágrafo único, e 1.032, o sócio que dispôs de suas quotas responde por dívidas da sociedade limitada – dívidas pelas quais não respondia enquanto era sócio –, o intérprete cria uma profunda fenda no sistema das limitadas,[41] comprometendo a segurança nos negócios jurídicos envolvendo transferência de quotas.[42] Para minimizar esses efeitos tentou-se, inclusive, alterar a redação do art. 1.086, suprimindo-se a referência ao art. 1.032 do CC.[43] Essa tentativa, porém, restou frustrada, com o arquivamento do respectivo projeto de lei.

Embora incoerente para as limitadas, essa interpretação pode ser compatível com o regime das sociedades simples, já que nessas os sócios respondem ilimitadamente, porém de forma subsidiária, pelas dívidas da sociedade perante terceiros. Por força desses

39. Além, obviamente, dos casos de desconsideração da personalidade jurídica ou previsão expressa em lei específica, que não são objeto do presente estudo.

40. TJSP, AI 2137464-47.2014.8.26.0000, j. 25.9.2014.

41. Nesse sentido, uma interpretação conciliadora parece ter sido proposta por Bruno Salama. Segundo se infere de seu raciocínio, o art. 1.003 impõe um limite temporal para a responsabilidade dos sócios na limitada, não servindo propriamente para requalificar o conceito de "obrigações sociais". Ou seja: o sócio passa a responder por dois anos pelas dívidas por que já respondia antes do rompimento do vínculo (em função de leis especiais, por exemplo). A respeito, cf.: *O Fim da Responsabilidade Limitada no Brasil*, São Paulo, Malheiros Editores, 2014, p. 472.

42. Conforme bem ressaltou o Des. Francisco Loureiro, do TJSP, em voto proferido no julgamento da Ap. 0036718-87.2010.8.26.0602, j. 5.12.2013, a existência de dívidas da sociedade perante terceiros costuma ser considerada na determinação do preço ou dos haveres a ser(em) pago(s) ao sócio que transfere suas quotas. Essa prática pressupõe que o sócio não será responsável por dívidas da sociedade, e é, portanto, contraditória com uma sua posterior responsabilização fundada nos artigos que regem originalmente as sociedades simples.

43. Trata-se do Projeto de Lei 6.960/2002, noticiado por Alfredo de Assis Gonçalves Neto (*Direito de Empresa*, cit., 3ª ed., p. 422). Segundo a "Exposição de Motivos", a revisão do art. 1.086 do CC seria necessária para "corrigir falha grave na redação do art. 1.086, que, ao tratar da exclusão do sócio minoritário da sociedade limitada, mandava aplicar as regras do art. 1.032, onde está contemplada a responsabilidade pessoal do sócio excluído mesmo depois da exclusão, o que implicava em rompimento com os princípios básicos das sociedades limitadas. Nessas sociedades, a responsabilidade dos sócios está limitada à integralização do capital social (art. 1.052), afigurando-se desproposital *[sic]* a responsabilização posterior do sócio excluído da limitada, tal como contemplado no art. 1.032. Esse dispositivo, na verdade, só tem aplicação para as sociedades onde a responsabilidade dos sócios é ilimitada, não para as sociedades limitadas, onde a regra é justamente o contrário. Não devendo se aplicar o art. 1.032 à exclusão de sócio de sociedade limitada" (disponível em *http://www.camara.gov.br/proposicoesWeb/fichadetramitacao?idProposicao=56549*, acesso em 31.3.2016).

artigos, essa responsabilidade – já existente – perdura por mais dois anos após a extinção do vínculo societário.

Essa interpretação parece-me consentânea com o regime falimentar brasileiro. Segundo o art. 81, § 1º, da Lei 11.101/205, a falência de sociedades com sócios ilimitadamente responsáveis atinge também – diretamente – aqueles que se retiraram ou dela foram excluídos nos últimos dois anos. Nas demais sociedades não há regra de responsabilização por dois anos. A responsabilidade pessoal dos sócios, por ser excepcional e depender de outros pressupostos – como comprovação de fraude ou confusão patrimonial, por exemplo –, deve ser averiguada em ação própria (art. 82 da mesma lei).

Há, portanto, que se distinguir a aplicação dos arts. 1.003, parágrafo único, e 1.032 às sociedades limitadas ou às sociedades simples.

4. Apuração de haveres em caso de patrimônio líquido negativo – Arts. 1.031 e 1.007 do CC

Ao determinar que a apuração de haveres seja realizada com base no valor patrimonial da quota, o art. 1.031 do CC – aplicável às limitadas em razão da remissão dos arts. 1.077 e 1.086 – não mencionou a consequência da eventual verificação de patrimônio líquido negativo.

Supor que, nesse caso, o sócio não é credor de haveres, mas devedor da sociedade limitada, distorceria a regra de responsabilidade prevista no art. 1.052 do CC. Se o sócio não responde pelas dívidas da sociedade, não se pode exigir que, ao dela sair, pague à sociedade valor correspondente aos prejuízos por ela experimentados.[44]

Conclusão diversa até poderia ser cogitada nas sociedades simples, em que os sócios respondem pelas "perdas sociais" e devem suportá-las na proporção de sua participação no capital social, ou em proporção diversa fixada no contrato social, por força do art. 1.007 do CC.[45] O significado prático dessa regra, contudo, é ainda obscuro, cabendo diferenciar (na definição de "perdas sociais") prejuízos contábeis de insuficiência de ativos, já que – também na sociedade simples – vigora a responsabilidade subsidiária dos sócios.

Aliás, entendo que nas sociedades limitadas é nula – por incompatível com o núcleo do tipo – qualquer previsão contratual que considere os sócios responsáveis pelas "perdas sociais".[46] Por falta de rigor de técnico, contratos de sociedades limitada por vezes contêm tal previsão,[47] que, nada obstante, deve ser reputada como não escrita.

44. Esse foi o entendimento do TJSP nas decisões exaradas nos seguintes processos: Ap. 0015490-25.2006.8.26.030, j. 28.8.2012; AI 2045200-45.2013.8.26.0000, j. 6.2.2014; e Ap. 0300875-82.2009.8.26.0000, j. 26.3.2014. Nesses casos afastou-se, em razão da responsabilidade limitada, qualquer obrigação do sócio de pagar a sociedade.

45. Uma interpretação literal do art. 997, VIII, do CC poderia conduzir à conclusão de que mesmo na sociedade simples seria facultado aos sócios afastar a responsabilidade pelas perdas sociais (em razão do uso da expressão "ou não"). Essa interpretação, porém, não deve prosperar, porque contraditória com o disposto nos arts. 1.007 e 1.008 do mesmo Código.

46. Não à toa, o art. 1.054 do CC estipula que o contrato da limitada mencionará as indicações do art. 997, "no que couber". Segundo a interpretação que aqui defendo, essa expressão acompanha implicitamente todas as remissões do capítulo que disciplina as sociedades limitadas a dispositivos próprios da sociedade simples. Note-se, ademais, que a redução do capital social para absorção das perdas irreparáveis – prevista no art. 1.082 do CC – não significa responsabilidade dos sócios por perdas da limitada. Trata-se de mera adequação do valor do capital à realidade do patrimônio líquido, sem alteração do valor patrimonial da quota.

47. Conforme relata Luís Felipe Spinelli, o TJSP já obrigou sócio excluído a pagar valores à sociedade limitada por força da seguinte disposição do respectivo contrato social: "os lucros e prejuízos verificados nos balanços patrimoniais (...) serão divididos ou suportados em partes proporcionais entre os sócios" (*A Exclusão de Sócio por Falta Grave na Sociedade Limitada*, São Paulo, Quartier Latin, 2015, p. 504).

5. *Insuficiência do ativo na liquidação da sociedade – Art. 1.103, V, do CC*

Pela mesma razão, o comando do art. 1.103, V, do CC – dirigido ao liquidante – deve respeitar a limitação de responsabilidade dos quotistas quando aplicado às sociedades limitadas. Não se admite, nesse tipo societário, participação dos sócios nas perdas, afastando-se a aplicação da parte final do dispositivo, que – não por outra razão – já é precedido da expressão "se for o caso".[48] Portanto, nas limitadas não pode o liquidante, diante da completa integralização do capital e afastada a hipótese de desconsideração da personalidade jurídica, exigir dos sócios quantias necessárias para suprir a insuficiência do ativo à solução do passivo.[49]

Nesse sentido decidiu o TJSP diante da liquidação de sociedade limitada cujo ativo não cobria "sequer uma vigésima parte do passivo". Conforme bem fundamentou o Relator, em seu voto: "A regra [*do art. 1.103, V, do CC*] deve, como é elementar, levar em conta a natureza da sociedade dissolvida. No caso concreto, como a sociedade é por quotas de responsabilidade limitada e com capital inteiramente integralizado, os bens dos sócios não são chamados a compor o passivo a descoberto".[50]

À semelhança do que foi dito acima em relação ao art. 1.003, parágrafo único, do mesmo CC, essa interpretação parece-me também consentânea com o regime falimentar brasileiro, em que a esfera patrimonial do sócio só será atingida pela falência se, naquele tipo societário, sua responsabilidade for ilimitada (art. 81 da Lei 11.101/2005). Para os demais casos é necessário que sua responsabilidade pessoal seja determinada em ação específica (art. 82), que verificará a ocorrência de fraude, confusão patrimonial ou violação à lei, por exemplo.

6. *Conclusão*

Os artigos do Código Civil que regem as sociedades simples – de modo geral, e os arts. 1.003, 1.032, 1.031, 1.007 e 1.038, aqui analisados, em particular – devem ser interpretados e aplicados de forma diversa conforme se trate de uma sociedade simples ou de uma sociedade limitada. Trata-se de interpretação seletiva, conforme o tipo. Apesar de situados no capítulo que trata da sociedade simples (ou em capítulo geral, como é o caso do art. 1.103), seu sentido deve ser ajustado na aplicação às limitadas, para respeitar o regime de responsabilidade específico desse tipo societário.

Essa interpretação seletiva, embora elementar, nem sempre tem sido adotada, o que pode comprometer o funcionamento adequado e estável das sociedades limitadas em nosso sistema jurídico.

48. Com essa afirmação não se nega que, em condições excepcionais – fraude, por exemplo –, se pode atingir o patrimônio dos sócios na liquidação de uma limitada. O fundamento, contudo, não será o art. 1.103, V, que se dirige – para invocar uma expressão comumente invocada em estudos jurídicos – à fisiologia da dissolução de sociedades, e não à sua patologia.

49. Ao comentar projeto de lei que pretendia suprimir esse inciso V, Alfredo de Assis Gonçalves Neto defende sua manutenção porque, embora não aplicável às limitadas, seria aplicável às "sociedades de responsabilidade mista ou ilimitada" (*Direito de Empresa*, cit., 3ª ed., p. 482).

50. TJSP, AI 990.10.065210-9, j. 10.6.2010.

FACTORING E SECURITIZAÇÃO DE RECEBÍVEIS MERCANTIS

ROGÉRIO ALESSANDRE DE OLIVEIRA CASTRO

Palavras-chave: factoring; securitização; comparação; desintermediação financeira; mobilização de crédito.

1. Considerações iniciais

A pesquisa sobre o tema ora sugerido buscará dar continuidade aos trabalhos que já desenvolvemos por ocasião do Mestrado[1] e do Doutorado[2] envolvendo o instituto do factoring e suas várias faces, porém, agora com um foco mais específico, qual seja a securitização de recebíveis mercantis, créditos esses que também alavancam as operações de factoring no Brasil.

A securitização de potenciais créditos de operações de factoring, com a consequente criação de Fundos de Investimento em Direito Creditórios (FIDC), ganham destaque numa área específica do Direito Comercial, qual seja o direito do mercado de capitais.

Pretendemos, com o presente artigo, comparar estruturas de créditos distintas, mas com funções similares, que: (i) transformam créditos a prazo em dinheiro à vista para os empresários deles detentores; (ii) transformam créditos heterogêneos em créditos homogêneos, com o fim de titularizá-los, fazendo cessarem quaisquer relações entre tais títulos e os negócios que lhes deram origem; e (iii) massificam os créditos titularizados em valores mobiliários, de modo a permitir o seu comércio em vias negociais próprias do mercado de capitais.

Procuraremos, com este artigo, desenvolver, sob o método comparativo,[3]

1. A Dissertação de Mestrado foi transformada no livro: *Factoring: seu Reconhecimento Jurídico e sua Importância Econômica*, 2ª ed., Leme, LED, 2004, 333 pp.

2. A Tese de Doutorado também resultou em livro, a saber: *Factoring no Brasil e na Argentina*, Curitiba, Juruá, 2009, 544 pp.

3. Marina de Andrade Marconi e Eva Maria Lakatos trazem, como um dos métodos específicos das ciências sociais, o método comparativo (*Metodologia Científica*, 4ª ed., São Paulo, Atlas, 2004, p. 92).

diversos aspectos relacionados ao factoring e à securitização de recebíveis mercantis no Brasil, tais como a etimologia das palavras, os seus conceitos, as suas estruturas e funções, as suas legislações e regras pertinentes, as vantagens e desvantagens de suas operações, os Fundos de Investimento em Direito Creditório (FIDC), dentre outros pontos de interesse que serão identificados no decorrer deste trabalho.

2. Etimologia das palavras factoring e securitização

Etimologia vem a ser o estudo dos étimos, isto é, das fontes de nossos vocábulos.[4] No presente caso, investigaremos a origem, a formação e a evolução das palavras factoring e securitização.

Como a atividade de factoring teve sua origem nas relações comerciais decorrentes do processo de colonização do continente americano pela Inglaterra, não é difícil entender porque a expressão fora forjada em vernáculo anglo-saxão e disseminada aos demais países, como França, Espanha, Itália, Portugal, Alemanha, Estados Unidos, México, Brasil, Argentina, dentre outros.

A palavra factoring advém do latim, *factor(oris)*, pode tanto ser entendida como "autor, fabricante, criador" quanto como "executor, cumpridor".[5] Aquele que faz alguma coisa, que desenvolve ou fomenta uma atividade.[6] Esse substantivo (*fator*, no caso nominativo; e *factoris*, no caso genitivo) tem seu radical no supino do verbo *facere*, cujos tempos primitivos são *fado*, *facis*, *feci* e *factum*.[7]

Tanto o *Novo Dicionário Eletrônico Aurélio* como o *Dicionário Eletrônico Houaiss* trazem, respectivamente, as seguintes definições para factoring:

> Substantivo masculino; 1. Econ. Sistema pelo qual uma empresa produtora de bens ou serviços transfere seus créditos a receber, resultantes de vendas a terceiros, a uma empresa especializada (*factor* ou empresa de fomento mercantil) que assume as despesas de cobrança e os riscos de não pagamento; fomento comercial; fomento mercantil.[8]

> Substantivo masculino; Rubrica: economia, termo jurídico. Contrato pelo qual um comerciante ou industrial cede, total ou parcialmente, a uma instituição financeira créditos de vendas feitas a terceiros, em troca do pagamento de certa comissão, assumindo a instituição o risco do não recebimento dos créditos.[9]

Podemos afirmar que a palavra factoring, grafada na língua inglesa, já foi incorporada por esses dois dicionários em nosso vernáculo sem nenhuma transliteração.

Contudo, não podemos esquecer que a autoridade para reconhecer as palavras oficialmente existentes em nosso léxico é o *Vocabulário Ortográfico da Língua Portuguesa* (VOLP), editado pela Academia Brasileira de Letras.[10] O VOLP apenas registra a palavra e a classe gramatical, deixando a definição para os dicionários. Segundo José Maria da Costa, "isso significa que, se o VOLP registra determinado vocábulo como existente em nosso idioma, ele o faz com autoridade legal para tanto, de modo que a referida palavra há de ser tida como oficialmente existente em nosso léxico". Em complemento, conclui o

4. Do grego étymos = verdadeiro + *logia* = estudo (Napoleão Mendes Almeida, *Gramática Metódica da Língua Portuguesa*, 10ª ed., São Paulo, 1958, 304).

5. *Dicionário Latim-Português*, 2ª ed., Porto, Porto, 2001, p. 280.

6. Luiz Lemos Leite, *Factoring no Brasil*, 11ª ed., São Paulo, Atlas, 2007, p. 2; Arnaldo Rizzardo, *Factoring*, 3ª ed., São Paulo, Ed. RT, 2004, p. 19.

7. *Dicionário Latim-Português*, 2ª ed., cit., p. 280; *Novo Dicionário Eletrônico Aurélio*, versão 5.0, Regis Ltda., 2004, 1 CD-ROM; Luiz Lemos Leite, *Factoring no Brasil*, 11ª ed., cit., p. 382; Arnaldo Rizzardo, *Factoring*, 3ª ed., cit., p. 19.

8. *Novo Dicionário Eletrônico Aurélio*, cit.

9. *Dicionário Eletrônico Houaiss da Língua Portuguesa*, versão 1.0, 2009, 1 CD-ROM.

10. De acordo com o art. 2º da Lei n. 5.765, de 18.12.1971, a Academia Brasileira de Letras tem competência para atualizar o vocabulário ortográfico da língua portuguesa.

mesmo autor que "se, por outro lado, não há o respectivo registro, a palavra não existe oficialmente, e, assim, não estamos autorizados a empregá-la na linguagem formal".[11]

Ocorre que o sistema de busca de palavras estrangeiras disponibilizado pelo VOLP registra o vocábulo factoring como substantivo masculino de origem inglesa, o que vale dizer, já faz parte de nossa língua oficial, sem qualquer aportuguesamento ou transliteração,[12] diferentemente do que ocorreu com outras palavras do uso cotidiano da população (*v.g.*, computador e não *computer*, futebol e não *football*, bife e não *beef*, suéter e não *sweater*, coquetel e não *cock-tail* etc.).[13] Outros termos técnicos também já constam do VOLP, como é o caso do leasing (substantivo masculino) e da franchising (substantivo feminino), o que já não ocorre, por outro lado, com o *joint-venture*.

Entendemos que no Brasil a palavra factoring já integra oficialmente o léxico do país para todos os efeitos, o que vale dizer, não deve ser mais escrita em itálico, negrito, com sublinha ou entre aspas, como ocorreria com um vocábulo pertencente a outro idioma.[14] Houve um empréstimo integral do termo em língua inglesa no Brasil, sem qualquer adaptação para o vernáculo do país. Aliás, a nosso entender, não podemos mais falar, aqui no Brasil, que o factoring é um exemplo de estrangeirismo ou barbarismo, ao menos enquanto entendidos como vício de linguagem, sendo aceitável, contudo, a utilização do termo estrangeirismo apenas para indicar simples empréstimo vocabular ao português.[15]

Já com relação à securitização, alguns importantes dicionários da língua portuguesa publicados no Brasil registram o seguinte:

> Substantivo feminino. 1. Operação de crédito em que entram títulos como garantia de pagamento; 2. Conversão de empréstimos e outros ativos em títulos ou obrigações que podem ser vendidos a investidores.[16]
>
> Substantivo feminino. 1 Ato de tornar uma dívida qualquer com determinado credor em dívida com compradores de títulos no mesmo valor. 1.1 Conversão de empréstimo (bancário, p.ex.) e outros ativos em *securities*, a serem vendidas a investidores.[17]
>
> Substantivo feminino. 1. Econ. Operação de crédito caracterizada pelo lançamento de títulos com determinada garantia de pagamento.[18]

De acordo com alguns dicionários da língua portuguesa, a palavra securitização origina-se do termo inglês *security*, que significa *papel com valor mobiliário, título, obrigação, valor*.[19] Por sua vez, *security*

11. José Maria Costa, *Manual de Redação Profissional*, 2ª ed., Campinas, São Paulo, Millennium, 2004, p. 574.

12. Outra palavra que se incorporou em nosso vernáculo sem aportuguesamento ou transliteração foi expertise (perícia, competência), que tem origem francesa, muito embora também se encontre grafada da mesma forma em língua inglesa. Outros exemplos: performance, doping e dumping (*Dicionário Eletrônico Houaiss da Língua Portuguesa*, cit.; *Novo Dicionário Eletrônico Aurélio*, cit.; *Dicionário de Francês-Português (Minidicionário)*, São Paulo, Ática, 1994, p. 144; *Dicionário de Inglês (English Mini Dictionary)*, 2ª ed., Londres, Harrap's, 1991, p. 181).

13. O sistema de busca de palavras estrangeiras do VOLP, 5ª ed., 2009 (Academia Brasileira de Letras, *Busca de Palavras Estrangeiras do Vocabulário Ortográfico da Língua Portuguesa*, disponível em *http://www.academia.org.br/abl/cgi/cgilua.exe/sys/start.htm?sid=24*, acesso 16.2.2013).

14. Welber Barral também entende que palavras estrangeiras incorporadas ao vernáculo, como é o caso de shopping center e dumping, não precisam ser escritas em itálico (Welber Barral, *Metodologia da Pesquisa Jurídica*, 2ª ed., Florianópolis, Fundação Boiteux, 2003, p. 151).

15. Estrangeirismos são as expressões tiradas de outras línguas e que constituem vício quando os vocábulos estranhos não são indispensáveis. Tem por sinônima a palavra barbarismo (José Maria Costa, *Manual de Redação Profissional*, 2ª ed., cit., p. 574).

16. Aulete Digital, *Dicionário Contemporâneo da Língua Portuguesa*, Lexikon Ed. Digital Ltda., disponível em *http://www.auletedigital.com.br/*, acesso 30.1.2013.

17. *Dicionário Eletrônico Houaiss da Língua Portuguesa*, cit.

18. *Novo Dicionário Eletrônico Aurélio*, cit.

19. Consultar: *Dicionário Eletrônico Houaiss da Língua Portuguesa*, cit.

advém do latim, especificamente da palavra *securitas (securitatis)*, que significa segurança, tranquilidade, sossego.[20]

Segundo Lewis Ranieri o termo securitização fora utilizado inicialmente, na conformação atual, em 1977, nos Estados Unidos, em uma coluna do *Wall Street Journal*, de autoria de Ann Monroe, sobre operação no mercado imobiliário.[21]

Os dicionários da língua portuguesa consultados trazem que o substantivo feminino securitização advém do verbo securitizar, acrescido do sufixo "-ação". Na verdade, a palavra securitização origina-se do termo técnico em inglês *securitization*,[22] razão pela qual entendemos que houve, nesse caso, processo de aportuguesamento, conforme ocorreu com outros termos técnicos, como é o caso do arrendamento mercantil (*leasing*) e da franquia (*franchising*).

Na França, utiliza-se o termo *titrisation*, neologismo que sugere a ideia de *transformation en titres*, isto é, transformação em títulos, em valores mobiliários.[23] Em Portugal, alguns autores adotaram a terminologia *titularização de créditos* para designar securitização.[24] Oportuno lembrar que os autores portugueses, em clara proteção à sua língua, também já preferiam a terminologia *cessão financeira* em vez de *factoring*.

No Brasil, a palavra securitização é largamente utilizada, apesar de alguns autores entenderem que essa terminologia acaba gerando confusão com as atividades securitárias (seguro).[25] Outros autores acreditam que a palavra securitização não remete nem foneticamente à operação que ela designa.[26]

A nosso ver, a palavra securitização já se encontra incorporada em nosso vocabulário oficial. Contudo, conforme já destacado anteriormente, a autoridade para reconhecer as palavras oficialmente existentes em nosso léxico é o Vocabulário Ortográfico da Língua Portuguesa (VOLP), editado pela Academia Brasileira de Letras.

Assim, o fato de uma palavra já constar dos dicionários não significa que ela se encontra oficialmente reconhecida em nosso vocabulário. Há que se pesquisar o sistema de busca de palavras disponibilizado pelo VOLP. E esse sistema não identifica o vocábulo securitização.[27] Vale dizer, essa palavra não existe oficialmente em nosso léxico. Trata-se de termo técnico utilizado inicialmente nos Estados Unidos, adotado em outros países e aportuguesado para a nossa língua, ou seja, trata-se de mais um neologismo, cujo som se aproxima do vocábulo inglês (*securitization*/securitização) e nos dá a ideia de conversão de créditos em títulos mobiliários. Houve um empréstimo no Brasil do termo adotado na língua inglesa, com adaptação para o vernáculo do nosso país.

Podemos concluir que no Brasil a palavra securitização já integra os dicionários

20. Idem.

21. Lewis S. Ranieri, "The origins of securitization, sources of its growth, and its future potential", in Leon T. Kendall, Michael J. Fishman (Eds.), *A Primer on Securitization*, Cambridge, Mass., MIT Press, 2000, p. 31; Uinie Caminha, *Securitização*, 2ª ed., São Paulo, Saraiva, 2007, p. 36; Ilene Patrícia de Noronha Najjarian, *Securitização de Recebíveis Mercantis*, São Paulo, Quartier Latin, 2010, p. 34; Cláudio Gonçalves dos Santos, Luiz Roberto Calado, *Securitização: Novos Rumos do Mercado Financeiro*, São Paulo, Saint Paul Editora, 2011, p. 21.

22. Também não encontramos o termo *securitization* nos dicionários da língua inglesa, mas apenas a palavra *security* (*Longman Dictionary of Contemporary English*, 4ª ed., Harlow, Pearson, 2008).

23. Paul Le Cannu, Thierry Granier, Richard Routier, *Instruments de Paiement et de Crédit – Titrisation*, 8ª ed., Paris, Dalloz, 2010, p. 465.

24. Diogo Leite Campos, "A titularização de créditos (securitização)", *Revista de Direito Comparado* 17, Rio de Janeiro, 1999; João Calvão da Silva, *Titularização de Créditos*, Coimbra, Almedina, 2003.

25. Ilene Patrícia de Noronha Najjarian, *Securitização de Recebíveis Mercantis*, cit., p. 31.

26. Uinie Caminha, *Securitização*, 2ª ed., cit., p. 36.

27. Consultar o sistema de busca do Vocabulário Ortográfico da Língua Portuguesa (VOLP), disponível em *http://www.academia.org.br/abl/cgi/cgilua.exe/sys/start.htm?sid=23*, acesso 31.3.2013.

da língua portuguesa, mas, não oficialmente o léxico do país, tendo em vista a inexistência do seu registro no VOLP. A despeito disso, em função do seu aportuguesamento, entendemos desnecessário escrever o termo securitização em itálico, negrito, com sublinha ou entre aspas, como ocorreria com um vocábulo pertencente a outro idioma.

3. Conceito de factoring e securitização

Lembramos inicialmente do ensinamento de Waldirio Bulgarelli no sentido de que os novos tipos de negócios devem ser entendidos como resultado da criatividade posta a serviço da circulação da riqueza.[28] E, a nosso entender, tanto o factoring quanto a securitização de recebíveis fazem parte desses novos tipos de negócios.

Fábio Konder Comparato, o primeiro autor brasileiro a publicar um estudo sobre o factoring, conceituou sua operação como venda de faturamento de uma empresa, agregada a um serviço de gestão de créditos e a uma garantia contra o risco de inadimplemento dos créditos transferidos, podendo ainda comportar um financiamento, se os créditos cedidos são liquidados no momento da cessão.[29]

De forma semelhante, Carlos Alberto de São Tiago Hagstrom afirma que o

> factoring apresenta-se como técnica financeira e como técnica de gestão comercial, que comporta serviços de gestão de créditos e garantia contra o risco de inadimplência dos devedores.[30]

Fran Martins, por sua vez, explica o que se entende por técnica financeira e técnica de gestão comercial no factoring: "Como técnica financeira, representa um financiamento da empresa faturizada, adquirindo o faturizador os créditos dessa, pagando-lhe e assumindo o risco com a cobrança e o não pagamento das contas, sem ter o direito de regresso contra o faturizado. Como técnica de gestão comercial, nota-se na faturização a interferência do faturizador nas operações do faturizado, selecionando os clientes deste, fornecendo-lhe informações sobre o comércio em geral, prestando-lhe, enfim, serviços que, de qualquer modo, diminuem os encargos comuns do vendedor".[31]

Para Maria Helena Diniz, o factoring consiste numa técnica de mobilização do preço oriundo de vendas comerciais, cuja finalidade está ligada à necessidade de reposição do capital de giro das pequenas e médias empresas.[32]

Com uma amplitude bem maior, Luiz Lemos Leite, presidente da ANFAC, traz um conceito para o factoring – que, aliás, é encontrado em algumas legislações tributárias que dispõem sobre sua atividade[33] –, no sentido de que:

> é a prestação contínua de serviços de alavancagem mercadológica, de avaliação de fornecedores, clientes e sacados, de acompanhamento de contas a receber e de outros serviços, conjugada com a aquisição

28. Waldirio Bulgarelli, "Empresa de factoring e suas atividades", *Revista de Direito Bancário* 14/205-210, São Paulo, out.-dez. 1991, p. 210.

29. Fábio Konder Comparato, "Factoring", *RDM* 6/59-66, São Paulo, set. 1972, pp. 59-60.

30. Carlos Alberto São Tiago Hagstrom, "O factoring no Brasil", *RDM* 48/39-47, São Paulo, out.-dez. 1982.

31. Fran Martins, "Faturização ou factoring", in Fran Martins, *Contratos e Obrigações Comerciais*, 15ª ed., Rio de Janeiro, Forense, 2001, p. 475. Maria Helena Diniz também analisa as técnicas de gestão comercial e financeira do factoring (Maria Helena Diniz, "Faturização ou 'Factoring'", in Maria Helena Diniz, *Tratado Teórico e Prático dos Contratos*, 4º vol., São Paulo, Saraiva, 1993, p. 59).

32. Essa autora acrescenta que o faturizador é geralmente uma instituição financeira ("Faturização ou 'Factoring'", in Maria Helena Diniz, *Tratado Teórico e Prático dos Contratos*, 4º vol., cit., p. 58).

33. Art. 28, § 1º, alínea c-4, da Lei n. 8.981/1995; art. 15, § 1º, III, "d", da Lei n. 9.249/1995; art. 58 da Lei n. 9.430/1996; art. 58 da Lei n. 9.532/1997; art. 246 do Regulamento do Imposto de Renda (RIR).

de créditos de empresas resultantes de suas vendas mercantis ou de prestação de serviços, realizadas a prazo.[34]

Percebe-se, nesse conceito, uma oferta de serviços bastante ampla. Concordamos que a doutrina brasileira não diverge ao relacionar o factoring a uma cessão de créditos (ou venda e compra) e prestação de serviços. Entretanto, entendemos que, por ser "complexa e multiforme",[35] a operação resulta num contrato "camaleão", na medida em que existe uma gama extensa de atividades possíveis e que, dependendo da necessidade do cliente, uma, algumas ou todas elas far-se-ão presentes. Ou, adaptando a expressão de Alberto Asquini no presente caso, diríamos que o *factoring* é um contrato poliédrico e multifacetado.[36]

A securitização de recebíveis, por sua vez, é outra possibilidade de estrutura de financiamento para os empresários que necessitam de recursos para o seu negócio, não como o empréstimo bancário convencional ou a operação de factoring, mas com a venda de seus ativos para lastrear emissões de valores mobiliários. A securitização está atrelada à ideia de se buscar financiamentos outros que não os do sistema bancário (desintermediação financeira).

Da mesma forma que o factoring, a securitização surge na seara econômica, como inovação do tráfego negocial, e ganha atenção do mundo jurídico, que procura encontrar sustentação no ordenamento vigente para dar segurança às partes envolvidas na mobilização e circulação do crédito.

Uinie Caminha compreende que a securitização, em sentido amplo, pode ser entendida como a substituição das formas tradicionais de financiamento bancário pelo financiamento através do mercado de capitais, enquanto, em sentido restrito, é uma operação complexa, que envolve alguma forma de segregação de patrimônio, quer pela cessão a uma pessoa jurídica distinta, quer pela segregação interna, e uma emissão de títulos lastreada nesse patrimônio segregado.[37]

De forma semelhante, Ilene Patrícia de Noronha Najjarian afirma que a securitização pode ser entendida sob dois aspectos, um macro, como um mecanismo novo de autofinanciamento empresarial (semelhante ao adotado pelas sociedades anônimas) e um contratual, ou seja, como um contrato mercantil de cessão de lastro para emissões de valores mobiliários.[38]

Já Thais Romano Cançado e Fábio Gallo Garcia definem a securitização como "a *monetização* de título de crédito, ou seja, o processo de transformação de ativos de dívida em títulos negociáveis no mercado de capitais, através da utilização de determinados veículos".[39]

Entendemos que a securitização, no Brasil, pode ter vários significados, alguns mais restritos, outros mais amplos, alguns sob o enfoque financeiro, outro sob o jurídico, porém, de forma geral, pode ser entendida como uma mobilização de ativos, ou seja, agrupamento de créditos que serve de lastro para emissão de títulos padronizados negociáveis no mercado de capitais. Em concepção ainda mais genérica, a securitização pode ser entendida como um negócio jurídico que transforma instrumentos de dívidas ou créditos em títulos ou valores mobiliários.

34. Luiz Lemos Leite, *Factoring no Brasil*, 11ª ed., cit., p. 4.

35. O termo "operação complexa e multiforme" (*opération complexe et multiforme*) é utilizado por Louis Edmond Sussfeld (*Le Factoring*, Paris, PUF, 1968, p. 1).

36. Alberto Asquini, "Profili dell'imprensa", *Rivista del Diritto Commerciale*, vol. XLI, Milão, Francesco Vallardi, pp. 1-20, 1943.

37. Uinie Caminha, *Securitização*, 2ª ed., cit., pp. 37-38.

38. Ilene Patrícia de Noronha Najjarian, *Securitização de Recebíveis Mercantis*, cit., p. 25.

39. Thais Romano Cançado, Fabio Gallo Garcia, *Securitização no Brasil*, São Paulo, Atlas, 2007, p. 5.

4. O crédito mercantil como alavanca do factoring e da securitização

Como registrava o poeta Carlos Drummond de Andrade, "o dinheiro gosta de circular na área dos que não precisam dele". Partindo dessa premissa, a criação de instrumentos que facilitem a circulação do dinheiro daqueles que o possuem para os que não o possuem, como é o caso do factoring e da securitização, ganha destaque no campo econômico e jurídico.

Tanto o factoring como a securitização estão intimamente ligados ao crédito, à sua mobilização e à sua circulação. Podemos entender o crédito como a soma das condições econômicas e morais, pelas quais se obtém uma prestação presente, contra promessa de uma prestação futura.[40]

José Ferreira Borges, redator do primeiro código comercial português, ao analisar o verbete crédito, destacava o seguinte: "Se bem se refletir, em última análise, o crédito é o único contrato mercantil em que todos os demais se fundem. Esta verdade, quando geralmente conhecida, e bem avaliada, reduzirá a jurisprudência mercantil a uma simplicidade, de que não é suscetível a jurisprudência civil propriamente dita".[41]

Como alertava Oscar Barreto Filho, o crédito é um pressuposto necessário da atividade econômica atual. Não se discute que é graças ao crédito que os empresários em geral conseguem imprimir a seus negócios o volume exigido pela intensidade da vida atual.[42] E o crédito está principalmente ligado ao direito comercial, tido pelo referido autor, embora de modo sumário e incompleto, como a disciplina jurídica da atividade econômica.

Sem sombra de dúvidas, o crédito é objeto de estudo tanto da ciência econômica como da ciência jurídica. Ele acaba estabelecendo um diálogo entre essas duas áreas do conhecimento. Dentre outros juristas, o italiano Tullio Ascarelli[43] foi um dos que sempre estudaram com atenção as relações entre direito e economia, considerou o direito, sobretudo, no seu valor instrumental em relação aos fins econômicos da sociedade, a ponto de Norberto Bobbio defini-lo como um jurista-economista.[44]

Conforme já dito, o crédito assume importância considerável na economia contemporânea e seus vários mecanismos de concessão acabam representando uma "desmaterialização" da atividade econômica, na medida em que se tem a passagem das trocas imediatas de bens por moedas e, em seguida, por crédito.[45]

As vendas mercantis a prazo são, em regra, materializadas em títulos de crédito, como as duplicatas, muito embora esse ato de emissão implique em desmaterialização da atividade econômica comercial. Esses títulos, ao representarem um direito de crédito, podem ser utilizados pelos empresários que os detêm para levantar recursos ao seu negócio. Esse autofinanciamento pode ser buscado pelo empresário tanto quando cede esses créditos a um banco, a uma sociedade de factoring ou a uma securitizadora de recebíveis.

40. Ferraris *apud* Oscar Barreto Filho, "O crédito no direito", in Gustavo Tepedino, Luiz Edson Fachin (orgs.), *Edições Especiais Ed. RT 100 Anos: Obrigações e Contratos: Obrigações: Funções e Eficácia*, vol. 2, São Paulo, Ed. RT, 2011, p. 308.

41. José Ferreira Borges, *Dicionário Jurídico-Comercial*, 2ª ed., Porto, 1866, p. 108.

42. Oscar Barreto Filho, "O crédito no direito", in Gustavo Tepedino, Luiz Edson Fachin (orgs.), *Edições Especiais Ed. RT 100 Anos: Obrigações e Contratos: Obrigações: Funções e Eficácia*, vol. 2, cit., p. 307.

43. Tullio Ascarelli entendia que o direito comercial era o direito que nascera das exigências da sociedade capitalista (in *Saggi di Diritto Commerciale*, Milão, Giuffrè, 1949, pp. 7-33).

44. Norberto Bobbio, *Da Estrutura à Função: Novos Estudos de Teoria do Direito*, trad. Daniela Beccaria Versiani, Barueri, Manole, 2007, p. 269.

45. Fábio Konder Comparato, *O Seguro de Crédito*, São Paulo, Ed. RT, 1968, p. 9.

Enfim, a cessão do crédito comercial e industrial pode alavancar várias atividades de financiamento empresarial, como o factoring e a securitização de recebíveis, tidos como instrumentos de desintermediação financeira.

5. Breve histórico do factoring e da securitização no Brasil

Segundo relata Luiz Lemos Leite,[46] o registro da palavra factoring foi encontrado inicialmente em 1968, por ocasião de inspeção realizada pelo Banco Central do Brasil (BACEN) num balancete de um banco de investimento de São Paulo, integrante de um conglomerado financeiro.[47] Conforme esse mesmo autor, os inspetores do BACEN identificaram a palavra factoring no lugar de "financiamento de capital de giro", enquanto o Departamento Jurídico dessa mesma instituição concluíra tratar-se de simulação de desconto bancário de duplicatas. Apesar desse registro, não podemos entender que o factoring começou efetivamente a ser operado no Brasil nesse período.

A nosso ver, o tema passou a ser discutido academicamente neste país com o artigo de Fábio Konder Comparato, intitulado "Factoring" e publicado na *RDM* n. 6, Ano XI, da Editora Revista dos Tribunais, no ano de 1972. Esse autor foi, a nosso entender, o primeiro a publicar um estudo sobre o factoring no Brasil e o primeiro a estabelecer algumas premissas que permanecem intactas até o presente momento. Entre essas premissas, cabe citar a busca de capital de giro para as pequenas e médias empresas, a autogeração de recursos através da dispersão dos riscos empresariais, o tríplice objeto do factoring (garantia, gestão de créditos e financiamento), dentre outras que ainda envolvem muita discussão, como a cessão definitiva sem regresso (cláusula *pro soluto*). Além dessas, outras duas delas não se confirmaram na prática: o nome "faturização" em vez de factoring; e ser uma atividade somente permitida a instituições financeiras que não captem recursos do público, ou a bancos comerciais com ótimos índices de liquidez patrimonial.[48]

Já em 1978, Fran Martins aborda a questão do factoring no Seminário Nacional de Contratos promovido pela Fundação D. Cabral, de Belo Horizonte.[49] Na mesma época, Orlando Gomes registra em sua obra que, conquanto não estivesse regulado especificamente em nosso direito, o factoring é um contrato bancário atípico e, portanto, as partes têm de ser, de um lado, um comerciante ou um industrial e, do outro, uma instituição bancária.[50]

Todavia, o tema passou a ser analisado por um maior número de autores brasileiros somente na década de 1980, quando a atividade de factoring começa a ser praticada no país.[51] Logo, então, surgem as primeiras

46. Luiz Lemos Leite registra no prefácio à 1ª edição do seu livro *Factoring no Brasil*, publicada em 1993, que a decisão de escrevê-lo "se prende primordialmente ao fato de estudar o factoring desde 1968, quando ainda funcionário do Banco Central" (*Factoring no Brasil*, 6ª ed., São Paulo, Atlas, 1999, p. 23).

47. Luiz Lemos Leite, *Factoring no Brasil*, 6ª ed., cit., p. 10; Luiz Gastão Paes de Barros Leães, "A operação de factoring como operação mercantil", *RDM* 115/239-254, São Paulo, jul.-set. 1999; Carlos Alberto de São Tiago Hagstrom, "O factoring no Brasil", *RDM* 48/39-47, cit.; Wilson do Egito Coelho, "O factoring e a legislação bancária brasileira" *RDM* 54/73-82, São Paulo, abr.-jun. 1984.

48. Fábio Konder Comparato, "Factoring", *RDM* 6/59-66, cit..

49. Fran Martins, "O contrato de factoring e sua introdução no direito brasileiro", *Revista Forense* 262/9-14, Rio de Janeiro, Forense, 1978, p. 9; "Faturização ou factoring", in Fran Martins, *Contratos e Obrigações Comerciais*, 15ª ed., cit., p. 469.

50. Orlando Gomes, *Contratos*, 6ª ed., Rio de Janeiro, Forense, 1978, pp. 573-574. Já na 26ª edição desse livro, utiliza-se do termo "empresa de factoring" em vez de "instituição bancária", e não fala mais que o factoring é um contrato bancário atípico, simplesmente que é um contrato atípico, já que a jurisprudência do STJ entende que a operação não é privativa de instituição financeira (REsp 489.658-RS, j. 5.5.2005) (*Contratos*, 26ª ed., Rio de Janeiro, Forense, 2008, p. 580).

51. Diversos artigos sobre o assunto são publicados na década de 1980, tais como: Carlos Alberto

normas dispondo sobre o factoring. Aliás, a primeira delas, a Circular do Banco Central n. 703, datada de 16 de junho de 1982, veio esclarecer que, enquanto a matéria não fosse regulamentada pelo Conselho Monetário Nacional (CMN), as operações conhecidas por factoring, compra de faturamento ou denominações semelhantes, por apresentarem, na maioria dos casos, características e particularidades próprias daquelas privativas das instituições financeiras, somente por estas poderiam ser praticadas, sob pena de multa pecuniária e detenção de um a dois anos.

De 1982 a 1988, temos, na verdade, uma proibição por parte do Banco Central brasileiro quanto à prática do factoring por instituições que não fossem financeiras. Apesar desse período de indefinição, entendemos que o passo decisivo para consolidar a atividade de factoring no Brasil foi tomado em 11 de fevereiro de 1982, quando foi fundada a Associação Nacional das Empresas de Fomento Comercial (ANFAC) por Luiz Lemos Leite.

Em função da restrição imposta pelo BACEN por meio da citada Circular n. 703/1982, algumas sociedades de factoring foram à justiça para questionar a norma e, em 1986, o Tribunal Federal de Recursos (TFR) decidiu que as autoridades administrativas não poderiam impedir a constituição e o registro de sociedades de factoring no Brasil, enfim, sinalizou que a sociedade de factoring desenvolvia uma atividade comercial e não uma atividade privativa de instituição financeira.[52] Essa decisão judicial, dentre outras,[53] influenciou o BACEN a editar, em 30 de setembro de 1988, a Circular n. 1.359, que revogou expressamente a Circular n. 703/1982. Entretanto, não foram somente as decisões judiciais que contribuíram para essa revogação. Segundo Newton De Lucca, a revogação da citada circular deu-se, conforme informação passada por Carlos Alberto Hagstrom, advogado do Banco Central, às novas reflexões sobre o tema a partir da participação do Brasil na Conferência do UNIDROIT sobre factoring internacional, ocorrida em 1988, no Canadá.[54]

A revogação da Circular n. 703/1982 implicou, na prática, na possibilidade de as sociedades de factoring arquivarem livremente seus atos constitutivos nas Juntas Comerciais brasileiras, sem a necessidade de autorização do BACEN.

Podemos dizer que, a partir de outubro de 1988, a atividade de factoring, entendida então como comercial e não financeira, passou a ser utilizada cada vez mais pelos empresários brasileiros de pequeno e médio portes, a ponto de o volume anual de operações dessa natureza apresentar um considerável crescimento a partir de 2000.

Contudo, o factoring ainda continua a não ser regulado por lei específica no Brasil, muito embora existam projetos tramitando há anos perante o Congresso Nacional. Com o aumento das operações, inúmeras legislações

de São Tiago Hagstrom, "O factoring no Brasil", *RDM* 48/39-47, cit.; Wilson do Egito Coelho, "O factoring e a legislação bancária brasileira" *RDM* 54/73-82, cit.; Tulio Freitas do Egito Coelho, "O factoring e a Lei 4.595/64", *RDM* 67/109-114, São Paulo, jul.-set. 1987.

52. Ementa: "(...) 2. Factoring ou faturização. Enquanto não regulada por lei a constituição ou registro de sociedades que se proponham ao exercício desse tipo de atividade comercial, não cabe às autoridades administrativas, com apoio em simples opiniões doutrinárias opor-lhes, a priori, restrições de qualquer natureza. Se, no exercício efetivo de suas atividades comerciais, se verificar que interferem em atividades financeiras não autorizadas, então, sim, caberá ao Banco Central agir na forma da lei" (AMS 99.964, 2ª T. do TFR, rel. Costa Lima, j. 13.5.1986, Sérgio Leal Martinez e Darso Saraiva de Moraes impetraram MS contra ato do Presidente da JUCERS que negou registro ao contrato de constituição da sociedade Serda Interpart Administração e Assessoria Financeira Limitada). Esse acórdão é encontrado na íntegra ao final do artigo escrito por Maria Elizabete Vilaça Lopes ("O contrato de factoring e o sistema financeiro nacional", *RDM* 74/57-71, São Paulo, abr.-jun. 1989).

53. Carlos Renato de Azevedo Ferreira, *Factoring*, 3ª ed., São Paulo, Ed. RT, 2004, p. 38.

54. Newton De Lucca, "O contrato de factoring", in Carlos Alberto Bittar (coord.), *Os Contratos Empresariais*, São Paulo, Ed. RT, 1990, p. 155.

sucederam-se abordando os mais diversos aspectos relacionados à atividade de factoring,[55] principalmente os tributários,[56] muito embora até o presente momento inexista ainda uma lei específica regulamentando o seu contrato.

Já com relação à securitização, podemos dizer que as suas operações no Brasil passaram a ser utilizadas após a Reforma Bancária, ocorrida com a Lei n. 4.595/1964, e a Reforma do Mercado de Capitais, determinada pela Lei n. 4.728/1965. Essas reformas trouxeram mecanismos de controle e fiscalização das instituições públicas e privadas do sistema financeiro nacional, estabelecendo ainda a formação de instituições financeiras especializadas na captação e aplicação de recursos a médio e longo prazos. Merece também destaque a Lei n. 6.385/1976, que cria a Comissão de Valores Mobiliários (CVM), entidade autárquica vinculada ao Ministério da Fazenda, que tem por finalidade disciplinar, fiscalizar e desenvolver o mercado de valores mobiliários, entendido como aquele em que são negociados títulos emitidos para captar recursos junto ao público.

Segundo Emerson Norio Chinen, as primeiras operações realizadas no Brasil assemelhadas à securitização ocorreram no início da década de 1980, quando eram oferecidos títulos em caução ou como garantia do capital de giro obtido pela empresa tomadora.[57] Seria um tipo de securitização parcial, já que a própria empresa tomadora dos recursos realizava a emissão do título ou valor mobiliário.

Na década de 1990, quando se tem a abertura dos mercados e as privatizações, começam a surgir as operações de securitização nos moldes das práticas atualmente adotadas, como a envolvendo companhias prestadoras de serviço público, de energia elétrica, de serviço de telefonia e de água, como a Companhia Energética de São Paulo (CESP), que emitiu, em 1994, o Certificado a Termo de Energia (CTE).

O histórico da securitização no Brasil é encontrado nas normativas editadas pelo Conselho Monetário Nacional (CMN) e pela Comissão de Valores Mobiliários (CVM), razão pela qual passaremos a analisar algumas delas.

Em 1993, o Conselho Monetário Nacional (CMN) edita a Resolução n. 2.026, que facultou aos bancos múltiplos com carteira comercial, de investimento e/ou de crédito, financiamento e investimento, aos bancos comerciais, aos bancos de investimento e às sociedades de crédito, financiamento e investimento a aquisição de direitos creditórios oriundos de operações comerciais ou de prestação de serviços, com pessoas físicas, junto a sociedades anônimas cujo objeto social fosse única e exclusivamente a aquisição de direitos creditórios. Enfim, possibilitou que os bancos em geral e as instituições financeiras nela mencionadas adquirissem os direitos creditórios oriundos de operações comerciais ou de prestação de serviços. Segundo Ilene Patrícia de Noronha Najjarian, a securitização ganha força com essa Resolução CMN n. 2.026/1993.[58]

Em 7 de maio de 1998, o CMN edita a Resolução n. 2.493, que revoga a de n. 2.026/1993 e autoriza a cessão de créditos oriundos de operações de empréstimo, de financiamento e de arrendamento mercantil

55. O Conselho de Controle de Atividades Financeiras (COAF) editou a Resolução n. 21, de 20.12.2012, para dispor sobre os procedimentos a serem adotados pelas empresas de fomento comercial (factoring), em qualquer de suas modalidades, inclusive a securitização de ativos, quanto à prevenção da prática de lavagem de dinheiro e do financiamento ao terrorismo.

56. Lei n. 9.249, de 26.12.1995, em seu art. 15, § 1º, III, trata da forma de apuração do IR; Lei n. 9.532, de 10.12.1997, em seu art. 58, trata da incidência do IOF; Ato Declaratório n. 9, de 25.2.2000, do Secretário da Receita Federal, define a base de cálculo das contribuições para o PIS/PASEP e COFINS; Lei Complementar n. 116, de 31.7.2003, dispõe sobre o ISSQN.

57. Emerson Norio Chinen, *Securitização de Recebíveis*, Dissertação de Mestrado em Direito Comercial, Faculdade de Direito da USP, 1995.

58. Ilene Patrícia de Noronha Najjarian, *Securitização de Recebíveis Mercantis*, cit., p. 79.

contratadas por bancos múltiplos, bancos comerciais, bancos de investimento, sociedades de crédito, financiamento e investimento, sociedades de crédito imobiliário, sociedades de arrendamento mercantil e companhias hipotecárias a sociedades anônimas que tenham por objeto exclusivo a aquisição de tais créditos. A Resolução CMN n. 2.493/1998 condicionava a cessão de créditos oriundos de operações de empréstimos, de financiamento e de arrendamento mercantil à sociedade anônima que trouxesse em sua denominação a expressão "Companhia Securitizadora de Créditos Financeiros". Entendem alguns autores que a Resolução CMN n. 2.493/1998 foi importante para a securitização na medida em que passou a permitir que as instituições financeiras realizassem operações dessa natureza.[59]

Em 26 de janeiro de 2000, a Resolução CMN n. 2.493/1993 é revogada pela de n. 2.686, que estabelece condições para a cessão de créditos a sociedades anônimas de objeto exclusivo e a companhias securitizadoras de créditos imobiliários. Em 30 de maio de 2001, é editada pelo CMN a Resolução n. 2.836, ainda em vigor, que altera a de n. 2.493/1993 e consolida as normas sobre cessão de créditos, autorizando as instituições financeiras a ceder, a instituições da mesma natureza, créditos oriundos de operações de empréstimos, de financiamento e de arrendamento mercantil.

Importante passo para a securitização de recebíveis fora do sistema financeiro foi a Resolução CMN n. 2.907, de 29 de novembro de 2001, ainda em vigor, que autorizou a constituição e o funcionamento de fundos de investimento em direitos creditórios e de fundos de aplicação em quotas de fundos de investimento em direitos creditórios.

59. Walter Douglas Stuber, Enrico Jucá Bentivegna, Henrique Bonjardim Filizzola, *O Instituto da Securitização de Créditos no Brasil*, disponível em *http://www.revistadofactoring.com.br/artigos/pagina=2*, acesso 14.4.2013.

Outra normativa importante para a securitização de recebíveis foi a Instrução da Comissão de Valores Mobiliários (CVM) n. 356, de 17 de dezembro de 2001, com as alterações introduzidas pela Instrução CVM n. 393, de 22 de julho de 2003.

6. Breve histórico do factoring e da securitização em outros países

É possível, com certas restrições, encontrar alguns traços de semelhança do factoring com as tradicionais figuras de colaboração encontradas no comércio da antiguidade. Contudo, a moldura atual do contrato de factoring encontra-se efetivamente nos Estados Unidos, por ocasião da expansão colonial inglesa.

De forma sintética, o processo de desenvolvimento do factoring moderno, cuja origem está atrelada à expansão do comércio britânico para o continente norte-americano, pode ser dividido em três fases: o *colonial factoring*, no qual o *factor* atua como distribuidor (século XVI até meados do século XIX); o *factoring old line*, em que o *factor*, como cessionário dos créditos decorrentes de venda e compra mercantil, cumpre uma função complexa de gestão, assume o risco de insolvência e financia o cliente (final do século XIX); por fim, o *new style factoring*, que surgiu no final da década de 1930, por meio do qual o *factor* se compromete a disponibilizar ao seu cliente um conjunto de serviços financeiros.[60]

Porém, a nosso entender, somente após a Primeira Guerra Mundial, as características do contrato de factoring se tornaram mais claras, ganhando destaque inicialmente nos Estados Unidos, depois na Inglaterra e em outros países europeus, espalhando-se, mais tarde, por todos os continentes. Segundo Karl

60. Luís Miguel D. P. Pestana de Vasconcelos, *Dos Contratos de Cessão Financeira (Factoring)*, Coimbra, Coimbra, 1999, p. 27.

Kaufhold, o factoring foi introduzido na Alemanha pela empresa *Mittelrheinische Kreditbank Dr. Horbach* em 1958. Nos primeiros anos, as empresas de factoring na Alemanha operavam principalmente o "factoring com recurso", ou seja, com a cláusula *pro solvendo*, cujo termo em alemão é conhecido como *Factoring mit Rückgriff, unechtes Factoring* (factoring atípico, não puro).[61] Na França, o contrato de factoring nasce em 1964, ou seja, alguns anos após o seu surgimento na Grã-Bretanha e na Alemanha.[62] Na Itália, a atividade de factoring, com os contornos atuais, também surgiu recentemente, mais precisamente na década de 1970.

O factoring desenvolveu-se nos mais diversos campos de atividade, na busca de se adaptar às necessidades contemporâneas da atividade comercial.

Já a securitização, nos termos que atualmente é adotada, apresenta uma história relativamente recente, que se dá no início da década de 1970, ou seja, não mais que quarenta anos.

Contudo, alguns autores identificam em certas operações no passado traços de semelhança à securitização atual.

Meir Kohn, do Departamento de Economia da Faculdade de Dartmouth, Estados Unidos, identifica na França do século XII um possível embrião da securitização, consistente na cessão dos aluguéis da terra como garantia do financiamento contraído pelo proprietário do imóvel rural, os conhecidos *bail à rente* ou *rent-sale*.[63]

Vinod Khotari entende que a securitização teria surgido na Dinamarca, no início do século XVIII, quando os britânicos incendiaram Copenhague e, para a sua reconstrução, foi necessário utilizar-se do instrumento de hipoteca para garantir os interesses das instituições hipotecárias liberadoras dos recursos. Segundo referido autor, a Dinamarca seria o local de nascimento da securitização (*the birthplace of securitization*).[64]

De forma similar, a Alemanha desenvolveu um instrumento de financiamento com garantia hipotecária, denominado *pfandbrief*, criado em 1769, a pedido de Frederico, o Grande da Prússia, instrumento esse que ainda é utilizado no mercado germânico.[65]

Apesar dessas tentativas de identificar a origem da securitização no passado mais remoto, existe certo consenso que a securitização, nos padrões atuais, foi construída nos Estados Unidos, pelo mercado financeiro hipotecário, em meados da década de 1970. Daquele momento em diante, é possível perceber que as autoridades americanas passaram a editar várias normativas sobre a securitização, marco regulatório esse que deu sustentação ao crescimento das operações dessa natureza naquele país no decorrer dos anos.[66]

Com o sucesso do mercado de securitização americano, suas operações passaram também a ser utilizadas em diversos outros países, inclusive no Brasil.

7. Da estrutura e da função do factoring

Cesare Vivante já advertia os estudantes e estudiosos do direito a não se aventurem a uma análise jurídica sem conhecerem a fundo a estrutura técnica e a função econômica do instituto objeto de seus estudos.[67] Segundo

61. Karl Kaufhold, "Der deutsche Factoringmarkt", in K. F. Hagenmüller, Heinrich Johannes Sommer, Ulrich Brink, *Handbuch des nationalem un internacional factoring*, 3ª ed., Frankfurt, Fritz Knapp, 1997, p. 55.

62. Sobre o factoring na França, consultar: Louis Edmond Sussfeld, *Le Factoring*, cit.; Jean Gerbier, *Le Factoring*, Paris, Dunod, 1970.

63. Meir Kohn, *The Capital Market Before 1600*, fev. 1999, p. 4, disponível em *http://www.dartmouth.edu/~mkohn/Papers/99-06.pdf*, acesso 4.4.2013.

64. Vinod Kothari, *Securitization: the Financial Instrument of the Future*, Singapura, Wiley, 2006, pp. 127-128.

65. Idem ibidem, pp. 119-120.

66. Idem ibidem, pp. 112-113.

67. Cesare Vivante, *Trattato di Diritto Commerciale*, 1º vol., Milão, Francesco Vallardi, 1934, p. IX.

Norberto Bobbio, é possível encontrar no pensamento de Tullio Ascarelli uma advertência para a necessidade de o jurista estudar um instituto tanto sobre o prisma de sua estrutura normativa como de sua função econômica.[68]

O estudo de qualquer aspecto do contrato de factoring parte de um dado específico, ou seja, de um elemento característico dele, no caso, a transmissão de créditos do cliente para a sociedade de factoring com a qual foi celebrado. Em outras palavras, em princípio, não há factoring sem a transmissão de créditos. A dúvida que permanece está em saber qual é a relação estrutural, e não funcional neste momento, entre os créditos.

Com efeito, o contrato de factoring pode realizar-se, basicamente, de duas formas distintas. Na primeira, o cliente se obriga a ofertar em cessão seus próprios créditos, podendo, contudo, a sociedade de factoring, de forma discricionária, aceitá-la ou não. Na segunda, o cliente expressa imediatamente o seu consentimento na cessão dos créditos já existentes como também dos créditos futuros, e a sociedade de factoring declara, por sua vez, que aceita todos os créditos que não sejam expressamente por ela rechaçados.

No primeiro caso, o contrato de factoring se instrumentaliza na qualidade de um pacto de opção, também chamado de contrato preliminar. Segundo essa tese, o contrato de factoring é um contrato preliminar (pré--contrato ou *pactum de contrahendo*) de posteriores contratos de cessão.[69] O cliente, por um lado, se obriga a ofertar à sociedade de factoring as faturas que nascerem de sua atividade comercial, em virtude do compromisso de exclusividade (globalidade). A sociedade de factoring, por sua vez, se reserva a faculdade de aceitar ou recusar todas ou parte das faturas oferecidas pelo cliente faturizado. Enfim, a cessão, uma vez materializada, seria para esta tese o contrato definitivo, enquanto o contrato de factoring, propriamente dito, o contrato preliminar.[70]

Já no segundo caso, surge como um contrato de cessão imediatamente translativo ou definitivo. Os defensores dessa tese entendem que o factoring é um contrato definitivo do qual nascem direitos e obrigações para ambas as partes, tendo os créditos efeito translativo na medida em que venham a surgir.[71]

Contudo, existem algumas posições divergentes às teses do contrato preliminar (ou pacto de opção) e do contrato definitivo (imediatamente translativo), como são as teses do contrato normativo e do contrato quadro, também chamado de contrato base ou contrato de coordenação.

A tese que qualifica o factoring como contrato normativo ganhou força com o italiano Aldo Frignani,[72] ao qual se uniram outros autores, como Giorgio Fossati e Alberto Porro.[73] Segundo eles, o contrato de factoring é um contrato normativo bilateral individual, ou seja, um acordo direto dirigido a prever as regras que disciplinarão as futuras relações a serem estabelecidas entre as partes contratantes. A consequência é clara, ou seja, tem-se uma separação entre o contrato

68. Norberto Bobbio, *Da Estrutura à Função: Novos Estudos de Teoria do Direito*, cit., pp. 250-251.

69. Defendem essa tese: Renzo Bianchi, *Il Factoring i Problema Gestionali che Comporta*, Turim, G. Giappichelli, 1970, pp. 60-61; Louis Edmond Sussfeld, *Le Factoring*, cit., p. 29; Goffredo Zuddas, *Il Contrato di Factoring*, Nápoles, Casa Editrice Dott, 1983, p. 156.

70. Silvio V. Lisoprawski, Carlos G. Gerscovich, *Factoring*, Buenos Aires, Depalma, 1997, pp. 74-76.

71. Defendem a tese do contrato definitivo, dentre outros: Ugo Carnevali, "I problema giuridici del factorin", in Giuseppe B. Portable (org.), *Le Operazioni Bancarie*, 2º t., Milão, Giuffrè, 1978, pp. 299-305; Serge Rolin, *El Factoring*, Madri, Pirámide, 1975.

72. Aldo Frignani, "L'avan-progetto di legge uniforme sul factoring internacionale (UNIDROIT)", *Rivista Diritto Civile*, vol. XXIX, p. 96, 1983; Aldo Frignani, *Factoring, Leasing, Franchising, Venture Capital, Concorrenza*, Turim, G. Giappichelli, 1987, pp. 260-272.

73. Giorgio Fossati, Alberto Porro, *Il Factoring. Aspetti Economici, Financiari e Giuridici*, 3ª ed., Milão, Giuffré, 1985, pp. 153-173.

de factoring e a transmissão dos créditos, a qual será materializada em futuras relações negociais entre as partes que celebraram o referido contrato.

Além das teses de contrato definitivo, preliminar e normativo, surge outra, que busca conciliar as anteriores por meio do que se denominou contrato de coordenação, também chamado de contrato quadro.[74]

Essa tese intermediária do contrato de coordenação surgiu com Roberto Pardolesi, que procurou reconhecer alguns pontos das teses anteriores.[75] Ao analisar o problema da estrutura contratual do factoring, esse autor considerou dois aspectos: (a) a pluralidade negocial ínsita nessa complexa operação; e (b) o fato de que uma parte está vinculada, na origem, a realizar uma oferta de cessão, enquanto a outra é livre para atuar como desejar.[76] Segundo ele, não se pode identificar um contrato definitivo numa convenção complexa em que se encontra o contrato de factoring, no qual as obrigações se materializam num momento posterior à sua celebração.[77] Isso é dizer, para Roberto Pardolesi, que as relações entre o contrato de factoring e os consequentes negócios de transmissão (cessões) levam-no à categoria de "contratos de coordenação".

Para o já citado Roberto Pardolesi, o contrato de factoring é um contrato quadro, já que apresenta as características próprias do contrato normativo, mas também é fonte de obrigações.[78] Se trilharmos a tese defendida por esse autor, estaremos diante de um contrato quadro de caráter unilateral, já que somente é vinculante para o cliente da sociedade de factoring.[79]

Luís Miguel D. P. Pestana de Vasconcelos também entende que o contrato de factoring consiste num contrato quadro, na medida em que envolve uma estrutura contratual apta a servir de suporte aos diferentes tipos contratuais, com conteúdos e funções diversas entre si, desempenhando, inclusive uma função organizatória das relações a serem estabelecidas entre as partes.[80]

Quando não se conta com legislação especial ou precedentes jurisprudenciais consolidados, como é o caso do Brasil, o devido enquadramento do contrato de factoring fica dificultado.

Muito embora a doutrina brasileira não tenha tratado de forma específica de sua estrutura contratual, entendemos que o factoring se enquadra melhor como contrato quadro, na medida em que nele as partes contratantes não só estabelecem previamente as cláusulas e condições das futuras e eventuais cessões, como também as obrigações de aplicação imediata, como as de prestação de serviços a cargo da sociedade de factoring. Enfim, o contrato é fonte mediata e imediata de obrigações para as partes. Com essa estrutura contratual, apesar de as funções serem complexas e variadas, enfatiza-se tanto a financeira como a prestação de serviços de gestão.

Para entendermos as funções do factoring, é oportuno questionar quais as razões

74. Utilizam os termos contrato de coordenação e contrato quadro com o mesmo significado: Silvio V. Lisoprawski, Carlos G. Gerscovich, *Factoring*, cit., p. 76; José Antonio García-Cruces González, *El Contrato de Factoring*, Madri, Tecnos, 1990, pp. 98-99. Contudo, Luís Miguel D. P. Pestana Vasconcelos entende que o contrato de coordenação não tem o mesmo significado do contrato quadro, já que este apresenta conteúdo mais abrangente do que aquele, isto é, enquanto do contrato de coordenação decorre unicamente os devedores de concluir contratos, no contrato quadro, onde se enquadra o factoring, há também o dever de o faturizado comunicar o devedor e não transferir o crédito cedido a outrem (*Dos Contratos de Cessão Financeira (Factoring)*, cit., pp. 160-161).

75. José Antonio García-Cruces González, *El Contrato de Factoring*, cit., p. 98.

76. Roberto Pardolesi, *I Contratti di Distribuzione*, Nápoles, Jovene, 1979, p. 264.

77. Idem, ibidem, p. 264.

78. Idem, ibidem, p. 264.

79. No mesmo sentido: José Antonio García-Cruces González, *El Contrato de Factoring*, cit., p. 99.

80. Luís Miguel D. P. Pestana de Vasconcelos, *Dos Contratos de Cessão Financeira (Factoring)*, Coimbra, Coimbra, 1999, p. 156.

que levam o cliente faturizado a procurar uma sociedade de factoring, ou seja, quais as funções operacionais que o atraem.

De forma geral, podemos destacar diversas razões que podem levar um empresário a recorrer a uma sociedade de factoring, tais como as necessidades de: (a) terceirizar, total ou parcialmente, o seu departamento administrativo de gestão de controle de créditos e cobranças; (b) terceirizar, total ou parcialmente, a gestão do seu departamento contábil e de análise de risco; (c) garantir-se frente ao risco da insolvência de seus compradores (factoring sem direito de regresso) ou melhorar as possibilidades de recebimento de seus créditos (factoring com direito de regresso); (d) aumentar a sua capacidade creditícia.

Essas necessidades do cliente faturizado acabam por transformarem-se nas funções que a sociedade de factoring passa a desempenhar, ou seja, nas funções do factoring.

Nesse cenário, Renzo Bianchi sintetiza as diversas funções do factoring em três: (a) a de um instrumento de gestão (*strumento di gestione*); (b) a de um instrumento de financiamento (*strumento di finanziamento*); e (c) a de um instrumento de desenvolvimento empresarial (*strumento di sviluppo aziendale*).[81]

Goffredo Zuddas procura articular as diferentes funções que o factoring pode desempenhar, trazendo o seguinte esquema: (a) se houver uma cessão com direito de regresso (*pro solvendo*) e com antecipação de recursos, verifica-se apenas a função creditícia; (b) se houver uma cessão sem direito de regresso (*pro soluto*), ou parte *pro soluto* e parte *pro solvendo*, em ambas as hipóteses sem antecipação de recursos, verifica-se apenas a função assecuratória (garantia); (c) se houver uma cessão sem direito de regresso (*pro soluto*), ou parte *pro soluto* e parte *pro solvendo*, em ambas as hipóteses com antecipação de recursos, verifica-se uma função mista, isto é, creditícia e assecuratória (garantia); (d) se houver uma cessão com direito de regresso (*pro solvendo*) e sem antecipação, verifica-se uma função de gestão (prestação de serviços).[82]

Por sua vez, Luís Miguel D. P. Pestana de Vasconcelos apresenta um esquema funcional com algumas pequenas alterações em relação ao anterior, a saber: (a) se o crédito for transferido sem direito de regresso (sem recurso, *pro soluto*) e com antecipação de recursos, concretizam-se as três funções (financeira, garantia e de cobrança/gestão de crédito); (b) se o crédito for transmitido com direito de regresso (com recurso, *pro solvendo*) e com antecipação de recursos, associam-se as funções de cobrança e de financiamento; (c) se o crédito for transferido sem direito de regresso (sem recurso, *pro soluto*), mas sem adiantamento, coligam-se as funções de garantia e de cobrança.[83]

As três funções essenciais (gestão, garantia e financiamento),[84] que levam à construção e configuração do contrato de factoring, não permitem dizer, em absoluto, que devam estar necessariamente presentes nesse contrato, ou, ainda, que, se nele previstas, terão de obrigatoriamente ser adotadas para todos os créditos transmitidos pelo cliente faturizado.[85] Na verdade, essas distintas funções podem combinar-se ou não dependendo do que as partes estipularem.

Em outras palavras, o cliente faturizado procura encontrar na sociedade de factoring uma parceria para o fomento dos seus ne-

81. Renzo Bianchi, *Il Factoring i Problema Gestionali che Comporta*, Turim, G. Giappichelli, 1970, p. 176.

82. Goffredo Zuddas, *Il Contrato di Factoring*, Nápoles, Casa Editrice Dott, 1983, p. 160.

83. Luís Miguel D. P. Pestana de Vasconcelos, *Dos Contratos de Cessão Financeira (Factoring)*, cit., p. 167.

84. Fábio Konder Comparato também destaca essas três funções essenciais do factoring, por ele chamadas de "tríplice objeto" ("Factoring", *RDM* 6/59-66, cit., p. 61).

85. Javier García de Enterría, *Contrato de Factoring y Cesión de Créditos*, 2ª ed., Madri, Civitas, 1996, p. 51.

gócios, muitas vezes carecedores, de forma conjugada ou não, de gestão de créditos, de assessoramento, de financiamento, de garantia, dentre outras funções.

Podemos afirmar que é característica do contrato de factoring apresentar um quadro funcional complexo, articulado e variável, uma vez que as citadas funções se organizam de forma diferente nas diversas transferências de créditos, dependendo das necessidades do cliente faturizado e dos termos contratados.

8. *Da estrutura e da função da securitização de recebíveis mercantis*

Para destacar o seu aspecto estrutural e funcional, Francesco Carnelutti faz uma comparação interessante entre um instituto de Direito e uma máquina: "Que fazemos quando queremos observar uma máquina? Oriento-me deste modo. A primeira questão que se propõe em tal caso é: para que serve? Isso quer dizer que se a considera, antes de mais nada, pelo lado de sua função; fixa-se a atenção sobre o *opus* que ela proporciona. É uma máquina de escrever ou uma máquina de coser? Depois vem outra pergunta que muda a posição do observador: como está feita? Esse é o ponto de vista da estrutura. A distinção que comecei a estabelecer entre o lado funcional e o lado estrutural dos institutos jurídicos não é mais do que uma questão de multiplicação dos pontos de vista na observação, isto é, multiplicação das imagens resultantes da observação como remédio àquela inferioridade de nossa percepção, pela qual toda imagem, em relação a seu objeto, é parcial".[86]

Assim, procuraremos desenvolver tanto uma análise estrutural do contrato de securitização como também as suas funções em relação ao cedente do crédito e o investidor.

Conforme já destacado anteriormente, a securitização, de forma geral, pode ser entendida como "o ato de tornar uma dívida qualquer com determinado credor em dívida com compradores de títulos no mesmo valor".[87]

A estrutura da securitização pode ser compreendida como uma coligação de contratos mercantis autônomos, ou seja, um contrato mercantil atípico denominado de securitização e alguns outros contratos acessórios dela decorrentes. Por meio do contrato de securitização, propriamente dito, tem-se a venda dos créditos por seu detentor a um veículo securitizador,[88] que os utilizará como garantia, isto é, lastro para emissão de títulos, denominados valores mobiliários, a serem vendidos aos investidores.

Cassio Martins C. Penteado Júnior sintetiza a securitização clássica em três etapas, a saber: 1ª) cessão de crédito (*pro soluto*) pela originadora dos ativos; 2ª) colocação dos valores mobiliários junto aos investidores; 3ª) recebimento pela securitizadora dos montantes pagos investidores.[89]

Segundo Ilene Patrícia de Noronha Najjarian: "A securitização é um contrato mercantil de cessão de lastro, ou seja, cessão de recebíveis para emissões de valores mobiliários, de vez que o contrato de cessão de crédito firmado em uma operação de securitização cede não só o crédito puro e simples, mas cede 'lastro', ou melhor, ativos que atendam o condão de servir de base

86. Francesco Carnelutti, *Metodologia do Direito*, trad. Frederico A. Pachoal, 3ª ed., Campinas, Bookseller, 2005, p. 52.

87. *Dicionário Eletrônico Houaiss da Língua Portuguesa*, cit.

88. No Brasil, temos três espécies de veículos securitizadores: EPE (Entidade de Propósito Específico), FIDC (Fundo de Investimento em Direito Creditório) e a sociedade anônima a ser constituída com propósito específico denominada com frequência de Trust (Ilene Patrícia de Noronha Najjarian, *Securitização de Recebíveis Mercantis*, cit., p. 73).

89. Cássio Martins C. Penteado Júnior, "A securitização de recebíveis de créditos gerado em operações dos bancos: a Resolução n. 2.493 e sua perspectiva jurídica", *RDM* 111/120-124, São Paulo, ano XXXVI, jul.-set. 1998.

subjacente para emissão de valores mobiliários, lastreando, pois, emissões públicas e privadas".[90]

Porém, entendemos que a securitização, enquanto cessão de recebíveis, é um contrato coligado a outros de prestação de serviços, tais como contrato para classificação de riscos com agência de *rating*, contrato de auditoria, contrato de serviços de custódia dos valores mobiliários, dentre outros, que viabilizarão a emissão de valores mobiliários.

Nesses termos, Uinie Caminha define a securitização como uma estrutura composta por um conjunto de negócios jurídicos, ou um negócio jurídico indireto, que envolve a cessão e a segregação de ativos em uma sociedade, ou em um fundo de investimento, os quais servirão de lastro para emissão de títulos a serem vendidos aos investidores.[91] Nesse sentido, a mesma autora esclarece que não há um negócio jurídico único tipificado denominado securitização, pois compreende diversos atos sucessivos e constantes, ou seja, vários contratos são utilizados para estruturar um negócio único, tais como a cessão de créditos, constituição de sociedades, emissão de títulos, prestação de garantias e compra e venda de títulos.[92] Segundo ela, trata-se de um negócio indireto, pois se utiliza de contratos já existentes em nosso ordenamento jurídico.

Fábio Ulhoa Coelho registra que "a operação de securitização de créditos consiste na emissão de título negociável lastreado em obrigação ativa a vencer" e destaca que "se trata normalmente de mecanismo de financiamento da atividade empresarial abrigado no mercado de capitais (não necessariamente no de valores mobiliários, esclareça-se)".[93]

90. Ilene Patrícia de Noronha Najjarian, *Securitização de Recebíveis Mercantis*, cit., p. 27.

91. Uinie Caminha, *Securitização*, 2ª ed., cit., pp. 38-39.

92. Idem, pp. 126, 130-131.

93. Fábio Ulhoa Coelho, *Comentários à Nova Lei de Falências e de Recuperação de Empresas*, 2ª ed., São Paulo, Saraiva, 2005, p. 359.

Podemos dizer que o processo de securitização de recebíveis mercantis caracteriza-se pela criação de estruturas organizadas e juridicamente independentes com o objetivo de separar, minimizar e, em alguns casos, eliminar o risco de crédito das empresas.[94] Essas estruturas organizadas podem ser os Fundos de Investimento em Direitos Creditórios (FIDC). Por exigência da Comissão de Valores Mobiliários (CVM), especificamente por meio de sua Instrução n. 356/2001, o FIDC deverá contar com o trabalho de diferentes participantes, tais como: (a) o administrador, que é responsável legal pelo fundo; (b) o gestor, responsável pela alocação do patrimônio do fundo; (c) o custodiante, responsável pela elaboração das informações contábeis e controle das transações financeiros do fundo; (d) o auditor, que faz a auditoria das demonstrações contábeis, que devem ser aprovadas pelos cotistas e enviadas à CVM; (e) a agência de *rating*, que é responsável pela avaliação do risco e da estrutura do fundo.

Existem três tipos de cotas de FIDC. A cota sênior, em que o investidor recebe a remuneração antes dos demais; a cota mezanino, em que o pagamento é feito em segundo lugar; e a cota subordinada, cujos investidores recebem por último. O FIDC pode ser aberto ou fechado. No aberto, o investidor pode realizar resgate a qualquer momento, conforme estabelecido em seu regulamento, já no FIDC fechado não.

Enfim, a securitização permite a substituição do modelo clássico da intermediação financeira por um novo modelo, no qual o mercado de capitais exerce um papel fundamental no financiamento dos mais diversos tipos de ativos, caso do crédito decorrente das vendas e compras mercantis a prazo, ou seja, o mesmo crédito que pode alimentar a operação de factoring.

94. Newton Freitas, *Dicionário Oboé de Finanças*, 10ª ed., Fortaleza, Imprensa Universitária, 2004, p. 234.

A constituição do FIDC no Brasil é regida pela Resolução do Conselho Monetário Nacional (CMN) n. 2.907/2001, como também pelas Instruções da Comissão de Valores Mobiliários (CVM) n. 356/2001, alterada pela 393/2003 e 531/2013, e n. 504/2011, alterada pela 532/2013.

Na prática, uma determinada empresa cede ao FIDC, na condição *pro soluto* (via de regra), os créditos decorrentes de suas vendas mercantis a prazo. Esses créditos deverão ser representados principalmente por duplicatas mercantis para pagamento a prazo e amparados em documentação que comprove a sua existência (notas fiscais, comprovantes de entrega, contratos, dentre outros). Toda cessão de direitos creditórios será precedida de análise pela administradora do fundo, a fim de evitar concentração de títulos de um mesmo sacado.

Entendemos que o FIDC envolve uma comunhão de recursos destinados preponderantemente à aquisição de direitos creditórios, que acaba transformando vendas a prazo em recursos imediatos para o empresário que os detém, mediante taxas de juros de mercado.

Segundo Uinie Caminha, a função econômica da securitização pode ser resumida em três aspectos: mobilizar riquezas, dispersar riscos e desintermediar o processo de financiamento.[95]

Podemos resumir a função da securitização, sob a ótica dos empresários detentores de recebíveis, como a de prover a antecipação de recursos financeiros sem a necessidade de haver a participação direta dos bancos nesta operação.[96] Trata-se de um instrumento de desintermediação financeira. Já sob a ótica dos investidores, é uma alternativa que pode ser mais lucrativa do que os investimentos convencionais realizados junto aos bancos.

9. Semelhanças e diferenças entre o factoring e a securitização

Tanto o factoring como a securitização trazem, muitas vezes, entendimentos paradoxais sobre essas técnicas financeiras. O factoring no Brasil, não raras vezes, é associado por alguns à agiotagem e à lavagem de dinheiro, enquanto outros o defendem como eficiente instrumento, desvinculado dos bancos, de financiamento e assessoria aos pequenos e microempresários.[97] A securitização também é cercada, muitas vezes, por avaliações antagônicas, de um lado, os que a entendem como uma solução miraculosa às dificuldades de financiamento dos agentes econômicos, e, do outro, os que defendem que a sua utilização irresponsável foi determinante para a crise financeira que se iniciou nos Estados Unidos em 2007 e se espalhou pela Europa e diversos outros países.[98]

Dentre outras semelhanças entre o factoring convencional e a securitização de recebíveis mercantis, entendemos oportuno destacar as seguintes: (a) o factoring e a securitização não integram diretamente o Sistema Financeiro Nacional; (b) de forma geral, tanto o factoring como a securitização de recebíveis mercantis são alternativas ao financiamento bancário convencional, ambos são instrumentos de desintermediação financeira; (c) tanto o factoring como a securitização são mecanismos de financiamento da atividade empresarial, ou seja, formas distintas de o titular dos créditos cedidos transformá-los em dinheiro à vista; (d) tanto o factoring como a securitização envolvem contratos mercantis atípicos, ou seja, não estão disciplinados em lei específica; (e) tanto o factoring como a securitização de

95. Uinie Caminha, *Securitização*, 2ª ed., cit., p. 38.

96. Ilene Patrícia de Noronha Najjarian, *Securitização de Recebíveis Mercantis*, cit., p. 43.

97. Sobre os desvios na utilização do factoring, consultar: Rogério Alessandre de Oliveira Castro, *Factoring no Brasil e na Argentina*, Curitiba, Juruá, 2009, pp. 227-231.

98. Paul Le Cannu, Thierry Granier, Richard Routier, *Instruments de Paiement et de Crédit – Titrisation*, 8ª ed., cit., p. 465.

recebíveis mercantis podem ser entendidos como operações estruturadas de antecipação de receita, muito embora o primeiro possa envolver ainda prestação de serviços diversos ao cedente do crédito; (f) o contrato de cessão de créditos é a espinha dorsal do factoring e da securitização de recebíveis mercantis; (g) ambos podem ser entendidos como negócios indiretos, na medida em que se valem de institutos já existentes no ordenamento jurídico; (h) quando se trata de factoring na condição *pro soluto*, ambos transferem o risco do inadimplemento a terceiros (sociedade de factoring e FIDC).[99]

Por outro lado, podemos destacar as seguintes diferenças entre o factoring e a securitização de recebíveis mercantis: (a) a atividade de factoring é fiscalizada, principalmente, pelo Conselho de Controle das Atividades Financeiras (COAF),[100] enquanto a securitização pelo Banco Central, Conselho Monetário Nacional (CMN) e Comissão de Valores Mobiliários (CVM); (b) a atividade de securitização é mais complexa do que a atividade de factoring, na medida em que exige inúmeras contratações acessórias, tais como contrato de agência de *rating*, contrato de auditoria, contrato de serviços de custódia dos valores mobiliários, dentre outros; (c) a estruturação e o funcionamento do FIDC, mecanismo adotado para a securitização de recebíveis mercantis, são complexos, além do que implica em custos maiores para a sua implantação e exige valores maiores de captação para sua viabilização se comparado com a atividade convencional do factoring;[101] (d) a sociedade de factoring não utiliza os créditos adquiridos do cedente para emissões de valores mobiliários, enquanto a securitizadora os utilizará como lastro para essas emissões; (e) a cessão de créditos para uma sociedade de factoring implica a incidência do IOF enquanto a cessão de créditos para um fundo de investimento não; (f) a operação de factoring não distribui o risco, mas o concentra numa sociedade de factoring, que a adianta receitas, por meio da aquisição de títulos a vencer, enquanto na securitização há dispersão dos riscos entre diversos investidores;[102] (g) o FIDC tem como maior objetivo vender cotas para investidores, ele possui CNPJ, mas não é uma empresa; ao contrário, a sociedade de factoring é uma empresa independente, cujo objetivo principal é adquirir os recebíveis dos seus clientes.[103]

10. Vantagens e desvantagens da securitização de recebíveis mercantis em relação ao factoring

Quanto às vantagens da securitização de recebíveis mercantis frente ao factoring, podemos destacar as seguintes: (a) para os investidores em cotas do FIDC, há a segregação do risco da empresa cedente dos recebíveis com sua eventual recuperação judicial ou falência;[104] (b) para as empresas

99. Sobre as semelhanças entre o factoring e a securitização de recebíveis, consultar também: Natália Cristina Chaves, *Direito Empresarial: Securitização de Crédito*, Belo Horizonte, Del Rey, 2006, pp. 71-76; Fernando Schwarz Gaggini, *Securitização de Recebíveis*, São Paulo, LEUD, 2003, pp. 73-79.

100. Resolução COAF n. 21, de 20.12.2012, dispõe sobre os procedimentos a serem adotados pelas empresas de fomento comercial (sociedades de factoring), como forma de prevenção à lavagem de dinheiro e ao financiamento do terrorismo. Essa normativa alcança todas as modalidades de factoring, inclusive a securitização de ativos, títulos ou recebíveis mobiliários e gestoras afins.

101. Segundo o art. 9º, III, da Instrução CVM n. 356/2001, alterada pela n. 393/2003, o fundo poderá ser liquidado se manter patrimônio líquido médio inferior a R$ 500.000,00 pelo período de três meses consecutivos.

102. Uinie Caminha, *Securitização*, 2ª ed., cit., p. 138.

103. Sobre as diferenças entre o factoring e a securitização de recebíveis, consultar também: Natália Cristina Chaves, *Direito Empresarial: Securitização de Crédito*, cit., pp. 71-76; Fernando Schwarz Gaggini, *Securitização de Recebíveis*, cit., pp. 73-79.

104. De acordo com o art. 136, § 1º, da Lei n. 11.101/2005 (Lei de Falências), na hipótese de securitização de créditos do devedor, não será declarada a ineficácia ou revogado o ato de cessão em prejuízo dos direitos dos portadores de valores mobiliários emitidos

cedentes dos recebíveis para o FIDC, se houver montante satisfatório de captação de recursos, poderá ter um custo menor se comparado à operação de factoring; (c) para os investidores em cotas do FIDC, há diversificação dos ativos e possibilidade de adquirir títulos com *rating* (classificação do risco); (d) não há concentração do risco, como ocorre com a sociedade de factoring, ao adquirir os créditos; (e) não incidência do IOF.[105]

Já com relação às desvantagens da securitização de recebíveis mercantis frente ao factoring, destacamos as seguintes: (a) operações mais complexas do que as de factoring; (b) custos mais elevados para a sua estruturação se comparado com as operações de factoring; (c) precisa de captações de valores elevados para compensar os custos fixos,[106] diferentemente do que ocorre com as operações de factoring.

11. Factoring como possível atividade complementar da securitização de recebíveis mercantis

Uinie Caminha destaca algumas utilizações desvirtuadas da securitização, especialmente no que se refere a sociedades de factoring, por entender que a dimensão restrita do fluxo de créditos de seus clientes (pequenas e médias empresas) não justifica a estruturação de uma operação de securitização.[107]

Concordamos com a referida autora que a utilização da securitização de recebíveis não pode ser desvirtuada, no entanto, por outro lado, entendemos que esse instrumento de desintermediação financeira pode apresentar-se como uma alternativa aos detentores de créditos quando as sociedades de factoring não possuam recursos suficientes para sua aquisição, ou que não pretendam, por qualquer razão, dispô-los.[108]

Conforme já destacado anteriormente, a securitização permite a substituição do modelo clássico da intermediação financeira por um novo modelo, no qual o mercado de capitais exerce um papel fundamental no financiamento dos mais diversos tipos de ativos, caso do crédito decorrente das vendas e compras mercantis a prazo, ou seja, o mesmo crédito que alimenta a operação de factoring.

O *BankBoston* foi o primeiro banco dos Estados Unidos a introduzir o "sistema factoring" no mercado de capitais. Aqui no Brasil, a partir de 2005, o factoring também passou a ser introduzido no processo securitização de ativos, que coloca o mercado de capitais como alternativa de acesso a fontes de financiamento à atividade econômica.[109] E

pelo securitizador. Ademais, no início de 2013, o Superior Tribunal de Justiça, em duas decisões, entendeu que o art. 49, § 3º, da Lei n. 11.101/2005 exclui dos efeitos da recuperação os créditos garantidos por cessão fiduciária, ao interpretar que a expressão "bens móveis" contida nesse dispositivo abrangeria também bens imateriais, como os créditos (REsp 1.263.500-ES; REsp 1.202.918-SP).

105. A Confederação Nacional do Comércio (CNC) ajuizou, em 19.1.1998, ADI contra a cobrança do IOF sobre as operações de factoring, tendo a liminar negada e o mérito dessa ação ainda não julgado (ADI 1.763-DF, rel. Min. Dias Toffoli, em substituição ao Ministro Sepúlveda Pertence).

106. A CVM poderá liquidar o fundo que apresente patrimônio líquido médio inferior a R$ 500.000,00 pelo período de três meses consecutivos (art. 9º, III, da Instrução CVM n. 356/2001, alterada pela 393/2003).

107. Uinie Caminha, *Securitização*, 2ª ed., cit., pp. XIV e 138.

108. Sobre esse tema, consultar: Fernando Schwarz Gaggini, *Securitização de Recebíveis*, cit.

109. Dentre outros, destacamos o FIDC Lastro Performance LP, constituído em 2005, sob a forma de condomínio aberto, e que tem por objetivo a aplicação de recursos na aquisição de direitos creditórios decorrentes de vendas mercantis já entregues ou serviços já prestados, recebíveis esses indicados e selecionados pela consultora especializada Lastro Factoring Fomento Comercial Ltda. A Lastro RDV DTVM Ltda. é o administrador/gestor, o Santander S/A é o banco custodiante, o Bradesco S/A é o banco cobrador e a BDO RCS é a auditoria contábil. A Agência de risco é a Austin Rating que, em reunião realizada no dia 14.2.2013, atribuiu a classificação "AA-" às cotas seniores deste FIDC, o que significa baixa probabilidade de que os cotistas não recebam o pagamento referente às suas aplicações, acrescido do rendimento esperado, em caso de resgate

os Fundos de Investimento em Direitos Creditórios (FIDC) passam a ser os instrumentos do processo de securitização desses ativos.[110]

O mecanismo da operação de securitização de recebíveis mercantis envolve, em regra, uma instituição responsável pela administração e escrituração das cotas do FIDC, um banco custodiante encarregado pela controladoria e cobrança regular dos recebíveis e um consultor, que pode ser uma sociedade de factoring, que passa a ser responsável pela análise e seleção dos recebíveis que serão adquiridos pelo fundo. Diríamos que, nessa formatação, as sociedades de factoring concentrariam suas atividades apenas na prestação de serviços, pois a aquisição de créditos é feita pelo FIDC. Além disso, uma agência será responsável pela avaliação e classificação do risco que envolve cada classe de quotas do FIDC, e uma empresa especializada realizará uma auditoria independente nas operações e demonstrações financeiras desse fundo.

Entendemos que, no Brasil, a securitização de recebíveis mercantis poderá prover recursos aos potenciais clientes das sociedades de factoring quando estas não os possuam ou não desejam dispô-los. Nesse caso, acabará também por redirecionar o papel das sociedades de factoring para a prestação de serviços de análise e seleção dos recebíveis que serão adquiridos pelo FIDC, prestação de serviços que, na prática, é pouco utilizada nas operações convencionais de factoring neste país.

A securitização de recebíveis mercantis pode ser entendida como uma alteração da estrutura de crédito que envolve as operações de factoring, ou seja, uma passagem da estrutura mercantil de financiamento para uma estrutura do mercado de valores mobiliários. Também entendemos que a securitização de recebíveis mercantis poderá resultar em novo nicho de mercado para as sociedades de factoring, ou seja, valer-se do seu expertise na análise e seleção dos recebíveis que serão adquiridos pelo FIDC. Essa prestação de serviços por parte da sociedade de factoring, voltada não mais ao cliente faturizado mas ao administrador do fundo, poderá contribuir para o fortalecimento do seu papel no fomento da atividade econômica do empresário detentor de créditos, agora sob uma nova vertente, a do mercado de capitais.

Enfim, a securitização de recebíveis mercantis não substitui ou exclui a atividade de factoring, na medida em que não são atividades concorrentes. A nosso entender, a sociedade de factoring pode contribuir para a seleção e análise de créditos mercantis, contribuir para uma das etapas da securitização. Desse modo, visualizamos certa complementariedade e colaboração do factoring com a securitização de recebíveis mercantis.

12. Conclusões

Procuramos, com o presente artigo, analisar diversas questões envolvendo o factoring e a securitização de recebíveis mercantis. Dessa nossa análise, extraímos algumas conclusões, que passamos a registrar nas linhas abaixo.

Quanto à etimologia das palavras, tanto o factoring como a securitização são termos técnicos incorporados pela língua portu-

das cotas (Austin Rating, disponível em *http://www.austin.com.br/Ratings/Finanças_Estruturadas/FIDCs*, acesso 2.5.2013).

110. "Entre outros fatores, a desregulamentação financeira e monetária dos mercados, a liberalização do fluxo de capitais, a capacidade de negociação instantânea de ativos financeiros, proporcionada pela telemática, o crescimento e a sofisticação da oferta de aplicações financeiras e o desenvolvimento dos mercados de derivativos, criaram condições para que os indivíduos e as empresas prefiram entregar parte de sua poupança a profissionais que, conhecendo bem a complexidade das finanças, conseguem administrar os recursos recebidos de seus clientes dentro de uma estrutura organizacional que lhes permite escala para, de um lado, ter melhores condições de negociar a redução de taxas, e, de outro lado, diversificar os investimentos coletivos, permitindo uma redução dos riscos individuais" (Ricardo de Santos Freitas, *Natureza Jurídica dos Fundos de Investimentos*, São Paulo, Quartier Latin, 2005, p. 267).

guesa no Brasil. Com relação ao factoring (do latim *factor, factoris*), já classificado pelo VOLP como substantivo masculino, houve empréstimo integral do termo em língua inglesa, sem qualquer adaptação, não podendo ser entendido como estrangeirismo ou barbarismo, enquanto vício de linguagem. Por sua vez, a palavra securitização (do latim *securitas, securitatis*), encontrada nos dicionários da língua portuguesa, mas não reconhecida pelo VOLP, é um neologismo, cujo som se aproxima do termo em inglês (*securitization*), razão pela qual entendemos ter havido aportuguesamento.

Quanto ao conceito, o factoring é entendido como uma atividade mercantil (e não financeira) de aquisição de créditos resultantes de vendas mercantis ou de prestação de serviços, realizadas a prazo, conjugada com a prestação de serviços diversos ao cliente faturizado, que pode compreender a gestão de créditos (avaliação dos sacados), a garantia contra o risco de inadimplemento e um financiamento (transforma vendas a prazo em vendas à vista). Já a securitização, apesar de várias vertentes conceituais, pode ser entendida como uma atividade não financeira de mobilização de ativos, ou seja, agrupamento de créditos que serve de lastro para emissão de títulos padronizados negociáveis no mercado de capitais.

O factoring passou a ser discutido academicamente no Brasil com Fábio Konder Comparato, em 1972, quando publicou artigo sobre o tema na *RDM* n. 6, muito embora sua operacionalização tenha ocorrido somente na década de 1980. Inicialmente, a Circular BACEN n. 703, de 16.6.1982, restringiu suas operações apenas às instituições financeiras, o que implicou em sua pouca utilização até 1988, quando o mesmo BACEN edita Circular n. 1.359, revogando a anterior. A partir de então, o factoring passa a ser operado por empresas mercantis e não por instituições financeiras, o que resulta o aumento expressivo do volume de suas operações. Ainda hoje não existe uma lei específica disciplinando o factoring, apenas legislações esparsas, principalmente na área tributária (IOF, IR, COFINS, ISSQN), como também normativas editadas pelo COAF, como a Resolução n. 21, de 20.12.2012, que estabelece procedimentos a serem adotados pelas sociedades de factoring para prevenção à lavagem de dinheiro e ao financiamento do terrorismo.

A securitização também começa a se desenvolver no Brasil na década de noventa, merecendo destaque a Resolução CMN n. 2.026/1993, que permitiu aos bancos adquirirem direitos creditórios oriundos de operações comerciais ou de prestação de serviço. A securitização no Brasil ganha maior ênfase na década de 2000, ainda de forma não tão expressiva como nos Estados Unidos, quando surge um marco regulatório mais claro editado pelo CMN e CVM, merecendo destaque, com relação à securitização de recebíveis mercantis, a Resolução CMN n. 2.907/2001 e as Instruções CVM n. 356/2001, 393/2003, 531/2013 e 532/2013.

Tanto o factoring como a securitização ganham quando destaque nos Estados Unidos e depois passam a ser utilizados em outros países. O factoring surge nos Estados Unidos, por ocasião da expansão colonial inglesa (século XVI), muito embora a sua utilização, no formato atual, desenvolveu-se no final da década de 1930 junto aos bancos americanos, tendo ainda hoje destaque naquele país. Muito embora alguns autores entendam que a Dinamarca tenha sido o local de nascimento da securitização (reconstrução de Copenhague no século XVIII), há certo consenso de que essa atividade, nos padrões atuais, tenha sido também construída nos Estados Unidos, no mercado hipotecário da década de 1970, sendo ainda hoje o mercado americano o que apresenta o maior volume dessas operações.

Entendemos que o factoring está estruturado num contrato quadro apto a servir de suporte aos diferentes tipos contratuais (principalmente, cessão de crédito e prestação de serviços), com funções diversas, que compreendem gestão de créditos, assessoramento, financiamento e garantia por parte da sociedade de factoring ao cliente faturizado. Já a securitização de recebíveis apresenta uma estrutura contratual mais complexa, caracterizada por uma coligação de contratos mercantis autônomos, tais como o contrato de cessão dos créditos que irão lastrear a emissão de valores mobiliários a serem negociados com os investidores, os contratos de prestação de serviços de análise dos créditos cedidos, classificação de risco (*rating*), auditoria e custódia dos valores mobiliários. Sob a ótica dos empresários detentores de recebíveis, a securitização tem a função de prover a antecipação de recursos sem a intermediação financeira convencional, ou seja, essencialmente financiamento. Concordamos com Uinie Caminha quando destaca como funções da securitização da mobilização de riquezas, a dispersão de riscos e a desintermediação financeira do processo de financiamento.

Dentre outras semelhanças entre o factoring convencional e a securitização de recebíveis mercantis, entendemos oportuno destacar as seguintes: (a) o factoring e a securitização não integram diretamente o Sistema Financeiro Nacional; (b) de forma geral, tanto o factoring como a securitização de recebíveis mercantis são alternativas ao financiamento bancário convencional; ambos são instrumentos de desintermediação financeira; (c) tanto o factoring como a securitização são mecanismos de financiamento da atividade empresarial, ou seja, formas distintas de o titular dos créditos cedidos transformá-los em dinheiro à vista; (d) tanto o factoring como a securitização envolvem contratos mercantis atípicos, ou seja, não estão disciplinados em lei específica; (e) tanto o factoring como a securitização de recebíveis mercantis podem ser entendidos como operações estruturadas de antecipação de receita, muito embora o primeiro possa envolver ainda prestação de serviços diversos ao cedente do crédito; (f) o contrato de cessão de créditos é a espinha dorsal do factoring e da securitização de recebíveis mercantis; (g) ambos podem ser entendidos como negócios indiretos, na medida em que se valem de institutos já existentes no ordenamento jurídico; (h) quando se trata de factoring na condição *pro soluto*, ambos transferem o risco do inadimplemento a terceiros (sociedade de factoring e FIDC).

Por outro lado, podemos destacar as seguintes diferenças entre o factoring e a securitização de recebíveis mercantis: (a) a atividade de factoring é fiscalizada, principalmente, pelo Conselho de Controle das Atividades Financeiras (COAF), enquanto a securitização pelo Banco Central, Conselho Monetário Nacional (CMN) e Comissão de Valores Mobiliários (CVM); (b) a atividade de securitização é mais complexa do que a atividade de factoring, na medida em que exige inúmeros contratações acessórias, tais como contrato de agência de *rating*, contrato de auditoria, contrato de serviços de custódia dos valores mobiliários, dentre outros; (c) a estruturação e o funcionamento do FIDC, mecanismo adotado para a securitização de recebíveis mercantis, são complexos, além do que implica em custos maiores para a sua implantação e exige valores maiores de captação para sua viabilização se comparado com a atividade convencional do factoring; (d) a sociedade de factoring não utiliza os créditos adquiridos do cedente para emissões de valores mobiliários, enquanto a securitizadora os utilizará como lastro para essas emissões; (e) sobre a cessão de créditos para uma sociedade de factoring incide o IOF e sobre a cessão de créditos para um fundo de investimento, não; (f) a operação de factoring não distribui o risco, mas o concentra numa sociedade de factoring, que a adianta receitas, por meio da aquisição de títulos a vencer, enquanto na securitização há dispersão dos riscos entre diversos investidores; (g) o FIDC tem como maior objetivo vender cotas para investidores, ele possui CNPJ, mas não é uma empresa; ao contrário, a sociedade de factoring é uma empresa independente, cujo objetivo principal é adquirir os recebíveis dos seus clientes.

Enfim, a securitização de recebíveis mercantis pode ser entendida como uma alteração da estrutura de crédito que envolve as operações de factoring, ou seja, uma passagem da estrutura mercantil de financiamento para uma estrutura do mercado de valores mobiliários. Por outro lado, entendemos também que a securitização de recebíveis mercantis não substitui ou exclui a atividade de factoring, na medida em que não são atividades concorrentes. A nosso ver, a sociedade de factoring pode contribuir para a seleção e análise de créditos mercantis, contribuir para uma das etapas da securitização. Desse modo, visualizamos certa complementariedade e colaboração do factoring com a securitização de recebíveis mercantis.

13. Bibliografia

ACADEMIA BRASILEIRA DE LETRAS. Vocabulário Ortográfico da Língua Portuguesa (VOLP). *Busca de palavras estrangeiras do vocabulário ortográfico da Língua Portuguesa*. Disponível em *http://www.academia.org.br/abl/cgi/cgilua.exe/sys/start.htm?sid=24*. Acesso 16.2.2013.

ALMEIDA, Napoleão Mendes. *Gramática Metódica da Língua Portuguesa*. 10ª ed. São Paulo, 1958.

ASCARELLI, Tullio. *Saggi di Diritto Commerciale*. Milão, Giuffré, 1949.

ASHTON, Peter Walter. "A securitização, o mercado de capitais e as sociedades por quotas de responsabilidade limitada". *Revista da Faculdade de Direito da Universidade Federal do Rio Grande do Sul* 11/7-12, Porto Alegre, 1996.

ASQUINI, Alberto. "Profili dell'imprensa". *Rivista del Diritto Commerciale* XLI/1-20, Milão, Francesco Vallardi, 1943.

AULETE DIGITAL. *Dicionário Contemporâneo da Língua Portuguesa*. Lexikon Editora Digital Ltda. Disponível em *http://www.aulete digital.com.br/*. Acesso 30.1.2013.

AUSTIN RATING. Disponível em *http://www.austin.com.br/Ratings/Finanças_Estrutura das/FIDCs*. Acesso 2.5.2013.

AZEVEDO, Antonio Junqueira de. "Natureza de seguro dos fundos de garantia". In TEPEDINO, Gustavo; FACHIN, Luiz Edson (orgs.). *Obrigações e Contratos: Obrigações: Estrutura e Dogmática*. vol. 1. São Paulo, Ed. RT, 2011, pp. 571-587.

BARRAL, Welber. *Metodologia da Pesquisa Jurídica*. 2ª ed. Florianópolis, Fundação Boiteux, 2003.

BARRETO FILHO, Oscar. "O crédito no direito". In TEPEDINO, Gustavo; FACHIN, Luiz Edson (Orgs.). *Obrigações e Contratos: Obrigações: Funções e Eficácia*. vol. 2. São Paulo, Ed. RT, 2011, pp. 305-315.

BIANCHI, Renzo. *Il Factoring i Problema Gestionali che Comporta*. Turim, G. Giappichelli, 1970.

BOBBIO, Norberto. *Da Estrutura* à *Função: Novos Estudos de Teoria do Direito*. Trad. Daniela Beccaria Versiani. Barueri, Manole, 2007.

BORGES, José Ferreira. *Dicionário Jurídico-Comercial*. 2ª ed. Porto, 1866.

BULGARELLI, Waldirio. "Empresa de factoring e suas atividades". *Revista de Direito Bancário* 14/25-210. São Paulo, out.-dez. 1991.

CAMINHA, Uinie. *Securitização*. 2ª ed. São Paulo, Saraiva, 2007.

CAMPOS, Diogo Leite. "A titularização de créditos (securitização)". *Revista de Direito Comparado* 17. Rio de Janeiro, 1999.

CANÇADO, Thais Romano; GARCIA, Fabio Gallo. *Securitização no Brasil*. São Paulo, Atlas, 2007.

CARNELUTTI, Francesco. *Metodologia do Direito*. Trad. Frederico A. Pachoal. 3ª ed. Campinas, Bookseller, 2005.

CARNEVALI, Ugo. "I problema giuridici del factorin". In PORTABLE, Giuseppe B. (Org.). *Le Operazioni Bancarie*. 2º t. Milão, Giuffrè, 1978, pp. 299-305.

CASTRO, Rogério Alessandre de Oliveira. *Factoring: seu Reconhecimento Jurídico e sua Importância Econômica*. 2ª ed. Leme, LED, 2004.

______. *Factoring no Brasil e na Argentina*. Juruá, Curitiba, 2009.

______. "Análise do posicionamento do STJ em relação aos juros remuneratórios nas operações de factoring". In CIAMPOLINI NETO, Cesar; WARDE JR., Walfrido Jorge (Coords.). *O Direito de Empresa nos Tribunais Brasileiros*. São Paulo, Quartier Latin, 2010, pp. 123-144.

CHAVES, Natália Cristina. *Direito Empresarial: Securitização de Crédito*. Belo Horizonte, Del Rey, 2006.

CHINEN, Emerson Norio. *Securitização de Recebíveis*. Dissertação de Mestrado. Depto. de Direito Comercial da Faculdade de Direito da USP, 2002.

COELHO, Fábio Ulhoa. *Comentários à Nova Lei de Falências e de Recuperação de Empresas*. 2ª ed. São Paulo, Saraiva, 2005.

COELHO, Tulio Freitas do Egito. "O factoring e a Lei 4.595/64". *RDM* 67/109-114. São Paulo, jul.-set. 1987.

COELHO, Wilson do Egito. "O factoring e a legislação bancária brasileira". *RDM* 54/73-82. São Paulo, abr.-jun. 1984.

COMPARATO, Fábio Konder. *O Seguro de Crédito*. São Paulo, Ed. RT, 1968.

______. "Factoring". *RDM* 6/59-66. São Paulo, set. 1972, pp. 59-60.

COSTA, José Maria. *Manual de Redação Profissional*. 2ª ed. Campinas, São Paulo, Millennium, 2004.

DE LUCCA, Newton. "O contrato de factoring". In BITTAR, Carlos Alberto (Coord.). *Os Contratos Empresariais*. São Paulo, Ed. RT, 1990, pp. 115-155.

DICIONÁRIO de Francês-Português (Minidicionário). São Paulo, Ática, 1994.

DICIONÁRIO de Inglês (English Mini Dictionary). 2ª ed. Londres, Harrap's, 1991.

DICIONÁRIO Eletrônico Houaiss da Língua Portuguesa. Versão 1.0. 2009, 1 CD-ROM.

DICIONÁRIO Latim-Português. 2ª ed. Porto, Porto, 2001.

DINIZ, Maria Helena. "Faturização ou 'Factoring'". In DINIZ, Maria Helena. *Tratado Teórico e Prático dos Contratos*. 4º vol. São Paulo, Saraiva, 1993, pp. 58-59.

DONINI, Antonio Carlos; GUIA, Fernanda. *Normas do COAF: Factoring & Securitizadoras: Comentários à Resolução 21*. 2ª ed. São Paulo, Klarear, 2013.

ENTERRÍA, Javier García de. *Contrato de Factoring y Cesión de Créditos*. 2ª ed. Madri, Civitas, 1996.

FARINA, Juan M. "Fondos comunes de inversión". In FARINA, Juan M. *Contratos Comerciales Modernos*. vol. 6, 3ª ed. Buenos Aires, Astrea, 2005, pp. 182-185.

FERREIRA, Carlos Renato de Azevedo. *Factoring*. São Paulo, Fiuza, 2004.

FOSSATI, Giorgio; PORRO, Alberto. *Il Factoring. Aspetti Economici, Financiari e Giuridici*. 3ª ed. Milão, Giuffré, 1985.

FREITAS, Newton. *Dicionário Oboé de Finanças*. 10ª ed. Fortaleza, Imprensa Universitária, 2004.

FREITAS, Ricardo de Santos. *Natureza Jurídica dos Fundos de Investimentos*. São Paulo, Quartier Latin, 2006.

FRIGNANI, Aldo. "L'avan-progetto di legge uniforme sul factoring internacionale (UNIDROIT)". *Rivista Diritto Civile* XXIX/96, 1983.

______. *Factoring, Leasing, Franchising, Venture Capital, Concorrenza*. Turim, G. Giappichelli, 1987, pp. 260-272.

GAGGINI, Fernando Schwarz. *Securitização de Recebíveis*. São Paulo, LEUD, 2003.

GAMBÔA, Celso. *Securitização de Recebíveis. Disclousure das Transações Financeiras*, n. 1. São Paulo, ano 1, out. 1995.

GARCÍA-CRUCES GONZÁLEZ. José Antonio. *El Contrato de Factoring*. Madri, Tecnos, 1990.

GERBIER, Jean. *Le Factoring*. Paris, Dunod, 1970.

GOMES, Orlando. *Contratos*. 6ª ed. Rio de Janeiro, Forense, 1978; 26ª ed. Rio de Janeiro, Forense, 2008.

HAGSTROM, Carlos Alberto São Tiago. "O factoring no Brasil". *RDM* 48/39-47. São Paulo, out.-dez. 1982.

KAUFHOLD, Karl. "Der deutsche Factoringmarkt". In HAGENMÜLLER, K. F.; SOMMER, Heinrich Johannes; BRINK, Ulrich. *Handbuch des nationalem un internacional factoring*. 3ª ed. Frankfurt, Fritz Knapp, 1997.

KOHN, Meir. *The Capital Market Before 1600*. Disponível em *http://www.dartmouth.edu/~mkohn/Papers/99-06.pdf*. Acesso 4.4.2013.

KOTHARI, Vinod. *Securitization: the Financial Instrument of the Future*. Singapura, Wiley, 2006.

LE CANNU, Paul; GRANIER, Thierry; ROUTIER, Richard. *Instruments de Paiement et de Credit – Titrisation*. 8ª ed. Paris, Dalloz, 2010.

LEÃES, Luiz Gastão Paes de Barros. "A operação de factoring como operação mercantil". *RDM* 115/239-254. São Paulo, jul.-set. 1999.

LEITE, Luiz Lemos. *Factoring no Brasil*. 3ª ed. São Paulo, Atlas, 1995; 6ª ed. São Paulo, Atlas, 1999; 11ª ed. São Paulo, Atlas, 2007.

LISOPRAWKSI, Silvio V. "La securitización. Necessidad de una legislación de fideicomiso financiero". *Revista jurídica Argentina La Ley* 101. Buenos Aires, 1994.

______; KIPER, Cláudio M. *Fideicomisso, Dominio Fiduciario y Securitización*. Buenos Aires, Depalma, 1995.

LONGMAN Dictionary of Contemporary English. 4ª ed. Harlow, Pearson, 2008.

LOPES, Maria Elizabete Vilaça. "O contrato de factoring e o sistema financeiro nacional". *RDM* 74/57-71. São Paulo, abr.-jun. 1989.

MARCONI, Marina de Andrade; LAKATOS, Eva Maria. *Metodologia Científica*. 4ª ed. São Paulo, Atlas, 2004.

MARTINS, Fran. "O contrato de factoring e sua introdução no direito brasileiro". *Revista Forense*. Rio de Janeiro, Forense, 1978.

______. "Faturização ou factoring". In MARTINS, Fran. *Contratos e Obrigações Comerciais*. 15ª ed. Rio de Janeiro, Forense, 2001.

MICHAELIS. *Moderno Dicionário da Língua Portuguesa*. Disponível em *http://michaelis.uol.com.br/moderno/portugues/index.php?lingua=portuguesportugues&palavra=cultivar*. Acesso 30.1.2013.

MIRANDA, Pontes de. "Fundos de investimento". In MIRANDA, Pontes de. *Tratado de Direito Privado*, Parte Especial: *Direito das obrigações: negócios jurídicos bancários e de bolsa. Corretagem de seguros. Transferência de propriedade mobiliária, em segurança. Subscrição, distribuição e colocação de títulos e valores mobiliários*. vol. 52. Atual. Bruno Miragem. São Paulo, Ed. RT, 2012, pp. 280-284.

______. *Direito das Coisas: Propriedade Mobiliária (Bens Incorpóreos), Propriedade Intelectual, Propriedade Industrial*. vol. 16, t. XVI. Atual. Marcos Alberto Sant'Anna Bitelli. São Paulo, Ed. RT, 2012, pp. 639-652.

NORONHA NAJJARIAN, Ilene Patrícia de. *Securitização de Recebíveis Mercantis*. São Paulo, Quartier Latin, 2010.

NOVO DICIONÁRIO ELETRÔNICO AURÉLIO. Versão 5.0. Regis Ltda., 2004, 1 CD-ROM.

OLIVA, Milena Donato. "Indenização devida 'ao fundo de investimento': qual quotista vai ser contemplado, o atual ou o da data do dano?". In TEPEDINO, Gustavo; FACHIN, Luiz Edson (Orgs.). *Obrigações e Contratos: Serviços e Circulação*. São Paulo, Ed. RT, 2011, vol. 6, pp. 1.303-1.328.

PARDOLESI, Roberto. *I Contratti di Distribuzione*. Nápoles, Jovene, 1979.

PARKER, Edmund. *Credit Derivatives: Documenting and Understanding Credit Derivate Products*. Londres, Globe Law and Business, 2007.

PENTEADO JÚNIOR, Cassio Martins C. "A propósito da securitização de recebíveis: cessão de crédito ou cessão do contrato". *RDM* 115/124-126. São Paulo, jul.-set. 1999.

______. "A securitização de recebíveis de créditos gerados em operações de bancos: a Resolução n. 2.493 e sua perspectiva jurídica". *RDM* 111/120-124. São Paulo, jul.-set. 1998.

RANIERI, Lewis S. "The origins of securitization, sources of its growth, and its future potential". In KENDALL, Leon T.; FISHMAN, Michael J. (Eds.). *A Primer on Securitization*. Cambridge, Mass., MIT Press, 2000.

RIZZARDO, Arnaldo. *Factoring*. 3ª ed. São Paulo, Ed. RT, 2004.

ROLIN, Serge. *El Factoring*. Madri, Pirámide, 1975.

ROZENTHAL, R.; OCAMPO, R. *Securitization of Credit: Incide the New Technology of Finance*. Chicago, Phobus Publishing, 1988.

SACCONI, Luiz Antonio. *Minidicionário Sacconi da Língua Portuguesa*. 11ª ed. São Paulo, Nova Geração, 2009.

SANTOS, Cláudio Gonçalves dos; CALADO, Luiz Roberto. *Securitização: Novos Rumos do Mercado Financeiro*. São Paulo, Saint Paul, 2011.

SILVA, João Calvão da. *Titularização de Créditos*. Coimbra, Almedina, 2003.

SOUZA, Adriano Boni de. *Securitização de Recebíveis de Agroenergia: um Estudo de Caso Baseado em* Títulos do *Agronegócio*. Dissertação de Mestrado. Escola de Economia de São Paulo, 2010.

SUSSFELD, Louis Edmond. *Le Factoring*. Paris, PUF, 1968.

STUBER, Walter Douglas; BENTIVEGNA, Enrico Jucá; FILIZZOLA, Henrique Bonjardim. *O Instituto da Securitização de Créditos no Brasil*. Disponível em *http://www.revistadofactoring.com.br/artigos/pagina=2*. Acesso 14.4.2013.

SZTAJN, Rachel. "Quotas de fundos imobiliários – Novo valor mobiliário". *RDM* 93/104-107. jan.-mar. 1994.

TOMÉ, Maria João Romão Carreiro Vaz. *Fundos de Investimento Mobiliários Abertos*. Coimbra, Almedina, 1997.

VASCONCELOS, Luís Miguel D. P. Pestana de. *Dos Contratos de Cessão Financeira (Factoring)*. Coimbra, Coimbra, 1999.

VEIGA, V. Alexandre Brandão da. *Fundos de Investimento Mobiliário e Imobiliário*. Coimbra, Almedina, 1999.

VIVANTE, Cesare. *Trattato di Diritto Commerciale*. 1º vol. Milão, Francesco Vallardi, 1934, p. IX.

ZUDDAS, Goffredo. *Il Contrato di Factoring*. Nápoles, Casa Editrice Dott, 1983.

ZWEIG, Phillip L. (Ed.). *The Asset Securitization Handbook*. Homewood-IL, Dow Jones-Irwin, 1989.

Doutrina & Atualidades

A "SOCIEDADE COMERCIAL DO MERCOSUL": UM PROJETO EM PAUTA, UMA CONEXÃO JURÍDICA A DEFINIR

Proposição de um sistema de conexão à luz do direito europeu das sociedades*

Gustavo Vieira da Costa Cerqueira

Resumo: A fim de oferecer às empresas da região meios mais eficazes de ação em escala regional, a criação de uma "sociedade comercial do Mercosul" é prevista desde 2003 pelas autoridades mercosurenhas. Ela é igualmente plebiscitada pela doutrina. Embora diferentes, todas as proposições doutrinárias recorrem à mesma ideia: a criação, pelo direito do Mercosul, de uma forma de sociedade comercial autônoma, dotada de um estatuto de alcance geral que esteja à disposição do maior número possível de atores econômicos. Porém, nenhuma delas expressa uma regra clara quanto ao método de conexão jurídica preferível para esta sociedade. Em

* Resumo da Tese de Doutorado em Direito defendida pelo autor em 3.9.2014 na Universidade de Strasbourg. Intitulada *Le rattachement juridique des sociétés commerciales supranationales – Proposition d'un système de rattachement pour une "société du Mercosur" à la lumière du droit européen des sociétés* (Paris, A. Pedone, no prelo), a Tese foi agraciada com o prêmio de "Melhor Tese em Direito Privado" pela *Faculté de Droit, Sciences Politiques et Gestion* da Universidade de Strasbourg, em 2014. A banca de defesa foi composta pelos Profs. Jean-Silvestre Bergé (*Université Lyon* 3, Presidente e Relator), Véronique Magnier (*Université Paris-Sud*, Relatora), Jochen Bauerreis (*Université de Strasbourg*, Diretor de pesquisa na França), João Grandino Rodas (Universidade de São Paulo, Diretor de Pesquisa no Brasil), Luiz Olavo Baptista (Universidade de São Paulo), José Gabriel Assis de Almeida (Universidade do Estado do Rio de Janeiro). Este resumo encontra-se publicado em espanhol na obra de A. Amaral Jr. e L. Klein Vieira (dirs.), *El Derecho Internacional Privado y sus Desafios en la Actualidad*, Bogotá, Editorial Ibáñez, 2016 (no prelo).

matéria de sociedades supranacionais, o nível de autonomia da *lex societatis* depende da escolha entre o método da unicidade de conexão à ordem jurídica supranacional e o método da pluralidade de conexões, que permite a ancoragem da sociedade no direito do Estado onde ela estabelece sua sede ou no qual ela desenvolve suas atividades, no âmbito de uma relação de complementaridade entre a ordem jurídica que a institui e a ordem jurídica estatal. Ao passo que a União Europeia privilegia o método da pluralidade de conexões das sociedades que ela instituiu (*societas europaea*; sociedade cooperativa europeia; agrupamento europeu de interesse econômico), nós preconizamos o método da unicidade para uma futura sociedade do Mercosul. Trata-se do único método de conexão jurídica apto a garantir a autonomia, a unidade, a uniformidade e a coerência do direito aplicável à sociedade. No contexto do Mercosul, este método contribuirá, outrossim, à construção de uma ordem jurídica dotada de uma maior eficácia nas suas relações com as ordens jurídicas nacionais. As conclusões são apresentadas em anexo, em um texto unificador, que poderá ser tomado mais tarde sob a forma legislativa.

Résumé: Afin d'offrir aux entreprises des moyens plus efficaces d'action à l'échelle régionale, la création d'une "société commerciale du Mercosur" est envisagée depuis 2003 par les autorités mercosuriennes. Elle est également plébiscitée par la doctrine. Si leurs propositions diffèrent, elles recourent toutes à la même idée: la création, par le droit du Mercosur, d'une forme de société commerciale autonome ayant un statut de portée générale qui permettrait au plus grand nombre d'acteurs économiques d'en profiter. Cependant, ces propositions n'expriment aucune règle claire quant à la méthode de rattachement juridique à retenir. En matière de sociétés commerciales supranationales, le niveau d'autonomie de la *lex societatis* dépend du choix entre la méthode de l'unicité du rattachement à l'ordre juridique supranational et celle de la pluralité de rattachements, qui permet l'ancrage de la société dans le droit de l'État où elle établit son siège, dans le cadre d'un rapport de complémentarité entre l'ordre juridique qui l'institue et l'ordre juridique étatique. Alors que l'Union européenne a privilégié la méthode de la pluralité dans les textes régissant les sociétés de droit européen (*societas europaea*; société coopérative européenne; groupement européen d'intérêt économique), nous préconisons la méthode de l'unicité pour une future société commerciale du Mercosur. Il s'agit de la seule méthode de rattachement juridique pouvant assurer l'autonomie, l'unité, l'uniformité et la cohérence du droit applicable à la société. Dans le contexte du Mercosur, cette méthode contribuera de surcroît à bâtir un ordre juridique doté d'une plus grande efficacité dans ses rapports avec les ordres juridiques de ses États membres. Les conclusions sont présentées en annexe, sous la forme d'un texte fédérateur, susceptible d'être repris par la suite sous la forme législative.

Introdução[**]

1. O projeto de uma "sociedade comercial do Mercosul". A fim de oferecer às empresas da região meios mais eficazes de ação em escala regional, a criação de uma sociedade comercial do Mercosul é pensada desde 2003 pelas autoridades mercosurenhas. Com efeito, pela Decisão n. 26/03, de 15 de dezembro de 2003, o Conselho do Mercado Comum (CMC) encarregou o Grupo Mercado Comum (GMC) de "identificar, antes de julio de 2004, los instrumento necesarios para facilitar la radicación y el desarrollo de las actividades empresariales en el Mercosur, en materia de instalación de sociedades, visas empresariales, armonización de los montos exigibles a inversionistas y *constitución de empresas Mercosur*, entre otros, con el objetivo de concretar instrumentos en estas materias, en el primer semestre del año 2005".[1]

[**] As referências limitam-se ao necessário. A palavra "estatuto" refere-se ao instrumento internacional ou regional que institui uma nova forma social; empregada no plural, refere-se às regras livremente estabelecidas pelos associados. Os §§ indicados em notas deste texto referem-se aos parágrafos da Tese, em sua versão francesa.

1. Mercosur/CMC/Déc. n. 26/03, de 15.12.2003, relativa ao "Programa de Trabalho para os anos 2004-

2. A instituição de uma *empresa Mercosur* seria assim uma das medidas de "*facilitación empresaria*" que poderia dar um novo impulso à integração produtiva regional, enquanto o quadro jurídico relativo ao exercício das atividades comerciais dentro do Mercosul permanecer essencialmente nacional. Trata-se de uma ferramenta opcional que encarnaria o ideal de promoção da livre circulação de bens, de serviços e de fatores de produção em um espaço jurídico-econômico marcado por legislações nacionais harmonizadas, em conformidade com o art. 1º do Tratado de Assunção de 1991.

3. Após a decisão n. 26/03, o CMC aprovou um Programa de integração produtiva do Mercosul em 2008. Para coordenar e executar este Programa, o Conselho criou, no mesmo ano, o Grupo de Integração Produtiva (GIP) que, subordinado ao GMC, tem sob seu encargo o estudo sobre a implementação das *empresas Mercosur*.[2] Em sua "Proposição de orientações para a integração produtiva do Mercosul", de 2007, o Grupo preconizou a realização de estudos para viabilizar a instituição de *empresas Mercosur* e para revisar, identificar e analisar as eventuais dificuldades de natureza jurídico-financeira à sua constituição. As *empresas Mercosur* deveriam se beneficiar de um *tratamento preferencial* nos países-membros.[3]

4. Até o presente, nenhum projeto de estatuto foi apresentado. O desrespeito aos prazos fixados para a elaboração desse estatuto decorre, em primeiro lugar, da reticência dos Estados-membros a um aprofundamento do processo de integração. Em segundo lugar, ele se explica pelo fato de que a criação de uma *empresa Mercosul* implica em definir a forma desta futura entidade. Neste momento, surge a escolha entre uma *sociedade supranacional* ou um *label regional* pelo qual concede-se às sociedades de direito nacional um conjunto de privilégios no seio do mercado comum em construção.

5. O GMC parece privilegiar a escolha de um "label" quando se refere ao "tratamento preferencial" para *empresa Mercosur* em sua "Proposição de orientações para a integração produtiva do Mercosul", de 2007. Com efeito, neste documento o GMC afirma sua preferência por um regime que trate das questões de investimentos estrangeiros, de circulação de capitais, de imposição fiscal e de acesso a certas licitações públicas e setores da economia dos espaços regionais de integração econômica. O recurso a um estatuto de alcance geral não é, porém, descartado expressamente.

6. A solução do "label" não é, contudo, pertinente. Além de contemplarem a liberdade de estabelecimento da sociedade "labelizada" apenas do ponto de vista do estabelecimento secundário, os regimes preferenciais não regulamentam as operações de concentração regional. O recurso à filial comum "labelizada", submetida a uma lei estatal e caracterizada por restrições importantes à participação no capital social, constitui o único quadro jurídico proposto para a aproximação das empresas da região. Ele é insuficiente para cumprir os objetivos do Tratado de Assunção. O fraco sucesso que conheceu o *Estatuto das empresas binacionais argentino-brasileiras*[4] atesta esta insuficiência.

Além disso, a ausência de estruturas supranacionais na ordem jurídica mer-

2006": pt. 1.16 do Programa n. 1 – Mercosur Econômico-comercial. Sublinhado pelo autor.

2. Mercosur/CMC/Déc. n. 12/08. O GIP tem por objetivo coordenar o Programa de Integração Produtiva (PIP) do Mercosul. Este programa visa reforçar a complementaridade produtiva da região e, em particular, as pequenas e médias empresas regionais e as empresas dos países de menor dimensão no seio do Mercosul.

3. Mercosur/LXVIII GMC/DI n. 13/07, Anexo XII da Ata Mercosur/GMC/ACTA 02/07.

4. Tratado para o estabelecimento de um estatuto de empresas binacionais argentino-brasileiras, assinado em Buenos Aires, em 6.7.1990, e ratificado pela Argentina, em 18.4.1991 (Lei n. 23.935, *BO* de 22.5.1991), e pelo Brasil em 26.5.1992 (DL n. 26, *BO* 28.5.1992 e D. n. 619, de 29.7.1992).

cosurenha pode revelar-se prejudicial ao desenvolvimento e ao aprofundamento do mercado comum em construção. Com efeito, confrontadas, entre outras, à diversidade das legislações em matéria societária, as sociedades podem ver-se forçadas a adiar seus planos de expansão regional ou a adotar uma estratégia de implantação cujas montagens jurídicas complexas não lhes convêm. Esta realidade pode dissuadi-las a desenvolver uma atividade transfronteiriça. Ora, a solução jurídica mais eficaz para superar tais dificuldades consistiria em instaurar uma sociedade comercial supranacional e não um "label" regional.

7. Produto da integração regional, a *sociedade comercial supranacional* apresenta-se como uma nova forma jurídica de organização da empresa no seio de um mercado comum. Trata-se de *um* tipo de agrupamento dotado de personalidade jurídica, cujo estatuto adotado pela Organização Regional de Integração Econômica (ORIE) tem alcance geral no âmbito do mercado integrado. O recurso a este tipo de estrutura visa não somente enquadrar a empresa por meio de um conjunto de regras uniformes, mas também reconhecer-lhe uma mobilidade intrarregional inédita. Ao facilitar relações de cooperação e de concentração entre sociedades de diferentes Estados-membros, este novo tipo societário permite às empresas superarem as adversidades de natureza jurídica decorrentes da complexidade das relações internacionais e contribui ao aprofundamento do mercado comum e ao melhoramento de sua situação econômica e social em seu seio. Embora sujeito a críticas,[5] o qualificativo "supranacional" acentua de preferência a forma da sociedade, a ordem jurídica que a institui, bem como seus objetivos e o direito que lhe é aplicável.[6] Por esses critérios, a sociedade supranacional distingue-se da "sociedade multinacional", assim como da "sociedade internacional".[7]

8. Na ausência de um projeto mercosurenho que opere uma escolha entre um "label comunitário" e um "estatuto de alcance geral", a adoção de um estatuto para uma

5. Esta qualificação pode todavia suscitar críticas, uma vez que é proveniente de um termo em si controverso – a "supranacionalidade" –, cuja pertinência para definir a natureza jurídica e assim classificar certas organizações regionais de integração – as remotas Comunidades europeias, naquela circunstância – fora seriamente contestada (cf. V. Constantinesco, *Compétences et pouvoirs dans les communautés européennes: contribution à l'étude de la nature juridique des communautés*, t. LXXIV, Paris, LGDJ, col. "Bibliothèque de droit international", 1974, pp. 46-58). É, contudo, permitido ir além desta controvérsia porque a "sociedade supranacional" é uma denominação amplamente consagrada pela doutrina europeia e seguidamente empregada pelas autoridades e pelos operadores do direito. Tal qualificação é assim preferível a qualquer outra terminologia ou denominação. Além disso, ainda que nem todas as ORIE sejam marcadas pela "supranacionalidade" de seus órgãos e do direito que elas produzem, por razões de simplificação terminológica, este estudo emprega indistintamente o qualificativo "supranacional" para designar todos os tipos de sociedades instituídas por tais organizações.

6. Nesse sentido, Y. Loussouarn, "Droit international du commerce et Marché commun", *RTD com.* 1971, chron., pp. 882-916, pp. 911 e ss.

7. As sociedades supranacionais distinguem-se das sociedades ditas "multinacionais" ou "transnacionais" que são grupos de sociedades cujos membros unidos economicamente encontram-se repartidos entre diferentes países e submetidos a diferentes direitos nacionais. Ela pode, no entanto, apresentar as características de uma empresa multinacional, notadamente quando identificada como sociedade mãe de um grupo internacional. As sociedades supranacionais distinguem-se igualmente das sociedades ditas "internacionais" que são sociedades comerciais de direito privado ou estabelecimentos públicos criados por convenções internacionais a fim de "equilibrar os diversos interesses estatais, paraestatais ou essenciais aos olhos dos Estados" (B. Bousquet, *L'élaboration du statut d'une société commerciale européenne*, Tese, Paris, 1969, pp. 43-44). Essas entidades são qualificadas de "sociedades internacionais" por sua conexão direta à ordem jurídica internacional. Constituídas para cumprir missões específicas, seus estatutos são desprovidos de alcance geral. Por essa razão, as sociedades supranacionais não se confundem com as sociedades internacionais, mesmo se no passado certa confusão manifestou-se na doutrina (cf. J. Bärmann, "Les communautés européennes et le rapprochement des droits", *RIDC* 1960-1, pp. 9-60, p. 56; e, do mesmo autor, "Supranationale Aktiengesellschaften", *NJW* – Heft 17 (1957), pp. 613-614).

sociedade comercial supranacional continua assim uma questão atual.

Neste contexto de inércia das autoridades mercosurenhas, a instituição de uma sociedade comercial do Mercosul é plebiscitada pela doutrina dos países-membros de língua espanhola.[8] Contudo, não pretendemos demonstrar a pertinência ou não de criação desta sociedade. Nosso ponto de partida é a vontade mercosurenha de instaurar uma forma de sociedade que permita ultrapassar o quadro jurídico essencialmente nacional que rege o exercício das atividades comerciais do Mercosul e para a qual uma conexão jurídica deve ser definida.

9. A "sociedade comercial do Mercosul": uma conexão a definir. Embora diferentes, as proposições doutrinárias recorrem à mesma ideia: a criação, pelo direito do Mercosul, de uma forma de sociedade comercial autônoma, dotada de um estatuto de alcance geral que esteja à disposição do maior número possível de atores econômicos. Porém, nenhuma delas expõe uma regra clara de conexão jurídica.

10. A questão da conexão jurídica é, portanto, indispensável para construir o regime jurídico desta futura sociedade. Ela é mesmo incontornável na medida em que existe um liame entre o nível de harmonização legislativa atingido e o método de conexão a ser escolhido para as sociedades supranacionais. No Mercosul, há um déficit significativo de harmonização em matéria societária, apesar da sua necessidade.[9] Face ao silêncio das autoridades do Mercosul e da doutrina, a questão da conexão a ser definida para a sociedade do Mercosul continua posta.

11. A função da conexão jurídica das sociedades supranacionais. A função primordial da conexão jurídica consiste em revelar o direito aplicável à relação jurídica internacional por meio da repartição das competências legislativas. Em matéria de sociedades supranacionais, a finalidade justificando sua instituição e as exigências de unidade e de uniformidade de seu regime jurídico precedem aos objetivos tradicionalmente avançados quando da escolha do critério de conexão responsável por aquela repartição, dentre os quais figuram a proximidade e a proteção de certas partes da relação jurídica. A definição da conexão jurídica da sociedade supranacional deve então ser orientada por aquelas especificidades.

Os objetivos atribuídos às sociedades supranacionais pressupõem que a unidade econômica e a unidade jurídica da empresa coincidem no conjunto do mercado interno. Isto implica neutralizar qualquer entrave que resulte da disparidade e da circunscrição territorial dos direitos nacionais pelo despren-

8. A. S. Dreyzin Klor, "Las sociedades comerciales en la integración subregional", *Revista de derecho privado y comunitario*, 2002, pp. 463-514, pp. 480-490, pp. 465-472; D. Duprat, "Una sociedad anonima comunitaria para el Mercosur. La administración de las sociedades anónimas en los países del Mercosur", *Primer Congreso Internacional del Mercosur*, realizado pelo *Colegio de Abogados de la Provincia de Buenos Aires* – 15-17.4.2004: *http://www.colproba.or g.ar/mercosur/5.asp*, consultado 29.10.2004, 4 pp.; H. O. Llobera, "Consideración del tipo societario del Mercosur", *VIII Jornadas Rioplatenses de Derecho*, *Colegio de Abogados de San Idiro* e *Colegio de Abogados del Uruguay à San Isidro*, de 2-4.10.2003: *http://www.casi.com.ar/academica/derecho_comercial18.htm*, consultado 29.10.2004, 13 pp.; A. Kleidermacher, "Sociedad Común del Mercosur", in E. M. H. Favier Dubois e R. A. Nissen (dirs.), *Derecho societario argentino e iberoamericano – VI Congreso Argentino de Derecho Societario y II Congreso Iberoamericano de Derecho Societario y de la Empresa*, t. II, Buenos Aires, Ad-Hoc, 1996, pp. 607-611; N. Coquetti, "Sociedad del Mercosur", *RIDM*, 2003, n. 2, pp. 70-76; E. A. Ferraro, "Sociedad común del Mercosur. Una contribución al concepto de capital variable", in E. M. (h) Favier Dubois e R. A. Nissen (dirs.), *Sociedades y concursos en el Mercosur – Primer encuentro Argentino-Uruguayo de Institutos de Derecho Comercial*, Buenos Aires, Ad-Hoc, 1996, pp. 203-204.

9. E. M. Favier-Dubois (H), "Globalización integración regional. El balance negativo de la armonización societaria en los países del Mercosur", in D. Roque Vitolo e J. M. Embid Irujo (dirs.), *El derecho de sociedades en un marco supranacional – Unión Europea y Mercosur*, Mercatura, Granada, Comares, col. "Estudios de Derecho Mercantil", n. 26, 2007, pp. 3-14, pp. 13-14.

dimento dessas sociedades de seu ambiente nacional, ainda que sociedades apátridas não devam existir.[10] A unidade jurídica procurada pela desvinculação das sociedades supranacionais dos direitos estatais deveria *in fine* assegurar a uniformidade e a coerência do direito que lhe é aplicável.

A escolha da conexão é pois determinante para garantir a unidade e a uniformidade do regime destas sociedades, além de que os métodos de interpretação e de integração de lacunas dela dependem. Com efeito, quando da aplicação do direito uniforme, a escolha do intérprete opera-se entre uma interpretação autônoma e o recurso ao método conflitual. Oposta a este último, a interpretação autônoma não se refere a um direito estatal, mas observa a letra, o sistema e o espírito da regulamentação a fim de entender seu sentido. Os princípios gerais da ordem jurídica da qual o texto emana podem igualmente guiar a interpretação autônoma. Somente este método garante a autonomia e a uniformidade do regime em questão. Porém, se a interpretação autônoma impõe-se face às incertezas que pesam sobre as disposições de fonte regional, ela é frequentemente afastada em proveito do método conflitual quando se trata de colmatação de lacunas dos textos regionais. Com efeito, a definição das fontes subsidiárias dos instrumentos opcionais adquire uma dimensão particular, pois ela supõe um acordo político entre os Estados sobre o nível de autonomia ou de dependência do direito nacional que se queira reconhecer à instituição objeto daqueles instrumentos. Em matéria de sociedades supranacionais, a definição de tais níveis depende da escolha entre o método da unicidade de conexão à ordem jurídica supranacional e o método da pluralidade de conexões.

12. Unicidade e pluralidade de conexões. Encontrando-se à fronteira de várias ordens jurídicas, é necessário definir, seja por meio de uma conexão única, seja por meio de uma conexão plural, *o* ou *os* sistemas jurídicos aos quais a sociedade supranacional será submetida.

13. A *conexão única* de uma sociedade supranacional implica, no que diz respeito às matérias cobertas pelo estatuto, submetê-la exclusivamente à ordem jurídica de onde ela emerge. Esta escolha reclama, pois, que a sociedade seja subtraída do direito do Estado onde se encontra sua sede social ou no qual ela desenvolve suas atividades. Por conseguinte, o instrumento que a institui "*deve ser autossuficiente e autorreferente*".[11] Esta conexão reclama ainda que seja admitido à sociedade dissociar a administração central de sua sede estatutária no interior do território correspondente ao mercado comum. O sistema de conexão deve ainda expressar os objetivos de autonomia e de unidade do direito aplicável à sociedade, indispensáveis à coerência de seu regime. Este sistema contém uma regra que denominamos de *regra de conexão única* e que sistematiza o método da unicidade de conexão da sociedade supranacional. Este método não afeta a possibilidade de conceder aos associados uma margem de liberdade de regulação de suas relações societárias.

14. A este método opõe-se uma técnica conflitual que conduz a uma pluralidade de conexões da sociedade. Em uma relação de complementaridade entre a ordem jurídica que a institui e a ordem jurídica estatal, a sociedade ancora-se no direito do Estado onde ela estabelece sua sede ou no qual ela desenvolve suas atividades. O direito nacional intervém a título subsidiário ou principal.[12] Se este método conduz à uma

10. E. R. Salem, "La question de la nationalité des sociétés et les intérêts français à l'étranger", *JDI*, 1919, pp. 23-36, espec. pp. 23-25; L. Mazeaud, "La nationalité des sociétés", *JDI*, 1928, pp. 30-66, pp. 42-43.

11. B. Fauvarque-Cosson e M. Behar-Touchais, *La mise en œuvre des instruments optionnels dans le domaine du droit civil européen*, Étude Trans Europe Experts, vol. 5, SLC, 2012, p. 44.

12. A pluralidade de conexões das sociedades supranacionais não se confunde com o *incidente de pluralidade de elementos de conexão*. Este incidente se

conexão ao direito estatal fundada na concentração da sede estatutária e da administração no interior de um mesmo Estado-membro, ele não a pressupõe: a dissociação das sedes pode ser desejável quando se quiser assegurar a homogeneidade do direito aplicável às sociedades supranacionais a conexão plural pertencentes a um mesmo grupo. O método da pluralidade também não afeta a possibilidade de reconhecer aos associados certa margem de liberdade estatutária.

15. Criar uma sociedade supranacional implica, pois, escolher um dos dois métodos. Não sendo necessário esperar para empreender, apresenta-se aqui uma resposta para uma futura sociedade comercial do Mercosul através de uma perspectiva comparatista.

16. Confrontação com a experiência europeia. Existe hoje um *direito opcional europeu das sociedades* de referência sem igual para a análise comparada. Com efeito, até o presente, apenas a União Europeia instituiu formas societárias supranacionais: Agrupamento Europeu de Interesse Econômico (AEIE),[13] Sociedade Europeia (SE)[14] e Sociedade Cooperativa Europeia (SCE).[15] *De lege ferenda*, outras estruturas societárias são concebidas. Para responder às expectativas das pequenas e médias empresas, a Comissão apresentou uma proposição de regulamento relativo ao estatuto da Sociedade Privada Europeia (SPE) em 2008,[16] remodelada a partir de então pela Presidência do Conselho da União Europeia, cuja última versão data de 23 de maio de 2011.[17] Se a retirada desta proposição foi anunciada de maneira lapidar pela Comissão em 2 de outubro de 2013,[18] o projeto de estatuto para uma SPE não foi, por isso, verdadeiramente abandonado: nesta mesma ocasião, a Comissão preveniu que ela apresentará em breve uma nova proposição "nesta área".[19]

17. Embora o método da unicidade apareça como a solução de princípio nas proposições de regulamento das principais sociedades comerciais de direito europeu,[20] a resistência dos Estados-membros à subtração destas sociedades do seu direito – no que diz respeito às matérias cobertas pelo estatuto – conduz à consagração do método da pluralidade nos textos em vigor.[21]

realiza em presença de uma situação única e intervém diretamente no momento da localização da conexão retida: "*há pluralidade de conexão quando esta toma, em uma situação particular, várias expressões, localizadas em diferentes ordens jurídicas*" (J.-P. Laborde, *La pluralité du point de rattachement dans l'application de la règle de conflit*, Tese, 2 vols., Bordeaux, 1981, vol. I, p. 66). Assim ocorre quando uma pessoa possui, ao mesmo tempo, duas nacionalidades e que a regra de conflito aplicável designa a lei nacional para governar seu estatuto pessoal. Certo, a pluralidade de conexões das sociedades supranacionais reclama a intervenção de diferentes fontes jurídicas para reger um mesmo tipo de sociedade, até mesmo uma situação única. Mas essas ordens jurídicas não intervêm de maneira concorrente, por intermédio de uma multiplicação acidental de um elemento de conexão qualquer; ao contrário, elas intervêm de maneira organizada, em uma relação de complementaridade.

13. Regulamento (CE) n. 2.137/85 do Conselho, de 25.7.1985 (*JO* L 199, 31.7.1985, pp. 1-9).

14. Regulamento (CE) n. 2.157/2001 do Conselho, de 8.10.2001 (*JO* L 294, 10.11.2001, pp. 1-21).

15. Regulamento (CE) n. 1.435/2003 do Conselho, de 22.7.2003 (*JO* L 207, 18.8.2003, pp. 1-24).

16. COM (2008) 396 2008/xxxx (CNS). *Proposition de Règlement du Conseil relatif au statut de la société privée européenne (Présentée par la Commission)*(SEC(2008) 2098) (SEC(2008) 2099).

17. Dossiê interinstitucional: 2008/0130 (CNS), Bruxelas, 23.5.2011, Doc 10.611/11, DRS 84/SOC 432.

18. Anexo da Comunicação da Comissão ao Parlamento Europeu, ao Conselho, ao Comitê Econômico e Social Europeu e ao Comitê das Regiões – *Programme pour une réglementation affûtée et performante (REFIT): résultats et prochaines étapes*, COM (2013), 685 final, 2.10.2013, p. 10.

19. Anexo à COM (2013), 685 final, prec., p. 10, nota 40. Em 13.4.2011, a Comissão predicou a retomada da análise dos projetos relativos ao estatuto de uma Mutual Europeia e de uma Associação Europeia para remediar o fracasso do estatuto da SCE (cf. "Doze alavancas para estimular o crescimento e reforçar a confiança": *http://eur-lex.europa.eu/LexUriServ/LexUriServ.do?uri=COM:2011:0206:FIN:FR:PDF*). Recentemente, a Comissão adotou uma Proposta de Regulamento do Conselho relativa ao estatuto da Fundação europeia (FE), Com (2012), 35 final, 8.2.2012.

20. V. infra, notas 40 e 41.

21. A pluralidade de conexões foi igualmente o método escolhido não apenas para uma futura SPE, mas

Essa solução intervém a despeito da autonomia necessária *vis-à-vis* do direito interno que reclamam os instrumentos opcionais para garantir sua eficácia. Cabe porém indagar: a pluralidade de conexões constitui uma solução adaptada às exigências das sociedades comerciais supranacionais? A resposta não é evidente, já que os dois métodos concorrem entre si e são fontes de inúmeras dificuldades.

18. O exemplo da mobilidade regional ilustra-o. Com o método da pluralidade, a intervenção do direito estatal pode constituir um verdadeiro freio à mobilidade destas sociedades. Com efeito, a transferência da sede implica uma adaptação obrigatória dos estatutos da sociedade de direito europeu ao direito nacional do país de destinação.[22] Por isto, se uma SE dotada de ações com voto duplo deseja transferir sua sede de Paris para Luxemburgo, ela deverá tornar seus estatutos conformes ao direito luxemburguês que, até o presente momento, não admite tal categoria de ações.[23] Ora, em face da ameaça de supressão desta categoria de ações, seus titulares estarão pouco inclinados a aprovar um projeto de transferência da sede para aquele país, apesar das vantagens econômicas e financeiras da operação. Graças a uma particularidade do direito nacional subsidiariamente aplicável, uma minoria de acionistas pode assim evitar a transferência internacional da sede da sociedade. Este tipo de inconveniente maior desaparece nas sociedades supranacionais não sujeitas ao império dos direitos estatais.

Outro exemplo particularmente revelador dos inconvenientes inerentes ao método da pluralidade concerne à criação de uma SE pela via da fusão. Esta operação reclama uma aplicação conjunta dos direitos nacionais.[24] Ora, a prática revela uma divergência destes direitos sobre o método de avaliação para o cálculo da paridade de troca de ações, o que pode ser suscetível de gerar disparidades entre os acionistas minoritários das sociedades concernidas pela operação.[25] Segundo alguns autores, "este problema conduz os grupos a prever a aquisição de 100% do capital das filiais a absorver preliminarmente à realização da fusão e operar assim por fusão simplificada sem emissão de novas ações pela absorvente e, por conseguinte, sem cálculo da *ratio* aplicável à troca de ações".[26] Estes autores destacam que tal estratagema é evidentemente um freio ao desenvolvimento destas operações em razão do seu alto custo financeiro. À semelhança do exemplo precedente, este constrangimento à criação de uma SE poderia ser convenientemente evitado com a adoção do método da unicidade de conexão apenas à ordem jurídica europeia.

19. De maneira geral, a pluralidade de conexão provoca uma concorrência entre as ordens jurídicas nacionais cujos efeitos são nefastos para o bom funcionamento do estatuto das sociedades supranacionais. Com efeito, a vontade de atrair ou de conservar estas sociedades em seu território conduz os Estados a reformar seu direito societário e a adotar disposições visando especificamente estas sociedades. Seu regime jurídico torna-se então fortemente

também pela proposição de 8.2.2012 relativa ao estatuto de uma FE (art. 3), não obstante a opinião contrária manifestada pela maioria das pessoas consultadas pela Comissão em 2007, a propósito de um estatuto para a SPE (cf. *http://ec.europa.eu/internal_market/company/epc/index_fr.htm*), e em 2009 a propósito de um estatuto para a FE (cf. B. Lecourt, "Fondation européenne – Synthèse des réponses à la consultation publique", Commission européenne, nov. 2009, *Rev. soc.* 2010, p. 896).

22. Cf. arts. 8-2, lit. *b* e 8-10 do Regulamento SE; arts. 7-2, lit. *b* e 7-10 do Regulamento SCE.

23. Exemplo extraído de C. Cathiard, "État des opérations de rapprochement et de mobilité réalisées par le recours à la société européenne", *Cah. dr. entr.* n. 6, nov. 2011, dossier 39.

24. A exceção da fusão por absorção de uma subsidiária integral.

25. C. Cathiard e A. Lecourt, *La pratique du droit européen des sociétés – Analyse comparative des structures et des fusions transfrontalières*, Paris, Joly éditions, 2010, col. "Pratique des affaires", n. 110.

26. Ibid. (T.L.)

marcado pelos particularismos nacionais.[27] Este particularismo é acentuado pela frequência com a qual as regras nacionais intervêm e definem, *in fine*, os verdadeiros contornos do regime jurídico da sociedade supranacional. Além da perda de unidade, a *lex societatis* fragmentada torna-se suscetível de comportar inúmeros conflitos intrínsecos. Acrescente-se que a concorrência de sistemas jurídicos induz o risco de uma comparação de vantagens oferecidas pelos diferentes direitos nacionais em proveito não da sociedade mas de interesses particulares dos dirigentes ou do acionista majoritário. Por exemplo, a certeza que o valor das ações das sociedades incorporadas nos países de direito mais flexível sofreria em razão do conteúdo do direito subsidiariamente aplicável à sociedade poderia condicionar a escolha do país no qual a transferência de uma SE deveria ocorrer ou no qual esta deveria ser inicialmente registrada. Todavia, ao passo que a ideia mesma de integração "opõe-se a uma visão essencialmente competitiva das relações entre as ordens jurídicas",[28] o método da pluralidade de conexões suscita tal competição de maneira a impedir a realização do objetivo da unidade jurídica das sociedades supranacionais. Ao contrário, o método da unicidade neutraliza qualquer possibilidade de concorrência legislativa sobre questões relativas ao campo de aplicação material dos instrumentos que regem estas sociedades.

20. Simples em sua maneira de suprimir o conflito de leis e, por consequência, o reenvio (subsidiário) a um direito estatal, o método da unicidade da conexão levanta, no entanto, tantas interrogações estruturais quanto o método concorrente. Por exemplo, a conexão unitária pressupõe a elaboração, *ab initio*, de um estatuto completo e uniforme para a sociedade. Ora, alcançar tal completude não é uma tarefa fácil, *a fortiori* em um contexto de pluralidade e de diversidade jurídicas. Surge então a questão de saber se as condições requeridas para alcançar um texto que transcenda os sistemas nacionais estarão reunidas. Sua elaboração constitui igualmente um desafio hercúleo para o legislador: estaria este disposto ou mesmo apto a produzi-lo? O método da unicidade levanta ainda a questão da conciliação da liberdade estatutária com o alto grau de uniformidade que a unicidade da conexão supõe, bem como a questão das modalidades de integração de eventuais lacunas do texto supranacional. Sobre este aspecto, o método da pluralidade, embora complexo, oferece, ao menos teoricamente, maior previsibilidade quanto ao direito aplicável.

21. Não é exaustiva, esta lista de questões fornece, no entanto, indícios do amplo espectro de problemas que os dois métodos de conexão suscitam.

22. Modelos europeus analisados. Varias razões justificam a limitação de nossa análise a dois tipos de sociedades de direito europeu: a SE e, de forma acessória, a SPE.

23. Uma análise do método da unicidade restrita à SE e à SPE. Dentre as proposições de regulamento para a instituição de sociedades de direito europeu, aquelas relativas à SE e à SPE foram as únicas que tomaram a unicidade da conexão como solução de princípio. Embora convergentes, os sistemas de conexão inicialmente pensados para estas duas formas sociais distinguiam-se, contudo, em razão das especificidades de cada uma delas. Sua análise é, portanto, importante para a compreensão das possíveis variações do método da unicidade. Além disso, ambos sistemas de conexão evoluíram em direção ao método da pluralidade. Porque esta evolução justificou-se por razões particulares à forma societária, ambas merecem

27. Cf. G. Vieira da Costa Cerqueira, "Libre circulation des sociétés en Europe: concurrence ou convergence des modèles juridiques?", *RTD eur.*, 2.014-1, pp. 7-38.

28. J.-S. Bergé, "'Le droit d'une communauté de lois': le front européen", *Le droit international privé: esprit et méthodes – Mélanges en l'honneur de Paul Lagarde*, Paris, Dalloz, 2005, pp. 113-136, pp. 121 (T.L).

ser analisadas. Tal análise permite conhecer as especificidades do processo de ancoragem de cada uma destas sociedades no direito nacional. Este paralelismo termina, no entanto, quando da análise do método da pluralidade, para a qual apenas o exemplo da SE interessa.

24. Uma análise do método da pluralidade restrita à SE. Embora os três tipos de sociedades de direito europeu em vigor e a proposição de um regulamento SPE tenham consagrado o método da pluralidade de conexões, diferentes razões justificam a restrição do perímetro de estudo apenas à SE.

25. Em primeiro lugar, embora haja "*identidade do método normativo*"[29] entre as diferentes sociedades de direito europeu, a técnica do reenvio aos direitos nacionais "*desenvolveu-se verdadeiramente, tanto quantitativamente quanto qualitativamente*"[30] no Regulamento SE. Em segundo lugar, a SE representa a forma jurídica mais sofisticada e sensivelmente idêntica de agrupamento nos diferentes Estados-membros[31] e aquela que concerne todos os campos do direito privado. As inúmeras questões suscitadas pela aplicação do seu estatuto fazem da SE uma experiência única, onde o método da pluralidade expressa melhor toda a complexidade de sua estrutura e de seu funcionamento, bem como seus defeitos. Em terceiro lugar, a forma anônima constitui "uma referência privilegiada" no direito europeu. A SE é de fato considerada "Nau Capitânia" para a perseguição da europeização do direito das sociedades,[32] como o demonstrou sua influência sobre a Diretiva 2005/56/CE, de 25 de outubro 2005, relativa às fusões transfronteiriças das sociedades de responsabilidade limitada.[33] Tal importância contrasta com a maneira como as duas outras formas societárias europeias são apreciadas, já que não são vistas como modelos teóricos ou como um quadro de referência.[34] Em quarto lugar, há o peso histórico do projeto de uma sociedade anônima europeia, que resume perfeitamente o processo de construção do direito europeu das sociedades e constitui a tentativa mais significativa de "unificação" do direito das sociedades anônimas no contexto regional.[35] Arquétipo da edificação de um direito europeu das sociedades, a SE permanece um verdadeiro "laboratório".[36] Em quinto lugar, a SE é o instrumento por excelência de concentração[37] e de mobilidade intraeuropeias[38] de empresas. Enfim, a presença cada vez

29. M. Menjucq, *Droit international et européen des sociétés*, 3ª ed., Paris, Montchrestien, 2011, n. 281.

30. K. Rodriguez, "La société coopérative européenne: tenants et aboutissements", *Le droit des sociétés pour 2005*, Paris, Dalloz, 2005, col. "Journée d'études Dalloz – Dossiers", pp. 551-565, p. 554, note 13 (T.L.).

31. Y. Loussouarn, "La proposition d'un statut des sociétés anonymes européennes et le droit international privé", *Rev. critique DIP*, 1971, pp. 383-413, p. 401.

32. K. J. Hopt, "Europäisches Gesellschaftsrecht – Krise und neue Anläufe", *ZIP* 3-1998, pp. 96-106.

33. *JO* L 310/1, de 25.11.2005, pp. 1-9.

34. H. Fleischer, "Supranationale Gesellschaftsformen in der Europäischen Union – Prolegomena zu einer Theorie supranationaler Verbandsformen", *ZHR* 174 (2010), pp. 385-428, p. 390.

35. F. Pocar, "Le statuts de la société européenne: une étape important dans l'évolution du droit communautaire", *Estudos em homenagem à Isabel de Magalhães Collaço*, vol. I, Coimbra, Almedina, 2002, pp. 855-865, p. 855.

36. J. Boucourechliev, "Les voies de l'Europe des sociétés", *JCP* N 1996.I, p. 560, n. 12.

37. Apesar do advento da Diretiva 2005/56/CE, a SE continua sendo o único instrumento que permite, no âmbito de fusões transfronteiriças, absorver ela mesma sociedades de capitais ou ser absorvida por tais sociedades, ainda que desta fusão não resulte uma nova SE. A SE constitui, ainda, o tipo social que melhor permite racionalizar a organização dos grupos de sociedades pela constituição de filiais unipessoais ou de filiais comuns sob a forma de SE ou ainda pela transformação de sociedades anônimas em SE, mas também pela constituição de uma SE *holding*. O grupo poderá então utilizar para a totalidade ou parte de suas entidades uma *forma standard* de sociedade.

38. Com o abandono pela Comissão da proposição da 14ª Diretiva sobre a transferência internacional da sede social e sua posição em favor do *non action scenario* nesta matéria, o Regulamento SE continua a ser o principal texto que admite o deslocamento da sede estatutária no interior da União Europeia, o que constitui uma vantagem competitiva para a SE.

mais marcante da SE no seio da União Europeia justifica sua escolha para nossa análise.[39]

26. Objetivo do estudo. Amparado na experiência europeia, buscou-se a construção de um sistema de conexão normativa adaptado a uma futura sociedade comercial do Mercosul. Este exercício prospectivo expõe, por meio das soluções opostas que os métodos de conexão das sociedades supranacionais consagram, o antagonismo entre o mecanismo conflitual – que se esforça para respeitar e ordenar a diversidade de leis nacionais – e o objetivo uniformizador – frequentemente, mas não exclusivamente, atribuído ao direito comparado – que tenta justamente eliminar esta diversidade. A fim de propor um sistema de conexão que respeite as exigências próprias das sociedades comerciais supranacionais, restou apenas operar uma escolha entre um ou outro dos métodos apresentados.

27. Em favor da unicidade: uma escolha de ruptura e de construção. Seria tentador tomar a experiência europeia como referência: ao repousar o regime jurídico heterogêneo das sociedades supranacionais essencialmente sobre o direito estatal – *a fortiori* completo –, o método da pluralidade confere *a priori* certa previsibilidade e certeza quanto ao direito aplicável a essas novas formas sociais. No entanto, opta-se aqui pelo método da unicidade, o único método de conexão apto a assegurar autonomia, unidade, uniformidade e coerência do direito aplicável a uma futura sociedade do Mercosul.

Trata-se de uma ruptura com o método privilegiado até o presente em direito positivo. Para isto, é preciso construir um regime a partir de fontes autônomas do direito nacional. Esta autonomia reclama a concepção de um sistema de conexão inovador, que participe da edificação de um direito supranacional das sociedades no seio do mercado comum. Esta mudança de paradigma faz da unicidade de conexão um método de construção em torno do qual se articula a elaboração de soluções autônomas aplicáveis de maneira uniforme à sociedade supranacional. No contexto do Mercosul, este método contribuirá, outrossim, na construção de uma ordem jurídica dotada de uma maior eficácia nas suas relações com as ordens jurídicas nacionais.

Esta abordagem é baseada em um ideal de integração. Como a Europa com a União Europeia, a América do Sul precisa de iniciativas que venham de cima para continuar a construção do Mercosul. O ideal deve, porém, ser acompanhado por uma preocupação com o realismo e o pragmatismo. Baseado na esperança de que o método da unicidade da conexão das empresas supranacionais à ordem jurídica que as institui permite uma integração econômica mais eficiente, o objetivo deste *playdoyer* é confrontar essa aspiração à realidade.

Esta opinião não repousa em uma petição de princípio, mas sobre uma dupla demonstração.

28. A ruptura. A análise crítica dos métodos europeus de conexão das sociedades supranacionais ajuda a compreender como

39. Em 20.6.2015, 2.354 SEs haviam sido registradas em 25 dos 31 Estados-membros da União Europeia/Espaço Econômico Europeu (cf. *http://ecdb.worker-participation.eu*) (contra 595 em 25.6.2010; cf. SEC (2010) 1391 final, 17.11.2010, p. 2. Documento de trabalho dos Serviços da Comissão que acompanha o relatório COM (2010) 676 final, 17.11.2010), ao passo que somente 25 SCE foram constituídas até 4.4.2013 em apenas 9 dos 31 Estados-membros da União Europeia/Espaço Econômico Europeu. Embora a precedência cronológica do AEIE explique o número importante de registros (2.258 em 25.1.2014; estatísticas disponíveis em *http://www.libertas-institut.com/de/EWIV/statistik.pdf*, consultado em 1º.3.2014), este tipo de sociedade "*teria podido ser mais utilizado se seu estatuto fosse menos restritivo do ponto de vista das necessidades das joint-ventures europeias*" (N. Lenoir, *La SE ou Societas Europaea. Pour une citoyenneté européenne de l'entreprise (Rapport au garde des Sceaux)*, Paris, La documentation française, 2007, p. 22). Ora, mais da metade dos AEIE são registrados na França e na Bélgica. A partir de então, a SE apresenta-se como verdadeiramente representativa da amplitude das dificuldades que a estrutura sofisticada do método da pluralidade suscita.

cada um destes métodos surgiu naquele ambiente jurídico e o destino reservado a cada um deles no direito positivo. Ela permite igualmente conhecer a estrutura e o funcionamento complexos do método consagrado pelo legislador europeu. Este conhecimento é indispensável para julgar a oportunidade de adotar um estatuto autônomo dos direitos nacionais para uma futura sociedade do Mercosul. Ao abandonar o método da pluralidade de conexões, opera-se assim uma ruptura com a solução até então consagrada pelo direito positivo (I).

29. A construção. A escolha do método da unicidade de conexão acarreta a necessidade de conceber um sistema de conexão jurídica adaptado a uma futura sociedade do Mercosul. Este trabalho de concepção, que implica selecionar os componentes deste sistema, pode revelar-se complexo em uma obra prospectiva, já que é preciso levar em consideração a liberdade do legislador. Uma vez estruturado, o sistema unitário de conexão deve ser colocado à prova a fim de testar sua eficácia em relação não apenas aos seus próprios limites, como também aos particularismos da ordem jurídica na qual ele se insere, o direito do Mercosul (II).

I – A unicidade da conexão jurídica: a escolha da ruptura metodológica

30. O estudo da escolha da pluralidade de conexões na Europa (A) conduz à escolha necessária da unicidade de conexão no Mercosul (B).

A) A escolha da pluralidade de conexões na Europa

31. Após vacilar sobre o método de conexão a adoptar para sociedades de direito europeu (1), a União europeia privilegiou a pluralidade de conexões (2).

1. As hesitações passadas entre pluralidade e unicidade[40]

32. O método da pluralidade surgiu no direito europeu das sociedades supranacionais como uma solução paliativa e política para acalmar os receios dos Estados relutantes às soluções totalmente uniformes em determinadas matérias, como o direito dos grupos de sociedades ou a participação dos trabalhadores na gestão, e permitir, *in fine*, a aprovação dos textos relativos àquelas sociedades. Com efeito, as primeiras proposições – doutrinais e legislativas – de criação de uma SE nos anos sessenta e setenta[41] e de uma SPE a partir dos anos setenta[42] consagram, no que diz respeito às matérias cobertas pelos seus respectivos estatutos, uma autonomia máxima destes em relação aos direitos nacionais. Este método, já empregado nos estatutos de algumas sociedades internacionais, como a *Union charbonnière Sarro-Lorraine*, conduz à substituição do direito nacional por princípios, dentre os quais aqueles *subjacentes ao estatuto da sociedade* ou *gerais do direito preponderantes nas ordens jurídicas dos Estados-membros*.

40. §§ 66-322 da Tese.

41. V. anteprojeto de convenção apresentado ao Conselho em 1967 pelo professor Sanders: doc. Commission, série concurrence 1967, n. 6; proposta de regulamento da sociedade anônima europeia de 30.6.1970: *JOCE* C 124 de 10.10.1970, alterada pela proposta de 30.4.1975: *Bull CE* 1975/4; memorando da Comissão europeia de 15.7.1988: COM (88) 30 final; proposta de regulamento da sociedade anônima europeia de 29.8.1989: *JOCE* C 263 de 16.10.1989; proposta de Diretiva de 29.8.1989 complementando o anterior estatuto sobre o papel dos trabalhadores: *JOCE* C 263 de 16.10.1989.

42. Cf. J. Boucourechliev, *Pour une SARL européenne*, col. "Le droit des affaires", Litec, 1973; J. Boucourechliev (dir.), *Proposition pour une société fermée européenne*, CREDA, Office des publications officielles des Communautés européennes, 1997; e a proposta de regulamento do estatuto da SPE apresentado em 1997 pela CCIP e pelo CNPF, in J. Boucourechliev, *Une société de droit européen?*, Paris, Presse des Sciences PO – CREDA, 1999, pp. 107-120; COM (2008) 396 final, 25.6.2008, prec., supra, nota 16.

Quanto às questões não abrangidas pelo estatuto, ambas as proposições preconizavam a aplicação do direito internacional privado do foro para determinar a lei aplicável aos litígios que as concernissem.

33. Solução de princípio, a unicidade da conexão à ordem jurídica europeia acaba, no entanto, sendo preterida. Preocupados em preservar a vantagem concorrencial que lhes podem proporcionar suas próprias estruturas sociais, os Estados-membros buscam conservar sua competência legislativa sobre várias questões que possam constituir objeto de uma regulamentação uniforme. A existência de um nível satisfatório de harmonização legislativa em algumas matérias intervém como um argumento de força para justificar tal resistência. Confrontada a "reservas protecionistas ainda bem marcadas culturalmente",[43] a *Europa das sociedades* encontra na técnica do reenvio à lei nacional pontos abrangidos pelo estatuto[44] não uma solução natural, mas paliativa que viabiliza *in fine* a adoção de textos que instituem sociedades supranacionais. As reticências dos Estados-membros fizeram, assim, emergir a pluralidade de conexões como uma moeda de troca. Todavia, o valor real desta moeda é bastante relativo e o abandono, ainda que temporário, da proposição de regulamento SPE à conexão plural em 2013 demonstrou a que ponto a ancoragem de uma sociedade supranacional em um direito nacional pode ser contraprodutivo.

2. A conexão plural em movimento: a sociedade europeia[45]

34. Solução paliativa, a pluralidade de conexões reparte hierarquicamente as competências legislativas. Este método se exprime por meio de uma regra de conflito bilateral e uniforme que organiza as fontes nacionais que intervêm para completar o estatuto destas sociedades. No Regulamento SE, a pluralidade de conexões é organizada pela regra geral de conexão do art. 9º, *in verbis*:

> 1. A SE é regulada: a) pelo disposto no presente regulamento; b) sempre que o presente regulamento o autorize expressamente, pelo disposto nos estatutos da SE; ou c) no que se refere às matérias não abrangidas pelo presente regulamento ou, quando uma matéria o for apenas parcialmente, em relação aos aspectos por ele não abrangidos: i) pelas disposições legislativas adoptadas pelos Estados-membros em aplicação de medidas comunitárias que visem especificamente as SE; ii) pelas disposições legislativas dos Estados-membros que seriam aplicáveis a uma sociedade anônima constituída segundo o Direito do Estado-membro onde a SE tem a sua sede; iii) pelas disposições dos estatutos da SE, nas mesmas condições que para as sociedades anônimas constituídas segundo o Direito do Estado-membro onde a SE tem a sua sede.
>
> 2. As disposições legislativas especialmente adotadas pelos Estados-membros para a SE devem cumprir o disposto nas diretivas aplicáveis às sociedades anônimas referidas no Anexo I.
>
> 3. Se a natureza das atividades exercida por uma SE for regulada por disposições específicas de legislação nacional, estas são integralmente aplicáveis à SE.

35. Resulta deste dispositivo que, qualquer que seja a jurisdição acionada, o direito nacional aplicável à sociedade e, por consequência, o espaço de liberdade estatutária determinado por este último, são idênticos. O critério retido para esta repartição de competências é o da sede social real da sociedade, de acordo com o art. 7 do Regulamento SE. Revelando uma certa prudência do legislador europeu, a escolha deste critério surpreende por ir de encontro à jurisprudência liberal da

43. A. Outin-Adam, "La SPE, nouveau défi du droit européen des sociétés: illustration de la mutation du type sociétaire", *Mélanges en l'honneur de Daniel Tricot*, Paris, Dalloz, 2011, pp. 713-728, p. 725.

44. Confortada nisso pelos princípios da subsidiariedade e da proporcionalidade no direito europeu.

45. §§ 323-719 da Tese.

CJUE sobre a liberdade de estabelecimento[46] e às reformas atuais em favor do critério da sede estatutária que promovem países europeus que antes adotavam a realidade da sede em matéria de conflito de leis.[47] Além disso, a exigência de concentração da sede estatutária e da administração central sobre o território de um mesmo Estado mostra-se inadaptada às necessidades de uniformidade do regime jurídico da SE e de mobilidade das empresas no âmbito do mercado interno.

36. Além da repartição de competências legislativas, o método da pluralidade enquadra, por alguns critérios e princípios, o conteúdo das normas nacionais aplicáveis à SE. Um destes princípios é o da não discriminação. Ele se exprime de maneira lapidar nos arts. 3-1,[48] 9-3 e 10,[49] este último relacionado a matérias não cobertas pelo Regulamento SE. A regra geral de conexão vai, assim, além da repartição de competências para exercer uma verdadeira função reguladora, da qual depende o bom funcionamento do regulamento SE.

37. Com base nas disposições do art. 9 do Regulamento SE, uma representação piramidal sofisticada da hierarquia das fontes normativas que governam a SE foi proposta pela doutrina alemã para ilustrar a conexão jurídica plural das sociedades de direito europeu.

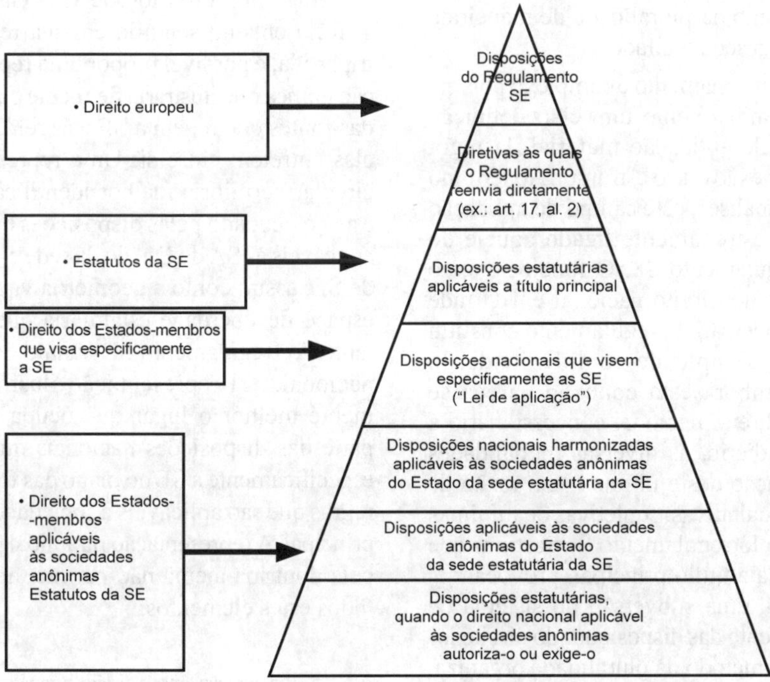

Figura 1 – Representação piramidal das fontes normativas da SE, inspirada do modelo proposto por M. Theisen e M. Wenz.[50]

46. CJUE 9.3.1999, *Centros*, C-212/97, Rec. I-1.459; 5.11.2002, *Überseering*, C-208/00, Rec. I-9.919; 30.9.2003, *Inspire Art*, C-167/01, Rec. I-10.155.

47. Cf. G. Vieira da C. Cerqueira, "Libre circulation des sociétés en Europe:...", loc. cit., pp. 22-24.

48. Art. 3-1: "Para efeitos dos ns. 1, 2 e 3 do art. 2º, a SE é considerada uma sociedade anônima regulada pelo Direito do Estado-membro onde tem a sua sede".

49. Art. 10: "Sob reserva do disposto no presente regulamento, uma SE é tratada em cada Estado-membro como uma sociedade anônima constituída segundo o Direito do Estado-membro onde a SE tem a sua sede".

50. M. R. Theisen e M. Wenz, *Die Europäische Aktiengesellschaft: Recht, Steuern und Betriebswirtschaft der Societas Europaea (SE)*, Stuttgart, Verl. Schäffer-Poeschel, 2002, p. 48.

38. A escolha do método da pluralidade resultou na formulação de um sistema de conexão cuja estrutura mostra-se, apesar de sua aparência simples, tecnicamente sofisticada e cujo funcionamento é dotado de uma grande complexidade.[51]

A estrutura é sofisticada porque ela concerne um conjunto deveras heterogêneo de fontes e responde, consequentemente, a uma exigência inusitada: mais que uma solução geral, o método da pluralidade requer a inserção de várias regras de reenvio adicional em disposições esparsas do estatuto.[52] Sua sofisticação exprime-se ainda no fato de que os reenvios que impõem o tratamento nacional encontram-se no coração do mecanismo da pluralidade de maneira a determinar o seu resultado.

Seu funcionamento é complexo pois ele exige, preliminarmente, uma clara definição do campo de aplicação material da regra geral de conexão que o estrutura. Ao término de nossas análises, este campo de aplicação revelou-se estreitamente ligado àquele do próprio regulamento SE. O funcionamento da conexão ao direito nacional em virtude de uma concessão do regulamento constitui um outro exemplo de complexidade do método: embora esta conexão pareça se referir ao direito nacional concessionário a título subsidiário, as diversas modalidades de intervenção deste último – em razão de soluções facultativas, supletivas ou mínimas previstas pelo regulamento – mostram que ele se aplica a título principal, provocando, a partir daí, uma subversão do sistema de enquadramento das disposições do direito interno que o método da pluralidade organiza.

39. O estudo da estrutura e do funcionamento da conexão plural coloca em causa não apenas a visão piramidal das fontes que compõem o regime jurídico das sociedades de direito europeu, mas também o caráter exclusivo destas fontes. A título de exemplo, o direito europeu *lato sensu* e os princípios gerais do direito societário têm vocação a se aplicar em caso de lacuna do Regulamento SE embora não figurem expressamente no rol das fontes indicadas pelo art. 9. O mesmo ocorre no que se refere às fontes no plano interno: as soluções jurisprudenciais, assim como os usos societários, não poderão ser negligenciadas. Inspirando-se na teoria dos círculos de Ch. Gavalda,[53] sem no entanto segui-la em sua repartição tripartida, é possível propor uma representação gráfica que ilustraria fielmente o conjunto das fontes que regem a SE e as relações que elas entretêm entre si. Uma representação circular permitiria melhor identificar o real espaço ocupado pelas disposições nacionais aplicáveis às SA do Estado da sede estatutária da SE, assim como a geometria variável do espaço de liberdade estatutária que resulta tanto do Regulamento SE quanto do direito nacional. Tal representação ilustra igualmente melhor o lugar que ocupa a maior parte das disposições nacionais que visam especificamente a SE no plano das fontes das regras que são aplicáveis à sociedade a título principal. A representação piramidal proposta pela doutrina alemã não permite apreender todos estes elementos.

51. P. Hommelhoff, "Normenhierarchie für die Europäische Gesellschaft", M. Lutter e P. Hommelhoff (Hsgb.), *Die europäische Gesellschaft*, Köln, Verlag Otto Schmidt, 2005, pp. 5-23, p. 5.

52. P. ex., art. 54-2: "*A assembleia geral pode ser convocada em qualquer momento pelo órgão de direcção, pelo órgão de administração, pelo órgão de fiscalização, ou por qualquer outro órgão ou autoridade competente nos termos da legislação nacional do Estado-membro da sede da SE aplicável às sociedades anônimas*".

53. A interação entre o direito europeu, os direitos nacionais e o poder normativo concedido aos acionistas, em uma espécie de hibridização normativa foi descrita por Ch. Gavalda de "teoria dos três círculos": um grande círculo europeu compreende as regras uniformes, um círculo nacional confina as disposições do Estado da sede da empresa e um último círculo representa o espaço de liberdade estatutária deixado aos acionistas. Ch. Gavalda, "L'acculturation dans la législation française de la formule du GEIE (Règlement n. 2.137/85 du 25 juillet 1985; L. 13 juin 1989)", *Mélanges offerts à J. Derruppé*, Paris, Litec, 1991, pp. 37-48, spéc. n. 9.

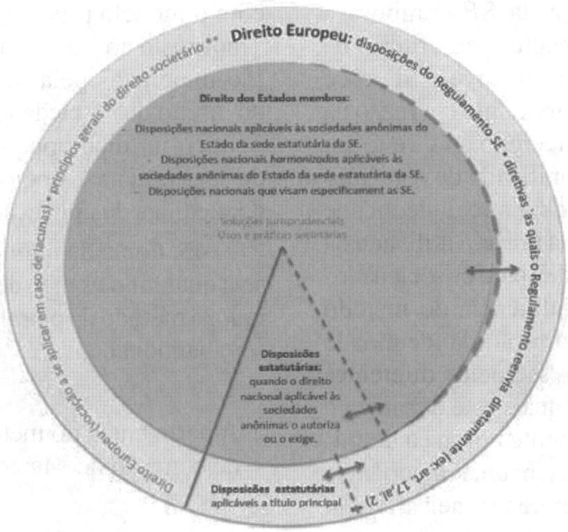

Figura 2 – Representação circular das fontes normativas da SE, inspirada na teoria dos círculos de Ch. Gavalda.

Espaço de aplicação das fontes que intervêm a título principal.

Espaço de aplicação das fontes que intervêm a título subsidiário.

Zona de flexibilidade que permite a expansão/retração do espaço das fontes; ou zona de permeabilidade que permite a migração das fontes de um espaço a outro, a exemplo das disposições nacionais que visam a SE.

40. Estas observações validam a segunda etapa da demonstração até aqui empreendida: o estudo da estrutura e do funcionamento da conexão plural mostrou-se essencial para compreender as razões que conduzem à rejeição do método da pluralidade em favor do método da unicidade.

B) A escolha necessária da unicidade de conexão no Mercosul

41. A inadaptação do método da pluralidade de conexões na Europa trazem lições para o Mercosul (1) que reforçam a pertinência do método da unicidade de conexão no Mercosul (2).

1. A inadaptação do método da pluralidade de conexões na Europa: lições para o Mercosul[54]

42. Os inconvenientes resultantes do método da pluralidade são diversos. Sem que seja necessário enumerá-los detalhadamente, resulta da pluralidade de conexões uma falta de clareza do mecanismo de determinação do direito aplicável às sociedades supranacionais. A falta de legibilidade se projeta em diferentes estágios de funcionamento da regra: inicialmente, ela concerne o próprio mecanismo de designação do direito aplicável à SE; em seguida, a falta de legibilidade diz respeito ao direito nacional aplicável à SE, tal como designado pelo mecanismo da pluralidade de conexões.

43. Além disso, embora a conexão ao direito nacional signifique um compromisso da integração europeia,[55] não é menos verdade que, em grande escala, ela se torna um potente meio de desnaturação do fator europeu do estatuto SE. Esta desnaturação pode ser apreciada por meio de diferentes aspectos de implicações distintas. O mais emblemático é o da identidade ou da "na-

54. §§ 721-1.318 da Tese.

55. G. Blanc, "La société européenne: la pluralité des conexões en question (à propos du règlement (CE) n. 2157/2001, du 8 octobre 2001", *D.* 2002, n. 12 chron., pp. 1.052-1.057, n. 7.

cionalidade" europeia da SE. Embora a nacionalidade não constitua um critério de determinação do direito aplicável à SE, ela é objeto de um debate importante em razão da profusão de regras de reenvio ao direito estatal. Com efeito, a pluralidade de conexões provocou um debate sobre a real identidade europeia da SE e sobre a própria utilidade da noção de "nacionalidade" para as sociedades supranacionais. Esta influência do método de conexão sobre a definição da identidade da SE justifica o interesse pelos diferentes desenvolvimentos aos quais este debate deu lugar, e isto principalmente porque a definição da identidade da SE tem uma importância prática nas relações extraeuropeias, como revela a questão da proteção diplomática. Em seguida, o enfraquecimento da uniformidade de soluções, a minimização do alcance do regime uniforme e o enfraquecimento da mobilidade intrarregional da SE marcam o nível de desnaturação alcançado graças ao recurso abundante à técnica do reenvio ao direito nacional. Esta distorção atinge seu ápice através da concorrência entre os sistemas jurídicos nacionais que o método de pluralidade implica. Pela frequência das referências ao direito nacional, a SE expõe-se desproporcionalmente à influência dos direitos nacionais que se "particularizam" em razão da concorrência a ponto de definir os reais contornos do regime jurídico ao qual ela é submetida. Outrossim, a acentuação dos particularismos nacionais pela concorrência normativa provocada pelo método da pluralidade é fonte de situações não conformes ao regulamento SE.

44. Fustigada por grande parte da doutrina, dos operadores econômicos e dos profissionais do direito, o método da pluralidade não se mostra convincente no contexto europeu e conduz a emitir sérias duvidas quanto à sua aplicação em outros espaços regionais. Com efeito, os imperativos de autonomia, de unidade, de uniformidade e de coerência do direito aplicável à sociedade supranacional reclamam uma ruptura com o modelo privilegiado até o momento. Transposto ao Mercosul, suas desvantagens são majoradas pela falta de harmonização do direito das sociedades e por um ambiente político-jurídico pouco favorável à eficácia de instrumentos opcionais que dependem de medidas de aplicação no direito interno.

45. Fonte de inúmeros inconvenientes, seja qual for o espaço de integração considerado, o método da pluralidade deve, portanto, ser abandonado.

2. A pertinência do método da unicidade de conexão no Mercosul[56]

46. A ruptura operada conduz à preconização do método da unicidade da conexão para a sociedade do Mercosul. Todavia, convém evitar a armadilha de uma escolha *par défaut*, como foi o caso no direito europeu. Se o método da unicidade da conexão deve se impor, não seria apenas em razão dos defeitos do método oposto, mas, sobretudo, pelas suas próprias vantagens.

47. Isso pressupõe condições de implementação de um estatuto transcendente aos sistemas nacionais no Mercosul, a saber: competência legislativa dos órgãos do Mercosul e ambiente cultural favorável à elaboração de um estatuto inteiramente autônomo. Visto que ambas as condições existem, necessário torna-se ainda afirmar o valor do método da unicidade para justificar plenamente a sua escolha no âmbito do Mercosul.

48. Libertando-se dos marcos legais nacionais, uma sociedade do Mercosul com conexão única garantirá a autonomia, a unidade, a uniformidade e a coerência do direito que lhe será aplicável. Seu advento facilitará igualmente a mobilidade e concentração empresarial em uma zona ainda fortemente marcada por impedi-

56. §§ 1.319-1.831 da Tese.

mentos legais ao exercício da liberdade de estabelecimento, liberdade implicitamente afirmada pelo Tratado Assunção.[57] Uma sociedade do Mercosul com conexão única possibilitará igualmente uma melhor proteção dos acionistas minoritários e dos credores da empresa, uma vez que estarão sujeitas a soluções uniformes, projetadas especificamente para esta finalidade. Por fim, ela reforçará o processo de integração regional, neutralizando, de um lado, a relação de concorrência entre os sistemas jurídicos nacionais e promovendo, por outro lado, a harmonização do direito das sociedades. Nessa lógica, a elaboração do seu estatuto fornece uma oportunidade única para a promoção dos princípios de governança e responsabilidade social da empresa em nível regional.

49. O método da unicidade de conexão implica a concepção de regras materiais que regulamentam o conjunto de questões relativas, *brevitatis causa*, ao "estatuto pessoal" da sociedade supranacional. Ele deve cobrir todas as questões concernentes tradicionalmente ao campo reconhecido à *lex societatis*. A este respeito, uma primeira conclusão se impõe. Tal como havia sublinhado B. Goldman a propósito do advento de um direito internacional das sociedades internacionais completamente autônomo dos direitos nacionais, os redatores dos atos constitutivos têm hoje uma longa experiência e um perfeito conhecimento dos problemas jurídicos que podem surgir na vida de uma sociedade; é por isso difícil ver porque os textos que eles elaboram negligenciariam alguns desses problemas.[58] Portanto, o futuro estatuto da sociedade do Mercosul – tal como os das sociedades internacionais –,[59] poderá ser tão completo, senão mais completo, do que as leis nacionais.

50. Uma das premissas deste estudo consiste em demonstrar que se o método da unicidade de conexão deve se impor, isto não deveria ser em razão apenas dos defeitos do método oposto, mas também, e sobretudo, por suas próprias vantagens. Este postulado parece, até o presente, confirmar-se.

51. Nos antípodas do método da pluralidade, a unicidade da conexão evita a fragmentação do direito que aplicável à sociedade supranacional, permitindo-lhe ultrapassar de maneira eficaz as fronteiras normativas nacionais, inclusive no plano de sua mobilidade intrarregional, reforçando assim o processo de integração econômica pelo direito.

52. Trata-se assim de uma escolha de ruptura com a solução privilegiada até o presente no direito europeu das sociedades. Esta escolha é definitivamente a melhor para uma futura sociedade do Mercosul; ela o é provavelmente também para sociedades de direito europeu. Esta ruptura implica uma obrigação de proposição de um sistema de conexão que não apenas exprima melhor o método escolhido, mas que faça igualmente

57. E. Ramos da Silva, *Rechtsangleichung im Mercosul – Perspektiven für das Niederlassungsrecht von Gesellschaften anhand von Erfahrungen in der Europäischen Union*, Schriften des Europa-Instituts der Universität des Saarlandes – Rechtswissenschaft, Band 39, Baden-Baden, NomosVerlagsgesellschaft, 2002, pp. 106-107; J. Â. Estella Faria, *O Mercosul: princípios, finalidades e alcance do Tratado de Assunção*, Brasília, MRE, 1993, p. 41; M. C. Araya, "El derecho de sociedades en el Mercosur", in L. A. Velasco San Pedro (coord.), *Mercosur y la Unión Europea: dos modelos de integración económica*, Valladolid, Editorial Lex Nova, 1998, pp. 141-168, pp. 143-145; A. I. Piaggi, "Relaciones interempresarias en el Mercosur. Las transformaciones en el derecho societario", *RDCO*, 1998, n. 183, pp. 561-573, p. 567; R. Oliver García, "El tratamiento de los accionistas extranjeros en el Mercosur", *RDM*, 1997, n. 2, pp. 111-125, p. 114; L. O. Baptista, "Um Estatuto para a Empresa do Mercosur", *Roma e America, Diritto romano comune – Rivista di diritto dell'integrazione e unificazione del diritto in Europa e in America Latina*, 1996-1, pp. 239-247, p. 240. Como ideal: C. L. Marques, "Liberdade de estabelecimento e de prestação de serviços no Mercosul. Instrumentos legislativos sobre formação de recursos humanos", *JA*, 1997 (n. 6.052), pp. 25-37.

58. B. Goldman, "Le droit des sociétés internationales", *JDI*, 1963, I, pp. 320-388, espec. p. 378.

59. Ibid.

prova de eficácia em seu funcionamento. É a esta tarefa que se atrela a segunda parte deste estudo.

II – A unicidade da conexão jurídica: um método de construção de um regime societário autônomo

53. A escolha do método da unicidade de conexão traz a necessidade de conceber um sistema de conexão jurídica adaptado a uma futura sociedade do Mercosul (A) e de colocá-lo a prova com o fim de verificar sua eficácia (B).

A) A concepção de um sistema inovador de conexão jurídica[60]

54. A escolha do método da unicidade de conexão requer uma subtração de princípio da sociedade do direito nacional (1). Ela admite, no entanto, e sob diferentes fundamentos, uma ambivalência de recurso ao direito nacional (2).

1. Uma subtração de princípio da sociedade do direito nacional

55. Os componentes do sistema. A escolha do método da unicidade implica a construção de um sistema inovador de conexão jurídica para a sociedade supranacional a partir de fontes autônomas. O sistema de conexão a ser construído é a pedra-de-toque do edifício normativo da futura sociedade supranacional. Um sistema de conexão pode ser definido como "o conjunto de fatores de conexão que podem ser justificadamente considerados para designar a lei aplicável ao tipo de relação apreciado".[61]

Os componentes deste sistema terão a função de assegurar a mais ampla autonomia do direito aplicável à futura sociedade do Mercosul face às estruturas estatais adjacentes, bem como sua unidade, uniformidade e coerência. Os próximos desenvolvimentos lhes são consagrados.

56. A regra de conexão única: significação. A subtração de princípio da sociedade do Mercosul do direito nacional conduz à elaboração, no seio do sistema de conexão jurídica, de uma "regra de conexão única" da sociedade ao direito do Mercosul. Esta regra não corresponde a nenhuma classificação própria à teoria geral do direito internacional privado. Com efeito, as classificações propostas pelos autores levam antes em conta a delimitação no espaço das regras materiais aplicáveis às relações internacionais; a delimitação do campo de aplicação material não entra no processo de sistematização constantemente realizado pela doutrina. A regra de conexão única não é, portanto, uma regra de conexão que visa solucionar um conflito de leis no espaço, pois ela visa justamente suprimi-lo. Assim, a regra da conexão única não é uma regra que submete a um sistema jurídico nacional qualquer, através de um elemento de conexão, uma relação jurídica internacional identificada por meio de uma categoria de conexão (objeto de conexão). Estes são os componentes da regra de conflito bilateral clássica (*règle de rattachement*).[62] Como a regra sobre o direito aplicável do art. 7º da proposição de Regulamento SE, de 30 de junho de 1970, da qual nos inspiramos, a regra de conexão única da futura sociedade do Mercosul conduzirá à aplicação direta de normas materiais de direito mercosurenho e à exclusão das regras de conflito. A regra de conexão única também não é uma regra direta de aplicabilidade (*règle directe d'applicabilité*),[63] pois ela não fixa diretamente o

60. §§ 1.834-2.371 da Tese.

61. J.-P. Laborde, *La pluralité du point de rattachement dans l'application de la règle de conflit*, ob. cit., p. 1.071.

62. F. Rigaux e M. Fallon, *Droit international privé*, 3ª ed., Bruxelas, Larcier, 2005, n. 3.37 *sq*.

63. Segundo a terminologia belga: F. Rigaux e M. Fallon, *Droit international privé*, ob. cit., n. 4.4 *sq*.; S. Francq, *L'applicabilité du droit communautaire dérivé*

campo de aplicação no espaço de uma regra particular ou de um conjunto legislativo determinado[64] – no caso, as regras materiais que governarão a sociedade do Mercosul. Com efeito, a aplicabilidade no espaço do futuro estatuto desta sociedade será determinada pelas regras que regerão o acesso à forma social e a localização da sede da sociedade uma vez constituída. Enfim, a regra de conexão única não pode ser assimilada a uma regra de direito internacional privado material, pois ela não anuncia solução de fundo.

57. A noção de conexão permanece, no entanto, ligada a um método de determinação da lei aplicável a uma situação particular.[65] É, pois, neste sentido geral que a regra de conexão única deverá ser entendida. Através deste prisma, a noção de conexão é também intimamente ligada àquela de fonte de onde jorra este direito aplicável: ao designá-lo, a conexão designa igualmente a fonte de onde o direito emana.[66] De maneira complementar, a regra de conexão única participa ainda na definição daquilo que convém conectar.

Por esses elementos constitutivos, a regra de conexão única apropria-se, em última instância, de atributos de diferentes métodos conflituais e combina-os de maneira a diferenciar-se de cada um desses métodos. Assim, presente em um instrumento de direito uniforme, a regra de conexão única inscreve-se no *método de harmonização do direito material* por causa da autonomia dos direitos nacionais que ela promove; ao designar um conjunto de fontes normativas que devem reger a sociedade, ela recorda o funcionamento da *regra de conexão bilateral*; ao definir o âmbito de aplicação material das regras designadas, a regra de conexão única lembra o funcionamento de uma regra de conflito de leis como *regra direta de aplicabilidade*; por não estabelecer nem propor uma solução material, ela mantém o caráter neutro e indireto das regras clássicas de conflito de leis bilaterais.

58. Nesta proposição, a regra de conexão única designa as fontes autônomas das regras que regem a sociedade e delimita o domínio material ao qual estas regras devem responder.

59. As fontes autônomas visadas pela regra de conexão única.[67] A unicidade da conexão conduz a privilegiar fontes autônomas do direito do Estado em cujo território a sociedade do Mercosul estabelecerá a sua sede ou exercerá suas atividades. Na busca destas fontes,[68] retivemos a definição proposta por J. Ghestin e G. Goubeaux, segundo a qual "uma fonte de direito é uma autoridade que formula proposições jurídicas, sejam elas dotadas ou não de um poder institucional, quer dizer, sejam elas obrigatórias ou não".[69] Em sua qualidade de "autoridade formuladora", as fontes do direito contribuem à revelação do fundamento da regra de direito e permitem alcançar as prescrições jurídicas no seio das normas sociais.[70] Esta abordagem, ampliada

au regard des méthodes du droit international privé, Bruxelas, Bruylant/LGDJ, 2005.

64. Que pode concernir não apenas as regras materiais de uma ordem jurídica nacional, mas também instrumentos internacionais, supranacionais ou de *soft law*. A propósito das regras de aplicabilidade no direito europeu, v. S. Francq, *L'applicabilité du droit communautaire dérivé au regard des méthodes du droit international privé*, ob. cit.; M. Fallon, "Le frontières spatiales du droit privé européen selon le droit de l'Union européenne", *CeDIE Workpapers*, 2011, n. 1, *http://www.uclouvain.be/cps/ucl/doc/ssh-cdie/documents/2011-1-M_Fallon.pdf*, consulta em 1º.9.2013.

65. Assim F. Rigaux e M. Fallon, *Droit international privé*, ob. cit., n. 3.4.

66. P. Deumier e T. Revet, "Sources du droit (Problématique générale)", in D. Alland e St. Rials (dirs.), *Dictionnaire de la Culture Juridique*, 1ª ed., Paris, Lamy/PUF, 2003, pp. 1.430-1.434, p. 1.431.

67. §§ 1.842-2.113 da Tese.

68. Sobre as diferentes acepções que pode assumir a expressão "fonte do direito", v. J.-L. Sourioux, "Le concept de source du droit", in *Les sources du droit – Aspects contemporains*, Paris, SLC, 2007, pp. 25-32.

69. J. Ghestin e G. Goubeaux, *Traité de Droit civil. Introduction générale*, 4ª ed., Paris, LGDJ, 1994, n. 236.

70. P. Deumier e T. Revet, Vº "Sources du droit (Problématique générale)", loc. cit., p. 1.430.

por uma noção que constitui objeto de desenvolvimentos sem fim na doutrina, permite conceber, por exemplo, o recurso a fontes informais que transcendem as fronteiras nacionais.

60. As fontes selecionadas são organizadas e enquadradas pela regra de conexão única, que define igualmente a ordem de sua intervenção: as fontes intervêm quer a título principal, quer a título subsidiário. Esta ordem repousa sobre um critério cronológico que hierarquiza e enquadra a relação de complementaridade entre os diferentes gêneros de fontes visadas pela regra de conexão. É, pois, segundo esta ordem que primeiramente foram estudadas as fontes que intervêm a título principal e aquelas que intervêm a título subsidiário.

61. A título principal, intervém as regras materiais apresentadas pelo instrumento que instituirá a futura sociedade, bem como as regras estatutárias estabelecidas pelos fundadores. Intervêm a título subsidiário diferentes categorias de princípios e os usos societários transnacionais.

62. Base fundamental do sistema de conexão proposto, os princípios constituem, pela sua juridicidade e pela sua autonomia, uma fonte subsidiária essencial para emancipar o estatuto da sociedade supranacional dos quadros nacionais e para oferecer unidade orgânica e funcional do quadro jurídico no qual as relações internas e certas relações externas à sociedade evoluirão. Quer sejam *subjacentes ao estatuto da sociedade* ou *próprios ao direito das sociedades do Mercosul*, quer sejam *preponderantes nas ordens jurídicas dos Estados-membros* ou originários de *outras ordens jurídicas supranacionais*, os princípios permitem apoiar uma ampla série de soluções positivas e coerentes quando nem o regime supranacional – inclusive por *analogia* – nem os estatutos apresentem respostas claras e precisas a uma questão, cuja matéria é coberta pelo estatuto. O recurso aos princípios se revela ainda mais pertinente quando seu emprego, seja para interpretar a lei, seja para colmatar lacunas, não suscita contestação alguma no seio do Mercosul. Bem ao contrário, a cultura jurídica dos países latino-americanos integra perfeitamente os princípios entre suas fontes do direito, fenômeno que se constata igualmente na ordem jurídica mercosurenha *stricto sensu*.

63. Compatíveis com o método da unicidade de conexão e com a cultura jurídica do conjunto dos Estados-membros do Mercosul, os usos societários transnacionais completam, por sua vez, as fontes autônomas das regras aplicáveis subsidiariamente à futura sociedade do Mercosul. Contudo, à diferença dos sistemas nacionais e dos textos internacionais, o sistema de conexão proposto concebe os usos societários como normas de aplicação do princípio sobre o qual o juiz mercosurenho fundará sua decisão. Esta inversão da ordem clássica de aplicação das fontes informais do direito se justifica principalmente pelo fato de que os usos societários têm sempre um campo de aplicação, e mesmo uma juridicidade, mais limitadas do que os princípios, cuja juridicidade é certa e cujo grau de generalidade e de abstração abraça – como a *lei* – uma série indefinida de situações.

64. O recurso aos usos como fonte complementar dos princípios não deveria, no entanto, eliminar a possibilidade para o legislador mercosurenho de prever a aplicação de usos *secundum legem* em algumas disposições esparsas do estatuto da sociedade. Nesta hipótese, os usos preencheriam prioritariamente as lacunas voluntariamente deixadas pelo legislador. Esta solução poderia se mostrar particularmente útil em matéria de convenções entre partes relacionadas ou em matéria contábil, por exemplo. Levar em consideração tais usos seria, no entanto, admitido somente na medida em que eles não contrariem os princípios subjacentes ao estatuto da sociedade do Mercosul e aos objetivos atribuídos a esta sociedade.

65. O domínio material coberto pela regra de conexão única.[71] A aplicação da regra de conexão única reclama a definição da extensão do seu campo de aplicação material. Usualmente, a análise do âmbito de aplicação material de um texto ou uma disposição é acompanhado de um estudo de sua abrangência espacial. Não obstante, a regra cujo âmbito de aplicação é vislumbrado não levanta questões tais como a aplicabilidade no espaço já que as condições de aplicação no espaço do futuro estatuto da sociedade do Mercosul resultarão das regras de acesso a esse novo tipo societário e de localização da sua sede social em um Estado-membro do Mercosul (cf. supra, n. 51). Ademais, a questão da determinação do âmbito espacial deste estatuto implica um processo de reflexão sobre o alcance do direito do Mercosul, em geral, e, possivelmente, sobre o conflito de jurisdições. Este problema, contudo, não é objeto do presente estudo.

66. O campo de aplicação material da regra de conexão única é determinado pela noção de "matérias regidas pelo estatuto". Com efeito, é por esta qualificação que a questão não resolvida pelo estatuto da sociedade do Mercosul justificará o recurso às fontes autônomas para completá-lo. O procedimento é semelhante ao funcionamento da operação de qualificação na interpretação da regra de conflito de leis. Com efeito, a extensão da categoria de conexão (objeto de conexão) é definida através da qualificação. Assim, a qualificação participa, na origem, da definição do âmbito de aplicação da lei designada pela regra de conflito, ao desemaranhar as questões incluídas neste campo daquelas que dele são excluídas. Este parece ser o caso mesmo quando o sistema de direito internacional privado considerado contém subcategorias de conexão para as quais são atribuídos elementos de conexão específicos. O paralelo com a operação de qualificação revela, então, o importante papel desempenhado pela regra de conexão das sociedades supranacionais na definição do âmbito de aplicação material do estatuto dessas empresas. Este paralelo revela igualmente a importância da conexão jurídica no que respeita à delimitação do domínio da *lex societatis*.

Logo, a definição da noção de "matérias regidas pelo estatuto" permite fixar o perímetro de intervenção das normas extraídas das fontes visadas pela regra de conexão única e, *a contrario*, estabelecer o momento a partir do qual as disposições do direito dos Estados-membros, aí compreendidas aquelas de origem mercosurenha, aplicar-se-ão a título principal.

67. A ausência de um anteprojeto de estatuto que pudesse servir de referência torna, contudo, difícil qualquer análise destinada a estabelecer a extensão exata do campo de aplicação material correspondente à regra de conexão única. Além disso, algumas proposições doutrinais a este respeito não formam um conjunto suficientemente consistente para conduzir com êxito tal análise. Em todo caso, a necessidade de promover a mais ampla autonomia do estatuto da sociedade do Mercosul reclama, no mínimo, o reconhecimento de uma ampla abrangência do domínio coberto pela noção de "matérias regidas pelo estatuto". Com efeito, o reconhecimento de um vasto campo à *lex societatis* favorece a unidade do direito aplicável à sociedade,[72] o que é fundamental para lhe garantir coerência.[73] A importância do reconhecimento de um campo expandido à regra de conexão única por meio de uma definição autônoma da noção de "matérias regidas pelo estatuto" é, além disso, amplamente confortada pela abordagem, consagrada em direito internacional privado e hoje amplamente defendida na Europa, em relação ao campo de aplicação material do regulamento SE.

71. §§ 2.114-2.152 da Tese.

72. B. Audit e L. d'Avout, *Droit international privé*, 7ª ed. refundida, Paris, Economica, 2013, n. 1.038 *sq*.

73. O. Cachard, *Droit du commerce international*, 2ª ed., Paris, LGDJ, n. 180.

68. Peça-chave do sistema de conexão unitária, a noção de "matérias regidas pelo estatuto" continua uma noção a ser definida, pois dela dependerão as articulações entre o estatuto da sociedade e o direito dos Estados-membros. A problemática não é nova. Com efeito, esta dificuldade ligada à formula "matérias regidas", tomada emprestada do Projeto Sanders, de 1967, e que foi a partir de então utilizada em diferentes textos e proposições europeias relativas aos diferentes tipos de sociedade supranacional, foi muito cedo colocada em evidência.[74] Na exposição de motivos de seu projeto, P. Sanders afirmou que "esta fórmula não tem a natureza de fornecer uma resposta clara para cada caso particular" quando se busca saber onde se situa o limite entre o estatuto e seu direito subsidiário de um lado, e o direito nacional de outro lado.[75] O autor estava, assim, consciente de que "o direito das sociedades contido no estatuto interessa a um grande número de domínios ou campos jurídicos sem que se possa sempre dizer que se trata de matérias que são próprias a estes domínios".[76] Ao mesmo tempo P. Sanders estimou que seria impossível encontrar uma formulação mais clara do que "matérias regidas pelo estatuto" para delinear o vasto campo coberto pelo direito das sociedades.

69. Para que o domínio correspondente à regra de conexão única seja o mais extenso possível, a definição da noção de "matérias regidas pelo estatuto" deve ser autônoma. Em um primeiro momento, a definição desta noção poderia ser atribuída ao legislador do Mercosul, que indicaria, no estatuto, as matérias excluídas do seu campo material, assim como, *a título ilustrativo*, aquelas que lhe sejam concernentes. O juiz mercosurenho interviria inevitavelmente em um segundo momento para definir os contornos que lhe faltassem. Nesta ocasião, o juiz deveria se voltar para uma valorização do estatuto cujo alcance seria estendido a fim de reduzir ao máximo a aplicação do direito nacional e de assegurar a autonomia, a unidade, a uniformidade e a coerência do regime jurídico da sociedade.

2. A ambivalência do recurso ao direito nacional[77]

70. Situações visadas. O sistema de conexão proposto comporta, no entanto, um segundo componente, que se destina a definir o campo de competência residual das leis nacionais que se aplicarão à futura sociedade. Com efeito, a presente proposição não poderia se limitar a promover a autonomia da *lex societatis* e a precisar o seu domínio. Seu alcance deve ser mais amplo de maneira a poder responder a qualquer questão que escape à futura regulamentação autônoma e uniforme. Trata-se precisamente de apreender os limites à autossuficiência do estatuto da sociedade do Mercosul e de definir, por conseguinte, a conexão jurídica da sociedade a propósito de questões que serão estranhas ao campo de aplicação material do estatuto e daquelas que, embora tradicionalmente pertencentes ao domínio da *lex societatis*, dele serão excepcionalmente excluídas, seja porque o legislador mercosurenho assim o decidiu, seja porque certos princípios que enquadrarão o sistema de conexão conduzem a um tal resultado. A conexão estatal impõe-se naturalmente nestas duas situações. A concepção do sistema de conexão deve,

74. V., entre outros, Y. Lousosuarn, "La proposition d'un statut des sociétés anonymes européennes et le droit international privé", loc. cit., p. 412; J. Van Ryn, "Le projet de statut des sociétés européennes", *RTD eur.*, 1971, pp. 563-585, p. 571; K. Gleichmann e T. Cathala, "Le statut des sociétés anonymes européennes selon la proposition de la Commission des communautés européennes", *Rev. soc.* 1972, pp. 7-72, pp. 24-25.

75. Anteprojeto, prec. supra nota 41, p. 24.

76. Ibid. Nesse sentido igualmente: Y. Lousosuarn, "La proposition d'un statut des sociétés anonymes européennes et le droit international privé", loc. cit., p. 412.

77. §§ 2.153-2.371 da Tese.

pois, integrar essa ambivalência do recurso ao direito nacional.

71. Embora caiba ao legislador mercosurenho, em um primeiro momento, e ao juiz mercosurenho, em um segundo momento, a definição dos limites à autossuficiência do estatuto da sociedade do Mercosul, cabe-nos participar à definição das diferentes articulações entre este estatuto e o direito dos Estados-membros que resultarão destes limites. Uma vez existentes, estas articulações devem ser objeto de disposições particulares no âmbito do sistema de conexão proposto, razão pela qual convém especificar as situações visadas e as conexões mais adequadas.

72. Matérias consideradas como estranhas ao campo de aplicação material do estatuto. No que diz respeito a estas matérias – a exemplo do direito fiscal, do direito administrativo, do direito do trabalho, do direito da concorrência ou ainda do direito da propriedade intelectual –, convém submetê-las à autoridade de um direito estatal. Este reenvio à ordem jurídica estatal implica, evidentemente, levar-se em conta as disposições de origem mercosurenha adotadas a respeito das referidas matérias, se a ordem jurídica estatal designada corresponder àquela de um dos Estados-membros.

73. A designação do direito nacional não deveria, no entanto, fazer-se por meio de uma regra de conflito de leis comportando um elemento de conexão uniforme, especialmente previsto no estatuto da sociedade do Mercosul. As razões são conhecidas. Se o legislador mercosurenho decidir oferecer uma solução geral, escolhendo uma regra de conflito única aplicável a todas as matérias não submetidas ao estatuto, ele ver-se-á obrigado a encontrar um elemento de conexão único e pertinente para o conjunto de matérias que não tenham liame algum entre elas, sem contar que algumas destas matérias são pouco inclinadas ao método conflitual clássico. Tal tarefa pode se revelar impossível. Se o legislador mercosurenho decidir, ao contrário, apresentar soluções parciais, elaborando para cada uma das matérias uma regra de conflito diferente, ele ver-se-á obrigado a estabelecer uma lista de matérias às quais o juiz poderia ser confrontado no momento de aplicação do estatuto. Como esta lista não será exaustiva, necessário será prever, além de regras de conflito particulares para as matérias visadas na lista, uma regra de conflito aplicável às matérias nela não contempladas. Ora, a elaboração da regra geral suscita a questão do elemento de conexão único e pertinente para as matérias não identificadas previamente, enquanto a elaboração de regras particulares levanta a questão da aceitação pelos Estados-membros dos elementos de conexão escolhidos para cada uma delas. Complexa, esta escolha metodológica é de eficácia incerta e merece ser rechaçada.

Convém então deixar ao direito do foro a tarefa de determinar, pelas suas próprias regras e princípios de direito internacional privado, o direito material aplicável ao litígio relativo às matérias que não entram no campo de aplicação material do estatuto da sociedade supranacional.

74. A regra de reenvio ora preconizada tem a vantagem de privilegiar o princípio do tratamento nacional. Antigo na regulamentação latino-americana das sociedades estrangeiras e hoje consagrado no embrionário direito das sociedades do Mercosul, este princípio é a pedra-de-toque do sistema de conexão de toda sociedade comercial supranacional porque ele evita qualquer discriminação e qualquer privilégio injustificado em um mercado interno e economicamente integrado. A sociedade do Mercosul não deve, por isso, ser objeto de nenhum tratamento preferencial que não pertença especificamente ao regime societário autônomo que lhe será aplicável, a exemplo da regulamentação da transferência intrarregional da sede social sem dissolução da sociedade.

75. A maneira pela qual este princípio deveria ser expresso no seio do sistema de conexão da sociedade do Mercosul diferencia-se, um pouco, no entanto, daquela observada nos diferentes textos europeus e latino-americanos analisados. Por um lado, é imperativo evitar os obstáculos aos quais uma interpretação extensiva do princípio do tratamento igual pode dar lugar, a exemplo do que pode ser observado a respeito do art. 10 do Regulamento SE. Por outro lado, convém integrar o fator "mobilidade da sociedade do Mercosul" na regra que enuncia o tratamento nacional a fim de ampliar o alcance necessário deste princípio. Parece, então, fundamental afirmar, à semelhança do que faz o Regulamento SE, a submissão do princípio do tratamento igual às disposições do estatuto da sociedade do Mercosul e precisar, ao contrário do que faz o regulamento SE, seu campo de aplicação material. Além disso, parece judicioso, em vista de uma possível dissolução da sede estatutária e da administração central da sociedade do Mercosul, prever que nenhuma discriminação a respeito da sociedade do Mercosul existirá, nem no Estado onde ela conservou a sua sede estatutária; nem naquele no qual ela desenvolve suas atividades, se este é diferente daquele em que sua sede estatutária é estabelecida; nem no Estado para o qual a sociedade transferiu sua administração central, notadamente em razão de tal transferência.

76. Matérias consideradas como pertencentes ao campo de aplicação material do estatuto. Em relação a estas matérias, duas situações podem se apresentar. A primeira reclama a *aplicação necessária* do direito nacional em razão da natureza da atividade exercida pela sociedade do Mercosul e/ou da existência de autoridades de controle. Com efeito, enquanto a lógica e o imperativo de coerência conduzem a afastar qualquer recurso às disposições nacionais imperativas, inclusive eventuais *lois de police* em matéria societária, sem contrariar o princípio do tratamento nacional, tal recurso parece pertinente, em nome deste mesmo princípio, quando estas disposições são ligadas à natureza da atividade da sociedade supranacional e/ou à existência de autoridades de controle. A partir daí, convém prever que se a legislação do Estado da sede estatutária contém disposições imperativas ligadas à natureza das atividades que virão a ser exercidas por uma sociedade do Mercosul ou a uma forma de controle exercida por uma autoridade de supervisão, estas disposições se aplicam à sociedade do Mercosul. Entretanto, na medida em que esta futura sociedade deveria poder dissociar sua administração central de sua sede estatutária, é preciso igualmente considerar que em caso de dissolução intrarregional da sede estatutária e da administração central, as disposições imperativas provenientes das legislações do Estado da sede estatutária e do Estado da sede real da sociedade aplicam-se cumulativamente. Tal imposição *vis-à-vis* da sede real dissociada da sede estatutária busca evitar eventuais abusos da liberdade de estabelecimento.

77. A segunda situação concerne uma *aplicação desejada* pelo legislador mercosurenho do direito nacional das sociedades em relação a algumas questões que entram no domínio coberto pelo estatuto. Se é desejável que estas hipóteses sejam excepcionais, sua eventualidade reclama *per se* a concepção de uma regra de conexão adicional no seio do sistema de conexão da sociedade do Mercosul. Quando uma ancoragem estatal da sociedade for julgada oportuna, é preferível definir a ordem jurídica à qual a sociedade do Mercosul será conectada por meio de uma regra de conflito que comporte um elemento de conexão uniforme, inscrita nas disposições esparsas do estatuto, do que deixar ao direito do foro o cuidado de determinar o direito material aplicável. O eventual espaço deixado ao direito nacional das sociedades deveria então se limitar apenas às disposições do direito comum das sociedades anônimas, aí compreendidas as disposições harmonizadas do direito das sociedades anônimas dos Estados-membros, as soluções nascidas da interpretação que lhe dão as jurisdições nacionais, assim como os usos e princípios gerais do direito aplicáveis às sociedades anônimas. Por conseguinte, parece necessário recusar ao legislador nacional a possibilidade de adotar disposições que visem especificamente a sociedade do Mercosul, a fim de reduzir as hipóteses de fragmentação do regime jurídico da sociedade e de criar obstáculo aos particularismos nacionais. Além disso, esta exclusão deveria concernir todas as modalidades de intervenção do direito nacional pois, ainda que as aberturas concessivas comandem a aplicação do direito comum das sociedades anônimas (*e.g.*, caráter supletivo das disposições do estatuto; soluções mínimas previstas pelo estatuto), elas conduzem à fragmentação supérflua do regime da sociedade.

78. A decisão de identificar, no estatuto, a ordem jurídica nacional à qual a sociedade do Mercosul será excepcionalmente ligada para as questões que pertençam ao campo coberto pelo estatuto reclama a definição de uma conexão adaptada. A busca desta última se faz a partir da determinação da sede social da sociedade do Mercosul. Circunscrita ao espaço jurídico do Mercosul, sua sede social deve, no entanto, poder se dissociar no interior deste espaço. Esta solução se mostra consubstancial ao método da unicidade de conexão e contribui à consolidação da conexão única vislumbrada para a sociedade mercosurenha, uma vez que *somente* o território correspondente às fronteiras do Mercosul é tomado em consideração. Tal solução aparece igualmente indispensável nas situações de inflexão da unicidade da conexão, como o demonstrou a experiência europeia. Diante desta possibilidade de dissociação da sede estatutária da sede real oferecida à sociedade do Mercosul, parece pertinente reter apenas o critério da sede estatutária para a repartição excepcional de competências legislativas em relação às questões que entram no domínio coberto pelo estatuto. Esta escolha resulta da compatibilidade do critério da sede estatutária à liberdade de circulação da sociedade e do fato de que ele se apresenta como um elemento de conexão possível de satisfazer as exigências de proteção dos interesses dos terceiros e dos acionistas minoritários em um contexto de mobilidade intrarregional.

79. O sistema de conexão que se repousa sobre o método da unicidade aqui proposto é definitivamente um sistema inovador em vários aspectos. Além de introduzir novas categorias de fontes autônomas que os projetos europeus que servem de base à presente proposição não conceberam, o sistema de conexão ora proposto regulamenta de maneira clara e detalhada as diferentes articulações entre o estatuto da sociedade do Mercosul e as ordens jurídicas nacionais. Inovador, este sistema não é, contudo, menos exigente. Seu bom funcionamento reclama, com efeito, fatores eficazes que permitam subtrair a sociedade aos direitos nacionais.

B) Aplicabilidade de um sistema exigente de conexão jurídica[78]

80. (§§ 2.372-2.906). A aplicabilidade do sistema de conexão unitário de uma futura sociedade do Mercosul é condicionada à eficácia dos diferentes fatores que permitem construir um regime autônomo e uniforme. Estes fatores são intrínsecos ou extrínsecos ao sistema de conexão proposto. Os primeiros correspondem aos próprios elementos da regra de conexão única que permitem subtrair a sociedade dos direitos nacionais. Os segundos emergem do ambiente jurídico no qual o estatuto da sociedade será integrado e deverá evoluir e correspondem, por assim dizer, aos instrumentos de que dispõem as autoridades no âmbito do Mercosul para assegurar o bom funcionamento do sistema de conexão proposto. Surge então a questão de saber se estes fatores são efetivamente aptos a assegurar a plena autonomia, unidade e uniformidade do direito aplicável à sociedade do Mercosul. Somente uma confrontação do

78. §§ 2.372-2.906 da Tese.

sistema unitário com seus próprios limites (1) e com as especificidades do direito do Mercosul (2) permite responder a esta questão.

1. Confrontação do sistema unitário a seus próprios limites[79]

81. O sistema de conexão jurídica unitária repousa sobre diferentes fontes autônomas das quais extrair-se-á o direito aplicável à sociedade do Mercosul: regras materiais contidas no instrumento mercosurenho que instituirá a sociedade; estatutos da sociedade, cujo conteúdo será estabelecido pelos associados; princípios gerais em suas diversas categorias; e usos societários transnacionais. Importantes dificuldades de aplicação concernem, contudo, diretamente a estas quatro fontes. As duas primeiras podem rapidamente mostrar seus limites a respeito da exigência de uniformidade das soluções (limites da quase uniformidade), enquanto que as duas últimas suscitam dúvidas reais quanto à sua capacidade de fornecer respostas precisas em direito das sociedades e, consequentemente, a assegurar a autonomia e a unidade do regime da sociedade supranacional (limites da quase autonomia). Constata-se, assim, que o título ao qual estas diferentes fontes são chamadas a intervir coincide com os limites aos quais elas são fortemente expostas. No entanto, estes limites podem ser superados.

82. No que concerne as regras materiais uniformes, contidas no estatuto da sociedade do Mercosul, a elaboração de um quadro conceitual independente dos direitos nacionais revelou-se indispensável. Com efeito, o estatuto empregara termos e expressões correspondentes a conceitos jurídicos conhecidos do direito interno, assim como noções específicas à forma "supranacional", marcada notadamente por operações transfronteiriças que os direitos nacionais não regulamentam ou o fazem apenas parcialmente. É conveniente então lembrar com J. Bouteron que um texto, cujas disposições são chamadas a consagrar a unidade, deve apresentar uma concepção tal que seja indistintamente acessível, tanto na letra como no espírito, a todos os seus destinatários.[80] Desde então, a fim de contribuir para a uniformidade desejada às normas do estatuto e evitar o nascimento de divergências de interpretação entre as diferentes ordens jurídicas nacionais a ponto de desnaturar as noções empregadas por aquele, o enquadramento da interpretação das noções nele empregadas torna-se indispensável.

Se, em um processo de integração econômica, esta tarefa é eminentemente judiciária, ela não o é exclusivamente. Com efeito, o legislador pode igualmente contribuir para a construção do quadro conceitual autônomo relativo aos textos que eles adotam, neles definindo as noções que estimem essenciais à aplicação uniforme do estatuto da sociedade do Mercosul. O legislador é então convidado a elaborar um glossário de definições autônomas. Em seu trabalho, ele poderá se servir de algumas linhas diretrizes fornecidas pelo presente estudo para vencer os desafios metodológicos que a tarefa suscita. Dentre elas, encontram-se, notadamente, o emprego do método de corredação – que já deu provas de eficácia em outros espaços jurídicos plurilinguísticos, como o Canadá – e a indicação, tal como existe na Convenção do Unidroit, de 2001, relativa às garantias internacionais sobre equipamentos móveis, que se trata de definições que se aplicam "a menos que o contexto não se oponha" – o que permite uma adaptação da definição fornecida às circunstâncias do caso em uma matéria extremamente dinâmica que é o direito societário.

Para o magistrado e o árbitro, julgou-se oportuno propor uma regra de interpretação

79. §§ 2.373-2.645 da Tese.

80. J. Bouteron, "L'unification du droit relatif au cheque et le vocabulaire du droit uniforme", *Recueil d'études en l'honneur d'Edouard Lambert*, II, Paris, Sirey/LGDJ, 1938, § 129, pp. 835-843, p. 839.

das normas regulamentadoras da sociedade do Mercosul. Esta regra de interpretação, acessória ao sistema de conexão proposto e destinada ao bom funcionamento deste, convida-os a aplicar e a interpretar o estatuto da futura sociedade de maneira autônoma, em conformidade com os seus objetivos e aos princípios que lhe subjazem. Neste ofício, o juiz e o árbitro devem levar particularmente em conta a autonomia do regime que o estatuto instaura, assim como a necessidade de promover a uniformidade em sua aplicação, sem esquecer o caráter transfronteiriço da sociedade e a necessidade de assegurar o respeito às exigências da governança e da responsabilidade social da empresa na ação e no funcionamento da sociedade.

83. Em relação às regras estatutárias, qualquer que seja a margem de autonomia reconhecida, a unicidade do regime jurídico da sociedade encontrar-se-á afetada. Com efeito, o recurso às soluções estatutárias pode conduzir à perda da unicidade de soluções aplicáveis nas matérias da competência normativa reconhecida aos associados. Todavia, do ponto de vista do imperativo de uniformidade das soluções, tal perda somente se torna inquietante a partir do momento em que a liberdade estatutária é suficientemente ampla para conferir à cada sociedade constituída sob uma mesma forma, traços muito particulares, de modo a tornar difícil o conhecimento do seu regime jurídico apenas através das regras materiais uniformes que a governam. A uniformidade das soluções encontra-se, então, à prova da liberdade estatutária.

Visando conciliar a liberdade estatutária com o imperativo de uniformidade das soluções, cinco medidas permitirão, em conjunto, atenuar os particularismos permitidos pela liberdade estatutária.

A primeira consiste em restringir o recurso aos estatutos apenas às hipóteses expressamente previstas pelo estatuto da sociedade do Mercosul, seja segundo a modalidade de reenvio prevista no art. 9-1, lit. *b* do Regulamento SE,[81] seja segundo a fórmula do art. 4-1, *primeira alínea* do Projeto de Regulamento SPE, de 25 de junho de 2008.[82] As questões que podem ser objeto de disposições estatutárias serão então conhecidas previamente e o grau de fragmentação do regime será perfeitamente controlado *in fine*.

A segunda medida consiste em negar, no estágio de funcionamento do recurso aos estatutos, qualquer competência ao direito nacional da sede social *vis-à-vis* as matérias negligenciadas pelos estatutos mudos, independentemente do caráter facultativo ou obrigatório da menção ausente.

A terceira medida comporta uma proposição de estatutos-modelos. Para as sociedades supranacionais marcadas por uma forte autonomia estatutária, inclusive para minimizar eventuais referências ao direito nacional da sede, o recurso aos estatutos-modelos constitui um meio precioso para contrabalançar as disparidades do regime jurídico que resulte da liberdade estatutária e para garantir a uniformidade desse regime pela homogeneidade das soluções que tal solução pode proporcionar. Uma ampla utilização dos estatutos-modelos deveria *in fine* contribuir para estabelecer uma maneira uniforme segundo a qual a sociedade supranacional será estruturada. A este respeito, se a adoção de uma variedade de modelos elaborados sob os auspícios das autoridades do Mercosul não deve ser afastada, convém conferir-lhe natureza supletiva. Com efeito, a aplicação supletiva de disposições dos estatutos-modelos na ausência de regras estatutárias e de regras materiais supletivas no estatuto da sociedade do Mercosul poderá garantir, pelo menos para cada tipo de sociedade abrangida pelo modelo existente, uma maior homogeneidade de soluções no plano estatutário.

81. Supra, n. 34.

82. Art. 4º: "Regras aplicáveis a uma SPE: 1. A SPE é regida pelo presente regulamento e, no que diz respeito às matérias enumeradas no anexo I, pelos seus estatutos. (...)" (T.L.).

Tudo isto somente é efetivamente possível na presença de um sistema regional de publicidade legal, cuja aplicação constitui a quarta medida necessária para completar o quadro jurídico-institucional responsável para garantir a uniformidade das soluções no espaço da autonomia societária.

Enfim, a quinta medida consiste em proibir o reenvio global a uma lei nacional pelos estatutos. Convém, com efeito, inspirar-se da proposta elaborada por J. Boucourechliev a respeito do estatuto de uma SPE, segundo a qual qualquer solução tomada do direito nacional deve ser expressamente reproduzida nos estatutos, pois "é necessário que a 'lei' própria à cada sociedade seja inteiramente transposta nos estatutos, para a informação dos terceiros, como também para garantir um engajamento consciente dos associados".[83] Ademais, tal solução contribuiria, ao menos indiretamente, para a homogeneização das soluções estatutárias por meio do sistema de publicidade regional preconizado.

84. Quanto à capacidade das diversas categorias de princípios visadas em fornecer respostas precisas em direito das sociedades, este estudo demonstrou que, apesar da reticência da doutrina europeia a respeito desta fonte, a passagem da regra nacional supletiva aos princípios é não apenas desejável, como também perfeitamente realizável. Os princípios mostram-se, com efeito, uma fonte plenamente apta a colmatar as lacunas dos textos relativos às sociedades supranacionais, em particular o futuro estatuto da sociedade do Mercosul. Além de constituírem uma regra de referência em direito das sociedades na prática judiciária de todos os Estados-membros do Mercosul, os princípios, notadamente os princípios gerais do direito, mostram-se como um "elemento estável" face às mutações do direito das sociedades. Em um domínio marcado por evoluções profundas, os princípios iluminam o caminho, muitas vezes nebuloso pela ausência de texto ou pela redação sibilina de algumas disposições, frequentemente inspiradas por movimentos subjacentes em direito das sociedades, como aquele, atual, da contratualização, em oposição à teoria da instituição. Os princípios funcionam, então, como referências em um contexto de incertezas próprias aos momentos de transformação. O recurso aos princípios é a este título assegurador. Além disso, o recurso aos princípios pode, a médio e a longo termo, permitir a "codificação" das soluções extraídas sobre seu fundamento, contribuindo assim de maneira essencial para a construção do regime autônomo, uniforme e coerente da futura sociedade do Mercosul.

85. Quanto à aptidão dos usos a servir eficazmente de fonte acessória aos princípios, a principal dificuldade residiria mais na demonstração da sua existência do que na sua capacidade de fornecer uma solução uniforme. Com efeito, uma vez que os usos tendem à homogeneização, a uniformidade das soluções aplicáveis à sociedade do Mercosul não parece verdadeiramente difícil a alcançar por meio desta fonte, sobretudo porque ela apenas deveria intervir com pouca frequência e segundo um critério de transnacionalidade. Por outro lado, a prova da existência de uma prática corrente na matéria pode se revelar bastante laboriosa pelo fato de que a discrição reina de forma absoluta no mundo dos negócios. A inexistência, na maioria dos países do Mercosul,[84] de um centro que recolha e repertorie os usos em matéria comercial e societária, tal como o *Bureau des usages professionnels* junto ao Tribunal de Comércio de Paris, aumenta a dificuldade de provar sua existência, seu conteúdo e sua eventual transnacionalidade.

Embora a função normalmente atribuída às partes no estabelecimento da prova

83. J. Boucourechliev, *Une société de droit européen?*, ob. cit., p. 90.

84. O Brasil é, neste caso, uma exceção com suas Juntas de Comércio, que são responsáveis pelo assentamento dos usos e práticas mercantis (art. 8º, VI, da Lei n. 8.934, de 18.11.1994).

não impeça que elas se beneficiem de um eventual reconhecimento dos usos pelo juiz, não convém aqui esperar do juiz o estabelecimento do uso entre as partes em caso de silêncio destas últimas – salvo se tratar-se de um uso específico que, pela força do tempo, teria sido erigido em uso de direito, a propósito do qual vale o adágio *jura novit curia*. Mesmo sendo desejável esperar dos juízes especializados na matéria comercial, como aqueles que sediam os tribunais de comércio, que conheçam alguns usos gerais, parece vão esperar dos juízes dos países que não conhecem tal nível de especialização no plano de sua estrutura judiciária o exercício de uma função particular no estabelecimento dos referidos usos. Tal função também não é concebível para os juízes que sediam o Tribunal Permanente de Revisão do Mercosul (TPR), ao qual reviria a competência para interpretar as disposições do estatuto da sociedade do Mercosul. Todavia, é possível admitir que o juiz possa ordenar, em caso de necessidade, uma pesquisa a *experts* sobre a existência de um uso.

Seja como for, as dificuldades de administração da prova dos usos reforçam a importância de um registro das sociedades do Mercosul, que seria depositário de informações a partir das quais seria possível deduzir as soluções que pudessem se apoiar nos usos na matéria.

86. Fundado sobre um regime quase uniforme e quase autônomo, o sistema de conexão jurídica unitária pode ser eficaz. Resta, contudo, verificar se sua performance seria satisfatória no ambiente jurídico no qual o estatuto da sociedade do Mercosul evoluirá.

2. Confrontação do sistema unitário às especificidades do direito do Mercosul[85]

87. A opção de subtrair o regime jurídico da sociedade do Mercosul do direito do Estado da sede social implica, por um lado, a elaboração de regras materiais uniformes bastante precisas em matéria de sociedades e, por outro lado, a aplicação uniforme destas regras. Disso dependem a segurança e a previsibilidade jurídicas.

88. A este respeito, verificou-se que o Mercosul dispõe de uma competência legislativa funcional para adotar regras uniformes em matéria societária e de várias fontes de expressão do direito que ele produz. O estatuto da sociedade do Mercosul seria instituído pela via de uma delas: uma *Decisão* do Conselho Mercado Comum. Paralelamente a uma competência legislativa certa, o Mercosul dispõe de uma competência jurisdicional, cujo exercício é organizado no âmbito de um sistema específico de resolução de conflitos. A fim de alcançar uma aplicação uniforme do direito do Mercosul nos diferentes Estados-membros, este sistema prevê um mecanismo regional de interpretação das normas mercosurenhas que lembra, de um ponto de vista funcional e guardadas as diferenças, aquele do reenvio prejudicial exercido diante da Corte de Justiça da União Europeia.[86]

89. Se a existência de uma competência legislativa e jurisdicional constituem condições institucionais indispensáveis para que o Mercosul se liberte das influências nacionais que podem colocar em cheque a autonomia e a uniformidade do estatuto de uma futura sociedade do Mercosul, as particularidades relativas ao exercício destas competências podem revelar diferentes obstáculos ao bom funcionamento do sistema de conexão proposto. A fim de confirmar, do ponto de vista prático, a pertinência do método que funda este sistema de conexão, convém colocá-lo à prova do quadro normativo e jurisdicional do Mercosul. Neste exercício, constatou-se que os obstáculos ligados às especificidades dos instrumentos normativos do Mercosul

85. §§ 2.646-2.906 da Tese.

86. A. Dreyzin de Klor, "El Reglamento del Protocolo de Olivos. Algunas anotaciones", *Revista Latinoamericana de Derecho*, n. 3, 2005, pp. 69-105, p. 73.

e do mecanismo regional de interpretação do direito mercosurenho são reais, mas não colocam em causa nossa escolha pelo método da unicidade de conexão.

90. Instrumento de direito internacional, o estatuto da sociedade do Mercosul necessitará, como a maioria das normas do Mercosul, ser incorporado à ordem jurídica de cada Estado-membro. Não beneficiando nem de efeito direto, nem de aplicação imediata, o estatuto será confrontado à fragilidade do sistema de incorporação das normas mercosurenhas no direito interno. Não se beneficiando da primazia sobre o direito nacional, o estatuto será exposto desta feita a uma relação frequentemente desfavorável que as normas do Mercosul entretêm com alguns direitos nacionais (especialmente o Brasil e o Uruguai) e a um controle de constitucionalidade, *a priori*, que intervém em todos os Estados-membros, e *a posteriori*, que intervém na grande maioria. A fragilidade das normas do Mercosul em sua relação com a ordem jurídica nacional é tanto mais patente que uma competência concorrente entre os órgãos mercosurenhos e os Estados-membros permite a estes últimos legislar sobre matérias que constituem objeto de uma regulamentação pelos órgãos do Mercosul.

91. Apesar de tais obstáculos à vida e à sobrevivência das normas produzidas pelo Mercosul na ordem jurídica interna, o estatuto da futura sociedade encontrar-se-á ao abrigo de qualquer ameaça resultante da fragilidade constatada no direito do Mercosul.

Ele será primeiramente protegido pela técnica e pela força do direito internacional. Quanto à técnica, além das medidas tomadas pelo Mercosul e pelos parlamentos nacionais para aperfeiçoar o sistema de incorporação das normas regionais que favorecerão diretamente o estatuto da sociedade, este poderá ainda beneficiar de uma prática constatada no seio do Mercosul, consistente em dotar determinados textos de uma cláusula de "aplicação provisória" para os casos em que o procedimento de incorporação não tenha sido concluído no prazo fixado. Pelo emprego desta cláusula, a invocação do estatuto pelos operadores econômicos interessados poderá ser assegurada durante o procedimento, pleno de incerteza, de incorporação das normas do Mercosul. Quanto à força do direito internacional, a primazia deste último sobre as leis nacionais é categórica e sistematicamente afirmada em decisões proferidas por diferentes tribunais arbitrais *ad hoc* do Mercosul e pelo TPR e encontra-se cada vez mais reconhecida pelos tribunais superiores dos Estados-membros refratários à superioridade dos tratados sobre o direito interno.

O estatuto da futura sociedade será em seguida protegido por alguns instrumentos do direito interno capazes de opor-se à instabilidade experimentada pelas normas regionais no plano nacional. Na Argentina, no Paraguai e na Venezuela, é o impulso dado à integração por suas Constituições que coloca em valor a força do direito do Mercosul em relação ao direito infraconstitucional, enquanto no Brasil e no Uruguai é o recurso ao princípio *lex specialis derogat legi generali* que permite paliar os inconvenientes da paridade normativa entre as normas de origem internacional e aquelas puramente internas. Nestes dois últimos países, a aplicação deste princípio reforça a eficácia das normas do Mercosul: consideradas como normas especiais em relação às normas internas, elas primam em caso de conflito com as disposições legais adotadas pelo legislador nacional após sua incorporação.

O estatuto da sociedade do Mercosul será finalmente, e sobretudo, protegido por ele próprio. Em primeiro lugar, os riscos ligados à fragilidade do direito mercosurenho serão fortemente neutralizados pela natureza opcional do estatuto da sociedade do Mercosul e pelo sistema de conexão proposto. Em razão de sua conexão única, não há de se esperar impacto algum de uma legislação nacional que não é destinada a disciplinar as matérias regidas pelo estatuto. Em razão do caráter opcional do estatuto, a sociedade do Mercosul encontrar-se-á fora do alcance do legislador nacional, que não saberia legislar sobre um tipo de sociedade que a ordem jurídica nacional desconhece. E mesmo na hipótese em que o legislador do Mercosul venha excepcionalmente recorrer ao direito das sociedades da sede, a exigência de conformidade das soluções nacionais às regras e princípios apresentados pelo estatuto afastará qualquer risco de derrogação destes últimos pelo direito estatal. Em segundo lugar e com a finalidade de proteger o futuro estatuto, o legislador do Mercosul poderá se inspirar no direito comparado e utilizar cláusulas de enquadramento da relação que o estatuto entreterá com o direito nacional da sede da sociedade. O instrumento relativo à sociedade do Mercosul poderá, então, afirmar a primazia das regras autônomas que o regulamenta sobre as disposições atuais e futuras do direito dos Estados-membros no qual a sociedade estabelecerá sua sede. Ele poderá igualmente completar a regra que consagra o princípio do tratamento nacional com uma interdição aos Estados-membros de tomar medidas suscetíveis de perturbar o bom funcionamento do estatuto da sociedade do Mercosul.

92. A intangibilidade do regime autônomo e uniforme da sociedade do Mercosul tal como ele deveria resultar do sistema de conexão aqui proposto, reclama igualmente um mecanismo regional de interpretação das normas mercosurenhas que assegure sua autonomia e sua uniformidade quando da sua aplicação nos Países-membros do Mercosul. A este respeito, o Mercosul dispõe de um procedimento consultivo de interpretação jurisdicional das normas que ele edita que responde, *no absoluto*, às exigências do sistema de conexão escolhido. Isso é reconfortante, pois as implicações são importantes. Com efeito, terceiros e acionistas minoritários não desejarão fazer face a uma influência nacional sobre as regras materiais *formalmente* unificadas, graças às quais eles decidiram, seja investir, seja fazer negócios com a sociedade do Mercosul. A autonomia e a uniformidade do regime desta sociedade são, pois, as garantias da previsibilidade e da segurança jurídicas. Elas devem ser confirmadas no estágio de aplicação do seu estatuto. Estes objetivos seriam comprometidos se os Estados-membros tivessem uma margem ampla de apreciação nacional na aplicação das regras regendo a sociedade. Como afirmou R. Lecourt, "nada é mais frágil do que a unidade da jurisprudência, sobretudo entre os tribunais de Estados diferentes".[87] Ora, o surgimento de uma situação de uniformização de regras não pode advir sem a existência de uma jurisdição supranacional encarregada de "dizer ***o*** direito". Instrumento de cooperação entre os tribunais nacionais e o TPR em vista da aplicação uniforme do direito do Mercosul, o procedimento consultivo funciona também como um vetor de evolução do direito do Mercosul muito favorável ao funcionamento do sistema de conexão proposto.

93. Entretanto, este procedimento apresenta fraquezas que podem incidir de forma negativa sobre o funcionamento deste sistema proposto e de colocar seriamente em causa a pertinência da escolha aqui operada, pelo menos no contexto do Mercosul. Quatro aspectos do regime procedimental da opinião consultiva fragilizam particularmente o mecanismo de cooperação instituído pelo Protocolo de Olivos de 2002 e, por conseguinte, o funcionamento do sistema de conexão proposto: primeiro, o procedimento é facultativo para o juiz nacional; segundo, a questão formulada pelo juiz da causa é submetida a um controle discricionário de admissibilidade exercido pelas Cortes supremas; terceiro, a opinião estabelecida pelo

87. R. Lecourt, "Le rôle unificateur du juge dans la communauté", in *Études de droit des Communautés européenns – Mélanges offerts à Pierre-Henri Teitgen*, Paris, Pedone, 1984, pp. 223-237, p. 224.

TPR não é coercitiva; enfim, os tribunais arbitrais são excluídos do mecanismo.[88]

94. Não obstante as imperfeições do procedimento consultivo, perspectivas de reforço do mecanismo existem e validam plenamente a escolha do método da unicidade da conexão e o modelo de regras proposto para a futura sociedade do Mercosul. Estas perspectivas se abrem em dois flancos.

A primeira, *institucional*, consiste na reformulação do mecanismo regional de interpretação do direito do Mercosul por meio de uma reforma iminente e mais ampla do atual sistema regional de solução de controvérsias, lançado pelo Parlamento do Mercosul em 2010. O Projeto de protocolo constitutivo da Corte de Justiça para o Mercosul, que viria substituir o TPR, apresenta um novo mecanismo de cooperação judiciária, denominado "questão prejudicial", muito próximo do "*reenvio prejudicial*" junto à CJUE. Em razões das propriedades opostas àquelas do procedimento consultivo, este futuro procedimento contribui ao perfeito funcionamento do sistema de conexão proposto, exceto pelo fato que ele não prevê a sua utilização pelos tribunais arbitrais.

A segunda, *funcional*, consiste na utilização do estatuto da sociedade do Mercosul para reforçar um e outro destes mecanismos, quando se tratar de aplicar o sistema de conexão proposto. Com efeito, face às diferentes falhas do procedimento consultivo e às incertezas quanto aos desdobramentos que conhecerá o Projeto de criação da Corte de Justiça do Mercosul, o legislador mercosurenho poderá dotar o estatuto de um mecanismo próprio de regulação da cooperação judiciária que supriria as carências constatadas. Na hipótese em que o Projeto do Parlamento venha a ser adotado como tal no momento do advento do estatuto da sociedade do Mercosul, este poderia conter uma regra específica que permitisse definir, levando-se em conta a arbitrabilidade dos litígios relativos aos direitos das sociedades, a cooperação entre o árbitro e o juiz mercusorenho, uma vez que o texto do projeto permanece silente quanto à possibilidade de um tribunal arbitral apresentar à Corte uma questão prejudicial. Na hipótese em que o referido Projeto não venha a ser adotado no momento do advento do estatuto, este último conteria disposições destinadas a aperfeiçoar o procedimento consultivo atual à luz das soluções propostas por aquele Projeto; o estatuto regulamentaria, entre outros pontos, o acesso dos tribunais arbitrais ao procedimento consultivo atual.

95. Do exposto, vê-se que embora as especificidades do direito do Mercosul questionem a eficácia do sistema de conexão proposto, este estudo fornece os argumentos e chaves para superar tanto as fraquezas do sistema normativo mercosurenho quanto aquelas do mecanismo regional de interpretação jurisdicional de suas normas.

Conclusão

96. A conexão jurídica é uma peça central da engrenagem regulamentar das empresas supranacionais. Ela está no coração das escolhas não somente jurídicas *vis-à-vis* dessas estruturas societárias, mas também políticas. O advento da sociedade europeia trinta anos depois da primeira proposta da Comissão e o fracasso das negociações de um estatuto para uma sociedade privada europeia em 2013 atestam-no perfeitamente. O estudo dos métodos de conexão de empresas supranacionais é de fundamental importância para compreender os meandros do estatuto destas entidades. Ademais, a conexão jurídica é o prisma através do qual todos os pontos que desempenham um papel no desenvolvimento de uma teoria geral das empresas supranacionais podem ser observados.

97. O prisma escolhido – o estudo da conexão jurídica mais adequada para

88. Por todos, v. L. Klein Vieira, *Interpretación y aplicación uniforme del derecho de la Integración – Unión Europea, Comunidad Andina y Mercosur*, Montevideo, B de F, 2011, pp. 79 e ss.

estas entidades através do exemplo de uma sociedade do futuro do Mercosul – não foi, contudo, o mais favorável. Por um lado, a ambição política de elaborar um estatuto de uma sociedade comercial do Mercosul não foi seguida pelas autoridades mercosurenhas, o que a doutrina outrora entusiasmada com a ideia parece agora aceitar sem maiores críticas. Por outro lado, o direito europeu, referência sobre o assunto, não consegue impor a solução de princípio na matéria – a conexão única – e vê-se cada vez mais obrigado a aderir ao método da pluralidade de conexões. Estas duas razões teriam bastado para dissuadir qualquer tentativa de investigação sobre o assunto.

98. No entanto, são estas mesmas dificuldades que nos estimularam uma reflexão mais aprofundada. Como por Confúcio, a experiência não deve ser apenas uma lanterna levada nas costas, de onde ela ilumina somente o caminho percorrido. Esta é a primeira lição deste estudo. Se o mesmo chegar a suscitar algumas discussões e novas pesquisas por parte daqueles que trabalharão arduamente não apenas no intuito de aprofundar, mas também de explorar além do problema aqui tratado, este estudo terá alcançado o seu primeiro objetivo.

99. A segunda lição é a descoberta de outras maneiras de imaginar a arquitetura do sistema de conexão desses novos atores jurídicos e econômicos que são sociedades comerciais supranacionais. Formas alternativas às categorias desenvolvidas no direito europeu devem ser exploradas a fim de apreender a unidade do regime jurídico dessas empresas. O peso da herança cultural na construção desta unidade não pode ser subestimado.

100. O terceiro ponto que este estudo procura demonstrar é justamente a necessidade de romper com as soluções adotadas até agora pelo direito europeu: sendo o único capaz de garantir independência, unidade, coerência e consistência do direito aplicável à sociedade supranacional, o método da unicidade revela-se, ao contrário do método da pluralidade de conexões, mais apropriado à natureza e aos objetivos geralmente atribuídos a este novo tipo de sociedade. Portanto, para as matérias abrangidas pelo seu estatuto, a unicidade da conexão das sociedades supranacionais à ordem jurídica da qual derivam é necessária. O sistema de conexão proposto para uma futura sociedade comercial do Mercosul expressa essa escolha.

101. Este trabalho constitui, em quarto lugar, um esforço de construção que vai além da arquitetura do sistema de conexão única: a adoção de regras acessórias para o bom funcionamento desse sistema deverá causar uma grande evolução na ordem jurídica do Mercosul. Por isso, é considerável a contribuição do método da unicidade para a construção da ordem jurídica da qual emana a sociedade supranacional.

102. Estas conclusões são apresentadas em anexo, em um texto unificador, que poderá ser tomado mais tarde sob a forma legislativa.

103. Estas mesmas conclusões permitem questionar se, *in fine*, não deve ser tomado na Europa um passo atrás e ousar-se à unicidade de conexão tanto da sociedade europeia quanto da futura sociedade privada europeia ao ordenamento jurídico europeu.

104. Em nossa opinião, o sistema proposto é uma referência para qualquer sociedade supranacional, inclusive aquelas instituídas pelo direito europeu. Com efeito, as questões que surgem a respeito da proposição de um sistema de conexão para uma futura sociedade do Mercosul não se restringem a esta última e propõem uma reflexão mais profunda sobre a concepção mesmo da conexão jurídica das sociedades supranacionais, independentemente do espaço de integração econômica considerado. Trata-se da premissa mesmo deste estudo: no momento de definir a conexão jurídica dessas empresas, numerosas questões comuns, semelhanças de raciocínio e analogias quanto ao fundo podem aproximar a União Europeia e o Mercosul, apesar de suas assimetrias.

105. Finalmente, a escolha do estatuto de uma sociedade supranacional depende da visão que os operadores econômicos tenham do futuro de seu empreendimento e das necessidades de mobilidade e de reestruturação societária que poderão se impor. Para orquestrar todas as transações transfronteiriças que as sociedades supranacionais permitem, os operadores devem dominar perfeitamente a "partitura". Na medida em que a unicidade da conexão constitui a ferramenta para esse domínio, a partitura poderá ser perfeitamente executada graças a uma leitura simples e facilitada, sem alterações cacofônicas e perturbadoras da harmonia desejada. Portanto, a riqueza e a beleza de algumas melodias poderão enriquecer as partições antigas e conhecidas das composições nacionais do direito das sociedades.

Sistema de conexão jurídica proposto (regras que podem servir de referência a toda sociedade comercial supranacional)

Sede social

Art. 1º. A sede da sociedade do Mercosul:

I – A sede da sociedade do Mercosul situa-se no lugar designado pelos estatutos. Este lugar encontra-se no território de um Estado-membro do Mercosul.

II – A administração central ou o principal estabelecimento da sociedade pode situar-se no território de um Estado-membro distinto daquele onde se encontra sua sede estatutária.

III – Como a sede estatutária, a administração central ou o principal estabelecimento da sociedade devem situar-se no Mercosul.

Direito aplicável

Art. 2º. A sociedade do Mercosul é regida:

I – no que diz respeito às matérias compreendidas no campo de aplicação do presente instrumento:

1. pelas disposições do presente instrumento;

2. pelas disposições estatutárias, quando expressamente autorizadas pelo presente instrumento.

As soluções extraídas do direito nacional devem ser expressamente reproduzidas nos estatutos. É vedado qualquer reenvio abstrato à disposições desse direito.

Quando os estatutos forem omissos ou dispuserem apenas parcialmente sobre uma questão que deveria ser objeto de uma disposição estatutária, o direito nacional das sociedades anônimas em vigor no Estado-membro da sede estatutária da sociedade do Mercosul não se aplica.

Em tais hipóteses, aplicam-se:

a) as regras supletivas do presente instrumento (menção facultativa);

b) as sanções previstas pelo presente instrumento (menção obrigatória).

3. As questões concernentes às matérias abrangidas pelo presente instrumento e que não são expressamente reguladas pelo mesmo serão regidas:

a) por analogia a outras soluções consagradas pelo presente instrumento, desde que a solução não contravenha ao espírito nem aos princípios que regem a matéria em questão;

b) quando a analogia se revelar inoperante ou inadaptada, tais questões serão reguladas conforme:

(i) os princípios gerais dos quais o presente instrumento se inspira; ou, na sua falta;

(ii) os princípios gerais do direito de sociedades do Mercosul; ou, na sua falta;

(iii) os princípios gerais preponderantes nas ordens jurídicas dos Estados-membros; ou, na sua falta, e, por analogia;

(iv) os princípios gerais do direito de sociedades de outras ordens jurídicas supranacionais.

b.1) O recurso aos princípios mencionados nos pontos *ii*, *iii* e *iv* somente é admitido na medida em que as soluções daí resultantes não são manifestamente contrárias ao espírito, à inteligência e aos objetivos do presente instrumento.

b.2) Quando apenas os efeitos inerentes aos princípios mencionados nos pontos *ii*, *iii* e *iv* mostrarem-se incompatíveis com o espírito, a inteligência e os objetivos do presente instrumento e quando a adaptação destes efeitos a referidas exigências for possível, o recurso aos ditos princípios é admitido.

b.3) A aplicação pelo juiz dos princípios mencionados no ponto *iii* implica para este a obrigação de realizar, com base nos documentos e peças fornecidas pelas partes, uma análise comparada das ordens jurídicas nacionais. Em sua análise, o juiz se interessará notadamente ao resultado ao qual teriam chegado os tribunais superiores dos Estados-membros no julgamento de casos onde estivesse presente uma situação de fato idêntica ou similar.

Caso sua pesquisa revele a existência de um desacordo total entre as ordens jurídicas nacionais quanto ao ponto litigioso, o juiz determinará, à luz da especificidade e dos objetivos do presente instrumento, em que medida o princípio enunciado se aplica.

A aplicação pelo juiz dos princípios mencionados no ponto *iv* implica para este a obrigação de realizar uma análise comparativa das soluções em vigor nas ordens jurídicas supranacionais tomadas em consideração.

b.4) Quando da aplicação dos princípios gerais do direito, o juiz confrontado com dificuldades ligadas à complexidade da situação levará em conta os usos das quais as partes tenham ou devessem ter conhecimento e que são amplamente conhecidas e regularmente observadas pelos sócios, administradores, mandatários, dirigentes e auditores que exercem suas atividades em outras sociedades do Mercosul, ou, na sua falta, em sociedades nacionais do mesmo tipo, uma vez que o uso em questão transcenda, neste último caso, o quadro jurídico do Estado no qual a sociedade tenha sua sede e reflita uma tendência no espaço jurídico do Mercosul.

Os usos não produzem efeitos quando se revelarem contrários aos princípios subjacentes ao Estatuto da sociedade do Mercosul ou, se for o caso, aos princípios mencionados nos pontos *ii*, *iii*, e *iv* da letra *b* deste artigo.

4. As disposições do direito nacional que regem as sociedades anônimas do Estado-membro da sede estatutária da sociedade do Mercosul apenas se aplicam nos casos expressamente previstos pelo presente instrumento. A aplicação do direito nacional compreende igualmente:

a) se for o caso, as disposições harmonizadas do direito de sociedades anônimas dos Estados-membros;

b) a interpretação dada às normas que regem as sociedades anônimas pelas jurisdições nacionais, bem como os usos e princípios gerais do direito aplicáveis às sociedades anônimas.

II – Se a legislação do Estado da sede estatutária prevê disposições imperativas ligadas à natureza das atividades exercidas por uma sociedade do Mercosul ou uma forma de controle exercido por uma autoridade reguladora, essas disposições se aplicam à sociedade do Mercosul.

Em caso de dissociação intrarregional da sede estatutária e da administração central, as disposições imperativas da legislação do Estado da sede estatutária e aquelas da legislação do Estado da administração central da sociedade do Mercosul aplicam-se cumulativamente.

III – As matérias não abrangidas pelo campo de aplicação do presente instrumento, tais como as relativas ao direito tributário, administrativo e trabalhista, ao direito da concorrência ou ao direito da propriedade intelectual, são regidas pelo direito designado pelas regras e princípios do direito internacional privado do foro.

Tratamento não discriminatório

Art. 3º. Sob reserva das disposições do presente instrumento e em relação às matérias não incluída em seu campo de aplicação:

I – a sociedade do Mercosul recebe, no Estado-membro onde estabelecer sua sede estatuária, o mesmo tratamento acordado a uma sociedade anônima constituída conforme o direito desse Estado.

II – a sociedade do Mercosul recebe, em cada Estado-membro onde exercer suas atividades, o mesmo tratamento acordado a uma sociedade anônima constituída conforme o direito do dito Estado.

Este princípio se estende às situações onde exista uma dissociação da sede estatutária e da administração central da sociedade do Mercosul, sendo vedado ao Estado onde ela conservou sua sede estatutária e ao Estado no qual a sociedade transferiu sua sede social tratar-lhe de maneira discriminatória, notadamente em razão de uma tal transferência.

Art. 4º. O princípio do tratamento não discriminatório não deve levar os Estados-membros a adotarem medidas contrárias às normas uniformes e estatutárias que regem a sociedade do Mercosul ou que venham constituir um obstáculo a sua aplicação. Este princípio não deve igualmente levar a uma regulamentação estatal que beneficie a sociedade do Mercosul em relação às sociedades de direito nacional.

Regras acessórias (destinadas ao bom funcionamento do sistema de conexão jurídica proposto)

Método de interpretação

Art. 5º. O direito aplicável à sociedade do Mercosul deve ser interpretado de maneira autônoma, conforme aos seus objetivos e aos princípios que lhe subjazem. Serão particularmente levadas em consideração a autonomia do regime que ele instaura e a necessidade de promover a uniformidade de sua aplicação. Serão igualmente levados em conta o caráter transfronteiriço da sociedade do Mercosul assim como a necessidade de assegurar o respeito às exigências da governança e da responsabilidade social da empresa nas ações e no funcionamento da sociedade.

Cláusula de proteção do regime autônomo

Art. 6º. As regras uniformes que regem a sociedade do Mercosul, bem como as cláusulas estatutárias estabelecidas de acordo com as primeiras produzem seus efeitos não obstante qualquer contradição com o direito do Estado-membro no qual a sociedade estabelecer sua sede.

Regras especiais que autorizam uma demanda de opinião consultiva ao Tribunal Permanente de Revisão do Mercosul (hipótese na qual o Projeto do Parlamento de instituir uma Corte de Justiça do Mercosul não tenha sido adotado quando do advento do Estatuto da sociedade do Mercosul)

Demanda feita ao Tribunal Permanente de Revisão pelo juiz

Art. 7º. O juiz competente para aplicar o Estatuto da sociedade do Mercosul e cuja decisão é susceptível de recurso pode, de ofício ou por requerimento das partes, solicitar ao Tribunal Permanente de Revisão uma opinião consultiva quando a solução do litígio depender da interpretação de suas disposições. Nas mesmas condições, ele pode solicitar ao dito Tribunal uma opinião consultiva quando tiver que colmatar lacunas relativas a questões que entram no campo de aplicação material do Estatuto e em relação às quais nenhum reenvio ao direito nacional houver sido previsto.

Quando o Juiz decide em última instância, ele deve, de ofício ou por requerimento das partes, solicitar ao Tribunal Permanente de Revisão uma opinião consultiva quando a solução do litígio depender da interpretação de suas disposições. Nas mesmas condições, ele deve solicitar ao dito Tribunal uma opinião consultiva quando tiver que colmatar lacunas relativas a questões que entram no campo de aplicação material do Estatuto e em relação às quais nenhum reenvio ao direito nacional houver sido previsto.

Em um e outro caso, o juiz suspende o processo até a decisão do Tribunal Permanente de Revisão.

Art. 8º. Quando no curso do processo surgirem dúvidas quanto à validade de uma ou mais disposição do Estatuto, o juiz deve, de ofício ou por requerimento das partes, solicitar ao Tribunal Permanente de Revisão uma opinião consultiva. O juiz suspende o processo até a decisão do Tribunal Permanente de Revisão.

Demanda feita ao Tribunal Permanente de Revisão por um tribunal arbitral

Art. 9º. Quando for competente em virtude de uma cláusula compromissória ou de um compromisso para julgar litígios relativos a uma sociedade do Mercosul, o tribunal arbitral pode solicitar uma opinião consultiva ao Tribunal Permanente de Revisão do Mercosul quando não decidir com base na equidade e quando as partes o tenham expressamente consentido, seja na cláusula compromissória, seja no curso do procedimento. O acordo das partes é, porém, dispensado quando se tratar de questão atinente à ordem pública societária. Neste caso, as partes são preliminarmente advertidas.

O tribunal arbitral que decidir com base na equidade pode, todavia, solicitar uma opinião consultiva ao Tribunal Permanente de Revisão do Mercosul quando tiver que decidir sobre questão atinente à ordem pública societária, sem que para tanto um acordo preliminar das partes seja exigido. Neste caso, as partes são preliminarmente advertidas.

A demanda de opinião consultiva apenas pode dizer respeito à interpretação do Estatuto e à validade de suas disposições.

Em todo caso, a demanda somente pode ser formulada em uma arbitragem que tenha lugar no território de um Estado-membro ou, quando ocorrer em um Estado terceiro, as partes tiverem decido submetê-la ao Acordo sobre arbitragem comercial internacional do Mercosul de 23 de Julho de 2008.

Opção deixada ao legislador

O tribunal arbitral deve suspender o processo até a decisão do Tribunal Permanente de Revisão.

O tribunal arbitral poderá prolatar sua decisão antes de conhecer a decisão do Tribunal Permanente de Revisão.

Da força obrigatória da opinião consultiva

Art. 10. As opini*ões consultivas* proferidas em interpretação das disposições deste Estatuto serão obrigatoriamente observadas por todas as jurisdições judiciárias.

As jurisdições arbitrais não têm tal obrigação, exceto quando a questão objeto de uma opinião consultiva disser respeito à ordem pública societária ou quando a questão resulte de uma demanda formulada inicialmente pelas partes ao árbitro no curso da arbitragem. Nos dois casos, o árbitro ou o tribunal não prolatará sua decisão antes de conhecer a decisão do Tribunal Permanente de Revisão.

Regra especial que autoriza um tribunal arbitral a apresentar uma questão prejudicial à Corte de Justiça do Mercosul por um tribunal arbitral (hipótese na qual o Projeto do Parlamento de instituir uma Corte de Justiça do Mercosul já tenha sido adotado quando do advento do Estatuto da sociedade do Mercosul)

Demanda feita à Corte de Justiça por um tribunal arbitral

Art. 9º-1. Quando for competente em virtude de uma cláusula compromissória para julgar litígios relativos a uma sociedade do Mercosul, o tribunal arbitral pode apresentar uma questão prejudicial à Corte de Justiça do Mercosul quando não decidir com base na equidade e quando as partes o tenham expressamente consentido, seja na cláusula compromissória, seja no curso do procedimento. O acordo das partes é, porém, dispensado quando se tratar de questão atinente à ordem pública societária. Neste caso, as partes são preliminarmente advertidas.

O árbitro ou o tribunal arbitral que decidir com base na equidade pode, todavia, apresentar uma questão prejudicial à Corte de Justiça do Mercosul quando tiver que decidir sobre questão atinente à ordem pública societária, sem que para tanto um acordo preliminar das partes seja exigido. Neste caso, as partes são preliminarmente advertidas.

A questão prejudicial apenas pode dizer respeito à interpretação do Estatuto e à validade de suas disposições.

Em todo caso, a demanda somente pode ser formulada em uma arbitragem que tenha lugar no território de um Estado-membro ou, quando ocorrer em um Estado terceiro, as partes tiverem decido submetê-la ao Acordo sobre arbitragem comercial internacional do Mercosul de 23 de Julho de 2008.

Opção deixada ao legislador

- *O tribunal arbitral deve suspender o processo até a decisão da Corte de Justiça.*
- *O tribunal arbitral poderá prolatar sua decisão antes de conhecer a decisão da Corte de Justiça.*

A Corte pronunciará sua decisão em sessenta e cinco dias a contar da recepção da questão prejudicial.

As jurisdições arbitrais não têm tal obrigação, exceto quando a questão objeto de uma questão prejudicial disser respeito à ordem pública societária ou quando a questão resulte de uma demanda formulada inicialmente pelas partes ao árbitro no curso da arbitragem.

Nos dois casos, o árbitro ou o tribunal não prolatará sua decisão antes de conhecer a decisão da Corte de Justiça.

ACORDO DE ACIONISTAS E DECISÕES CORPORATIVAS

EDUARDO GOULART PIMENTA

LUCIANA DE CASTRO BASTOS

Resumo: Acordos de acionistas são geralmente feitos para regular o processo de tomada de decisões corporativas, especialmente no que diz respeito ao exercício do controle societário. Este texto se utiliza da análise econômica do Direito como ferramenta metodológica para discutir o acordo de acionistas, sua regulação legal e seus reflexos positivos e negativos tanto sobre o processo decisório quanto sobre os direitos de acionistas integrantes e não integrantes do pacto ora analisado. Por outro lado, o texto procura fazer uma análise comparativa entre o acordo de acionistas e outros mecanismos de uniformização de decisões corporativas, como é o caso das denominadas sociedades *holding*.

Palavras-chave: Acordo de Acionistas; Decisões Corporativas; Análise Econômica do Direito; Lei das Sociedades Anônimas; *Holding*; Acionistas Minoritários – Controle Societário.

Abstract: Shareholders agreements are usually made to regulate the process of corporate decision-making, especially with regard to the exercise of corporate control. This text uses the economic analysis of Law as a methodological tool to discuss the shareholders' agreement, its legal regulation and its positive and negative effects on both the decision-making process and on the rights of shareholders that are or not part of the pact now analyzed. On the other hand, the text seeks to make a comparative analysis of the shareholders' agreement and other standardization mechanisms of corporate decisions, as in the case of holdings.

Keywords: Shareholders Agreement; Corporate Governance; Economic Analysis of Law; Corporate Law; Holding; Minority Shareholders; Corporate Control.

1. Introdução

O exercício do controle societário está essencialmente vinculado à uniformização de decisões nas deliberações das assembleias-gerais de acionistas.

Desta forma, é objetivo constante a fixação, por meio de instrumentos jurídicos, de mecanismos pelos quais se possa estabelecer tal uniformização e, por meio dela, o controle sobre a sociedade.

Por outro lado, a uniformização de decisões é também importante instrumento para a formação de minorias, especialmente em um contexto normativo no qual há certos direitos condicionados à adesão de determinado percentual mínimo do capital social.

O acordo de acionistas mostra-se, neste contexto, como talvez o principal instrumento jurídico a ser empregado tanto para o exercício do controle quanto para a formação de referidas minorias qualificadas, razão pela qual seu estudo se mostra especialmente relevante.

2. Apectos gerais

Trata-se o acordo de acionistas de um contrato pelo qual dois ou mais sócios de uma mesma companhia disciplinam, entre eles, a forma pela qual exercerão algum ou alguns de seus direitos de sócio.

É chamado de contrato parassocial, uma vez que envolve integrantes da sociedade e disciplina seus direitos em relação à pessoa jurídica sem, entretanto, se confundir com os atos constitutivos da companhia.[1] É instrumento extremamente importante para organizar as relações intrassocietárias e influencia diretamente a formação de maiorias e minorias nas deliberações e atos societários.

O acordo de acionistas pode, se preenchidas determinadas regras formais, assumir o formato tipificado em lei (art. 118 da Lei 6.404/1976) ou não, falando-se no primeiro caso em acordo de acionistas típico, e no segundo em acordo de acionistas atípico. A diferença entre eles está, em síntese, na amplitude dos efeitos de cada um, sendo estes notadamente mais amplos na forma típica.

O acordo de acionistas típico tem seus termos oponíveis à companhia e a terceiros em geral, como eventuais sucessores ou futuros adquirentes das ações dos participantes do acordo.[2] Já, o acordo de acionistas que negligencia tais formalidades – configurando-se atípico – tem seus efeitos restritos aos contratantes.

A abordagem do acordo de acionistas deve se fazer a partir dos elementos constitutivos comuns aos contratos em geral, quais sejam: suas partes, seu objeto e sua forma. No caso do acordo de acionistas, os três elementos constitutivos apresentam peculiaridades e requisitos próprios, que se acrescem às regras contratuais gerais da legislação.

3. Estrutura e classificações

3.1 Quanto às partes

À primeira vista tem-se que, inclusive por imposição terminológica, somente podem ser partes no acordo de acionistas os titulares de ações de uma mesma companhia, sejam eles majoritários ou minoritários.[3] Deste modo, às regras gerais de capacidade para contratar acrescenta-se essa, que torna este modelo contratual exclusivo dos sócios de uma mesma sociedade anônima.

1. "De fato, ressalta de logo tratar-se de um pacto parassocial, ou seja, um contrato que se situa ao lado do pacto social (constitutivo da companhia), que obviamente o precede, do qual, sem perder a sua autonomia, depende, e cujo estatuto social não pode alterar ou complementar. De se notar, no entanto, que, embora inconfundível com o pacto social, o acordo de acionistas, ao disciplinar interesses dos acionistas enquanto tais (*uti singuli*), irradia efeitos que alcançam a própria sociedade" (José Waldecy Lucena, *Das Sociedades Anônimas: Comentários à Lei*, vol. I, Rio de Janeiro, Renovar, 2009, p. 1.131).

2. O STJ também já ressaltou o vínculo entre o atendimento às formalidades do acordo e sua oponibilidade a terceiros: 3ª Turma, REsp 1.102.424-SP (2008/0132178-0), rel. Min. Massami Uyeda.

3. Neste sentido: Nelson Eizirik, *A Lei das S/A Comentada*, São Paulo, Quartier Latin, 2011, p. 703.

É certo afirmar que pactos estabelecidos entre acionistas e terceiros podem ter por objeto a alienação do exercício de determinados direitos de sócio. Institutos como a alienação fiduciária, o usufruto, fideicomisso ou a locação podem recair sobre ações e, assim, atribuir a determinada pessoa a propriedade das ações e a outra o exercício dos direitos a elas referentes.[4]

Um pouco distinto – mas merecedor de igual tratamento jurídico – é o pacto, que, uma vez firmado entre acionista e terceiro, estabeleça para aquele, por exemplo, o dever de votar, nas deliberações societárias, sempre conforme orientações prévias emitidas por determinado credor ou investidor.[5] Em hipóteses como estas o acionista transfere a terceiro não todos os seus direitos de sócio, mas algum deles.

Tais pactos são, a princípio, válidos, desde que preenchidos os requisitos gerais da legislação, mas não podem ser tomados como modalidades de acordos de acionistas, dado que não preenchem o requisito específico referente às partes que nele podem figurar.[6]

Portanto, eventual pacto estabelecido entre um acionista e terceiro – como um credor da sociedade, por exemplo – será válido, mas não pode ser confundido com a modalidade contratual ora analisada, especialmente em sua forma típica.

Do mesmo modo, não há como vincular terceiros aos termos dos acordos de acionistas. É o caso, por exemplo, de previsão, em acordo como o aqui discutido, de que os administradores eleitos pelos signatários estão obrigados a votar ou agir, no exercício de suas atribuições de gestão, conforme as expressas orientações constantes do acordo estabelecido por seus eleitores.[7]

A oponibilidade do acordo de acionistas a terceiros, quando constituído sob a forma típica, não se confunde com a expansão de seus efeitos para além de seus signatários.

Tal oponibilidade de efeitos significa, em síntese, que os termos do acordo devem ser respeitados por terceiros, os quais devem, ao se relacionar com as partes, ter ciência de que as mesmas estão obrigadas aos termos do pacto por elas firmado.

Contudo, isso não permite, em momento algum, que o acordo de acionistas atinja a esfera dos direitos de terceiros, sendo igualmente vedado que o pacto ora discutido lhes estabeleça qualquer ônus ou obrigação, como na hipótese aventada acima, referente aos administradores eleitos pelos contratantes.

Diferente, porém, é o acordo de acionistas no qual os signatários se obrigam a, uma vez eleitos para vaga no conselho de administração ou diretoria da companhia, seguir as deliberações previamente fixadas, nos termos do pacto. Aqui o acordo de acionistas vincula apenas seus partícipes, estejam eles na posição de votantes na assembleia-geral

4. O mesmo se aplica a casos de acordos entre acionistas e credores, deles ou da sociedade: "A questão não é acadêmica, na medida em que, na prática, os grandes credores de companhias, notadamente os institucionais (BNDES), têm inserido cláusulas em acordos de acionistas existentes, ou exigido a celebração de tais avenças, visando a garantir os seus créditos de longo prazo" (Modesto Carvalhosa, *Acordo de Acionistas*, São Paulo, Saraiva, 2011, pp. 45-46).

5. "A questão básica consiste em saber se os direitos dos acionistas podem ou não ser cindidos, pois em caso positivo há possibilidade de cessão do voto. Ou seja, se o direito de voto está ou não dissociado da propriedade da ação e se os direitos referentes à ação, como o de voto, são ou não divisíveis. Se a lei admitir a cisão, deve ser possível a cessão do direito de voto. Naturalmente, quando a transferência da participação social requerer a concordância da sociedade, a cessão do direito de voto também dependerá de autorização" (Renato Ventura Ribeiro, *Direito de Voto nas Sociedades Anônimas*, São Paulo, Quartier Latin, 2009, p. 348).

6. Celso Barbi Filho, *Acordo de Acionistas*, Belo Horizonte, Del Rey, 1994, pp. 83-84.

7. É, porém, claro que tais acionistas/eleitores poderão destituir – na forma da lei e dos estatutos – os administradores por eles eleitos, se não respeitadas suas diretrizes. A substituição dos gestores é uma faculdade dos acionistas, mas esta não se confunde com o poder de lhes exigir, como salientado, o respeito aos termos de um acordo do qual não são partes. Em sentido oposto: Alfredo Lamy Filho, *Temas de S/A*, Rio de Janeiro, Renovar, 2007, pp. 323-327.

de acionistas ou ocupantes de outro órgão social.[8]

Ainda sobre a legitimidade para figurar em acordo de acionistas, resta tratar da admissibilidade de a própria companhia, como pessoa jurídica, tomar parte neste contrato.

A Instrução 358/2002 da Comissão de Valores Mobiliários/CVM contém, em seu art. 2º, parágrafo único, III, expressa referência a tal possibilidade, que, entretanto, se restringe às hipóteses do denominado acordo de bloqueio, o qual tem por objeto, como se verá abaixo, a restrição à negociabilidade das ações dos signatários.[9]

3.2 Quanto ao objeto

O *caput* do texto do art. 118 da Lei 6.404/1976 estipula quais são, dentre os direitos de sócio, aqueles que podem ser objeto de disciplina através de acordos de acionistas.

São eles o direito de negociar as próprias ações, o direito de preferência na aquisição de novas ações emitidas pela companhia, o direito de voto nas deliberações sociais e o exercício do poder de controle sobre a sociedade.

Diante de tal enumeração legal percebe-se que há, essencialmente, duas modalidades de acordo de acionistas, conforme seu objeto: o acordo de voto (que disciplina o direito de participar e votar nas deliberações sociais) e o de bloqueio (que disciplina o direito de negociar suas ações e dentro do qual se pode, com acerto, colocar o direito de preferência na aquisição de novas ações).

Importante ressaltar que esta limitação de objeto somente vale para a forma típica do acordo, não se podendo negar validade – na modalidade atípica – a acordos entre acionistas que eventualmente disciplinem o exercício de outros de seus direitos na companhia.[10]

Chama-se de acordo de voto aquele acordo de acionistas que tem por objeto disciplinar a forma pela qual os signatários vão exercer tal direito nas deliberações sociais. É, indubitavelmente, a mais relevante e empregada modalidade desse instituto.

Dentre as possíveis variações desse acordo de voto está aquela destinada à formação de grupo de acionistas que, uma vez unidos pelo acordo, deterão o controle societário.

Costuma-se chamar tal variação de "acordo de controle", sendo, porém, necessário lembrar que se trata de um acordo de voto – uma vez que seu objeto é a disciplina no exercício deste direito –, com a particularidade de que, neste caso, o pacto permite aos signatários galgar, pelo preenchimento dos requisitos do art. 116 da Lei 6.404/1976, a condição de controladores da companhia.

Assim, os partícipes do "acordo de controle" – modalidade de acordo de voto – conseguem, juntos, quórum suficiente nas deliberações da assembleia-geral de acionistas e

8. Mesma conclusão aplica-se também ao sucessor ou adquirente das ações dos signatários do acordo, os quais restarão obrigados a respeitar seus termos. A vinculação do sucessor ou adquirente das ações ao acordo decorre da aquisição dos valores mobiliários, quando, então, este outrora terceiro – em relação ao acordo – se torna a ele vinculado.

9. "Como reiterado, nos acordos de acionistas somente estes podem instituir a avença, ou seja, ter a iniciativa de contratá-la. Assim, não pode a companhia subscrever o acordo de acionistas. Não obstante, nos acordos de bloqueio a própria sociedade poderá tornar-se parte, com interesse próprio, portanto.

"Com efeito, nos acordos de bloqueio em que a sociedade é credora obrigacional, pela ordem, na preferência ou opção de aquisição de ações do acionista retirante, torna-se ela parte efetiva do acordo" (Modesto Carvalhosa, *Acordo de Acionistas*, cit., p. 40).

10. "Não significa isso que os acionistas não possam estabelecer normas ultrapassando essa limitação; apenas, em tais casos, ainda mesmo que a sociedade arquive acordos com as cláusulas não mencionadas na lei, tais acordos não serão observados pela sociedade nem oponíveis a terceiros quando averbados nos livros de registro e nos certificados das ações, se emitidos" (Fran Martins, *Comentários à Lei das Sociedades Anônimas*, 2ª ed., vol. II, t. I, Rio de Janeiro, Forense, 1999, p. 120).

na eleição dos administradores da sociedade para se tornarem, nos termos do art. 116 da Lei 6.404/1976, acionistas controladores.

Para a validade do acordo de voto é necessário que nele sejam estabelecidas as hipóteses em que se aplicará o acordo, ou seja, é preciso explicitar quais são as matérias que, uma vez sujeitas a deliberação em assembleia-geral de acionistas, deverão ser regidas pela uniformidade de voto entre os contratantes.[11]

Outra possível variação do acordo de voto está naquela destinada a formar um grupo de acionistas minoritários que, uma vez unidos pelo acordo, detenham percentual de ações votantes suficiente para o exercício de direitos que a legislação confere a determinados percentuais qualificados do capital social da companhia.

É, por exemplo, o caso do poder de eleger em separado membro do conselho de administração (via voto múltiplo) ou conselho fiscal e da prerrogativa de exigir a exibição judicial dos livros contábeis da sociedade (art. 105 da Lei 6.404/1976). Forma-se, por via desta variante do acordo de voto, um grupo minoritário que, junto, será titular de direitos que, se isoladamente considerados os contratantes, não poderiam ser exercidos.

Se nas versões do acordo de voto citadas acima tal pacto serve para formar o controle societário ou qualificar a minoria acionária, há também a possibilidade de que o acordo de voto seja usado para atrelar determinadas decisões do controlador à vontade da minoria societária.

Nesta modalidade o controlador se obriga, por meio do acordo de acionistas, a votar favoravelmente a determinada deliberação, em assembleia-geral de acionistas, apenas se houver prévia concordância dos outros signatários do acordo, acionistas minoritários. Forma-se aqui verdadeira hipótese de quórum qualificado para determinadas deliberações da assembleia-geral de acionistas, uma vez que sua aprovação dependerá da adesão dos minoritários signatários do acordo.[12]

O sentido do voto a ser dado pelos signatários do acordo de acionistas em determinada votação na assembleia-geral será estabelecido anteriormente, em deliberação da qual apenas eles participarão, chamada de "reunião prévia".[13]

Suas formalidades de convocação, instalação e deliberação não são disciplinadas em lei. Por isso, recomenda-se que o texto do acordo de acionistas as discipline detalhadamente, uma vez que é neste evento que se define o rumo das votações a serem feitas pelos signatários.[14]

Vale repetir que o acordo de voto pode ter por objeto não apenas as deliberações da assembleia-geral de acionistas, mas também

11. "Não há restrições ao elenco de matérias que podem ser disciplinadas no acordo de voto, sendo necessário, porém, que elas constem expressamente do ajuste, uma vez que não se admitem os acordos de voto em aberto, que implicariam, na prática, em alienação do direito de voto dos minoritários pactuantes do acordo" (Nelson Eizirik, *A Lei das S/A Comentada*, cit., p. 708).

12. "Nas companhias fechadas as hipóteses de quórum qualificado podem constar do estatuto social (art.129), o que tornaria, no caso, desnecessário o acordo de voto ora tratado. Nas companhias abertas, porém, só por meio de acordo de acionistas tal qualificação de quórum é possível" (Paulo Cézar Aragão, "A disciplina do acordo de acionistas na reforma da Lei das Sociedades por Ações (Lei 10.303, de 2001)", in Jorge Lobo (coord.), *A Reforma da Lei das Sociedades Anônimas*, 2ª ed., Rio de Janeiro, Forense, 2003, p. 370).

13. "Os subscritores do acordo de controle formam uma comunhão de interesses composta de um órgão interno – a reunião prévia, facultativamente representada por um síndico (§ 7º do art. 118 da Lei Societária). (...). A reunião prévia dos signatários do acordo de controle tem como fundamento formar a vontade da comunhão que daí resulta, a partir do confronto das vontades individuais traduzidas, eventualmente, em interesses ou posicionamentos dos contratantes" (Modesto Carvalhosa, *Acordo de Acionistas*, cit., p. 222).

14. Nesta "reunião prévia" o exercício do voto pelos signatários do acordo de acionistas também está sujeito ao princípio da proporcionalidade, sob pena de afronta a uma regra consagrada expressamente na legislação.

do conselho de administração. Assim, se um, ou mais, dos signatários do acordo for eleito para ocupar vaga no conselho de administração – e se o acordo de acionistas por ele assinado fizer referência à sua atuação neste órgão –, estará este conselheiro/signatário obrigado a exercer suas funções de gestão sob as diretrizes do pacto parassocial.

Outra modalidade de acordo de acionistas é, quanto ao objeto, aquele que disciplina o direito que o acionista tem de negociar suas próprias ações. Tal acordo de acionistas, comumente chamado de acordo de bloqueio, tem por objetivo estabelecer restrições às condições normais de negociação das ações dos signatários.[15]

Para estabelecer os requisitos a serem atendidos no caso de os signatários desejarem negociar suas ações, os acordos de bloqueio podem valer-se de alguns instrumentos.

O primeiro deles está em fixar, em favor dos demais partícipes, direito de preferência na aquisição das ações do signatário vendedor. Este direito de preferência deve, entretanto, ser limitado no tempo e deve respeitar a igualdade de condições com proposta de terceiros, como ocorre na generalidade dos casos de direito de preferência na aquisição de quotas ou ações.

Muito chamada também de "direito de primeira recusa", esta preferência obriga o signatário de acordo de acionistas a oferecer suas ações em primeiro lugar aos demais signatários do acordo, e só após a recusa deles é que está autorizado a negociá-las, pelo preço e nas condições da oferta recusada pelos outros partícipes do acordo, com terceiros.[16]

Outro instrumento comumente empregado em acordos de bloqueio é a exigência de aprovação, pelos outros partícipes do acordo, do nome do comprador das ações de qualquer dos signatários. Assim, a transferência das ações, pelo signatário do acordo, fica condicionada à aprovação, pelos demais contratantes, do nome do adquirente.[17]

A obrigação de vender suas ações em caso de determinada proposta de terceiro também pode ser estabelecida em acordo entre os acionistas. Chamada de *drag along right*, tal cláusula dispõe, em síntese, que, se um dos contratantes aceitar a oferta de terceiro por suas ações, todos os demais signatários também são obrigados a vender para aquele proponente suas respectivas participações no capital da companhia.[18]

15. O que ora se denomina "restrições às condições normais de negociação das ações" não significa, de forma alguma, inegociabilidade das mesmas. Portanto, será nula a eventual previsão, em acordo de acionistas, de vedação à transferência das ações dos contratantes: "A imposição de um gravame de intransferibilidade, que não é objeto do acordo, importaria em violar a própria essência do título, que foi criado para circular. Mais ainda, iria de encontro à norma da lei, que protege sua negociabilidade, o que acarretaria sua nulidade, como já foi dito" (Alfredo Lamy Filho, "Acordo de acionistas: averbação de intransferibilidade de ações" (parecer), in *Temas de S/A*, Rio de Janeiro, Renovar, 2007, p. 302).

16. A disciplina deste "direito de primeira recusa" em acordos de acionistas tem sérias implicações na conduta estratégica dos signatários. Tais implicações podem ser eficientes ou não, dependendo das circunstâncias e do grau de informação das partes. Sobre o tema, vale consulta ao texto de Marcel Kahan, *An Economic Analysis of Rights of First Refusal*, New York University Center for Law and Business, Working Paper #CLB-99-009, 1999 (disponível em *http://ssrn.com/abstract=1092864*, acesso em 2.3.2016).

17. "Evidentemente, tal convenção de aceitação subjetiva deverá conter uma clara e suficiente cláusula liberatória, ou seja, de obrigação de aquisição dessas mesmas ações pelos signatários remanescentes do acordo que vetarem, *intuitu personae*, o ingresso do promitente-adquirente. Sem a instituição de cláusula liberatória a convenção de prévio consentimento representaria um cerceamento ilegal do direito de livre disponibilidade patrimonial" (Modesto Carvalhosa, *Acordo de Acionistas*, cit., p. 123).

18. "Essas disposições permitem que um sócio obrigue os demais acionistas assinantes do acordo a alienar sua participação no capital da companhia. O direito de arraste *[drag along right]* se sujeita à condição de que um terceiro formule uma oferta de compra de ações a algum dos acionistas assinantes. No evento desta condição, tal sócio poderá obrigar os demais acionistas a alienar suas respectivas participações no capital social" (Francisco Reyes, *Direito Societário Americano: Estudo Comparativo*, São Paulo, Quartier Latin, 2013, p. 273).

O acordo de acionistas não pode, como já salientado, contrapor-se ao estatuto social, que a ele é superior tanto em amplitude quanto em capacidade cogente. São nulas as cláusulas do acordo que afrontem a legislação ou os atos constitutivos da companhia à qual se refiram.[19]

Neste mesmo sentido, vale também ressaltar que o acordo de acionistas não pode disciplinar matéria que, pela sua natureza, deva constar do estatuto social. Deste modo, o acordo de acionistas só trata dos direitos de seus signatários ou a forma de exercê-los, sendo vedada a menção, em suas cláusulas, à estrutura ou atos da companhia, dos demais acionistas ou de terceiros.

O que se salienta, neste aspecto, é que o acordo de acionistas somente pode disciplinar o interesse de seus signatários em relação à companhia, sendo-lhe vedado cuidar, por exemplo, de questões atinentes à forma de gestão do empreendimento, aos poderes e deveres dos administradores ou outros acionistas.

Outro limite existente ao objeto de acordos de acionistas refere-se à impossibilidade de sua aplicação em declarações de verdade, que são aquelas nas quais o acionista se manifesta sobre a correspondência entre algo e a realidade.

Em tais hipóteses o acionista é sempre obrigado a votar conforme sua impressão sobre a pertinência entre o que é apresentado e o mundo real, como, por exemplo, quando ele aprova ou não a prestação das contas da administração. Nula é a cláusula que obriga o acionista a votar, em declarações de verdade, num ou noutro sentido.[20]

Portanto, o acordo de acionistas só pode se referir a deliberações que tenham por conteúdo a manifestação do acionista quanto aos atos futuros da sociedade, ou seja, em declarações de vontade.

3.3 Quanto à forma

O instituto do acordo de acionistas pode assumir a forma típica ou atípica,[21] conforme sejam ou não observadas as exigências formais estipuladas pelo art. 118 da Lei 6.404/1976. Constata-se, portanto, que está na "forma prescrita em lei" a característica que tipifica o acordo de acionistas e o torna oponível a terceiros e à própria companhia.

Considera-se típico o acordo de acionistas elaborado segundo a estrita observância das regras formais do art. 118 da Lei 6.404/1976; e atípico aquele que, embora tendo como partes acionistas de uma mesma companhia e por objeto o exercício de seus direitos de sócios, é constituído em negligência às regras formais do art. 118 da Lei 6.404/1976.

O acordo de acionistas atípico não tem qualquer exigência formal específica como condição de validade entre seus signatários. Observadas as regras gerais do art. 104 do CC, o pacto entre dois ou mais sócios de uma mesma companhia destinado a disciplinar a forma pela qual eles exercerão seus direitos de sócio é, entre eles, instrumento gerador de direitos e obrigações recíprocos.

A forma prescrita em lei para o acordo de acionistas é condição não de sua validade entre os signatários,[22] mas de sua oponibi-

19. "O acordo de acionistas é 'norma secundária' em confronto com o estatuto e, *a fortiori*, a lei, os quais assumem o papel de 'norma primária' no sentido hierárquico" (Fábio Konder Comparato, *Novos Ensaios e Pareceres*, Rio de Janeiro, Forense, 1981, p. 75). Decorrentes desta premissa são as conclusões de que em acordos de acionistas não podem ser excluídos ou limitados direitos essenciais dos sócios (art. 109 da Lei 6.404/1976), assim como não se pode prever decisões cuja competência seja dos órgãos sociais.

20. STJ, 3ª Turma, REsp 1.152.849-MG (2009/0157602-6), rel. Min. João Otávio de Noronha.

21. Celso Barbi Filho, *Acordo de Acionistas*, cit., pp. 96-97.

22. Modesto Carvalhosa, *Acordo de Acionistas*, cit., p. 52.

lidade à companhia e a terceiros em geral. Assim, o acordo de acionistas que segue as regras formais do art. 118 da Lei 6.404/1976 é, entre os contratantes, tão válido quanto aquele que ignora tais requisitos formais. A diferença está em que, observada a forma típica do acordo de acionistas, tem-se a oponibilidade a terceiros como efeito particular e específico.

São duas as exigências de forma previstas pelo art. 118 da Lei 6.404/1976 como requisitos para a tipificação e consequente oponibilidade dos termos do acordo de acionistas à companhia, por um lado, e a terceiros, por outro.

A primeira está na necessidade de arquivar uma cópia do instrumento que formaliza o acordo de acionistas na sede da companhia integrada pelos contratantes e em relação à qual se refere o pacto. Para esta finalidade, a cópia do acordo deve ser entregue ao órgão, setor ou departamento da companhia competente para cuidar do registro de ações.[23] Cumprida esta exigência, os termos do acordo são oponíveis à pessoa jurídica.

A segunda formalidade necessária para a oponibilidade dos termos do acordo a terceiros (art. 118, § 1º, da Lei 6.404/1976) está na exigência de se providenciar a averbação de uma cópia nos livros de registro e certificados de ações da companhia à qual se refira, se emitidos.

O art. 118, § 10, da Lei 6.404/1976 exige, ainda, que os acionistas vinculados por acordo indiquem, no ato do arquivamento, representante para se comunicar com a companhia e para prestar e receber informações, quando solicitadas. Trata-se do síndico do acordo, que funciona, como mandatário dos contratantes, para as finalidades de informação e comunicação com a pessoa jurídica.

Segundo o § 11 do art. 118 da Lei 6.404/1976, os signatários de um acordo de acionistas são obrigados a prestar esclarecimentos sobre suas cláusulas sempre que solicitados pela companhia. Se não atendida tal solicitação, o acordo não pode ser oposto nem à pessoa jurídica nem a terceiros em geral.

Além das formalidades acima, expressas no art. 118 da Lei 6.404/1976, há outra, estipulada especificamente para as companhias abertas, constante do art. 2º, parágrafo único, da Instrução CVM-358/2002.

Segundo o texto desta norma, a companhia aberta é obrigada a publicar qualquer "fato relevante" a ela referente, sendo os acordos entre seus acionistas – especialmente os chamados acordos de controle – expressamente elencados como modalidades de "fato relevante", sujeitos, portanto, a publicação compulsória.

Ressalte-se que esta é uma obrigação da companhia, não dos signatários do acordo. A eventual não publicação de acordo de acionistas de companhia aberta não compromete sua oponibilidade a terceiros, mas impõe à companhia – e não aos contratantes – os ônus decorrentes do descumprimento da suprarreferida instrução emitida pela CVM.[24]

4. O acordo de acionistas e suas repercussões sobre o processo de tomada de decisões na companhia

O acordo de voto tem por função básica obrigar seus signatários a exercerem

23. "Quando a companhia entregar o serviço de escrituração, guarda, transferência e emissão de certificados de suas ações a instituição financeira especializada, como autoriza o art. 27 da Lei 6.404/1976, o arquivamento deverá ser feito pelo setor da companhia que cuida das relações com a instituição financeira, ou, na sua ausência, pela diretoria" (Celso Barbi Filho, *Acordo de Acionistas*, cit., p. 137).

24. O art. 18 da Instrução CVM-358 estipula que configura infração grave, para fins do art. 11 da Lei 6.385/1976, a violação de seus dispositivos. Desta forma, deixar de publicar acordo de acionistas de companhia aberta, desde que devidamente arquivado em sua sede, sujeita os responsáveis – no caso, os gestores da sociedade anônima aberta – às sanções enumeradas pelo art. 11 da Lei 6.385/1976.

este direito nas deliberações sociais sempre no sentido que for estabelecido em reunião prévia, da qual participarão os contratantes.

Em consequência, as discussões que se dariam em assembleia-geral de acionistas passam a ser efetuadas nesta reunião prévia, o que reduz os custos de transação das deliberações assembleares[25] mas, por outro lado, acarreta um "esvaziamento" da assembleia-geral de acionistas no contexto do processo decisório da companhia, pois ela passará de órgão ratificador de iniciativas (ou seja, de órgão no qual as iniciativas são ou não validadas pela maioria do capital social) a órgão meramente homologador de decisões que já foram, na reunião prévia, submetidas ao princípio majoritário.[26]

O acordo de voto, em virtude disso, reduz os custos do controle societário, já que para preencher os requisitos legais caracterizadores do acionista controlador – a maioria permanente nas deliberações da assembleia e na eleição dos administradores – basta ter a maioria das ações dentre os signatários do acordo, e não entre todos os acionistas da companhia.

Além de reduzir os custos do controle societário, o acordo de voto provoca também redução no poder decisório dos acionistas não signatários do pacto, pois eles não podem contar com eventual adesão, em determinada deliberação, de nenhum dos acionistas participantes do acordo.

Num contexto como o traçado pelo acordo de voto – especialmente o chamado acordo de controle – excluem-se as possibilidades de "maiorias eventuais", que decorrem, como o próprio nome indica, de concordância entre grupos de acionistas não alinhados previamente.

O acordo de voto, neste sentido, expropria poder decisório dos não signatários e o aloca nos signatários do pacto, mais especificamente no acionista majoritário dentre os contratantes.[27] Diminui o universo de ações ratificadoras das iniciativas e interfere diretamente na distribuição do poder votante na companhia, que deixa de ser a maioria das ações votantes e passa a ser a maioria das ações dentre os signatários do acordo.

Ao expropriar poder decisório dos acionistas não signatários do pacto o acordo de acionistas expropria também parte do valor destas ações, cujo preço refletirá tal expropriação. Trata-se de uma externalidade negativa, gerada pelo acordo de voto, principalmente quando referente ao controle societário.

Repare que o acionista majoritário dentre os contratantes do acordo de voto consegue para si as vantagens do controle societário concentrado sem pagar pelo preço integral desta modalidade de controle, uma vez que não precisa ter a maioria das ações votantes da companhia, mas "apenas" a maioria dentre as ações dos contratantes.

Já, os acionistas que não figuram como partes no acordo de voto têm, em virtude do

25. Ao concentrar o controle societário sobre os acionistas contratantes, o acordo de voto assegura maior estabilidade na tomada de decisões, bem como reduz os custos de transação na aprovação das matérias, em assembleia-geral de acionistas. Estabilidade e agilidade decisória são, portanto, externalidades positivas decorrentes do acordo de voto. Há, porém, externalidades negativas a serem também consideradas.

26. Entendido aqui como a maioria dos signatários do acordo, não dos acionistas da companhia.

27. "Let us consider agreements such that the voting rights of their participants sum up to the absolute majority of total voting shares. Then all relevant corporate decisions – that should be taken by the general shareholders' meeting – are de facto taken within the agreement, with the shareholders' meeting playing only a formal ratifying role. As a consequence, the redistribution of power among the participants to an agreement is not – in general – a zero-sum game: their VPCs sum up to a positive number equal to the overall voting power outside agreement of the non-participating shareholders, who loose their power due to the agreement. In other words, participants in agreements benefit from a 'leverage effect': they are collectively able to get a voting power disproportional to their voting equity" (Angelo Baglioni, *Shareholders' Agreement and Voting Power: Evidence from Italian Listed Firms*, Milão, *Social Science Research Network*, setembro/2008, disponível em *http://ssrn.com/abstract=1092864*, acesso em 2.3.2016).

pacto, menos poder decisório do que teriam se considerados na totalidade do capital social.

Eles pagam por determinado número de ações da companhia mas, em virtude do acordo de voto pactuado entre os outros sócios, passam a ter um poder decisório inferior ao que teriam se considerados na totalidade do capital social, pois são afastados permanentemente do grupo formador da maioria nas deliberações assembleares.

Já, o acordo de voto celebrado entre acionistas para a formação de minoria qualificada no capital social tem efeito contrário no que tange à alocação do poder decisório na companhia.

Ao viabilizar a formação de uma minoria qualificada, este tipo de acordo de acionistas retira parte do poder decisório da maioria e o aloca sobre os signatários, que passam a ter uma influência superior à que teriam, se considerados isoladamente, nas decisões e eleições da companhia.

Sob outro aspecto, a pessoa ou grupo majoritário terá, como minoritários, não um conjunto de pessoas sem prerrogativas específicas no contexto das deliberações societárias, mas um grupo que, dado o acordo, conta com garantias e direitos mais amplos.

Também o acordo de voto entre majoritário e minoritários, quando destinado ao aumento de quórum de aprovação para certas deliberações assembleares, igualmente consegue o efeito de retirar parte do poder decisório do majoritário e realocá-lo na minoria signatária do pacto.

Se o acordo de voto impacta diretamente na tomada de decisões e no valor das ações da companhia, o mesmo se verifica, sob diferentes aspectos, também quando se trata do denominado acordo de bloqueio, o qual, repita-se, estabelece limites à negociabilidade das ações dos contratantes.

Ao estabelecer tais limites o acordo de bloqueio retira – em companhias abertas, vale frisar – parte da liquidez das ações dos signatários, que já não mais dispõem da livre e rápida negociabilidade de seus papéis, aspecto extremamente relevante para a eficiência do mercado de valores mobiliários.

Já, em companhias fechadas o acordo de acionistas que discipline regras de transferência das ações entre os sócios ou destes em relação a terceiros costuma ser, em sentido oposto, importante elemento redutor de custos de transação, principalmente no caso de divergências entre os acionistas.

Assim, quando um ou mais deles desejar deixar a sociedade, já se terá estipulado, no acordo, o modo pelo qual os outros sócios – remanescentes – poderão adquirir a participação do acionista retirante, inclusive com os critérios de fixação do preço. Neste caso evita-se a indefinição que advém da falta de regras claras a disciplinar uma eventual composição de interesses entre acionistas divergentes.

5. *Acordo de acionistas e sociedade* **holding** *como instrumentos de uniformização de decisões societárias: uma abordagem comparativa*

Em sociedades nas quais a maioria do capital social votante pretende-se concentrada na titularidade de um grupo determinado e fixo de pessoas o acordo de acionistas costuma "rivalizar", como instrumento uniformizador de decisões, com as chamadas *holdings*, que são pessoas jurídicas criadas para serem titulares da maioria das ações votantes da sociedade que se pretende controlar. Veja-se um exemplo: os interessados em deter, juntos, a maioria do capital votante da sociedade "A" criam uma pessoa jurídica "B" para que esta última seja titular das ações de "A" em grau suficiente para controlá-la.

Dita sociedade "B", denominada *holding*, terá seu capital integralizado com ações da sociedade "A" e seus sócios serão aqueles que, desta forma, juntos conseguem influir decisivamente sobre as deliberações sociais e a eleição dos administradores de "A".

Tem-se, então, que os sócios da sociedade "B" exercem, por meio desta pessoa jurídica, o controle sobre a sociedade "A".

Neste caso, todas as deliberações sobre os atos da sociedade "A" concentram-se nas assembleias-gerais de acionistas da sociedade "B", cujo capital será dividido conforme o número de ações da sociedade "A" integralizado por seus sócios.

A criação de *holding* tem maior poder de afastar da sociedade controlada os conflitos societários que podem surgir entre os acionistas. Assim, eventuais divergências, de qualquer ordem, entre os sócios da *holding* terão menos impacto sobre as deliberações e atos da sociedade controlada do que se tal divergência ocorrer entre acionistas signatários de um acordo.

Por outro lado – e talvez, mesmo, por isso –, o desfazimento, em relação a si, do acordo de acionistas é menos complexo e custoso para o contratante do que a realização do recesso ou a dissolução parcial da *holding*, principalmente por não envolver necessidade de transferência patrimonial, já que, no caso do acordo, as ações nunca saíram da titularidade do contratante.

Vale também salientar que quando se opta pela criação de uma sociedade *holding* o grau de abrangência da relação entre os acionistas é maior e mais profundo, se comparado com o acordo de acionistas.

Isto porque um acordo de acionistas pode vincular seus partícipes apenas no que diz respeito a determinados direitos em relação à companhia, enquanto no caso de sociedade *holding* conjuga-se, nela, a totalidade dos direitos de sócio.

Por outro lado, o acordo de acionistas pode apresentar, como se demonstrará no item seguinte, graves dificuldades na sua execução, o que o torna menos confiável, como instrumento uniformizador de decisões, do que a criação de uma pessoa jurídica *holding*.

Assim – e de forma sintética e abstrata –, pode-se concluir, com significativo grau de confiança, que o acordo de acionistas deve ser empregado quando os contratantes desejam a opção por eventual desfazimento menos complexo e custoso de suas relações, enquanto a *holding* se mostra mais adequada quando a preocupação fundamental for a estabilidade e a rigidez nas relações e no exercício do controle.[28]

6. A regra da execução específica do acordo de acionistas e seus reflexos sobre o comportamento estratégico dos contratantes

O acordo de acionistas versa, como já frisado, essencialmente sobre a forma pela qual as partes vão exercer seu direito de negociar suas ações (acordo de bloqueio) ou de votar nas deliberações sociais (acordo de voto). Trata-se, em síntese, de obrigações que comportam execução *in natura*, ou seja, mediante suprimento judicial do ato ilegalmente omitido pelo contratante.

A regra da execução específica do acordo de acionistas está expressamente consagrada pela Lei 6.404/1976 (art. 118, § 3º). Significa dizer que as obrigações de dar ou fazer estipuladas em tais acordos são exigíveis, por via judicial, em sua forma original. Esta exigibilidade específica desdobra-se, no contexto do art. 118 da Lei 6.404/1976, em duas previsões respectivamente estipuladas nos §§ 8º e 9º.

Na primeira delas tem-se que o presidente da assembleia ou do órgão colegiado de deliberação da companhia tem o dever de não computar o voto proferido com infração de acordo de acionistas devidamente arquivado.

28. "Se se tentasse estabelecer uma ordem gradativa de aprisionamento da vontade dos acionistas, ter-se-ia, como forma mais branda, o acordo do Direito Brasileiro, depois o *pooling agreement*, em seguida o *voting trust*, o sindicato acionário, e, por último, a *holding*, como mecanismo mais rígido e irreversível" (Celso Barbi Filho, *Acordo de Acionistas*, cit. p. 52).

Na segunda fica estipulado que o não comparecimento à assembleia ou às reuniões dos órgãos de administração da companhia bem como as abstenções de voto de qualquer parte do acordo de acionistas ou de membros do conselho de administração, eleitos nos termos de acordo de acionistas, asseguram à parte prejudicada o direito de votar com as ações pertencentes ao acionista ausente ou omisso e, no caso de membro do conselho de administração, pelo conselheiro eleito com os votos da parte prejudicada.

Os dispositivos em análise geram grandes discussões e controvérsias entre aqueles que se dispõem a analisá-los.[29] Boa parte destas divergências deve-se – é possível afirmar – ao fato de haver soluções legais diferentes para as hipóteses em que um acionista vinculado ao acordo expressamente vota contra o estipulado no pacto e aquela na qual este sócio opta por não comparecer ou se abster na deliberação.

No primeiro caso o presidente da assembleia ou do órgão colegiado deve deixar de computar o voto proferido contra o acordo arquivado, mas não tem o poder de suprir a vontade do acionista, ou seja, de contar seu voto no sentido em que este deveria ter sido proferido.[30]

O sócio que afronta, com sua declaração expressa na assembleia-geral, o pactuado por ele no acordo de acionistas será, para todos os efeitos, equiparado àquele sócio que tenha se ausentado da deliberação, pois suas ações não serão consideradas na apuração final dos votos proferidos. Na prática, é como se o acionista que votou expressamente contra o acordo por ele assinado não houvesse comparecido à assembleia-geral de acionistas.

Já, na segunda hipótese – não comparecimento ou abstenção de um dos signatários do acordo de acionistas – os demais contratantes ou o representante deles poderão votar pelo ausente no sentido estipulado pelo acordo.[31] Assim, a ausência de um dos signatários não gera qualquer prejuízo aos demais ou ao cumprimento do acordo, pois os contratantes presentes podem votar pelo ausente no sentido que fora pactuado no acordo de acionistas por eles assinado.

Chega a ser curioso notar que, na forma com está redigido o art. 118 da Lei 6.404/1976, o acionista que esteja presente na deliberação e expressamente vote contra os termos do acordo por ele assinado será, para este efeito, considerado ausente, já que seu voto não é, naquela oportunidade, computado, nem no sentido proferido por ele nem na forma como deveria, pelos termos do acordo de acionistas, ter sido manifestado.

Por outro lado, o acionista ausente ou omisso na deliberação será, para os efeitos do cômputo de seu voto, tratado como presente e, mais que isso, votante, como se ali estivesse e expressamente declarasse sua vontade no exato sentido estipulado pelo acordo de acionistas.

Se o acionista vota expressa e deliberadamente contra o estipulado em acordo por ele assinado seu voto não será computado, mas não se permite que o mesmo seja contabilizado, pelo presidente da assembleia ou órgão colegiado, no sentido em que deveria ter sido manifestado, ou seja, nos termos do acordo.

29. Sobre tais divergências, vale consulta à sistematização contida em: Renato Ventura Ribeiro. *Direito de Voto nas Sociedades Anônimas*, cit., pp. 341-348.

30. "Atribui-se ao presidente da assembleia-geral, entretanto, uma autoridade limitada: pode ele negar-se a computar o voto lançado contra os termos do acordo, mas não pode suprir a vontade do devedor e agir positivamente, votando como supõe que o acionista inadimplente deveria ter votado" (Paulo Cézar Aragão, "A disciplina do acordo de acionistas na reforma da Lei das Sociedades por Ações (Lei 10.303, de 2001)", cit., in Jorge Lobo (coord.), *A Reforma da Lei das Sociedades Anônimas*, cit., 2ª ed., p. 373).

31. Em comentário ao § 9º do art. 118 da Lei 6.404/1976 Calixto Salomão Filho afirma: "Passa a ser possível, exatamente como ocorre com os órgãos sociais, obter uma manifestação única de seus membros, sem a existência de mandato" (*O Novo Direito Societário*, 3ª ed., *[4ª ed., 2ª tir., 2015]* São Paulo, Malheiros Editores, 2006, p. 118).

Esta simples não contabilização do voto manifestado expressamente contra o estipulado em acordo de acionistas pode inviabilizar, ao menos naquela oportunidade, a aprovação da matéria objeto de votação, frustrando a fundada expectativa dos demais signatários do pacto.

Tem-se, desta forma, que a previsão do § 8º do art. 118 da Lei 6.404/1976 pode, na prática, ser usada por um dos signatários como forma de impedir a aprovação de deliberação assemblear prevista em acordo de acionistas por ele assinado, quando não for estrategicamente interessante, para ele, acompanhar os demais signatários do pacto.

Caberá a estes demais partícipes do acordo, com base no art. 118, § 3º, da Lei 6.404/1976, buscar o suprimento judicial da vontade que deveria ter sido declarada pelo acionista que viola o pactuado, ou seja, a execução específica do acordo de acionistas negligenciado.

Esta execução específica, porém, não se dá imediatamente. Ao contrário, acarreta os custos do suprimento judicial, nos quais se incluem o tempo até a obtenção da decisão e os demais dispêndios com a instauração e condução do processo.

Entre a data em que a deliberação era oportuna e necessária para os negócios sociais e o pronunciamento de decisão judicial que, com base nos §§ 3º e 8º do art. 118 da Lei 6.404/1976, supra o voto dado expressamente com violação ao acordo de acionistas a execução específica aqui tratada pode se mostrar já inoportuna e inútil para a sociedade e para os sócios.

Assim, a solução legal para o voto expressamente dado contra acordo de acionistas permite àquele que, de forma oportunista, deseja descumpri-lo algo que os economistas chamam de "descumprimento eficiente" do contrato, e coloca os demais signatários na necessidade de renegociar os termos do acordo original, de forma a reverter o voto contrário dado por um deles, ou de incorrer nos custos – principalmente de oportunidade – de buscar a execução específica do acordo.[32]

Por outro lado, o § 9º do art. 118 da Lei 6.404/1976 impede que a ausência ou a abstenção do contratante sejam usadas como meios de frustrar o cumprimento de acordo de acionistas. Ausentar-se ou abster-se de votar não é, para o acionista, um mecanismo de descumprimento eficiente do acordo por ele assinado.

Tem-se, então, que o art. 118 da Lei 6.404/1976 torna, para aquele acionista que pretenda violar o acordo por ele assinado, o comparecimento e expresso voto contrário aos termos do pacto uma estratégia estritamente dominante.[33]

Em verdade, tanto no caso de acionista omisso quanto daquele que vota expressamente contra o acordo há – ainda que em diferentes medidas – o exercício, pelo presidente da assembleia ou do outro órgão colegiado, de poder de autotutela, pois o art. 118 da Lei 6.404/1976 lhe permite verificar, no caso de ausência ou omissão de um dos contratantes, a pertinência do voto dado pelos outros signatários (§ 9º), assim como deve ele aferir a afinidade, ou não, entre os termos

32. "O remédio jurídico da indenização dá ao promitente *[o acionista que vota expressamente contra os termos do acordo por ele assinado]* a opção de cumprir a promessa ou de descumpri-la e pagar a indenização. O promitente pode escolher a alternativa mais barata. Em contraposição a isso, o remédio jurídico da execução específica dá ao promissário *[demais signatários do acordo de acionistas]* o direito ao cumprimento da promessa, independentemente do seu custo. Exercer esse direito nas circunstâncias erradas causa a ineficiência. Para evitar o exercício ineficiente do direito à execução específica, as partes precisam conseguir renegociar o contrato" (Robert Cooter e Thomas Ulen, *Direito e Economia*, Porto Alegre, Bookman, 2010, p. 267).

33. Estratégia estritamente dominante é aquela que se mostra a melhor ação para aquele jogador, qualquer que seja a estratégia do outro ou dos outros jogadores: "Um jogador racional adotará uma estratégia dominante sempre que ela existir" (Scott Bierman e Luís Fernandez, *Teoria dos Jogos*, 2ª ed., São Paulo, Pearson Prentice Hall, 2011, p. 9).

do acordo arquivado e o voto dado em uma deliberação (§ 8º).[34]

Assim, se em ambos os casos há a admissão legal da autotutela, não há razão pela qual a solução legal deva ser distinta. Mais eficiente, para a segurança e credibilidade dos termos do acordo de acionistas, que tanto na hipótese de voto contrário quanto na de ausência ou abstenção do signatário os votos fossem todos computados no sentido do pacto, com os eventuais abusos sendo, claro, suscetíveis de discussão e eventual reparação por via judicial.

7. Conclusão

Pelo que se procurou expor ao longo do presente trabalho, pode-se concluir que o acordo de acionistas tem direto e fundamental impacto na forma pela qual são estabelecidas as decisões nas assembleias-gerais de acionistas e, por via indireta, sobre toda a estrutura de governança corporativa.

Em sua forma típica, cercada das formalidades do art. 118 da Lei 6.404/1976, é oponível à companhia e a terceiros, obrigando a pessoa jurídica e seus administradores a observar – e por que, mesmo, não dizer, zelar? – pelo integral cumprimento de seus termos.

Por outro lado, a regulação normativa do instituto pela Lei 6.404/1976 deixa em aberto algumas importantes lacunas que podem, na prática, ser utilizadas estrategicamente pelos signatários em ocasiões nas quais aderir aos termos do acordo lhes seja menos favorável.

34. O § 8º do art. 118 da Lei 6.404/1976 não permite, por ato do presidente da deliberação, o suprimento do voto contrário ao acordo de acionistas, mas também não lhe nega poder de autotutela, pois lhe autoriza a um só tempo aferir a contrariedade entre o voto dado e aquele que deveria ter sido manifestado e também a não computá-lo na apuração final.

Referências bibliográficas

ARAGÃO, Paulo Cézar. "A disciplina do acordo de acionistas na reforma da Lei das Sociedades por Ações (Lei 10.303, de 2001)". In: LOBO, Jorge (coord.). *Reforma da Lei das Sociedades Anônimas*. 2ª ed. Rio de Janeiro, Forense, 2003.

BAGLIONI, Angelo S. *Shareholders' Agreement and Voting Power: Evidence from Italian Listed Firms*. Milão, *Social Science Research Network*, setembro/2008 (disponível em http://ssrn.com/abstract=1092864, acesso em 2.3.2016).

BARBI FILHO, Celso. *Acordo de Acionistas*. Belo Horizonte, Del Rey, 1994.

BIERMAN, Scott, e FERNANDEZ, Luís. *Teoria dos Jogos*. 2ª ed. São Paulo, Pearson Prentice Hall, 2011.

CARVALHOSA, Modesto. *Acordo de Acionistas*. São Paulo, Saraiva, 2011.

COMPARATO, Fábio Konder. *Novos Ensaios e Pareceres*. Rio de Janeiro, Forense, 1981.

COOTER, Robert, e ULEN, Thomas. *Direito e Economia*. Porto Alegre, Bookman, 2010.

EIZIRIK, Nelson. *A Lei das S/A Comentada*. São Paulo, Quartier Latin, 2011.

FERNANDEZ, Luís, e BIERMAN, Scott. *Teoria dos Jogos*. 2ª ed. São Paulo, Pearson Prentice Hall, 2011.

KAHAN, Marcel. *An Economic Analysis of Rights of First Refusal*. New York University Center for Law and Business, Working Paper #CLB-99-009. 1999 (disponível em *http://ssrn.com/abstract=1092864*, acesso em 22.3.2016).

LAMY FILHO, Alfredo. "Acordo de acionistas: averbação de intransferibilidade de ações" (parecer). In: *Temas de S/A*. Rio de Janeiro, Renovar, 2007.

LOBO, Jorge (coord.). *Reforma da Lei das Sociedades Anônimas*. 2ª ed. Rio de Janeiro, Forense, 2003.

LUCENA, José Waldecy. *Das Sociedades Anônimas: Comentários à Lei*. vol. I. Rio de Janeiro, Renovar, 2009.

MARTINS, Fran. *Comentários à Lei das Sociedades Anônimas*. 2ª ed., vol. II, t. I. Rio de Janeiro, Forense, 1999.

REYES, Francisco. *Direito Societário Americano: Estudo Comparativo*. São Paulo, Quartier Latin, 2013.

RIBEIRO, Renato Ventura. *Direito de Voto nas Sociedades Anônimas*. São Paulo, Quartier Latin, 2009.

SALOMÃO FILHO, Calixto. *O Novo Direito Societário*. 3ª ed. São Paulo, Malheiros Editores, 2006. *[4ª ed., 2ª tir., 2015]*

ULEN, Thomas, e COOTER, Robert. *Direito e Economia*. Porto Alegre, Bookman, 2010.

Espaço Discente

LAW AND FINANCIAL MARKETS: THE ROLE OF FINANCIAL STABILITY BOARD TO DESIGN A LEGAL FRAMEWORK FOR THE GOVERNANCE OF THE GLOBAL FINANCIAL SYSTEM[1]

Caio Henrique Yoshikawa

1. Introduction. 2. Law as the designer of the Markets. 3. The Role of Financial Stability Board. 4. From FSF to FSB: towards a new paradigm of global governance. 5. Convergence in Divergence: the functional contradiction of FSB. 6. Conclusion. Bibliography.

1. Introduction

The purpose of this work is to develop the theoretical analysis about the law as mechanism of design of markets upon a case study on the international financial regulation, focusing the role of the Financial Stability Board (FSB). In view of such analysis, I will develop two different arguments, one related to its structure and another to its function. Firstly, the institutional design of FSB reflects the changes in balance of powers and consequently the global governance verified in the last decade. The second one is that the effectiveness of FSB's activities is challenged by the tension between its mission towards convergence of legal rules on financial regulation and supervision among several jurisdictions and, on the other side, the recognition of legal differences across the jurisdictions due their specific circumstances.

This work departs from the basic assumption that the law is an essential tool for shaping and provision of stability of markets in a capitalist economic system. Such approach is shared by the most diverse academic movements throughout the ideological spectrum, from the Law and Economics movement to more developmental (interventionist) traditions. The regulation of the financial system is therefore presented as a powerful example of the correctness of this assumption.

The expansion of the global markets and the internationalization of financial markets and the consequent systemic risks created a worldwide space that needs convergence towards macro prudential rules upon

1. I am grateful to my friends Pedro Schilling and Spencer Cooney for early discussions and language review, respectively. All errors are my sole responsibility.

legal reforms in order to avoid possible a race to the bottom by jurisdictions regarding regulatory matters to attract investors. To deal with such problems, the ministries of finance and senior officials of financial and capital markets regulators and supervisors from the major economies met in 2009 for the establishment of FSB.

Regarding the structure of FSB, the first argument to be developed here is that it may represent a new paradigm of global governance on law of markets. Different from FSF, the membership of FSB comprises not only a group regarded as the "developed" capitalist countries such as USA, Japan and EU members, but also a broader group of countries including emerging economies. In other words, this structural change means that the concept of global governance today is different from what it was in the decade of 1990 and the first years of the 2000's when the dominant view was that developed countries (a very narrow and select group – the G7) should lead the establishment of international legal and regulatory standards to be followed by the underdeveloped countries as receipt for growth. It explains why FSB has a more heterogeneous composition than FSF and the emphasis given by FSB in the diversity of institutional arrangements for financial regulation due to very specific regional circumstances instead of the one-size-fits-all model.

The second argument is more concerned with the function of FSB. FSB has the challenging task to reconcile two opposite approaches: it shall provide an international convergence of law (regulation and supervision) in order to avoid systemic risks and to combat regulatory arbitrage at the same time it also needs to deal with different law regimes arisen from specific circumstances of each financial system or region. As already emphasized above, the convergence of regulation is necessary because the interconnectedness of the financial system poses unique systemic risks that, despite the fact that their origin is limited to one country due to regulatory failures, they can spread into other countries, producing catastrophic outcomes for the international economy as a whole.

Apart from these arguments, the role and the circumstances around the creation of FSB also represents a problem to the classic theoretical models by which the law only may be understood as an exclusive product of the will of the sovereign – the state. The efforts of the main economies of the world to build an international legal framework for the financial markets through the convergence of regulatory and supervisory standards to avoid systemic crisis is the recognition of the interdependence of several jurisdictions for the effectiveness of the domestic laws.

This work will structured as follows: (i) an introductory theoretical discussion on the role of law in the design of markets; (ii) the importance of a worldwide governance of the financial system and what is the FSB; (iii) the analysis of the first argument regarding the structure of FSB regarding the new paradigm of global governance facing the needs for a multi-jurisdictional and more inclusive effort to deal with financial systemic risk; and (iv) the analysis of the second argument regarding the function of FSB in the performance, at the same time, of the tasks of legal convergence and the understanding of regional legal divergences (through its Regional Consultative Groups) when performing its role towards soundness, transparency, resilience and development of the financial system worldwide.

2. Law as the designer of the Markets

Law is an essential tool for the shaping the markets because it defines the basic framework for their very existence: it defines and limits the property rights, freedom of contracting, inheritance rules, and institutions such as courts, police systems for protection of property and security and so on. In a more specific level, it also can be said that law sets forth the conditions for access to the markets, mandatory form and the of the contracts, what can and what cannot be traded, requisites for enforceability, judicial and extrajudicial restructuring, bankruptcy, dissolution and winding-up of companies and insolvency procedures for individuals.

While prominent market players call for a retreat of the state intervention in the markets, it is necessary that a huge state apparatus set forth by law can provide some correction of market failures in order to provide a good and efficient market structure to stand. This conclusion is supported by Rodrik (2011) when it tested the research originally carried out by the political scientist David Cameron in which the latter concluded that the openness of the international trade was a major contributor for the expansion of the public sector in developed economies in the decades after the World War II.[2]

Rodrik broadened the scope of the Cameron's research including developing economies and several another analytical variables for example, country size, geography, demography, income level, urbanization and drawn same conclusion. The most interesting argument of Rodrik arisen from this empirical research is that the expansion of the governments is necessary to preserve the legitimacy of the markets by protecting people from the risks and insecurities markets bring with them.[3]

It is necessary to point out the Law and Finance movement in the economic literature that became prominent in the last two decades of the 20th century. Upon several empirical researches, the main academics of Law and Finance found a strong correlation between economic development and a legal system sufficiently strong to protect the rights of investors – the common law usually identified as such a "model to be followed" legal system as opposed to civil law.[4]

This literature became so influent that motivated the creation of the project Doing Business of the World Bank in 2003. The quality of the legal system for the financial development then became a major issue for the discussions inside the World Bank for legal reforms of developing countries. An academic discussion about the more or less protection of the investment and consequently the design of markets took concrete consequences when reforms for the improvement of quality of the legal system were transformed as a pre-requisite for concession of financing by the Bretton-Woods organizations, namely the International Monetary Fund and the World Bank.[5]

Although the role of law is recognized across the entire ideological spectrum as essential for the maintenance of the capitalist market economy, the very definition about what is the meaning of "law" remains a matter of heated debates. For example, for the legal positivism movement the law is essentially a product of the state, notwithstanding any moral concerns.[6] On the other side, the

2. Dani Rodrik, *The Globalization Paradox: Democracy and Future of the World Economy*, New York, London, W&W Norton & Company, 2011, pp. 17-19.

3. Idem, ibidem.

4. Rafael La Porta, Florencio Lopez-de-Silanes, Andrei Shleifer, Robert W. Vishny, "Legal Determinants of External Finance", *The Journal of Finance*, vol. LII, n. 3, July 1997. Available in *http://scholar.harvard.edu/shleifer/files/legaldeterminants.pdf*. Access on May 31st, 2015.

5. Emerson Fabiani, *Direito e Crédito Bancário no Brasil*, São Paulo, Saraiva, 2011, pp. 53-54. For the evidence of the impact that the Law and Finance movement had in the legal reforms agenda of Brazilian government, see: Brazil, *Reformas Microeconômicas e Crescimento de Longo Prazo*, Brasilia, Ministério da Fazenda, December 2004.

6. For example, Hart understands law as the union of what he calls "primary" and "secondary" rules: "If we stand back and consider the structure which has resulted from the combination of primary rules of obligation with the secondary rules of recognition, change and adjudication, it is plain that we have here not only the heart of a legal system, but a most powerful tool for the analysis

tradition of the natural law, according to Finnis (2011), requires that moral principles and rules as a matter of objective reasonableness should guide the positing of law.[7]

While it is important to emphasize that even the concept of law is a long-standing dispute among the several academic traditions, from the positivism and naturalism to legal anthropology, for the purposes of this article, I use here a functional and more pragmatic approach of the concept of law. "Law" as used here includes written rules issued by competent authorities (from the parliament to the regulatory agencies), judicial decisions and enforceable contracts. All of these rules have direct influence in the pattern of behaviour of the economic agents, in the social and economic development and in the prevention of major political and social disruptions.

The financial regulation provides a powerful example of the influence of the law in the design of the structure of the market. The implications of such rules affect not only the banking or the financial sector but also all other markets, since the financial system, especially the banks, is the main important mechanism to solve problems of information asymmetry between investors and entrepreneurs. In this sense, it is used as a tool for the funding of the productive sectors of the society and therefore the fostering of social and economic development.

For example, a rule issued by the financial regulator or the monetary authority on compulsory reserve requirements for banks may affect the amount of money they can lend and consequently the interest rates. With a higher interest rate, the willingness of entrepreneurs to finance expansion of facilities, investments in innovation or the access to a new market (in both special and product dimensions) will disappear or be postponed. Several rules on the banking sector and capital markets provide incentives for housing, industrial and infrastructure financing.

Additionally to these indirect impacts, it is part of the purpose of the financial regulation to address concerns about the stability of the financial economic system and the overall macroeconomic policy since it has a significant influence in the size of the monetary availability in the society. Rules on minimum capitalization, limits on leverage and concentration of risks per borrower, foreign capital, requirements for provision of charters (nationalization, prior approval of amendment to by-laws and elections of directors), conservatorship, receivership and contributions for the systems of deposit insurance, are measures that not only aim to avoid big social disruptions due to a systemic failure of the financial system but also constitutes barriers to entrance of new players in the financial markets.

The complexity of financial regulation and the limits to the access due to concerns of stability may result in a highly concentrated market. Otherwise, the lax of such requirements is often used by the financial authority for specific purposes of public policies and may result in an increase of available funds to provide stimuli for the economic activity,

of much that has puzzled both the jurist and the political theorist" (Herbert L. A. Hart, *The Concept of Law*, 2nd ed., Oxford, Oxford University Press, 1961, p. 98).

7. "Rather, the concern of the tradition, as of this chapter, has been to show that the act of 'positing' law (whether judicially or legislatively or otherwise) is an act which can and should be guided by 'moral' principles and rules; that those moral norms are a matter of objective reasonableness, not of whim, convention, or mere 'decision'; and that those same moral norms justify (a) the very institution of positive law, (b) the main institutions, techniques, and modalities within that institution (*e.g.* separation of powers), and (c) the main institutions regulated and sustained by law (*e.g.* government, contract, property, marriage, and criminal liability). What truly characterizes the tradition is that it is not content merely to observe the historical or sociological fact that 'morality' thus affects 'law', but instead seeks to determine what the requirements of practical reasonableness really are, so as to afford a rational basis for the activities of legislators, judges, and citizens" (John Finnis, *Natural Law and Natural Rights*, Oxford, Oxford University Press, 2011, p. 290).

notwithstanding the risks it may bring.[8] It is therefore evident that the theoretical assumption presented in the beginning of this part, that the law plays an essential role in the design of the markets has been proved true, especially in the case of financial regulation.[9]

3. The Role of Financial Stability Board

In the last three decades, the interconnectedness of the financial systems at the global level became more and more intensive. The progress in information's technologies, financial innovations, deregulation of the financial markets and the openness of the global markets upon legal reforms promoted after the end of the Cold war that fostered trade and investment, may be appointed as essential factors that contributed for such changes.

These factors did not only increased the trade and the access to resources by private and companies across the world for consumption and investment but also created a potential for the spread of financial crisis to several countries. Although several downturns have shaken the world's economy along the last centuries, the recognition of the need of joint-efforts by multiple jurisdictions to design an international legal framework for the soundness, transparency and resilience of the financial activities is a recent phenomenon.

The financial crisis of 2008-2009 arose in a very specific and geographic-limited background: the real estate market in the United States. Several factors contributed to the so-called "subprime crisis", many of them requiring a huge legislative work. For example, the liberalization of the over-the counter derivatives markets by the Commodities Futures Modernization Act in 2000 and the progressive dismantle of the Glass-Steagall Act, a law enacted after the Great Depression of 1929, which provided the mandatory separation of activities of investment from commercial banking, reaching its peak with the enactment of the Gramm-Leach-Bliley Act in 1999.

The sophisticated mechanisms of risk transfer of subprime credits from lenders to investors around the world by securitization and derivatives trading resulted in the deterioration of balance sheets of several major institutional investors, failures of a big number and companies and spending of huge amount of taxpayers' resources to rescue too-big-to-fail institutions.

This spillover of the economic crisis across the world lead the governments of the members of the Group of Twenty (G20) to establish a permanent institution to shape an international legal framework to deal with the global systemic risk posed by the financial system through convergence of internal laws.[10]

8. For example, one measure that may be classified both as macroeconomic measure and tool for stability of financial institution is the requirement of maintenance of deposits of certain amounts of money with an account with the Central Bank. In Brazil, this is called "*depósito compulsório*". Several rules were enacted by the Central Bank in moments of low levels of investment reducing the required levels of *depósito compulsório* by financial institutions in order to foster the economy or specific sectors. For example, *Resolução* n. 4.411, of May 28, 2015 of the National Monetary Council (CMN) and *Circular* n. 3.755, of May 28, 2015 of the Central Bank of Brazil.

9. "It is now clear that the elements of economic life – capital, labor, credit, money, liquidity – are creatures of law. The same can be said for the elements of political life – power and right. Law not only regulates these things, it creates them. The history of political and economic life is therefore also a history of institutions and laws. Law constitutes the actors, places them in structures, and helps set the terms for their interaction". David Kennedy, "Law and the Political Economy of the World", in *Leiden Journal of International Law*, 2013, 26, p. 8.

10. Argentina, Australia, Brazil, Canada, China, France, Germany, India, Indonesia, Italy, Japan, South Korea, Mexico, Russia, Saudi Arabia, South Africa, Turkey, United Kingdom, United States and European Union comprise G20 membership.

Thus, the Financial Stability Board (FSB) was established on April 2009 not by an international treaty signed by its member nations, but as a non-profit organization incorporated under the laws of Switzerland in accordance with the Articles of Association.

The Article 1 of this Charter provides that the purpose of FSB is to:

> (...) coordinate at the international level the work of national financial authorities and international standard setting bodies (SSBs) in order to develop and promote the implementation of effective regulatory, supervisory and other financial sector policies. In collaboration with the international financial institutions, the FSB will address vulnerabilities affecting financial systems in the interest of global financial stability.[11]

FSB is the immediate successor of the Financial Stability Forum (FSF), a forum of discussions among high officers of central banks, regulatory and supervisory authorities of the Group of Seven (G-7), which comprised the seven most industrialized countries in the world. According to Arner & Taylor (2009), the FSF was established with a threefold purpose: (i) promote financial stability; (ii) improve the functioning of the markets; and (iii) reduce systemic risk through enhanced information exchange and international cooperation in financial market supervision and exchange.[12]

In order to have a most effective role in the convergence of regulatory standards, the Article 10 of FSB's Charter requires that high-level representation at its most important body of governance, the Plenary. Therefore, representatives only may be accepted if the post they hold is the level of central bank governor or immediate deputy, head or immediate deputy of the main supervisory/regulatory agency, and deputy finance minister or deputy head of finance ministry.

The governance of FSB is not limited to states. The Plenary representatives also shall include the chairs of the main international standard setting bodies and committees of central bank experts, and high-level representatives of IMF, World Bank, Bank for International Settlements (BIS) and the Organization for Economic Co-operation and Development.[13]

4. *From FSF to FSB: towards a new paradigm of global governance*

The Asian Financial Crisis of 1997-1998 was the milestone for the creation of G20. The most important factor for this crisis was the repeal of the system of fixed exchange rate by Thailand and its replacement for a system of floated exchange rate. The result was a speculative attack on the Thai currency (baht) that then collapsed in June 1997.

11. *Financial Stability Board Charter*. Available in: *http://www.financialstabilityboard.org/wp-content/uploads/FSB-Charter-with-revised-Annex-FINAL.pdf*. Access on May 31st, 2015.

12. Douglas W. Arner, Michael W. Taylor, "The Global Financial Crisis and the Financial Stability Board: Hardening the Soft Law of International Financial Regulation?", in *AIIFL Working Paper* n. 6, June 2009, p. 6.

13. Financial Stability Board Charter, Article 10. Cutler explains the important role performed by standard-setting bodies: "However, new sources of law are emerging which do not emanate from public, state authority, but rather from privatized, non-state authority. Examples include legal norms emerging from the dominant legal practices and the contractual activities of transnational corporations and other professionals engaged in international commerce, including bankers, insurers, tax specialists and the like. Model codes, statements of principle, uniform rules for optional use in commercial contracting and standardized contracts increasingly form the core of transnational business practices. International trade, investment and finance are increasingly regulated by soft, porous, discretionary standards and procedures. This tendency is associated by many analysis with the increasing complexity of commercial transacting and the resulting enhanced significance of expert knowledge of the fields of law, accounting and taxation" (A. Cutler, *Private Power and Global Authority: Transnational Merchant Law in the Global Political Economy*, Cambridge, Cambridge University Press, 2003, pp. 22-23).

It made evident that even most advanced emerging markets could face problems due to vulnerability related to inflows and outflows of foreign investment.

The undermined trust in the robustness of emerging economies lead the world to a global crisis since it made difficult for several developing countries which at that time were undertaking legal reforms for the protection of investors (many of them unpopular) and sought the international lenders (debt issuance in foreign capital markets and rescue packages from international financial institutions) in order to adjust their fiscal situation.

Martinez-Diaz (2007) argues that one of major issues for the Asian Financial Crisis was the weak bank sectors of developing countries and risky private-sector borrowing practices. The domestics vulnerabilities could magnify and propagate the impact of financial crisis so that the rigid requirements for financial institutions set forth in the laws and regulations of developed countries would not be sufficient if the developing countries were still subject to a lax or weak regulatory framework or supervision.

The same author explains that:

> In a June 1999 report to their heads of state, the G-7 finance ministers explicitly rejected the creation of new international organizations and instead endorsed efforts 'to widen the ongoing dialogue on the international financial system to a broader range of countries'. Proposals for an Asian Monetary Fund were famously buried by strong US Treasury opposition.[14]

G20 was established on September 1999. While G7 still exists as a strong and powerful group that aims to voice the concerns of the developed countries, it was recognized that due to the dimension of the emerging economies such as China, India, Brazil and Russia would necessary to have them at the board to discuss and promote overall financial stability. The creation of G20 was directly the first step for the establishment of FSB as a more inclusive and institutionalized arrangement of transnational governance.[15]

It is necessary to point out that FSB was conceived not just as a forum of discussions or a center of study of the international financial stability but also as a tool for legal reform and convergence even though it was incorporated as a non-profit organization under the laws of Switzerland and not by a binding treaty signed by the member-states, which resulted in a more flexibility for the issuance and change of rules and guidelines.

Backer has drawn a similar conclusion regarding the role of FSB as model of the governance of the 21th century, even though he departs from a different analytical perspective regarding participation non-state actors.[16] Notwithstanding the important

14. Leonardo Martinez-Diaz, "The 20 after Eight Years: How Effective a Vehicle for Developing Country Influence?", in *Global Economy and Development Working Paper* n. 12, October 2007, p. 6.

15. FSB membership includes G20 plus Hong Kong SAR, the Netherlands, Singapore, Spain and Switzerland.

16. "Taken together, the emerging FSB construct suggests a new and curious form of transnational governance. It is hierarchical – designed to privilege the role of the state in its operation. This is particularly apparent in its emphasis on devising methods of taming autonomous private global economic actors through state-based or supranational regulation. But the governance apparatus is not controlled exclusively by states, nor directed solely at public governance. At its core, the FSB framework is cooperative, public, and supranational: states and non-state regulatory actors play a critical but secondary role. The FSB structure acknowledges the regulatory role of private transnational actors, mostly in the form of SSBs, yet also acknowledges the power of large private entities to act autonomously. Indeed, the focus on the disruptive power of the largest of these enterprises (at least in terms of global economic governance) suggests both an acknowledgement of their autonomy and an effort to subordinate them to public governance structures beyond the state" (p. 141). In the same perspective, According to Cutler: "However, new sources of law are emerging which do not emanate from public, state authority, but rather from privatized, nonstate authority. Examples include the legal norms emerging from the dominant legal practices and the contractual activities of transnational corporations and other professionals engaged in international commerce, including bankers, insurers, tax specialists, and the like. Model codes, statements of

participation of international financial institutions and standard setting bodies in providing technical expertise for dealing with regulatory matters, since the law enacting is mostly activity of the states for excellence, the argument developed here that a more inclusive global governance is the model for the future is strengthened by the fact that the major emerging countries like the Brazil and China have a big share of their economies held by the state sector.[17]

Considering that FSB has as an express aim to promote global reforms upon the closing of regulatory gaps – especially by political pressure in off-shore jurisdictions – and seeks for more tight prudential and systemic requirements for financial markets worldwide, it goes beyond the mere political discussion space and become an effective institution of global governance, provided that the law and the possibility of its enforcement may be regarded as one of the most important characteristics of the state power.

Although some authors have been raising doubts about if G20 is succeeding in promoting the interests of developing countries,[18] the inclusion of its members which are developing countries in a global governance body of the financial system with a strong character of law producer is very relevant because it represents a space where political struggles concerning the law on banking and financial regulation on the countries may be foreseen, debated and solved before a potential political and economic crisis.

In addition, the institutional learning that can be shared by a broader number of countries with their specific circumstances and crisis may be a powerful contribution for a most efficient management system of the financial system in domestic level of the fellow countries, which may result in the improvement of the law upon a better macro-prudential legal, regulatory and supervisory framework. This claim is strengthened due to the fact that the 2008 global financial crisis has shown that the borders between domestic and international global markets are indeed blurred.

5. Convergence in Divergence: the functional contradiction of FSB

The promotion of the global stability financial requires a joint effort and a strong commitment for all jurisdictions across the world to avoid regulatory gaps that may increase the vulnerability of overall economy. The so-called "regulatory arbitrage" may be used for some states to attract inflows of capital upon the lax of prudential and systemic requirements for financial institutions.

One of purposes of the FSB is to promote assessment of vulnerabilities and to produce regulatory standards to deal with such problems. For example, several reports have been issued by FSB related to the: shadow banking system – the activity of financial intermediation outside the ordinary banking system and therefore not subject tight regulation; credit rating agencies; systemically important banks, many of them with branches and subsidiaries in several countries – the lack of liquidity available in

principle, uniform rules for optional use in commercial contracting and standardized contracts increasingly form the core of transnational business practices" (Larry Catá Backer, "Private Actors and Public Governance Beyond the State: the Multinational Corporation, the Financial Stability Board and the Global Governance Order", in *Indiana Journal of Global Legal Studies*, vol. 17, 2011, pp. 22-23).

17. China state owned companies represent a huge portion of the country's GDP and in Brazil, the state-owned companies correspond to 25.1% of the average daily traded volume in the Sao Paulo Stock Exchange. *O Estado de S. Paulo*, "BM&F Bovespa quer governança mais rígida para estatais", April 2nd, 2015, Available in: *http://economia.estadao.com.br/noticias/geral,bmefbovespa-quer-governanca-mais-rigida-para-estatais,1662884*. Access on May 31st, 2015.

18. This argument is found in: Leonardo Martinez-Diaz, "The 20 after Eight Years: how Effective a Vehicle for Developing Country Influence?", in *Global Economy and Development Working Paper* n. 12, October 2007.

one country may be harmful for the funding of its subsidiaries or branches in another countries; more precise; resolution regimes for banks; supervision of OTC derivatives markets; and so on.

In this regard, the inclusion of the Bank of International Settlements (BIS) in FSB's structure may provide it with the necessary technical support to recommend legal reforms to deal with such matters. FSB receive funding and services support from BIS under an agreement entered into by both associations in 2013.[19] BIS has a long-standing experience regarding creation of prudential standards for the stability of the domestic financial systems, and the Basel Agreements are the foremost example in this sense.

There are four Standing Committees of FSB: (i) Assessment of Vulnerabilities; (ii) Supervisory and Regulatory Cooperation; (iii) Standards Implementation; and (iv) Budget and Resources. The first three Standing Committees are directly related to the purpose of FSB. In short, the Committee on Assessment of Vulnerabilities identifies the issues, the Committee on Supervisory and Regulatory Cooperation undertakes supervisory analysis and frames the regulatory and supervisory response to the issues, and the Committee on Standards Implementations monitors the implementation of agreed FSB's policy initiatives.

It is necessary to emphasize that the Standing Committees are just advisory bodies in the FSB's structure. The decision-making process is taken by the Plenary by consensus according to the Articles 4 and 6 of the Articles of Association of FSB. Notwithstanding this limited role, the Standing Committees have a strong power because they are responsible for the issuance of reports and supply of information for the decision-making process by the Plenary.

Although the importance of international convergence of regulatory standards is required for the global financial stability, it is not an easy task the law reforms towards a uniform framework for banking and other financial activities, such as insurance and capital markets. The specific structure of the financial market of each country due to historic reasons, public policy concerns, especially the participation of the state through state-owned banks, all of them have a strong influence in how it the regulation and the supervision of the financial system takes place.

In order to deal with such problems, the FSB created six regional consultative groups: (for the Americas, Asia, the Commonwealth of Independent States, Europe, the Middle East and North Africa, and Sub-Saharan Africa) to assess the regional vulnerabilities and to propose specific measures addressed at them. It is outside of the scope of this work to analyze in details the reports issued by FSB, especially the characteristics of the regional vulnerabilities. However, the conciliation of the tasks of to promote a uniform law and to recognize the particular situations of every jurisdiction involved remains very problematic.

For example, the main framework of current financial regulation in Brazil was built since the 80's to deal with specific problems faced by the Brazilian banks, for example, the use by state governors of state-owned banks for issuance of money, which resulted in specific insolvency regimes as for example, the RAET – *Regime de Administração Especial Temporária* (a conservatorship regime without suspension of the flow of payments by the banks); the unlimited liability of administrators and controlling shareholders; and incentives for the creation of big conglomerates in order to avoid financial distresses by the banks, even before the dismantle of Glass-Steagal in USA.[20] It explains why when Basel I was

19. Articles of Association of FSB, Article 7.

20. *PROER-Programa de Estímulo à Reestruturação e ao Fortalecimento do Sistema Financeiro Nacional* was a program of the Federal Government to

put in place, the prudential requirements of capital by the banks in Brazil were higher.

This concrete tension related to the transnational legal governance of financial system faced by FSB may illustrated a problem related to the overall international law as a whole. The difficulty of achieve a consensus for the financial regulation in the international level lead the countries of the Group of Twenty to choose a corporate structure for FSB without rigid and binding commitments instead of an international treaty.

Also, although widely recognized that the borders of the financial markets are blurred and due to this fact it is needed an international legal framework to deal with global vulnerabilities, the FSB faces a major difficult due to its own contradictory task of standardization of law and analysis of regional and country-level vulnerabilities that may spread across other jurisdictions. This is just a specific example about problems may be faced by the transnational legal governance in other fields such as international trade, human rights and environment.

6. Conclusion

Law is necessary for the existence and good working of the markets. This assumption has been proven true because law in a broad sense, including court decisions, legislative acts and regulations, defines the structure of the markets, conditions for access, how the companies shall be governed, what kind of products or services can be traded and several other conditions. The financial regulation is the most evident example of how law is decisive for not only the shaping of the markets but also to avoid social disruptions that may be caused by their imperfections.[21]

The financial crisis of 2008 has shown that an international financial market requires an international legal framework. The globalization made blurred the borders of the banking systems so that a domestic financial crisis may become global in a short period due to the interconnectedness of the financial sector, understood as comprising banks, insurance companies and capital markets players.

In view of the above, the major economies of the world established FSB in 2009 recognizing the need for a transnational and international governance of the financial system. Two remarks were developed here regarding the structure and function of FSB, respectively.

Regarding the first argument developed here related, it is important to highlight that FSB is the messiah for the aspirations of the developing countries in the international decision-making, but represents an important step towards a more inclusive structure of legal international governance as opposed to G7 due to the relative increase of the importance of developing countries in the global markets.

The second one is that the FSB illustrates a problem of the global governance because it needs to conciliate two opposite tasks: the uniformization of the law in an international level to deal with international problems at the same time that it needs to deal with regional and country-level vulnerabilities very specific according to the history and policy background of each region. This may represent a problem of effectiveness when it comes to perform its normative (or rule-making) activity.

stimulate mergers and acquisitions in the banking sector motivated by the assumption that may summarized as: "the bigger the stronger". It was transformed into law by the Provisional Measure n. 1.179 of November 3, 1995. The *Resolução* n. 1.524 of September 9, 1998 and the Accounting Plan of the Institutions of the Financial System (COSIF) in the same year permitted the consolidation of the so-called "multiple banks", with authorization to perform investment and commercial banking. Emerson Fabiani, *Direito e Crédito Bancário no Brasil*, São Paulo, Saraiva, 2011, p. 29.

21. For example, deposit insurance systems to avoid the panic caused by bank runs.

Bibliography

ARNER, Douglas W.; TAYLOR, Michael W. "The Global Financial Crisis and the Financial Stability Board: Hardening the Soft Law of International Financial Regulation?". In *AIIFL Working Paper* n. 6, June 2009.

BACKER, Larry Catá. "Private Actors and Public Governance Beyond the State: the Multinational Corporation, the Financial Stability Board and the Global Governance Order". In *Indiana Journal of Global Legal Studies*, vol. 17, 2011.

BRAZIL. *Reformas Microeconômicas e Crescimento de Longo Prazo*. Brasília, Ministério da Fazenda, December 2004.

CUTLER, A. *Private Power and Global Authority: Transnational Merchant Law in the Global Political Economy*. Cambridge, Cambridge University Press, 2003.

FABIANI, Emerson. *Direito e Crédito Bancário no Brasil*. São Paulo, Saraiva, 2011.

FINANCIAL STABILITY BOARD. *Financial Stability Board Charter*. June 2012.

______. *Articles of Association of Financial Stability Board*. January 28, 2013.

FINNIS, John. *Natural Law and Natural Rights*. Oxford, Oxford University Press, 2011.

HART, Herbert L. A. *The Concept of Law*. 2nd ed. Oxford, Oxford University Press, 1961.

KENNEDY, David. "Law and the Political Economy of the World". In *Leiden Journal of International Law* 26, 2013.

LA PORTA, Rafael; LOPEZ-DE-SILANES, Florencio; SHLEIFER, Andrei; VISHNY, Robert W. "Legal Determinants of External Finance". *The Journal of Finance*, vol. LII, n. 3, July 1997.

MARTINEZ-DIAZ, Leonardo. "The 20 after Eight Years: how Effective a Vehicle for Developing Country Influence?". In *Global Economy and Development Working Paper* n. 12, October 2007,

O Estado de São Paulo. "BM&FBovespa quer governança mais rígida para estatais". April 2nd, 2015.

RODRIK, Dani. *The Globalization Paradox: Democracy and Future of the World Economy*. New York, London, W&W Norton & Company, 2011.

Espaço Discente

DOS CONTRATOS ASSOCIATIVOS: LIAMES CONTRATUAIS COMO ATOS DE CONCENTRAÇÃO

Mário Cosac Oliveira Paranhos

Resumo: O presente artigo visa a discutir a definição jurídica dos chamados contratos associativos, em voga por força da sua qualificação como ato de concentração pela atual Lei de Concorrência brasileira, Lei Federal 12.529/2011.

O escopo da discussão tangenciou tanto a definição teórica esboçada pela doutrina internacional e doméstica, passando pela perspectiva macneiliana dos contratos relacionais, quanto a caracterização do contrato como associativo sob o viés concorrencial, por meio de análise de recentes entendimentos jurisprudenciais desposados pelo Conselho Administrativo de Defesa Econômica – CADE.

Palavras-chave: Contratos Associativos; Contratos Relacionais; Lei de Defesa da Concorrência; Ato de Concentração; Controle Preventivo de Estruturas.

Abstract: This paper discusses the legal definition of so-called associative agreements, in vogue because of its qualification as an Act of Concentration under the new Brazilian Competition Law, Federal Law n. 12.529/2011.The scope of the discussion embraces both theoretical definition sketched by the international and domestic doctrine, through Macneil's perspective regarding relational contracts, as the portrayal of contract as associative under competitive bias, through jurisprudential analysis espoused by the Brazilian Administrative Council for Economic Defense (CADE).

Keywords: associative agreements; relational contracts; competition law; act of concentration; preventive control of structures.

Introdução

A proposta inicial de estudo do presente artigo consiste na análise e discussão da qualificação do negócio jurídico como contrato associativo, bem como sua regulamentação no atual cenário legislativo nacional, para então se delimitar a aplicação da análise compulsória pelo CADE.

Ante a recente alteração do cenário legislativo, importa indagar quais são os limites e a aplicação prática da regulamentação publicada pela autarquia frente aos contratos, bem como se de fato o novo cenário regulatório abarcou plenamente as possibilidades de qualificação de um negócio jurídico como contrato associativo.

Em particular, os seguintes pontos devem ser abordados:

(a) Quais as características que definem um contrato como associativo para fins de submissão perante o Conselho Administrativo de Defesa Econômica?

(b) Quais tipos de contratação e acordos tendem a se qualificar como associativos sob o enquadramento do Conselho? A análise leva em conta um critério exclusivamente de tipicidade ou se aproxima à análise da função e/ou operação econômica emoldurada pelo contrato?

(c) Qual o alcance da Lei Federal 12.529 quanto à regulamentação dos contratos chamados associativos? Qual a posição do CADE e de seus conselheiros sobre os limites da análise?

A partir da proposta inicial, a metodologia do artigo se limitou ao levantamento e revisão bibliográfica das principais obras e artigos científicos referentes aos temas debatidos, além da análise de entendimentos jurisprudenciais sobre o assunto. A principal base teórica na qual o presente artigo se apoia se refere à figura dos contratos relacionais desenhada por Ian R. Macneil.

Durante o seu desenvolvimento, o tema foi didaticamente subdividido em quatro capítulos-chave, além do capítulo conclusivo, essenciais para o amplo entendimento do debate. O primeiro deles visa a delinear o contexto e as bases teóricas jurídico-econômicas na qual o debate se situa. O segundo abarca a inovação regulatória trazida tanto pela Lei de Defesa da Concorrência (Lei Federal 12.529/2011) quanto pela Resolução 10, emitida pelo CADE em 29.10.2014. Os dois últimos capítulos apresentam a definição teórica esboçada pelos entendimentos doutrinários e jurisprudenciais, respectivamente.

O tema exposto nos parece de atratividade indiscutível em se tratando de atualidade tanto no campo do direito contratual como concorrencial, valendo-se de sua intersecção para o correto desfecho do artigo.

1. Por uma perspectiva integrativa: (não tão) novas figuras do direito contratual

Dentre os muitos fatores que caracterizam e emolduram os tempos atuais, alguns traços marcantes poderiam ser mais bem delineados com precisão. É o caso da intensa internacionalização das relações de mercado, sua saturação e, em especial, o início da denominada revolução tecnológica, inserindo, tanto na lógica produtiva quanto na lógica consumerista, novas tecnologias de produção e de informação.

Do cenário acima emerge uma nova dinâmica de relações contratuais, bem definida pelo termo *especialização flexível*, ilustrada por Ronaldo Porto Macedo Júnior como estratégia que "visa obter vantagens de mercado, oferecendo um produto com tecnologia única, qualidade única ou apoiada por serviço único".[1]

O modelo comportamental dos agentes econômicos no mercado caracterizado

1. Ronaldo Porto Macedo Jr., *Contratos Relacionais e Defesa do Consumidor*, São Paulo, Ed. RT, 2006, p. 103.

pela especialização flexível se mostra em muito condizente com o modelo econômico schumpeteriano, no qual, distanciando-se da competição por preços defendida pela teoria neoclássica,[2] o mercado competitivo ideal se ampara na inovação, motor pelo qual o agente econômico se sobressairá em relação aos seus competidores, promovendo a inovação econômica e tecnológica e alterando-se consideravelmente as condições prévias de equilíbrio de mercado. Numa perspectiva schumpeteriana, o *ato empreendedor* efetivamente acontece pela introdução de uma *inovação* no sistema econômico visando à obtenção de *lucro extraordinário*, motor de toda a atividade empreendedora.

A *especialização flexível* em muito se entrelaça com a perspectiva econômica schumpeteriana: a saturação do mercado de produção globalizado se mostra como obstáculo ao agente econômico, que intenta se sobressair pela competição por inovações, *oferecendo um produto com tecnologia única, qualidade única ou apoiada por serviço único* – eis a promoção de saltos tecnológicos e quebra do estado de equilíbrio pelo agente empreendedor até que os demais concorrentes o alcancem.

No plano contratual, a competição por inovações se reflete na mudança de paradigma quanto ao comportamento dos agentes no mercado. A cada momento, maior será a necessidade de transações contínuas, constantes e integradas entre diversos vetores e personagens atuantes do mercado, sejam eles agentes econômicos, profissionais ou outros atores.[3] Neste cenário, as relações contratuais modernas se mostram cada vez mais relacionais e duradouras, sustentadas muitas vezes pela cooperação entre as partes contratantes.

Há muito o benefício esperado pela relação contratual deixou de ser a permuta individualista, preterida face à mútua cooperação integrativa.

A mudança de paradigma também se faz sentir no campo epistemológico. A teoria contratual tradicional define o contrato como acordo de vontades em que as partes contratantes possuem interesses contrapostos,[4] quando de fato os mesmos interesses vetores da relação contratual podem muito bem se mostrar apenas diferentes (e não necessariamente opostos) ou até mesmo comuns.[5]

Muitos dos sinais da nova realidade contratual integrativa se fazem presentes nas

2. Segundo Schumpeter, os preços praticados no mercado competitivo tendem ao custo marginal da produção e o lucro do ofertante é mínimo, cenário este que poderia resultar em um estado de equilíbrio que beira a estagnação econômica. Sobre o tema, v. (i) Schumpeter, 2008, pp. 82-83; (ii) José Eduardo Faria, "Poucas certezas e muitas dúvidas: o direito depois da crise financeira", artigo avulso, p. 2; (iii) Marco Aurélio Braga, *Subdesenvolvimento, Tecnologia, e Direito Econômico: o Programa Nacional de Nanotecnologia e o Desafio Furtadiano*, Dissertação de Mestrado, 2013, pp. 92-94.

3. Ronaldo Porto Macedo Jr., *Contratos Relacionais e Defesa do Consumidor*, cit., p. 105.

4. V. Ronaldo Porto Macedo Jr., *Contratos Relacionais e Defesa do Consumidor*, cit., e Calixto Salomão Filho, "Breves acenos para uma análise estruturalista do contrato", *RDM* 141/14 e 137, São Paulo, Malheiros Editores. No mesmo sentido, Orlando Gomes definia o instituto afirmando que o "traço característico do contrato é a pluritribularidade, isto é, a contraparticipação de sujeitos de direito com interesses econômicos contrapostos. A contraposição é essencial, não passando o contrato, assim, de uma composição" (Orlando Gomes, *Contratos*, 26ª ed., p. 13). Nota-se, contudo, que o mesmo autor flexibiliza o entendimento, embora ainda receoso quanto à possibilidade de interesses comuns, admitindo "ao menos, a configuração do contrato sempre que os interesses das partes não sejam convergentes, embora não se oponham" (Orlando Gomes, *Contratos*, 26ª ed., cit., p. 15).

5. Nesse passo, para se demonstrar a dissonância para com o modelo clássico, pertinente citar trecho da obra *Investigações sobre a Natureza e as Causas da Riqueza das Nações*, de Adam Smith (1776, Livro I, cap. I, p. 47), no qual o autor reitera que "O homem tem quase o tempo todo necessidade do auxílio de seus semelhantes e seria em vão que o esperaria unicamente de sua bondade. Teria muito mais certeza de consegui-lo caso se dirigisse ao interesse pessoal deles. É o que faz aquele que propõe um negócio qualquer a outro; o sentido de sua proposta é o seguinte: Dai-me o que preciso e tereis de mim aquilo de que vós mesmos necessitais; e a maioria dos bens e ofícios que nos são tão necessários são obtidos dessa maneira".

discussões jurídicas atuais, sejam em solos internacionais, seja em âmbito nacional.[6] É o caso do modelo cooperativo representado pelos novos subsídios presentes no Código Civil de 2002 (entre eles destaca-se o princípio da boa-fé, cuja semântica cooperativa talvez lhe dê a melhor interpretação operativa), a recente promulgação do Código de Processo Civil de caráter cooperativo, o moderno Código de Defesa do Consumidor, dentre outros.

Naturalmente o paradigma tradicional do direito contratual não encontra resistência relevante em sua aplicação, ainda hegemônica, o que não significa, contudo, que sua hegemonia não seja paulatinamente desgastada mediante revisitações concernentes ao novo modelo contratual. Afinal, não poderia ser outro o caminho percorrido pelos agentes econômicos, seja pela inevitável perspectiva schumpeteriana, seja pela nova realidade de *especialização flexível*, seja propriamente pelos benefícios inerentes à cooperação.[7]

2. Da regulação dos contratos associativos: atual legislação e recentes regulações

A anterior Lei 8.884/1994, em seu art. 54, determinava que os contratos que pudessem limitar ou de qualquer maneira prejudicar a livre concorrência, ou resultar na dominação de mercados relevantes de bens ou serviços, deveriam ser apresentados ao CADE para análise técnica. A própria autarquia federal em comento chegou a opinar nesse sentido, conforme ementa do caso National Medical Care Inc. e Baxter Hospitalar Ltda., quando do julgamento do Procedimento Administrativo n. 08000.000518/96-06 de 1997.[8]

Vale dizer que não seriam todos os contratos que deveriam ser submetidos à análise prévia do CADE, mas apenas aqueles que apresentam os pressupostos necessários para tanto, quais sejam, a existência de posição dominante de uma das partes contratantes em relação à outra, bem como a existência de cláusulas potencialmente restritivas da concorrência.

Desde maio de 2012, após a promulgação da atual Lei de Defesa da Concorrência (Lei Federal 12.529/2011), o sistema antitruste brasileiro opera sob novas regras. Em seu art. 90, o referido diploma legal define "ato de concentração" como uma transação em que:

(i) duas ou mais empresas anteriormente independentes se fundem;

(ii) uma ou mais empresas adquirem, direta ou indiretamente, por qualquer meio, parcial ou totalmente, o controle de uma ou mais empresas;

(iii) uma ou mais empresas incorporam outra empresa ou empresas;

(iv) duas ou mais empresas celebram contrato associativo, consórcio ou *joint venture*, exceto para os consórcios que são formados em conexão com licitações públicas.

Nos casos acima indicados, é obrigatória a prévia notificação ao CADE, como condição para a celebração do acordo. Em outras palavras, a apresentação dos supostos atos de concentração deve ser feita previa-

6. Ronaldo Porto Macedo Jr., *Contratos Relacionais e Defesa do Consumidor*, cit., pp. 108-110.

7. Quanto à dicotomia entre individualismo e cooperativismo, o caso modelar do *dilema do prisioneiro* elucida de modo transparente as vantagens e benefícios resultantes do comportamento cooperativo, que se sobrepõem em muito as vantagens resultantes do comportamento individualista. Naturalmente, o *dilema do prisioneiro* se amolda a um cenário em que os interesses não são estritamente opostos. Em regra geral, os obstáculos para que os participantes de qualquer relação potencialmente cooperativa se comportem cooperativamente se fazem presentes precipuamente quando há escassez de informação sobre a contraparte, gerando o comportamento oportunista e estratégia defensiva.

8. Representação n. 08000.000518/96-06; representante: Ruy Barata; representada: National Medical Care Inc. e Baxter Hospitalar Ltda.; Conselheiro Relator: Antônio Carlos Fonseca da Silva; decisão publicada no *DJU* 5.11.1997.

mente e antes da celebração do acordo, para uma análise *ex ante*, e só poderá ser concluída após a aprovação do CADE.

Essa prática, denominada *análise prévia de atos de concentração* tem por objetivo evitar problemas de reversibilidade em operações em que a aprovação é concedida com restrições, ou mesmo em casos de desaprovação.

Com a atual Lei Antitruste, os critérios para a notificação obrigatória das operações ao CADE foram alterados. Como mencionado acima, a lei anterior (Lei 8.884/1994) costumava exigir uma participação de pelo menos 20% de um mercado relevante, ou, alternativamente, se uma das partes envolvidas na transação tivesse obtido receita bruta anual de, pelo menos, 400 milhões de reais no ano fiscal anterior.

A atual legislação antitruste brasileira, por sua vez, estabelece em seu art. 88, incisos I e II, alguns critérios de faturamento para melhor filtrar os atos de concentração que seriam analisados pelo Conselho:

(i) pelo menos um dos grupos envolvidos na operação tenha registrado no último balanço, faturamento bruto anual ou volume de negócios total no País, no ano anterior ao negócio jurídico, equivalente ou superior a 400 milhões de reais; e

(ii) pelo menos um outro grupo envolvido na operação tenha registrado, no último balanço, faturamento bruto anual ou volume de negócios, no ano anterior ao negócio jurídico, equivalente ou superior a 30 milhões de reais.

Neste passo, vale mencionar que os valores mínimos para submissão obrigatória ao CADE como atos de concentração, indicados nos incisos (i) e (ii) do art. 88 da Lei Antitruste foram alterados pela Portaria Interministerial 994 MJ-MF, de 30.5.2012, para 750 milhões de reais e 75 milhões de reais, respectivamente.

Percebe-se que, para que o controle preventivo de estruturas de mercado seja cogente segundo as regras concorrenciais ora vigentes, a operação deverá se referir a uma das hipóteses previstas no art. 90 (fusão, aquisição de controle, incorporação ou celebração de contrato associativo *lato sensu*), cumulado com os critérios de faturamento previstos no art. 88 do mesmo diploma legal, os quais por sua vez também deverão estar presentes de modo cumulativo.

Ao especificar as hipóteses de atos de concentração, para fins de submissão obrigatória, a lei de defesa da concorrência ora vigente se distancia da sua antecessora, que continha redação bastante aberta quanto à sua caracterização. De fato, a anterior Lei 8.884/1994 definia atos de concentração como quaisquer "atos, sob qualquer forma manifestados, que pudessem limitar ou de qualquer forma prejudicar a livre concorrência, ou resultar na dominação de mercados relevantes de bens e serviços", incluindo-se aqueles que tendessem a qualquer forma de integração do poder econômico, desde que cumprissem com ao menos um dos índices de jurisdição do Conselho.

A amplitude da redação anterior era motivo de insegurança jurídica perante os agentes, dado que a caracterização de atos de concentração e, portanto, sua submissão obrigatória exigia, por regra, a própria análise da subsunção casuística à hipótese do art. 54 da antiga lei pelo Conselho, ou seja, se a operação poderia *limitar ou de qualquer forma prejudicar a livre concorrência, ou resultar na dominação de mercados relevantes de bens e serviços*. A análise prévia dos efeitos da operação no mercado, justamente para se verificar a subsunção à hipótese de controle preventivo, significou deixar às mãos do próprio Conselho a decisão quanto à obrigatoriedade da submissão.[9]

9. O Conselho consolidou, inclusive, entendimento jurisprudencial de que não caberia aos figurantes do ato de concentração determinar se tal ato afetaria negativamente a concorrência ou não, sendo tal análise privativa do CADE.

Embora a atual legislação tenha lucidamente estabelecido critérios mais objetivos para a caracterização da operação como ato de concentração de submissão obrigatória ao controle preventivo de estruturas de mercado, o legislador optou por redação mais abrangente no último inciso do art. 90, prevendo uma hipótese cuja amplitude figura como válvula de escape para se enquadrar operações não previstas nos incisos (i) a (iii), mas que contenham preocupações concorrenciais.

Em palavras claras, a anterior insegurança jurídica proveniente da necessária análise prévia da operação para se definir se esta seria ou não ato de concentração de submissão obrigatória foi relativamente transposta à legislação contemporânea, a saber, pelo abarcamento de figura jurídica ainda não muito bem definida no cenário jurídico nacional, qual seja, o *contrato associativo*.

Neste cenário, as autoridades ainda estão a emitir esclarecimentos adicionais sobre a abrangência de aplicação da disposição específica da referida lei no que se refere aos "contratos associativos", em especial por meio de votos de seus conselheiros em casos concretos. Dada a ampla linguagem do art. 90 e da falta de critérios claros em relação a estes acordos, o CADE publicou recentemente a Resolução 10, de 29.10.2014.

A nova resolução considera associativos quaisquer contratos com duração superior a dois anos em que (i) as partes estiverem horizontalmente relacionadas no objeto do contrato sempre que a soma de suas participações no mercado relevante afetado pelo contrato for igual ou superior a 20%; ou (ii) as partes contratantes estiverem verticalmente relacionadas no objeto do contrato, sempre que pelo menos uma delas detiver 30% ou mais dos mercados relevantes afetados pelo contrato, além de estipular outros critérios.[10]

Resta saber se a recente regulação é suficiente para alcançar uma definição clara quanto às operações subsumidas ao controle preventivo obrigatório e consequentemente a necessária segurança jurídica tão almejada pelos agentes econômicos e propriamente pelo mercado. Nada obstante o esforço da autoridade, a resposta não parece ser promissora, pelo menos até o presente momento.[11]

3. Definição teórica do contrato associativo

Antes de se avançar à discussão da regulação dos contratos denominados associativos, natural que se faça primeiro necessário debate sobre sua definição jurídica, diferenciando-os dos modelos contratuais clássicos.

Em um primeiro momento, importa notar o papel do contrato associativo como instrumento de efetividade prática do direito, este entendido como "conjunto de práticas normativas, práticas de coerção, de sanção social, políticas e da racionalidade".[12] Tanto o papel como a causa do contrato associativo se esclarecem definitivamente pela nova

10. Foi recentemente finalizado o período de consulta pública à proposta de nova Resolução do Conselho, publicitada por meio do Despacho da Presidência n. 125/2016. *Prima facie*, a nova redação não alterou substancialmente a atual Resolução 10, haja vista que define os contratos associativos como aqueles pelos quais se estabelece empreendimento comum, este entendido como empreendimento em regime de cooperação, estabelecendo-se contratualmente o compartilhamento de riscos e resultados, ideia que já vinha contida no bojo da atual Resolução 10.

11. Nesse sentido, "Although CADE issued Resolution 10/2014 to bring a solution to the uncertainty caused by the lack of a clear definition of 'associative agreements', its wording is vague, incomplete and confusing with regard to specific concepts, such as 'sharing of risks', 'sharing of profits and losses', 'interdependence relationship', 'exclusivity relationship', which could give rise to doubts as to whether or not a given agreement should be notified" (P. E. Lilla, E. V. Sang, "Technology Transfer Agreements as Associative Agreements Subject to Merger Control in Brazil", in *Overview of Competition Law in Brazil*, São Paulo, IBRAC/Singular, 2015, p. 201).

12. François Ewald *apud* Ronaldo Porto Macedo Jr., *Contratos Relacionais e Defesa do Consumidor*, cit., p. 124.

realidade do mercado e nova dinâmica das relações contratuais entre os agentes.

É nesse cenário de cooperação como modelo integrativo no mercado contemporâneo que a discussão sobre a natureza jurídica e características dos contratos associativos se constrói. Nesse passo, dada a extrema afinidade entre eles, beirando à identidade, mostra-se de grande pertinência revisitar a conceituação macneiliana dos contratos relacionais.

3.1 Dos contratos relacionais

A teoria macneiliana do contrato relacional surgiu pela categorização do contrato em duas frentes nitidamente opostas, o contrato descontínuo e o contrato relacional. Este último ainda conta com uma separação entre as modalidades de relações contratuais primitivas e as modernas. Contudo, ater-se-á às primeiras, tanto por força de sua distinção mais claramente delineada em relação aos contratos descontínuos, como porque são, em regra geral, as mesmas características pelas quais podem-se definir as relações contratuais primitivas e modernas.

"O contrato descontínuo é aquele em que não existe relação entre as partes além da simples troca de bens".[13] A descontinuidade dessa modalidade contratual se revela apenas em um modelo teórico,[14] e assim o é "à medida que ele planeja uma transação separada de todas as transações a ela anteriores, contemporâneas ou subsequentes. Cada ato contratual é considerado um ato isolado, independente e autônomo, pois que tem em si todos os seus elementos essenciais constitutivos".[15]

Percebe-se de antemão que o modelo descontínuo se aproxima à definição tradicionalista do direito contratual, como manifestação de vontades originando obrigações entre partes com interesses opostos, desde que respeitados os seus elementos constitutivos. A descontinuidade se reflete na relevância do ato isolado ou, nas palavras de Goldberg:[16]

> O contrato paradigmático da economia neoclássica e da análise jurídica é uma negociação descontínua na qual não existem deveres entre as partes antes da formação do contrato e na qual os deveres das partes são determinados na fase de formação.

O contrato relacional, por sua vez, pressupõe naturalmente um aparato social, seja ele primitivo ou moderno, pelo qual as partes contratantes levam em grande consideração o seu relacionamento proveniente da relação contratual. O contrato não é visto como ato estanque e isolado de qualquer fator externo, mas pelo contrário, como instrumento integrativo entre as partes e a própria sociedade ou mercado.

A diferenciação do contrato descontínuo e relacional, contudo, se reveste de maior clareza quando comparadas as suas características essenciais, a seguir sintetizadas.

Em primeiro lugar, o contrato relacional envolve relações primárias, ou seja, são relações em que a pessoa com quem se relaciona é fator influente. A qualidade, personalidade e a própria singularidade ou identidade da parte contratante são consideradas na relação contratual,[17] na qual, em boa medida, a

13. Ian R. Macneil, *O Novo Contrato Social: uma Análise das Relações Contratuais Modernas*, Rio de Janeiro, Elsevier, 2009, p. 10.

14. Como já esclareceu Macneil (*O Novo Contrato Social: uma Análise das Relações Contratuais Modernas*, cit., pp. 10-12), todo contrato envolve relações além da própria troca de bens, tanto porque a própria execução do contrato deve estar amparada em um suporte social que lhe dê efetividade (no caso do modelo teórico, Macneil o chama de deus externo). A discussão ainda se reveste de relevância, mesmo que de efeitos práticos mitigados, tendo em vista que a teoria do contrato descontínuo se espelha identicamente ao modelo teórico tanto da microeconomia neoclássica (v. nota 6), quanto da consequente teoria contratualista clássica.

15. Ronaldo Porto Macedo Jr., *Contratos Relacionais e Defesa do Consumidor*, cit., p. 89.

16. Cf. Goldberg (1976), p. 49, *apud* Ian R. Macneil, *O Novo Contrato Social: uma Análise das Relações Contratuais Modernas*, cit., p. 10.

17. Nas palavras de Macneil (*O Novo Contrato Social: uma Análise das Relações Contratuais Moder-*

satisfação proveniente se dá em caráter não econômico (benefícios não apenas econômicos e/ou monetizados).[18]

Por outro lado, a relação descontínua abarca relações não primárias, marcadas pela impessoalidade, característica bastante condizente com a limitação da satisfação esperada apenas e tão somente à troca econômica estrita. Nesse diapasão, a qualidade da contraparte pouco importa, mas tão somente a sua contraprestação econômica, muitas vezes representada por bem ou serviço profuso no mercado, facilmente transferível.

Em segundo lugar, o contrato descontínuo apresenta número restrito de participantes, em regra apenas duas partes amparadas pela barganha, enquanto o relacional pode apresentar número muito maior de participantes da relação. As relações modernas, por exemplo, apresentam um sistema de hierarquização pela qual todos se conectam, em um "mundo sem superiores".[19]

Outro fator que se apresenta na diferenciação entre os contratos descontínuos e relacionais se refere à possibilidade de se mensurar e especificar as obrigações. No modelo descontínuo, os objetos da troca são atentamente mensurados e especificados – são eles a mercadoria com valor de mercado monetário e o valor em pecúnia. No modelo relacional, por sua vez, as trocas mais relevantes se referem à própria relação entre as partes, incomensurável em termos de valor de mercado. Em palavras claras, os contratos relacionais "podem envolver a troca de valores não monetizáveis ou, ao menos, não tão facilmente conversíveis em dinheiro".[20] Neles "há uma certa incomensurabilidade na equivalência das trocas projetadas para o futuro. Afinal, não se sabe exatamente o que as partes obterão durante e ao término da relação contratual",[21] muitas vezes de longa duração.

O quarto elemento de diferenciação entre as negociações descontínuas e relacionais se refere à solidariedade contratual. Em um contexto de descontinuidade da negociação, sendo esta pontual e isolada, não há solidariedade entre as partes contratantes além dos ganhos imediatos da permuta. Nesse cenário imediatista e estanque, os participantes da negociação buscam maximizar as vantagens individuais ao seu bel-prazer, sem envolvimento social, enquanto, no modelo relacional, a solidariedade entre as partes se faz presente, seja pelo "fato de a sociedade interpenetrar toda a troca",[22] seja pelo fato de que, em termos mais pragmáticos, "a especialização dentro de uma relação contínua (...) cria uma interdependência entre as partes".[23]

Ainda em análise comparativa, percebe-se que os contratos descontínuos, por sua própria natureza, apresentam planejamento completo das contingências e variáveis da negociação, tendo em vista o recorte isolado das circunstâncias negociais. Nesse cenário, o processo temporal da contratação descontínua (início, vigência e término) é revestido pela brevidade e clara definição, permitidos por força das obrigações isoladas e estanques.

Por sua vez, os contratos relacionais se caracterizam pela impossibilidade de demar-

nas, cit., p. 12), "envolvem a pessoa por inteiro, são ilimitadas em âmbito, são únicas e são intransferíveis". Maior exemplo de relação primária talvez seja as obrigações personalíssimas.

18. Ian R. Macneil, *O Novo Contrato Social: uma Análise das Relações Contratuais Modernas*, cit., p. 12; e Ronaldo Porto Macedo Jr., *Contratos Relacionais e Defesa do Consumidor*, cit., p. 128.

19. Ian R. Macneil, *O Novo Contrato Social: uma Análise das Relações Contratuais Modernas*, cit., cap. 3, "Direito Contratual Relacional, Um mundo sem superiores", pp. 76 e ss.

20. Ronaldo Porto Macedo Jr., *Contratos Relacionais e Defesa do Consumidor*, cit., p. 130.

21. Idem, ibidem, p. 131.

22. Ian R. Macneil, *O Novo Contrato Social: uma Análise das Relações Contratuais Modernas*, cit., pp. 13-14.

23. Idem, ibidem, p. 14.

cação precisa de sua vigência e apresentam uma perspectiva de longa duração,[24] o que impede o planejamento completo e definitivo das possíveis contingências futuras no momento da contratação, motivo pelo qual o planejamento entre as partes se faz necessário, não apenas na fase negocial, mas própria e precipuamente durante a vigência do contrato relacional:

> O planejamento vai assumindo um caráter menos substantivo e mais processual ou constitucional, à medida que passa a regular a forma pela qual a revisão e reformulação do planejamento vai se operar. Neste caso, os termos contratuais passam a definir menos as regras para o fornecimento do produto ou do serviço, e mais as regras processuais que pela própria regulação sobre o fornecimento serão definidas.[25] O objeto do contrato relacional aproxima-se, assim, de uma 'miniconstituição' ou estatuto de uma sociedade ou clube, que estabelece regras para a resolução de conflitos e reformulação do planejamento.[26]

Por tratar-se de relações que se protraem no tempo, os contratos relacionais agregam imprevisibilidade à negociação, gerando maior necessidade de cooperação[27] entre as partes contratantes, "não apenas para o cumprimento do que foi firmado, mas também para o planejamento extensivo de atividades substantivas da relação".[28]

Disso se extraem pontos essenciais do âmago do contrato relacional: seja pelo caráter primário da relação contratual, na qual os participantes se envolvem socialmente em busca de satisfação de caráter não exclusivamente econômico, seja pela sua prostração no tempo, agregando imprevisibilidade e incompletude à contratação, seja pela solidariedade e interdependência entre as partes contratantes por força da especialização de papéis durante a relação contínua, seja também pela unidade[29] dos interesses conjugados em torno de um objetivo comum, ou seja ainda pela maior comunicação e confiança entre as partes integrantes de uma relação primária propriamente dita, todos os elementos anteriormente citados convergem para que os contratos relacionais possuam como motor basilar a cooperação[30] mútua entre os seus participantes.

24. Nas palavras de Macneil (*O Novo Contrato Social: uma Análise das Relações Contratuais Modernas*, cit., p. 15), "A própria relação não tem começo nem fim (...). Evidentemente trocas específicas permearão essas relações complexas, mas já que são sempre profundamente incrustradas na relação, nunca gozarão das características descontínuas como o rápido para entrar, rápido para sair".

25. Nesse sentido, o planejamento e propriamente a cooperação como dever principal se coadunam com a definição de *cooperação qualificada* proposta pela Conselheira Ana Frazão, conforme detalhado ao final do presente artigo.

26. Ronaldo Porto Macedo Jr., *Contratos Relacionais e Defesa do Consumidor*, cit., p. 133.

27. Ronaldo Porto Macedo Jr. (*Contratos Relacionais e Defesa do Consumidor*, cit., p. 140) define cooperação como o ato de "associar-se com outro para benefício mútuo ou para divisão mútua dos ônus", sublinhando o caráter central da mutualidade. Para se elucidar a questão, compara a cooperação à simbiose – são efetivamente benefícios mútuos adicionados a interesses diferentes/paralelos (não estritamente opostos) cuja efetividade de cada interesse não anula a efetividade do outro.

28. Idem, ibidem, p. 136.

29. Macneil (*O Novo Contrato Social: uma Análise das Relações Contratuais Modernas*, cit., pp. 17-19) explica o seu conceito de unidade como "A questão é o quanto os participantes veem seus interesses individuais como coincidentes com os interesses da relação total. Isso envolve interdependência no sentido de perceber o interesse egoísta como satisfeito através do interesse de outros participantes, ou no sentido psicológico último, de não ver nenhuma diferença entre interesse egoísta e o interesse dos outros participantes".

30. Condizentemente, Calixto Salomão Filho chega à conclusão de que "Três são as condições mínimas para o sucesso de soluções cooperativas: pequeno número de participantes, existência de informação sobre o comportamento dos demais e existência de relação continuada entre os agentes" (Calixto Salomão Filho, "Breves acenos para uma análise estruturalista do contrato", *RDM* 141/13, cit.). Do mesmo modo, Douglass North já afirmava: "Normalmente observamos comportamento cooperativo quando os indivíduos interagem repetidamente, possuem boa quantidade de informações sobre a contraparte, e quanto o grupo é composto de reduzido número de indivíduos" (Douglas North, *Institutions, Institutional Change and Economic Performance*, "Political Economy of Institutions and Decisions", Cambridge University Press, 1990, p. 12).

Ora, os contratos relacionais, à medida que questionam os pressupostos microeconômicos neoclássicos do *Homo Economicus*, apontam para uma dimensão não acessória, mas sim central, do princípio jurídico da cooperação. Conforme visto, a estratégia de cooperação em muitos casos de contratação relacional constitui-se na obrigação principal,[31] porquanto os elementos de preço, quantidade, prazo de entrega etc., deixam de ser perfeitamente definíveis *a priori*.[32]

Por fim, mas não menos importante, a ideia de cooperação mútua liga-se intrinsicamente ao compartilhamento de ônus e benefícios. Enquanto em uma negociação descontínua ônus e benefícios de cada objeto da negociação são transferidos integralmente de uma parte a outra, juntamente à propriedade do bem, no modelo relacional os ônus e benefícios resultantes da relação contratual são mutuamente compartilhados.[33] Percebe-se nos contratos relacionais, portanto, uma *interdependência entre áleas distintas*.[34]

3.2 Dos contratos de colaboração

Em consonância com o quanto exposto acima, percebe-se ainda o gradativo delineamento da figura dos *contratos de colaboração*[35] entre empresas, como nova praxe negocial no mercado. A título elucidativo, e de inegável clareza didática, expõe-se a classificação dos contratos em duas modalidades, os contratos de intercâmbio e contratos de sociedades comerciais.

Não seria a categorização revestida de novidade, mas sim o modo como se ilustra a posição dos *contratos de colaboração* entre as duas categorias. A bipartição já havia sido lançada pela ótica macneiliana, sendo modelo exemplar de descontinuidade o contrato de intercâmbio, enquanto "os contratos relacionais aproximam-se mais da estrutura dos contratos de sociedade do que dos contratos de compra e venda".[36] Não bastasse, nas palavras de Jhering:[37]

> Na associação o egoísmo não desempenha o mesmo papel que nos contratos de troca. Aqui os dois contratantes têm interesses diametralmente opostos: se a venda é favorável para o comprador, é em detrimento do vendedor, e vice-versa. Seu dano, meu benefício, é a divisa de todos os contratos. Ninguém pode querer mal aos outros por zelarem somente os seus interesses. Assim não acontece na associação: o interesse particular e o de outrem caminham a par; se um dos associados foi lesado, também o outro o foi por igual; do mesmo modo o lucro de um é do outro. A ideia de solidariedade dos interesses deve guiar as duas partes na celebração do contrato de sociedade. Se uma delas, em vez de trabalhar pelo lucro comum, só procura o seu interesse, destrói a própria essência da instituição.[38]

A bipartição é marcada pela definição dos dois polos extremos – de um lado o contrato de intercâmbio, onde se percebe a contraposição de interesses, e de outro o contrato de sociedades mercantis, nos quais há não apenas a convergência e solidariedade de interesses em prol do objetivo comum,

31. Novamente retomamos a definição de *cooperação qualificada*, proposta pela Conselheira Ana Frazão.

32. Ronaldo Porto Macedo Jr., *Contratos Relacionais e Defesa do Consumidor*, cit., p. 153.

33. Macneil exemplifica a distinção citando a relação empregatícia de um lado, na qual o salário e a carga horária do empregado se apresentam como benefícios e ônus bem divididos, e a relação entre sócios do outro, na qual os riscos são compartilhados (Ian R. Macneil, *O Novo Contrato Social: uma Análise das Relações Contratuais Modernas*, cit., p. 25).

34. Paula A. Forgioni, *Contratos Empresariais: Teoria Geral e Aplicação*, São Paulo, Ed. RT, 2015, p. 193.

35. Idem, ibidem.

36. Ronaldo Porto Macedo Jr., *Contratos Relacionais e Defesa do Consumidor*, cit., p. 138.

37. Jhering, *A Evolução do Direito*, pp. 192 e ss., *apud* Paula A. Forgioni, *Contratos Empresariais: Teoria Geral e Aplicação*, cit., p. 179.

38. Claramente a visão maniqueísta do trecho recortado se relaciona à teoria contratualista tradicional, tanto no que se refere ao seu viés econômico quanto jurídico.

mas também a mutualidade e compartilhamento de esforços e recursos, ou, em outras palavras, dos benefícios e ônus inerentes à operação econômica instrumentalizada por meio do contrato de sociedade.[39]

A qualificação da sociedade mercantil conglomera três elementos essenciais, quais sejam, "(i) fim comum; (ii) contribuições dos sócios; e (iii) *affectio societatis*, esta última identificada como a vontade de suportar áleas comuns, arcando todos os sócios com as eventuais perdas decorrentes da atividade e pertencendo o lucro a todos".[40]

A partir de todo o aparato teórico levantado até aqui, delineiam-se claramente os dois extremos de uma mesma figura jurídica: de um lado o contrato de intercâmbio, representante do modelo descontínuo de contratação; de outro, o contrato de sociedade mercantil, símbolo máximo do modelo relacional macneiliano. Dentre os dois extremos, exatamente no limbo entre a bipartição, residem mais *modalidades híbridas*,[41] conjugando atributos pertinentes aos dois polos:

> Dispuséssemos as formas jurídicas das relações entre empresas ao longo de uma linha imaginária, teríamos, em um extremo, os contratos de intercâmbio e, no outro, as sociedades. No entremeio, os mais variados tipos de contratos híbridos, que conjugam o elemento de intercâmbio com o de colaboração. Quanto mais próximo o contrato híbrido estiver daquele de intercâmbio, maior o grau de independência das partes e menor a colaboração entre elas. Ao nos deslocarmos paulatinamente na direção das sociedades, maior será o grau de estabilidade do vínculo e da colaboração.[42]

Retomando-se a qualificação das sociedades mercantis, permeada pelos seus três elementos essenciais, pode-se dizer que o contrato colaborativo ou relacional não societário apresenta em seu âmago os dois primeiros, *fim comum* e *contribuições dos participantes* da relação contratual.[43] Depreende-se, portanto, que os contratos colaborativos ou relacionais se bifurcam em societários ou não societários pela presença do *affectio societatis*, ou mais especificamente, pela identidade das áleas.

Nesse diapasão, os contratos colaborativos/relacionais societários se definem pela partilha, entre os sócios, das áleas da operação econômica (áleas comuns), enquanto nos contratos colaborativos/relacionais não societários as áleas suportadas pelas partes contratantes são interdependentes, se interpenetram, mas não são comuns.[44]

Para se exemplificar a distinção, Forgioni se ampara nos contratos de distribuição:[45]

> Claramente, as atividades e as áleas da fornecedora e da distribuidora são interdependentes: quanto maiores as vendas ao consumidor final, maiores os proveitos para ambas. No entanto, a fornecedora obtém seu lucro da alienação à distribuidora e esta, por sua vez, das vendas aos consumidores finais. Manter-se-ão apartados seus custos, fontes de receitas, patrimônios e obrigações. Ou seja, as atividades, as áleas, os lucros e os prejuízos de ambas são interdependentes, mas não comuns.

As demais características dos contratos relacionais afluem para os elementos do contrato colaborativo empresarial: tendem a

39. "Como se percebe, o elemento da colaboração, da reunião de esforços, sempre marcou as sociedades, bem assim a ideia de que os riscos, as áleas do empreendimento cabem e seriam suportados por todos os sócios" (Paula A. Forgioni, *Contratos Empresariais: Teoria Geral e Aplicação*, cit., p. 183).

40. Idem, ibidem, pp. 182-183.

41. Idem, ibidem, p. 200.

42. Idem, ibidem, p. 195.

43. Como vimos, tem-se nos contratos relacionais o senso de unidade dos interesses conjugados em torno de um objetivo comum, bem como o compartilhamento de ônus e benefícios da relação, advinda do caráter cooperativo do contrato, que por sua vez remonta às demais qualidades do negócio jurídico relacional (relação primária, confiança, longa duração, incompletude, solidariedade e interdependência).

44. Paula A. Forgioni, *Contratos Empresariais: Teoria Geral e Aplicação*, cit., p. 197.

45. Idem, ibidem, p. 194.

se estender no tempo, disciplinam questões futuras, na busca pelo balizamento da relação entre as partes, possuem postura cooperativa, dentre outros já mencionados.

A lógica cooperativa natural dos contratos colaborativos empresariais exsurge não apenas dos fatores relacionais macneilianos, mas também por circunstâncias estratégicas de atuação dos agentes no mercado. A interdependência entre os contratantes, explicada por Macneil por meio da especialização de papéis e solidariedade entre as partes, assume uma vertente pragmática quando aquela se mostra derivada da alta amonta de investimentos arcados pelas partes contratantes para a consecução do contrato relacional, os quais, em uma relação primária e intransferível, não poderão ser aproveitados para além da operação para a qual foram destinados.[46]

Do mesmo modo, dado o grau de especialização do mercado e a continuidade das relações contratuais, a cooperação muitas vezes se mostra, aos olhos do empreendedor, mais vantajosa em comparação ao comportamento oportunista. Não apenas porque a deslealdade fulminaria por completo a índole cooperativa, a confiança entre as partes contratantes e consequentemente possibilidade de cooperação futura, elementos essenciais para a sobrevivência nos novos moldes do mercado moderno,[47] mas também porque os próprios agentes do mercado policiam-se na medida do possível, de forma a retaliar o contratante desleal, denegrindo-lhe a imagem perante os seus iguais.[48]

Nos contratos de longa duração, as partes estão cientes de que o comportamento oportunista pode quebrar a confiança entre elas e, assim, gerar perdas futuras. Há uma "expectativa de reciprocidade" ou de 'interação contínua'. A cooperação é mantida porque cada empresa compara o ganho imediato do comportamento oportunista com as possíveis perdas causadas pela deslealdade. "(...) promessas quebradas no presente diminuirão a possibilidade de cooperação no futuro'. 'Assim, a interação incrementa as perspectivas de cooperação encorajando estratégias de reciprocidade". "(...) longos horizontes de tempo, interações frequentes e alta transparência comportamental" encorajam o bom comportamento recíproco.[49]

Ante o exposto, percebe-se que os elementos levantados durante a definição dos contratos empresariais de colaboração não destoam da discussão macneiliana sobre contratos relacionais, muito pelo contrário, há uma identidade de seus elementos caracterizadores. O ponto central da presente seção reside no delineamento preciso de dois polos extremos, os contratos de intercâmbio e de sociedade, para então se enxergar com mais clareza a posição e a própria existência dos contratos colaborativos: são eles modelos híbridos, fixados precisamente entre os dois extremos.

De fato, em qualquer ponto da linha categórica que se encontre além dos contratos de intercâmbio e aquém dos contratos de sociedade, têm-se o *híbrido* representado pelos contratos colaborativos. Resta saber, casuisticamente, quão cooperativa se mostra a relação contratual, quão próximo o contrato se encontra dos últimos degraus, os que precedem o modelo societário.

46. "(...) dependência recíproca derivada de investimentos específicos (idiossincráticos) e relevantes feitos por ambas as partes para a realização do contrato – e que não poderão ser alocados para outro negócio (*sunk costs*)" (Paula A. Forgioni, *Contratos Empresariais: Teoria Geral e Aplicação*, cit., p. 197).

47. Relembrando-se os paradigmas schumpeterianos e da especialização flexível.

48. "Assim, regras bem elaboradas, que criem um ambiente cooperativo, acabam sendo cumpridas e seu descumprimento é controlado e policiado pelos próprios participantes da relação. É exatamente em função desse autocumprimento de normas que é possível afirmar que, em presença de valores e instituições que permitam a cooperação, essa surge naturalmente" (Calixto Salomão Filho, "Breves acenos para uma análise estruturalista do contrato", *RDM* 141/13, cit.).

49. Robson Antonio Grassi, *Williamson e "formas híbridas": uma proposta de redefinição do debate*, p. 57, *apud* Paula A. Forgioni, *Contratos Empresariais: Teoria Geral e Aplicação*, cit., p. 198.

3.3 Conclusão conceitual: dos contratos associativos não societários

Em regra geral, a denominação *contratos ou negócios jurídicos associativos* são relacionados, pela doutrina, aos contratos de sociedade,[50] como associação de pessoas. Nada obstante, natural que a atual legislação de defesa da concorrência não esteja se referindo aos contratos associativos societários, dado que as operações envolvendo sociedades de pessoas estão previstas nos demais incisos do art. 90 da Lei 12.529/2011.

Nesse sentido, e em consonância com a natureza gradual do caráter associativo/relacional dos contratos, basta delimitar o objeto de discussão aos contratos associativos não societários, conforme revisitado acima.

Frente à atual redação das regras de defesa de concorrência, a doutrina brasileira já intentou desde cedo delinear minimamente a definição do termo, apresentando-se inclusive como um dos primeiros embasamentos teóricos utilizados pelo Conselho:

> Negócios Jurídicos mediante os quais duas ou mais empresas, sem constituir consórcio formal nos termos do art. 278 da Lei Societária, associam-se para realizar o empreendimento acordado, normalmente atividade empresarial que visa ao lucro. Não perdem a autonomia dos centros decisórios, mas têm sua liberdade limitada na medida em que se vinculam para a consecução de escopo comum.[51]

No cenário internacional, muito já se foi discutido sobre o assunto, nas mais variadas percepções. Neste passo, vale ressaltar importantes ensinamentos de um dos mais conceituados contratualistas:

> Os contratos do gênero do último indicado definem-se como contratos associativos, e contrapõem-se aos contratos de troca (ou sinalagmáticos, ou de prestação correspectiva), nos quais aquilo que uma parte dá ou promete à outra parte encontra a sua contrapartida imediata e definitiva naquilo que a outra parte lhe dá ou lhe promete a si, esgotando assim a sua função na troca recíproca de bens ou de serviços; também nos contratos associativos, as partes obrigam-se umas em relação às outras, mas os deveres e as atribuições de cada uma surgem em razão do escopo comum em função da organização comum que assim geralmente se cria com características de relativa estabilidade e duração.[52]

Nesse diapasão, basta delimitar o caráter não societário do contrato objeto de análise para se concluir que os *contratos associativos não societários* se amoldam com extrema identidade aos contratos relacionais ou de colaboração empresarial.[53]

Pouco ou nada se altera no enquadramento esculpido até o momento: os *contratos associativos não societários* se qualificam como (i) *negócios jurídicos* (ii) *bi ou plurilaterais*, marcados por (iii) *relações primárias* (iv) *de longa duração* e (v) *interdependentes* pela especialização de papéis dos participantes, cuja (vi) imprevisibilidade e *incompletude* inerente à prostração no tempo exigem um (vii) *caráter cooperativo* essencial para a manutenção da relação contratual durante a persecução do (viii) *interesse comum*, havendo, por fim, um compartilhamento de ônus e benefícios da operação econômica, o que se traduz em (ix) áleas interdependentes, mas (x) *não comuns*[54] entre os contratantes.

Resta saber se o Conselho Administrativo de Defesa Econômica/CADE mantém interpretação condizente com o conceito

50. Cf. Ferro-Luzzi, *Il Contratti Associativi*; Tullio Ascarelli, *O Contrato Plurilateral*; Anna Luiza Duarte Maiello, *Aspectos Fundamentais do Negócio Jurídico Associativo*.

51. Paula A. Forgioni, *Os Fundamentos do Antitruste*, 5ª ed., São Paulo, Ed. RT, 2012, p. 397.

52. Enzo Roppo, *O Contrato*, Almedina, 2009, p. 83.

53. Forgioni chega mesmo a se utilizar dos termos como sinônimos (Paula A. Forgioni, *Contratos Empresariais: Teoria Geral e Aplicação*, cit., pp. 195-196).

54. Este último elemento é o definidor do caráter societário do contrato associativo. Em não havendo identidade das áleas, não há *affectio societatis*.

insculpido na atual Lei de Defesa da Concorrência.

4. Da análise jurisprudencial do Conselho Administrativo de Defesa Econômica

Pela análise de suas recentes decisões, percebe-se que o Conselho Administrativo de Defesa Econômica/CADE tem constantemente se deparado com questionamentos acerca do efetivo alcance do inciso IV do art. 90 da atual Lei Federal 12.529/2011. Muitas são as decisões que pouco aprofundaram a definição do termo "contrato associativo", cunhado pela legislação ora vigente, mas, por outro lado, algumas delas foram definitivamente essenciais para se delinear o entendimento desposado pelo Conselho sobre o tema.

A discussão encerra-se, via de regra, na análise do conhecimento ou não conhecimento da operação, dado que, tratando-se de pressuposto de admissibilidade que antecede o julgamento de mérito, a própria subsunção do contrato à hipótese prevista no inciso IV do art. 90 da atual Lei Antitruste define não apenas quais os contratos que devem ser notificados para análise prévia, mas precipuamente quais deles teriam cunho associativo, sob a perspectiva do Conselho.

A ampla maioria dos contratos discutidos pelo Conselho tem como escopo o fornecimento de produtos/insumos ou o licenciamento de tecnologia. Não só, os mais relevantes entendimentos desposados pelo Conselho foram consolidados em análises de ato de concentração envolvendo licenciamento de biotecnologia, precipuamente os processos (i) ns. 08012.002870/2012-38,08012.006706/2012-08,08012.003898/2012-34 e 08012.003937/2012-01, todos julgados concomitantemente, e (ii) processo n. 08700.004957/2013-72, motivo pelo qual serão analisados mais detidamente em outro subitem.

Antes de se adentrar o mérito propriamente dito, apresenta-se abaixo um histórico dos contratos apresentados e analisados pelo Conselho, sublinhando-se os comentários pertinentes ao tema.

4.1 Dos contratos conhecidos pelo CADE

Dos contratos analisados e conhecidos pelo Conselho, a ampla maioria foi amparada por decisões lacônicas que se limitaram a fundamentar o conhecimento da operação com base nos critérios de faturamento das partes envolvidas, seja durante a vigência da antiga Lei 8.884/1994, respaldado em seu art. 54, § 3º, ou após a promulgação do novo critério insculpido nos incisos I e II do art. 88 da Lei Federal 12.529/2011.

Não só as operações foram conhecidas sem contar com análise mais aprofundada, como também foram, em sua ampla maioria, aprovadas sem restrições pelo Conselho.

Um quadro sintético do histórico de conhecimento de operações envolvendo contratos associativos pode ser construído do seguinte modo, excluindo-se propositadamente os processos que serão mais detidamente analisados no item 4.3 abaixo:

Processo	**Contrato**	**Conhecimento**	**Aprovação**
08012.006367/2009-56	Fornecimento	Faturamento	sem restrições
08012.009264/2011-62	Fornecimento	Faturamento	sem restrições
08012.008566/2011-13	Copromoção	Faturamento	sem restrições
08012.004404/2011-14	Locação	Faturamento	sem restrições

Processo	Contrato	Conhecimento	Aprovação
08700.004047/2012-17	Fornecimento	Faturamento	sem restrições
0801206539/2012-97	Fornecimento	Faturamento	sem restrições
08700.004202/2012-97	Industrialização	Faturamento	sem restrições
08012.000563/2012-12	Arrendamento	Faturamento	sem restrições
08012.005575/2012-33	Distribuição	Faturamento	restrições[55]
08012.001302/2012-10	Distribuição	Faturamento	sem restrições
08700.008736/2012-92	Parceria	Caráter Associativo	n/a
08700.010858/2012-49	Cooperação	Faturamento	sem restrições

Dos processos acima listados, com exceção de dois abaixo destacados, cujo teor apresenta comentários de relevância para a presente discussão, todos os demais se limitaram a aplicar o critério de faturamento para o conhecimento da operação.

Primeiramente, importa notar que o voto do Conselheiro Carlos Emmanuel Joppert Ragazzo nos autos do Ato de Concentração n. 08012.006367/2009-56 já sublinhava a construção de entendimento jurisprudencial desposado pelo Conselho àquela época, qual seja,

> do conhecimento da operação que tratar de contrato de fornecimento, desde que apresentem riscos à concorrência, ou seja, que envolvam, por exemplo, direito de uso de ativos relevantes, contenham cláusulas de exclusividade quanto ao uso desses ativos, o que dependerá ainda de seu prazo, da estrutura de mercado em que o contrato é firmado, do poder de mercado exercido pelos agentes envolvidos etc.

Ademais, em seu parecer n. 394/2012 exarado nos autos do ato de concentração n. 08700.008736/2012-92, o ProCADE não se limitou a aplicar os critérios de faturamento presentes nos incisos I e II do art. 88 da Lei Antitruste, mas examinou efetivamente, ainda que de maneira superficial, "se o negócio jurídico a ser celebrado entre elas se enquadraria em um dos tipos de atos de concentração enumerados no art. 90", referindo-se precipuamente ao inciso IV do mesmo dispositivo legal.

Ao reconhecer a ausência de definição legal da expressão *contratos associativos*, a Procuradoria Federal Especializada se respaldou em breve conceituação doutrinária[56] para então reconhecer a preocupação antitruste para com negócios jurídicos que refletem o "estabelecimento de uma relação entre empresas, que não obstante possam manter sua autonomia jurídica e econômica, irão, em conjunto, desenvolver uma atividade econômica",[57] nas seguintes palavras:

> Deve-se reconhecer que essas associações entre empresas, voltadas para o desenvolvimento de uma atividade econômica, são aptas a alterar as condições de mercado e, nessa medida, devem ser objeto da preocupação antitruste, tendo em vista que proporcionam, em regra, o compartilhamento de informações e/ou de infraestrutura, que pode terminar por alterar o comportamento das partes no mercado de

55. Aprovação condicionada à adequação da cláusula de não concorrência.

56. Paula A. Forgioni, *Os Fundamentos do Antitruste*, 5ª ed., cit., p. 397.

57. Parecer n. 394/2012, ProCADE, Ato de Concentração n. 08700.008736/2012-92.

atuação ou interferir no relacionamento das partes com terceiros tais como clientes, concorrentes, fornecedores. Portanto, mesmo não envolvendo aquisição de participação societária, o contrato associativo, em tese, pode propiciar o abuso do poder econômico dos seus figurantes e, portanto, deve ser submetido à prévia análise do CADE, uma vez preenchidos os critérios dos incisos I e II do art. 88.

Nesse cenário, ao menos no que tange aos contratos acima listados, nada ou muito pouco foi debatido sobre a qualificação de um contrato como associativo, ao teor da Lei Antitruste brasileira.

4.2 Dos contratos não conhecidos pelo CADE

Percebe-se, portanto, que os contratos potencialmente associativos foram, em regra, conhecidos pelo Conselho, ainda que ausentes cláusulas potencialmente restritivas, como cláusulas de exclusividade[58] ou de transferência de ativos, embasando-se o conhecimento da operação unicamente pelos critérios de faturamento presentes no § 3º, inciso 54 da antiga Lei 8.884/1994 e incisos I e II do art. 88 da Lei Antitruste.

Ocorre que a discussão mais aprofundada sobre o conhecimento da operação envolvendo contratos e, consequentemente, sobre a subsunção de certos contratos à hipótese associativa prevista pela legislação, não deixou de se fazer presente, ainda que tangencialmente.

Em 2005, embora prevalecendo posição divergente, o Conselheiro Relator do Ato de Concentração n. 08012.011058/2005-74, Paulo Furquim, salientou a necessidade de mudanças substanciais no controle de ativos relevantes à concorrência ou de restrições verticais relevantes à concorrência, como transferência de direitos de uso de ativos ou cláusulas de exclusividade, para que um contrato de fornecimento se qualifique como ato de concentração.[59]

Em 2007, o Conselho novamente apreciou a necessidade de notificação de contrato de fornecimento celebrado entre concorrentes, opinando pelo não conhecimento de contratos cujo teor não previa cláusulas de exclusividade, dado que, ausentes estas, o negócio jurídico não engendraria cooperação entre as partes, tampouco concentração econômica.[60]

Note-se que, no caso acima, o Conselheiro Relator teceu considerações sobre a regulamentação no cenário internacional,

58. A cláusula de venda/fornecimento de volume mínimo foi equiparada à cláusula de exclusividade pelo Conselho. Voto vogal Fernando de Magalhães Furlan, n. 08700.003674/2007-65.

59. "Note-se que é admissível que um contrato de fornecimento possa ser qualificado como um ato de concentração, se dele decorrem mudanças substanciais no controle de ativos relevantes à concorrência, bem como nos incentivos para o seu uso. (...) Se em um contrato de fornecimento for acompanhado de restrições verticais relevantes à concorrência – como, por exemplo, a transferência de direito de uso de ativos relevantes ou cláusulas de exclusividade que restringem o direito de decisão sobre o uso desses ativos – tal contrato pode constituir um ato que tenha o efeito de 'limitar ou de qualquer forma prejudicar a livre concorrência', sendo, portanto, de notificação obrigatória" (Voto Conselheiro Relator Paulo Furquim, Ato de Concentração n. 08012.011058/2005-74).

60. "Contratos de fornecimento não se enquadram na definição doutrinária de cooperação econômica, porém. A relação contratual – e não concentração – entre concorrentes, mais adequada a casuística, não gera, *a priori*, preocupação quanto aos incentivos à colusão da operação. (...) Contratos de fornecimento celebrados entre concorrentes e que não estejam onerados por cláusulas de exclusividade não são de submissão obrigatória porquanto, ao não ensejarem riscos à ordem econômica, em especial pelo fechamento de mercados (*foreclosure*), não se enquadram no *caput* do art. 54 da Lei 8.884/1994. Não obstante, ao materializarem relações implementadas no curso ordinário dos negócios, mantendo intacta a unicidade das partes, e por não constituírem, *per se*, instrumento ou incentivo à colusão, afastam-se, igualmente, da definição de atos de concentração, não se subsumindo na hipótese prevista no art. 54, § 3º da Lei Concorrencial" (Voto Conselheiro Relator Luiz Carlos Delorme Prado, Ato de Concentração n. 08700.003674/2007-65).

tomando como base precipuamente o sistema regulatório dos Estados Unidos e da União Europeia:

> De acordo com legislação em vigor nos Estados Unidos, o caso em pauta se subsumiria ao item (c) (1) do Hart-Scott-Rodino Antitrust Improvements Act de 1976 ('HSR') ou ao 16 CFR, § 802.1(c), (1) e (3), que trata da isenção de notificação em casos de aquisição de bens e mercadorias no curso normal dos negócios. Antes, o paradigmático sistema norte-americano prescinde da notificação em casos nos quais não haja significativa troca de ativos entre os agentes. O HSR demanda que seja dada ciência aos órgãos da concorrência apenas em casos de fusões e aquisições. Nesse mesmo sentido se apresenta o entendimento habitualmente externado pelo Premerger Notification Office ('PNO') da Federal Trade Commision ('FTC') em suas respostas informais.
>
> O tratamento dispensado a acordos dessa natureza não é unânime na jurisprudência comparada. Richard Whish, em seu *Competition Law*, alerta que, de acordo com os regramentos da União Europeia, acordos verticais entre concorrentes devem ser analisados sob as Guidelines on Vertical Restraints, Regulation 2790/99 e Horizontal Guidelines. Ou seja, seus efeitos devem ser estudados seja sob a ótica das concentrações horizontais, seja sob o prisma das restrições verticais. Observo, ainda, que, nos termos da Commission Regulation (EC) n. 2790/1999 de 22.12.1999, acordos verticais entre dois entes não concorrentes não seriam considerados práticas anticoncorrenciais.
>
> Os acordos verticais entre concorrentes, por sua vez, encontram-se disciplinados pelo artigo 2(4) desse mesmo instrumento legal, devidamente elucidado pelas Guidelines on Vertical Restraints do órgão concorrencial europeu.[61]

Embora se tenha decidido pelo não conhecimento da operação, a decisão do Conselho não foi obtida por unanimidade, muito pelo contrário. Pelo não conhecimento, votaram o Conselheiro Relator Luiz Carlos Delorme Prado, seguido pelo Conselheiro Paulo Furquim de Azevedo.[62] Por outro lado, os Conselheiros Ricardo Villas Bôas Cueva[63]

61. Voto Conselheiro Relator Luiz Carlos Delorme Prado, Ato de Concentração n. 08700.003674/2007-65.

62. Em consonância com seu entendimento já desposado em outra oportunidade, o Conselheiro Paulo Furquim de Azevedo asseverou que apenas seria "admissível que um contrato de fornecimento possa ser qualificado como um ato de concentração, se dele decorrem mudanças substanciais no controle de ativos relevantes à concorrência, bem como nos incentivos para o seu uso. (...) Se em um contrato de fornecimento for acompanhado de restrições verticais relevantes à concorrência – como, por exemplo, a transferência de direito de uso de ativos relevantes ou cláusulas de exclusividade que restringem o direito de decisão sobre o uso desses ativos – tal contrato pode constituir um ato que tenha o efeito de limitar ou de qualquer forma prejudicar a livre concorrência, sendo, portanto, de notificação obrigatória. Tampouco poderia o contrato de fornecimento, enquanto transferência de produtos e serviços que não comprometam o controle sobre o uso concorrencial de ativos, implicar potencial lesivo à concorrência, mesmo se for estabelecido entre empresas concorrentes em mercados cuja estrutura de mercado seja propícia à concorrência de condutas anticompetitivas. A conduta potencialmente prejudicial à concorrência não é a venda, algo esperado e desejado no exercício da atividade produtiva, mas a recusa de venda, que pode ter a finalidade de fechamento de mercado ou, mais genericamente, elevação do custo de rivais. Nesse sentido, o contrato de fornecimento é a evidência de não-recusa de venda, esta sim uma possível conduta anticompetitiva. A não-venda é o problema estrutural que pode ser derivado de um contrato de fornecimento com exclusividade, que, conforme já afirmado, transfere o direito de excluir concorrentes do acesso aos frutos do conjunto de ativos sobre o qual incide a exclusividade. Não é, portanto, a sua natureza de fornecimento que confere potencial lesivo a este tipo de contrato, mas o fato de afetar estruturalmente direitos concorrencialmente relevantes sobre ativos, com o direito de recusar venda".

63. O Conselheiro Ricardo Villas Bôas Cueva salientou que "a potencial lesividade do contrato de fornecimento só pode ser determinada após a análise do conteúdo do contrato, pois não há dúvida de que o *caput* do art. 54, redigido de maneira propositalmente vaga pelo legislador, exige que o aplicador do direito emita um juízo sobre a potencial lesividade da operação previamente a seu conhecimento. Esse juízo é necessariamente casuístico, formulado caso a caso de acordo com as características do ato notificado, já que é impossível estabelecer uma tipologia cerrada de todos os atos que não possam a priori limitar ou prejudicar a concorrência ou resultar na dominação de mercados relevantes. Mais: esse juízo é prévio, mas não apriorístico, pois não se baseia em categorias abstratas, mas, ao revés, nas peculiaridades do caso".

e Fernando de Magalhães Furlan[64] votaram pela notificação obrigatória e conhecimento da operação, opinando pela necessidade de análise prévia e casuística do potencial de lesividade do contrato.

Ato contínuo, em 2008, o Conselho se posicionou unanimemente pela incompatibilidade entre o contrato de fornecimento e o conceito de concentração econômica.[65]

A partir de 2010, o Conselho prolatou importantes decisões, todas direcionadas à consolidação de seu entendimento jurisprudencial acerca dos critérios para o conhecimento de operações envolvendo contratos de fornecimento. A primeira delas nos autos do Ato de Concentração n. 08012.000182/2010-71, o Presidente Arthur Sanchez Badin levantou o histórico do posicionamento do Conselho sobre o assunto, para então concluir que (i) a grande maioria dos casos notificados envolvendo contratos de fornecimento são conhecidos e aprovados sem restrições, após trâmite pelo procedimento sumário, sendo que (ii) os poucos casos em que se entendeu pela aprovação com restrições, esta se deu tão somente em razão da inserção de cláusula de exclusividade no contrato.

Diante de tal cenário, delinearam-se os critérios objetivos para o exame prévio de admissibilidade da operação:

> A análise dos casos acima demonstra que contratos de fornecimento que (a) não impliquem transferência de direitos sobre ativos concorrencialmente relevantes, (b) não contenham cláusulas de exclusividade ou equivalentes de qualquer natureza capazes de restringir o direito de decisão sobre os ativos (produtos e serviços), (c) tenham prazo de vigência inferior a cinco anos (consideradas eventuais prorrogações), (d) contemplem a possibilidade de rescisão imediata sem ônus à parte requerente, (e) não representem a negociação de um volume de produtos superior ao percentual estabelecido no art. 54, § 3º, da lei n. 8.884/94, prescindem de notificação ao SBDC por não serem capazes de limitar ou prejudicar a livre concorrência ou deles resultar a dominação de bens e serviços.[66]

O entendimento acima desposado, incluindo a expressa menção dos critérios estabelecidos para o não conhecimento do contrato de fornecimento, foi repetido pelo Conselho nos Atos de Concentração ns. 08012.005367/2010-72, 08012.006493/2010-44 e 08012.003274/2012-75.

Importa notar que os critérios acima elencados se referem ao exame de admissibilidade da operação para controle preventivo. Nas palavras do Presidente Arthur Sanchez Badin, "nada impede, contudo, que tais atos sejam submetidos ao controle repressivo, desde que caracterizadas as hipóteses previstas nos arts. 20-21 da Lei 8.884/94".

4.3 Do posicionamento do CADE sobre contratos de licenciamento de biotecnologia

Uma das mais relevantes discussões travadas pelo Conselho sobre o tema se deu nos autos dos ACs ns. 08012.002870/2012-38, 08012.006706/2012-08, 08700.003898/2012-34 e 08700.003937/2012-01, todos julgados conjuntamente pelo CADE, envolvendo operações relacionadas a contratos de

64. O Conselheiro asseverou que "os precedentes existentes não nos permitem concluir que o CADE considere pacificamente que contratos de fornecimento sem exclusividade não produzam efeitos anticompetitivos. (...) note-se que não é de todo inverossímil a possibilidade de, apesar de não exclusivo, um contrato de fornecimento poder dar margem ao abastecimento de volumes mínimos, gerando efeitos análogos aos da exclusividade".

65. Nas palavras do Conselheiro Relator Olavo Chinaglia, nos autos do Ato de Concentração n. 08012.010018.2008-58, "a operação em tela não é capaz de provocar qualquer dano ao ambiente competitivo, uma vez que não há transferência, compartilhamento, ou cessão de ativos tangíveis ou intangíveis a qualquer título, tampouco exsurge do avençado qualquer óbice contratual à livre negociação".

66. Voto do Presidente Arthur Sanchez Badin, Ato de Concentração n. 08012.000182/2010-71.

licenciamento celebrados entre a Monsanto e a Syngenta, a Don Mario, a Nidera e a Coodetec.

Iniciando-se a análise da operação, o Conselheiro Marcos Paulo Veríssimo opinou pelo seu não conhecimento, seguido de imediato pelo voto do Conselheiro Alessandro Octaviani Luis, em sentido contrário. Ato contínuo, a Conselheira Ana Frazão emitiu voto paradigmático, de lucidez incontestável, opinando pelo não conhecimento da operação, seguido pelo voto do Conselheiro Elvino de Carvalho de Mendonça, também em sentido contrário. Nesse cenário de irresolução, o Conselheiro Eduardo Pontual Ribeiro emitiu cuidadoso voto,[67] direcionando finalmente a decisão do Conselho ao conhecimento da operação, inclusive com a retificação de voto da Conselheira Ana Frazão.[68]

Por tratar-se de votos de maior proximidade com o quanto discutido no presente artigo, limitar-se-á a exposição de considerações aos Conselheiros Marcos Paulo Veríssimo, Alessandro Octaviani, Elvino de Carvalho Mendonça e, precipuamente, com especial atenção, ao voto da Conselheira Ana Frazão, a seguir detalhados.

4.3.1 Do voto do conselheiro Alessandro Octaviani (pelo conhecimento)

Relator dos autos do AC n. 08012.006706/2012-08, o Conselheiro Alessandro Octaviani votou cautelosamente pelo conhecimento da operação, com o intuito de zelar pelas estruturas concorrenciais do mercado.

Considerando a assimetria de informação existente entre os agentes do mercado e a autoridade reguladora, sustentou que o Conselho deveria se pautar por uma postura de humildade cognitiva, ressaltando que as hipóteses de não conhecimento de operações ou setores inteiros deveriam ser excepcionais, em consonância com a legislação, cujo teor outorgou enorme amplitude à competência do Conselho.

Em linhas gerais, delinearam-se então alguns critérios para o conhecimento de operações envolvendo contratos de licenciamento de tecnologia.[69] Não só, e ainda mais importante, o Relator foi além, contribuindo com diretrizes para a segurança jurídica do modelo regulatório.[70]

67. Voto este que acompanhou, em suas premissas, os votos dos Conselheiros Marcos Paulo Veríssimo e Ana Frazão, distanciando-lhes apenas em sua análise do caso concreto propriamente dito: nas contratações analisadas, o Conselheiro enxergou poder de influência e ingerência da licenciante sobre as atividades da licenciada, bem como restrições à atuação concorrencial independente das licenciadas, além da estruturação de empreendimento em comum, por meio de mecanismos de compensação e incentivos, o que extrapolaria em muito o que seria esperado de um contrato comutativo.

68. Que pouco ou nada alterou em seus pressupostos teóricos fundamentados no voto.

69. Em suas palavras: "(i) Dever primeiro da administração antitruste: proteger as condições de concorrência; (ii) Fronteiras do acúmulo de conhecimento e de capital trazem assimetria de informação praticamente intransponível e constantemente móvel entre os conglomerados multinacionais e as autoridades antitruste; (iii) Hipóteses de não-conhecimento em bloco podem ser verdadeiros 'cheques em branco', demandando ônus argumentativo muito maior, fundado em estatísticas consolidadas e estáveis, sobre a trajetória tecnológica e seus padrões de formação de estruturas; (iv) Dominação empresarial *ab extra*, sem participação de capital de uma empresa em outra, podem ser ainda mais intensas nos setores de altíssima tecnologia; (v) Sem tais conjuntos de dados plenamente presentes, o dever da administração é proteger as condições de concorrência, optando, portanto, pelo não conhecimento das operações; (vi) Argumento de escassez de recursos da Administração, necessidade de cálculos com base estatística consolidada sobre a diminuição do bem-estar do consumidor com as opções do não-conhecimento e conhecimento".

70. Em suas palavras: "(i) Se a Lei não trouxe exceções de maneira expressa, quaisquer atos que possam ocasionar, sob quaisquer formas, concentrações, *devem ser submetidos*, respeitados os critérios de subsunção legais e gerais; (ii) *Decisões pelo não-conhecimento são a exceção*, jamais a regra, dada a assimetria de informações entre o mercado e a autoridade; (iii) A autoridade deve se pautar pela postura de '*humildade cognitiva*', assumindo que não sabe, e não pressupondo que sabe; (iv) 'cheques em branco em bloco' para *setores não estão contidos na Lei de Defesa da Concorrência*, ainda que haja 'não-exclusividade'; (v) *Setores de alta*

4.3.2 Do voto do conselheiro Elvino de Carvalho Mendonça (pelo conhecimento)

Acompanhando o entendimento do Conselheiro Relator Alessandro Octaviani, o Conselheiro Elvino Mendonça teceu considerações sobre modalidade de controle externo, já discutido pelo relator (controle empresarial *ab extra*[71]), decorrente da própria tecnologia licenciada, e que pode gerar uma relação de dependência entre Licenciante e Licenciada.

Destacou, ao final, que, existindo possibilidade de o ato entre as partes prejudicar a livre concorrência ou limitá-la,[72] operações envolvendo contratos de licenciamento deverão ser notificadas ao SBDC.

4.3.3 Do voto do conselheiro Marcos Paulo Veríssimo (pelo não conhecimento)

Após detido levantamento do histórico de entendimentos do Conselho envolvendo contratos de licenciamento,[73] o Conselheiro Marcos Paulo Veríssimo, Relator do AC n. 08012.002870/2012-38, concluiu pelo não conhecimento de ato de concentração que (i) tiver como objeto tão somente o licenciamento de patente/tecnologia; (ii) não prever empreendimentos em comum ou forma de atuação em conjunto; (iii) não implicar troca ou rearranjo de participação societária entre as partes ou entre estas e terceiras empresas; (iv) nem tampouco prever cláusula de exclusividade ou que de qualquer modo influencie a atuação concorrencial independente de ambas as partes.

tecnologia são especialmente mais sensíveis (ainda que haja 'não-exclusividade'), pois neles a assimetria de informação sobre as estruturas se acentua e, logo, decisões pelo não conhecimento devem ser objeto de um ônus argumentativo muito maior; (vi) Esse *elevadíssimo ônus argumentativo* deve incorporar, no mínimo, uma detalhada descrição e domínio das trajetórias tecnológicas, em seus aspectos explícitos e tácitos, uma estabilizada base de dados sobre as estruturas, que inclua comportamentos econômicos, jurídicos e sociais, e seus efeitos sobre o ambiente concorrencial, os concorrentes, demais atores da cadeia produtiva e os consumidores; (vii) Mesmo com tal ônus argumentativo, *havendo algum grau de dúvida, a missão da autoridade antitruste sempre será conhecer*, e, depois, decidir, pois sua finalidade precípua é a proteção das condições de concorrência, sendo a indicação de padrões de segurança às empresas sobre critérios de submissão (ou 'sinalizar ao mercado com um pouco mais de clareza') um valor instrumental a tal fim, jamais podendo haver disfunção entre meios e fins; e (viii) Se houver *outros eixos normativos que buscam o conhecimento* sobre setores e trajetórias tecnológicas, a decisão administrativa deve buscar a harmonização, como é óbvio, dos dois comandos normativos, optando-se *pelo conhecimento das operações*".

71. "Existe um controle *ab extra*, sem participação de capital de uma empresa em outra e sem que o representante da dominante tenha algum assento em algum órgão da empresa subordinada. É o fenômeno chamado controle externo. (...) Além desses tipos de contratos nominados (...) também admite-se que qualquer outro contrato possa gerar situação de dependência – controle, característica do grupo de subordinação. Os exemplos dados são financiamento bancário e o contrato de fornecimento" (trecho retirado da obra: "Grupo societário fundado em controle e abuso de poder do controlador", in *Direito Empresarial*, pp. 270-291, São Paulo, Saraiva, 1995).

72. Em suas palavras, "independente de haver exclusividade no relacionamento entre as licenciadas e a Monsanto, a natureza da tecnologia licenciada une as envolvidas de forma quase que direta. Sendo assim, a meu juízo, os contratos de licenciamento ofertados pela Monsanto exercem algum tipo de controle externo sobre as licenciadas".

73. Em suas palavras, destaca que "(i) não há ainda uma 'jurisprudência consolidada' do CADE em relação ao conhecimento de contratos de licenciamento não exclusivos de patente, (ii) a maioria dos casos que foram conhecidos foi analisada (em especial recentemente) pelo rito sumário; (iii) em grande parte dos casos se reconhece o caráter pró-competitivo, especialmente por possibilitarem o compartilhamento de tecnologia patenteada e especialmente quando não há cláusulas de exclusividade envolvidas; (iv) as restrições impostas às operações que foram conhecidas disseram respeito basicamente à alteração de cláusulas contratuais que estabeleciam algum tipo de exclusividade ou não concorrência entre as partes; (v) o único risco à concorrência apontado em tais precedentes disse respeito, justamente, a um potencial fechamento de mercado decorrente de uma eventual exclusividade; (vi) apesar das decisões proferias pelo Plenário no sentido do não conhecimento, algumas operações foram conhecidas; e (vii) as operações não conhecidas envolviam todas contratos de licenciamento não exclusivos".

Isto porque, nas palavras do Conselheiro, atos desta modalidade não devem ser objeto de exame em sede de controle preventivo, não apenas por motivos legais, mas também por razões de ordem pragmática e de *política de enforcement* do direito concorrencial.

Em linhas gerais, do ponto de vista legal, ressaltou que os contratos de licenciamento sem exclusividade não teriam o condão de produzir concentração econômica. Em palavras claras, o Conselheiro elucidativamente expõe a sua linha de raciocínio:

> O ponto, contudo, não é este; não está em saber se um arranjo contratual qualquer *pode*, em certas circunstâncias, ter efeito econômico igual ao de uma concentração econômica. Está, ao revés, em saber se todo arranjo contratual implica, necessariamente, esse resultado. A resposta, a meu ver, é claramente negativa (...).
>
> (...) Isso não significa, por óbvio, que tais contratos estejam sujeitos a isenção antitruste. Muito pelo contrário. Significa, apenas, que não estão submetidos ao regime específico do exame *ex ante* de *concentrações empresariais* e que sua análise, quando for o caso, se dará *ex post*, em sede de controle de condutas.[74]

Nesse passo, importa notar que o Conselheiro Marcos Paulo Veríssimo identifica o contrato associativo como

> aquele que possui o condão de originar associação substantiva com viés de integração vertical ou concentração horizontal, geralmente envolvendo cláusulas de exclusividade e/ou não concorrência, ou a aquisição de ativo intangível suficientemente relevante para que se altere a independência concorrencial das partes envolvidas na contratação.[75]

Quanto à *política de enforcement* do direito concorrencial, sustenta que haveria um obstáculo à autoridade para se antever as possibilidades de abuso decorrentes de um contrato anteriormente à sua efetiva execução pelas partes, motivo pelo qual o *enforcement* das regras concorrenciais estaria muito mais relacionado ao controle repressivo (controle *ex post* de condutas) do que ao controle preventivo (controle *ex ante* de estruturas de mercado). Inclusive, o Conselheiro se atenta para o risco de o controle preventivo ser estrategicamente utilizado para se obter aval do Conselho para a celebração de contratos que em seu teor poderiam ser avalizados, mas que em sua execução, se revelem anticompetitivos, especialmente em se tratando de contratos de trato continuado.

Por fim, no que tange ao viés pragmático, a fundamentação pelo não conhecimento da operação se relaciona à impossibilidade fática, pela limitação inerente ao aparato estatal, de se analisar e autorizar um número desconhecido de novas contratações, que tampouco ensejarão preocupações concorrenciais ou mesmo que, ainda que ensejem, envolverão "preocupações de um tipo que o Conselho não conseguirá lidar em sede de análise preventiva".[76]

4.3.4 Da paradigmática análise da conselheira Ana Frazão (pelo não conhecimento)

De modelar lucidez, o voto da Conselheira Ana Frazão buscou responder questões essenciais, ainda não formuladas até o momento.[77] Preocupada com a amplitude da redação concedida à Legislação de Defesa da Concorrência, a Conselheira buscou definir

74. Voto do Conselheiro Marcos Paulo Veríssimo, Relator do AC n. 08012.002870/2012-38.

75. Idem, ibidem.

76. Idem, ibidem.

77. Algumas detalhadas a seguir:

(i) Se considerarmos ato de concentração qualquer contrato que possa levar a situações de controle externo, influência relevante ou dependência econômica, quais são os desdobramentos desta premissa sobre os demais contratos empresariais de longa duração?

(ii) Se considerarmos que o contrato de licença de patentes é um ato de concentração, não deveríamos considerar da mesma maneira todos os contratos empresariais de longa duração, especialmente aqueles que apresentam elementos associativos muito mais fortes, tais como os de mandato, representação, comissão mercantil, agência,

com maior precisão os conceitos utilizados pela Lei 12.529/2011, nomeadamente o de ato de concentração e de contratos associativos propriamente ditos, "sob pena de se poder considerar com tal qualquer contrato ou operação realizada por empresa que apresentasse, à época, faturamento bruto anual no último balanço equivalente a 400 milhões de reais".[78]

Ao admitir a existência de contratos que poderiam gerar preocupações anticoncorrenciais,[79] a Conselheira primeiramente ressalta que os contratos de licenciamento de patentes não se enquadrariam na modalidade de atos de concentração, dado seus efeitos pró-competitivos e geradores de eficiências econômicas relacionadas à sua natureza de bens intangíveis e consequentes direitos negativos:

> Em primeiro lugar, é importante esclarecer que o contrato de licença sem exclusividade não envolve, obviamente, aquisição de ativos (...).
>
> Como é de saber comum, a propriedade intelectual, em razão da sua ubiquidade, não gera para o seu titular nenhum direito positivo. Tanto o titular pode usufruir do seu direito sem precisar de ninguém, como terceiros podem fazê-lo sem cercear a fruição pelo titular. Por isso, tais direitos são essencialmente negativos, na medida em que atribuem ao titular a faculdade de impedir que terceiros deles se utilizem.
>
> (...) Não havendo exclusividade, tem-se que o ativo não é propriamente transferido; o que se transfere é tão somente o seu uso, que se acumula com o do licenciante e com o de outros licenciados.
>
> É por essa razão que tais contratos são vistos, em princípio, como pró-competitivos e geradores de eficiências econômicas, embora não se questione que, principalmente quando combinados a outros contratos, podem ter sérios efeitos anticompetitivos.
>
> Todavia, é forçoso convir em que o eventual risco de produção de efeitos anticompetitivos não faz com que tais contratos possam ser considerados, por essa única razão, como atos de concentração.
>
> Com efeito, o risco de produção de efeitos competitivos pode ser, por si só, elemento justificador do controle de condutas, mas não do controle de estrutura, o qual está sujeito a filtros importante – como o faturamento de empresas envolvidas – e a pressuposto básico: a existência de um ato de concentração que, exatamente por isso, possa afetar a estrutura do mercado.[80]

Tecidas as considerações concernentes aos contratos de licenciamento de patentes em particular, a Conselheira passa a ponderar a definição de contratos associativos, a partir de uma análise comparativa com as figuras dos consórcios e das *joint ventures*.

Utilizando-se da dicotomia empresa-mercado proposta por Ronald Coase,[81] a Conselheira ressalta que os contratos de consórcio, as *joint ventures* e os contratos

distribuição e franquia, os quais apresentam igualmente riscos à concorrência?

(iii) Se considerarmos que é a possibilidade de controle externo o critério para definir o ato de concentração, não estamos admitindo que todos os contratos celebrados por agentes detentores de poder econômico devem ser notificados ao CADE, incluindo aí até contratos tipicamente comutativos, tais como os de fornecimento e empréstimo, dentre outros?

78. Voto da Conselheira Ana Frazão, nos autos dos Atos de Concentração ns. 08012.002870/2012-38, 08012.006706/2012-08, 08012.003898/2012-34 e 08012.003937/2012-01, todos julgados concomitantemente.

79. "Com efeito, tem-se observado, mais recentemente, um aumento crescente de contratos que, não ajustando às hipóteses clássicas de concentração, têm levado a efeitos semelhantes no que diz respeito à agregação de poder empresarial das contratantes e, consequentemente, ao aumento do poder de comando ou gestão empresarial.

"Em tais contratos, as participantes mantêm a sua independência econômica e financeira, não reestruturam internamente a sua gestão ou poder de controle e não necessariamente adquirem ativos e, se o fazem, isso se dá de forma meramente instrumental. Não obstante, passam a titularizar, em conjunto, um poder empresarial ou criam um novo centro de gestão ou decisão."

80. Voto da Conselheira Ana Frazão, nos autos dos Atos de Concentração ns. 08012.002870/2012-38, 08012.006706/2012-08, 08012.003898/2012-34 e 08012.003937/2012-01, todos julgados concomitantemente.

81. Ronald H. Coase, "The Nature of the Firm", *Economica*, New Series, vol. 4, n. 16 (nov. 1937), The London School of Economics and Political Science, pp. 386-405.

associativos combinam elementos tanto da organização típica da empresa como também da coordenação inerente ao mercado.[82]

Analogamente às *joint ventures*,[83] os contratos associativos seriam dotados, então, de (i) *objetivo empresarial comum*, em torno do qual se (ii) *coordenam os esforços* dos participantes, incluindo-se aqui a (iii) *assunção conjunta de riscos*, razão pela qual cria-se uma (iv) *organização mínima* (estrutura organizativa própria ou ao menos uma interdependência organizativa) que possa dar suporte ao objeto comum, sem contudo comprometer significativamente (v) a *independência jurídica e econômica* de cada uma delas (não se forma empresa comum com personalidade distinta).[84]

Nesse diapasão, o elemento organizativo, representado pela organização comum ou interdependência organizativa entre as partes contratantes, seria o diferenciador da estrutura contratual atinente à *joint venture*. Seriam, portanto, justamente esses os elementos que qualificam essas estruturas contratuais em efetivos atos de concentração: envolvem o compartilhamento do poder de direção/decisão sobre o empreendimento em comum e a consequente assunção dos respectivos riscos.

Em palavras claras, embora não se forme efetivamente nova empresa com personalidade distinta, factualmente, no âmbito da operação econômica instrumentalizada por meio do contrato, constrói-se uma interdependência organizativa suficiente para o surgimento de novo poder decisório (o compartilhado), mesmo propósito pelo qual se formam novas empresas com personalidades distintas.

Caricaturando-se em linhas superficiais, trata-se de fusão/incorporação/aquisição maquilada de relação obrigacional/contratual supostamente inofensiva.[85]

A Conselheira vai além: percebe a definição dos contratos associativos não apenas pela sua analogia às *joint ventures*, mas também pela sua distância dos contratos comutativos de execução continuada no tempo. Isto porque, em suas palavras, a mera referência à cooperação ou colaboração não seria suficiente para defini-los, em especial considerando-se que a cooperação entre as partes contratantes é comum a todos os contratos, precipuamente dado o princípio da boa-fé objetiva, além de ser aspecto latente nos contratos comutativos de execução continuada.

Nesse sentido, enquanto nos contratos comutativos de execução continuada e demais contratos aplicáveis, a cooperação se apresenta como um dever lateral, muito porque as prestações são naturalmente distintas e contrapostas, nos contratos associativos, além do já mencionado *elemento organizativo*, a cooperação corresponde à própria prestação principal da relação.[86] Trata-se de *cooperação qualificada*.

82. Considerações análogas foram tecidas por Oliver E. Williamson em seu artigo "Comparative economic organization: the analysis of discrete structural alternatives".

83. A Conselheira Ana Frazão cita Valérie Pinoron para definir as *joint ventures* como contrato relacional e organizativo, exatamente as características essenciais de um contrato denominado associativo.

84. A mesma discussão foi travada nos autos do Ato de Concentração n. 08700.004957/2013-72, de relatoria do Conselheiro Alessandro Octaviani Luis. Em seu voto, o Conselheiro se utiliza das premissas teóricas postuladas pela Conselheira Ana Frazão no AC n. 08012.002870/2012-38, ora discutido, chegando inclusive a transcrever trechos de seu voto. Os elementos utilizados para a definição de contratos associativos foram reproduzidos, apenas como redação distinta: "De maneira geral, mas não exclusiva ou exaustiva, podemos descrever os caracteres dos tipos contratuais elencados pelo inciso IV do artigo 90 da Lei 12.529/2011 como (i) a *comunhão de interesses comerciais* e (ii) o *exercício de empreendimento comum* por meio da (iii) *coordenação de atividades empresariais*, com o devido (iv) *compartilhamento de riscos* dessa atividade".

85. Inclusive, importante notar neste passo a diferenciação feita por Ascarelli entre contratos obrigacionais e os de organização (Tullio Ascarelli, *Problemas das Sociedades Anônimas e Direito Comparado*, Campinas, Bookseller, 2001, p. 182).

86. "Frazão also explained that the term associative agreement has a broad meaning that makes it

Muito embora a operação em discussão tenha sido, ao final, conhecida e aprovada com restrições, as premissas teóricas adotadas pela Conselheira Ana Frazão foram acolhidas pelo Conselho a partir desse momento. Em linhas gerais, pode-se dizer que, tanto nos autos do AC 08012.002870/2012-38, ora discutidos, quanto nos autos do AC 08700.004957/2013-72, posterior e de objeto idêntico, o Conselho adotou a premissa jurídica desposada pela Conselheira Ana Frazão, adotando-se, contudo, premissa fática distinta, a de que não se tratava de simples contrato de licença de patentes, em razão da presença de cláusulas contratuais específicas que são reveladoras de integração entre as contratantes, elemento de qualificação como contrato associativo segundo a Conselheira, motivo de seu conhecimento e aprovação com restrições.[87]

A despeito da Resolução 10, de 29.10. 2014 ter como escopo definir a qualificação dos contratos associativos para fins de submissão obrigatória ao Conselho, o seu curto período de vigência impediria, *prima facie*, uma análise mais profunda da sua aplicação pelo CADE.

Desde a sua emissão até o presente momento, muitas foram as operações submetidas ao CADE com fulcro no inciso IV do artigo 19 da Lei 12.956/2012,[88] sendo inclusive oferecidos, por meio da referida Resolução, critérios objetivos ao ProCADE para subsidiar a desnecessidade da notificação obrigatória de diversos contratos,[89] mas poucas foram de fato analisadas pelo Tribunal e seus respectivos Conselheiros relatores.

Três são os mais recentes entendimentos jurisprudenciais pertinentes ao tema, exarados nos autos dos processos n. 08700. 007192/2015-94, n. 08700.010927/ 2015-67 e n. 08700.000137/2015-73, de relatoria dos Conselheiros João Paulo de Resende,[90]

different from commutative agreements in which the cooperation is an ancillary obligation. Actually, under the associative agreements, the cooperation is the provision itself, in other words the main obligation. Consequently, the associative agreements are not different from other agreements because of an existing cooperation, but rather and mainly because of the level and type of concentration" (F. C. de Abreu, J. M. Honda, "Associative Agreements under the Brazilian Antitrust Law", in *Overview of Competition Law in Brazil*, São Paulo, IBRAC/Singular, 2015, p. 155).

87. Conselheiro Relator Alessandro Octaviani conclui em seu voto que "De maneira geral, mas não exclusiva ou exaustiva, podemos descrever os caracteres dos tipos contratuais elencados pelo inciso IV do artigo 90 da Lei 12.529/2011 como *(i) a comunhão de interesses comerciais e (ii) o exercício de empreendimento comum* por meio da *(iii) coordenação de atividades empresariais*, com o devido *(iv) compartilhamento de riscos* dessa atividade" (grifos originais, fls. 523 dos autos do AC 08700.004957/2013-72).

88. Menciona-se, a título não exaustivo, os processos ns. 08700.000137.2015-73, 08700.000540.2015-01, 08700.001226.2015-37, 08700.001403.2015-85, 08700.001862.2015-69, 08700.002311.2015-12, 08700.002887.2015-80, 08700.003640.2015-81, 08700.003642.2015-70, 08700.006240.2015-27, 08700.006310.2015-47, 08700.006584.2015-36, 08700.007192.2015-94, 08700.009389.2015-68, 08700.009764.2015-70, 08700.009926.2015-70, 08700.010002.2015-16, 08700.010033.2015-77, 08700.010061.2015-94, 08700.010731.2015-72, 08700.010927.2015-67, 08700.011507.2015-06, 08700.011682.2015-95, 08700.011952.2015-68, 08700.012130.2015-02, 08700.012314.2015-64, 08700.012334.2015-35, 08700.012599.2015-33, 08700.000296.2016-59, 08700.001192/2016-61, 08700.003598/2016-89.

89. Apenas a título ilustrativo, citamos os Processos ns. 08700.002887/2015-80, 08700.006240/2015-27, 08700.012334/2015-35 e 08700.011952/2015-68, nos quais os critérios objetivos da Resolução 10 de 2014 forneceram subsídios para que o ProCADE concluísse pela desnecessidade da notificação obrigatória.

90. Nas palavras do Conselheiro João Paulo de Resende, por ocasião da análise do Processo n. 08700.007192/2015-94, "mesmo reconhecendo a existência de relação de interdependência entre as partes, caracterizadas aqui pela dependência operacional recíproca (...), entendo pela não caracterização de um contrato associativo, uma vez que cada Consulente explora comercialmente apenas ativo de sua exclusiva propriedade por meio do qual realiza a prestação de serviço de leitura de etiquetas eletrônicas para si e para outrem. Portanto, (...) não há compartilhamento de ativos, de receitas ou de prejuízos entre as partes, na medida em que o interesse de cada uma das Consulentes, em cada contrato, é oposto, e os contratos, apesar de recíprocos, são independentes, se considerados isoladamente".

Márcio de Oliveira Júnior[91] e Ana Frazão, respectivamente.

Para que se possa traçar paralelo para com os entendimentos anteriormente citados, vale ressaltar o voto da Conselheira Ana Frazão, recentemente exarado nos autos do processo n. 08700.000137/2015-73.

Nele, os critérios elencados pela Resolução 10/2014 foram utilizados pela Conselheira para se confirmar a obrigatoriedade da submissão do contrato discutido, haja vista se tratar de "*evidente cooperação vertical entre as empresas, com o uso de ativos uma pela outra (...), um acordo para desenvolvimento de infraestrutura, transferência de um cliente (fator de intensa relevância concorrencial, e o fornecimento de gás pela Gás Local para posterior redistribuição pela Gasmig*", além da existência de cláusula de exclusividade no programa contratual originário.[92]

Antes de se adentrar ao caso concreto, contudo, a Conselheira teceu novas considerações teóricas sobre a definição dos contratos associativos, em muito condizentes com o seu anterior posicionamento. Curioso notar que, em seu voto, os contratos associativos foram em muito aproximados aos denominados contratos plurilaterais,[93] para então os qualificar como contratos cuja operação econômica subjacente encobre uma comunhão de interesses e fim (fim comum), motivo pelo qual as partes tendem a instituir uma organização comum para se alcançar o seu propósito contratual (elemento organizativo), qualificando-se ainda a cooperação entre as partes como dever principal (cooperação qualificada).

Dada a relativa consolidação de um entendimento jurisprudencial do Conselho quanto à definição de contratos associativos frente à atual legislação antitruste, percebe-se que o entendimento construído converge para com a definição teórica macneiliana, alinhan-

91. Durante a análise do Processo n. 08700.010927/2015-67, o Conselheiro Relator Márcio de Oliveira Júnior entendeu que, "Nos contratos em questão, ao preverem 'direito de preferência' de um lado e 'direito de primeira oferta' de outro, estamos diante de uma preferência cruzada mascarada no contrato, que pode ser equiparada a cláusula de exclusividade, produzindo efeitos jurídico-econômicos equivalentes. (...) Assim sendo, apesar de não significar diretamente uma exclusividade, é clara a possibilidade de elevação das barreiras à entrada e de consequente fechamento do mercado, uma vez que, para concorrer com as Consulentes, a empresa concorrente teria que 'cobrir' os incentivos oferecidos pela rival. Portanto, diante da presença de um potencial efeito exclusionário dessas cláusulas, equiparáveis a relações de exclusividade, entendo que tais contratos são associativos e, portanto, devem ser notificados ao CADE. Ressalto que, caso essas cláusulas sejam retiradas, a parte estará isenta da notificação obrigatória, uma vez que a inexistência dessas cláusulas descaracterizaria tais contratos como associativos".

92. "Percebe-se, por exemplo, que a Gasmig cedeu à GásLocal um terreno para que ela realizasse as instalações das unidades de armazenagem e regaseificação do GNL e também as demais instalações necessárias para a prestação do serviço à Gasmig e, além disso, se comprometeu a construir um gasoduto local interligando a unidade de regaseificação estabelecida no terreno em comodato e os clientes que possam ser atendidos pelo modal GNL. Em contrapartida, a GásLocal comprometeu-se a transferir para a Gasmig o único cliente que possui atualmente na região, a Usiminas Automotiva (Usiparts), para que venha a compor a carteira de clientes da Gasmig. (...) Por isso, muito embora não se vislumbre uma união dos centros decisórios, é evidente que as empresas atuaram com interesses convergentes para a realização de um empreendimento em conjunto e em benefício de ambas, o que evidencia a cooperação e o caráter associativo do negócio" (Voto exarado pela Conselheira Ana Frazão nos autos do processo n. 08700.000137/2015-73).

93. "Nos contratos associativos, tem-se, portanto, uma cooperação qualificada. Porém, ao lado desta característica, é importante destacar que os contratos associativos também requerem algum tipo de organização comum, ainda que mais flexível do que a encontrada nas *joint ventures*. Tais aspectos ficam muito claros na noção de contrato plurilateral, que, de certa forma, é sinônima ou bem próxima à de contrato associativo. Tal teoria, que foi difundida no Brasil, por Tullio Ascarelli, parte da premissa de que os contratos plurilaterais, como contratos de comunhão de fim, são distintos dos contratos de permuta: enquanto estes visam a uma distribuição de bens, aqueles visam a disciplinar a utilização dos bens a que se referem. Daí porque, do ponto de vista da função econômica, os contratos plurilaterais seriam essencialmente contratos de organização, o que os diferenciaria essencialmente dos contratos de permuta" (Voto exarado pela Conselheira Ana Frazão nos autos do processo n. 08700.000137/2015-73).

do-se, senão no todo, em grande parte, aos embasamentos doutrinários detalhados no capítulo terceiro do presente artigo.

Conclusão

Partindo-se de problemáticas concernentes ao próprio aparato legal brasileiro, nomeadamente a adoção da figura do contrato associativo como ato de concentração, a presente discussão pretendeu analisar se o termo cunhado pelas Leis de Concorrência, seja pela anterior, pela atualmente em vigor ou pela resolução emitida pelo CADE, se mostra satisfatoriamente definido perante o mercado, a ponto de resguardar a segurança jurídica, tão cara ao nosso sistema jurídico.

No decorrer da análise, percebeu-se não apenas que o conceito de contrato associativo mantém uma proximidade parental com o denominado contrato relacional proposto por Macneil, mas também que as definições esboçadas pela doutrina brasileira e internacional estão em consonância com os recentes entendimentos jurisprudenciais emitidos pelo CADE, próximo ao alcance de vozes uníssonas.

A problemática que se pretende expor se relaciona a princípios deveras valiosos ao sistema jurídico nacional: como alcançar a segurança jurídica durante a aplicação de termo legal cunhado de forma genérica, ainda mais em se considerando o princípio da boa-fé que atualmente permeia ampla parcela das relações contratuais.

Em linhas pragmáticas: qual o limite da atuação do Conselho Administrativo de Defesa Econômica/CADE no que tange à regulação das relações contratuais?

A questão é muito bem pontuada pelos Conselheiros Marcos Paulo Veríssimo e Ana Frazão durante a prolação de seus votos nos autos dos processos administrativos detalhados anteriormente: em se adotando unicamente a cooperação em seu sentido amplo como critério para se definir os contratos associativos, a larga maioria, senão todos os contratos empresariais de execução continuada no tempo, celebrados entre empresas que apresentem critério de faturamento indicado pela lei, seriam qualificados como associativos, subsumindo-se à hipótese legal de controle preventivo.

Do mesmo modo, caso se considere unicamente a *possibilidade* de controle externo, influência dominante ou dependência econômica para se qualificar a relação contratual como associativa, independentemente da manutenção do caráter comutativo do contrato, a mesma conclusão lógica exposta no parágrafo anterior seria aplicável nesta hipótese: todos os contratos empresariais de execução continuada no tempo, celebrados entre empresas que detêm faturamentos anuais brutos superiores a 750 milhões de reais e 75 milhões de reais deveriam ser levados à análise do Conselho previamente à sua execução, dado que em todos haveria presunção de poder econômico e, portanto, possibilidade de controle *ab extra*.

Ambas as situações mencionadas acima trariam implicações problemáticas sob o viés de *enforcement*. Primeiramente porque haveria uma dificuldade naturalmente enfrentada pela autoridade para se antever, anteriormente à sua efetiva execução, as possibilidades de abuso decorrentes de um contrato no qual há mínima cooperação entre as partes, em seu sentido amplo, ou no qual uma das partes possui poder de mercado suficiente (o que não exige muito) para haver a mera possibilidade de controle externo. Em segundo lugar porque "o CADE evidentemente não tem condições materiais para fazer a análise de todos os contratos empresariais celebrados por agentes que contam com presunção de poder econômico".[94]

94. Voto da Conselheira Ana Frazão nos autos dos AC ns. 08012.002870/2012-38, 08012.006706/2012-08, 08700.003898/2012-34 e 08700.003937/2012-01, p. 20.

Conforme se depreende, a adoção de critérios por demais genéricos e amplos para a qualificação do contrato como associativo mostra-se incompatível com os desígnios do controle de estrutura, que tem por escopo a apreciação de atos de concentração, esta por sua vez de natureza restritiva e preventiva.[95] Afinal, o controle preventivo, realizado *ex ante*, gera altos custos de transação por impossibilitar a eficácia imediata das operações a ele sujeitas, o que poderia representar verdadeiro engessamento da atividade empresarial.

Mostra-se necessário, portanto, o sopesamento de duas prioridades casuisticamente opostas, a saber, mais vale agir com extrema cautela para se evitar, de antemão, eventual abuso em toda e qualquer relação contratual a ser efetivamente iniciada, ao sacrifício representado pelo engessamento não apenas da atividade empresarial, mas precipuamente do aparato estatal, ou garantir a celeridade inerente ao mercado globalizado, deixando ao controle repressivo de conduta o papel de remediação de abusos efetivamente perpetrados durante a execução de uma relação contratual de longa duração? A resposta parece socorrer a segunda hipótese.

Uma vez mais, naturalmente não se defende a isenção de tais relações contratuais ao controle do Conselho, menos ainda às regras concorrenciais. Muito pelo contrário, discute-se qual das modalidades de controle, preventivo de estruturas ou repressivo de condutas, seria a mais eficiente não apenas para a dinâmica do mercado empresarial em si, mas propriamente para o perfeito desempenho do aparato estatal como um todo.[96]

Do cenário exposto extraem-se duas proposições de controle concorrencial, a saber, o repressivo para relações contratuais em geral, mesmo para aquelas nas quais há poder de mercado e/ou cooperação mínima entre as partes, e o preventivo apenas e tão somente para os contratos efetivamente associativos, ou seja, para aquelas relações contratuais nas quais se verifica a *cooperação qualificada*, conforme proposto pela Conselheira Ana Frazão.

A subdivisão acima nada mais representa do que a busca pela segurança jurídica e pela eficiência na proteção do mercado concorrencial, por meio de uma definição

95. Como salientou a Conselheira Ana Frazão em seu voto (autos dos AC ns. 08012.002870/2012-38, 08012.006706/2012-08, 08700.003898/2012-34 e 08700.003937/2012-01, p. 20): "parto da premissa de que o que justifica o controle de estrutura é a existência de ato de concentração, que é o que modifica a estrutura do mercado. A mera possibilidade de haver controle externo leva apenas à conclusão da possibilidade de haver ato de concentração, o que poderá ou não ocorrer. E entendo que essa mera possibilidade não é suficiente a ensejar o controle de estrutura aprioristicamente, ainda mais considerando os altos custos de transação envolvidos para os empresários, o que se potencializa com o controle preventivo. (...) No caso ora em julgamento, entendo que a proteção não se dá pela via do controle de estrutura, mas sim pela via do controle de conduta que, por ser essencialmente casuístico, melhor se adequa às peculiaridades do controle externo".

96. Em consonância com o entendimento acima esposado, "Considering this scenario, it would be more conceivable, even if to save public funds, to concentrate the analysis to be made from the perspective of the conducts. On the other hand, one should not neglect the risk of reverse effect, in other words, the very small number of filings involving these types of contract considering the legal insecurity of those involved. Without limiting any of the assumed scenarios, there would be no practical effectiveness for the measure. All this leads to the following conclusion: it would be more logical and less costly with regard to competition to review the vertical contracts, as a rule, under the perspective of the conducts" (F. C. de Abreu, J. M. Honda, "Associative Agreements under the Brazilian Antitrust Law", in *Overview of Competition Law in Brazil*, cit., p. 162). No mesmo sentido, "There is no doubt that, in the ideal world, licensing agreements should only be reviewed a posteriori, in the antitrust enforcement against anticompetitive behaviors, similarly to the approach undertaken in the US and EU. This is so because the prior control of market structures does not enable an evaluation of the actual effects of such agreements in a given relevant market, or because the agreements present peculiar characteristics that make them be presumably pro-competitive and beneficial to innovation and technical development" (P. E. Lilla, E. V. Sang, "Technology Transfer Agreements as Associative Agreements Subject to Merger Control in Brazil", in *Overview of Competition Law in Brazil*, cit., p. 210).

mais clara e restrita dos *liames contratuais como atos de concentração*: todo negócio jurídico bi ou plurilateral marcado pelo objetivo empresarial comum, em torno do qual as partes contratantes coordenam os seus esforços em *cooperação qualificada* (dever principal), incluindo-se a *assunção conjunta de riscos* (áleas interdependentes), razão pela qual se cria uma *estrutura organizativa própria ou interdependente* que possa dar suporte à persecução do objeto comum, sem, contudo, comprometer significativamente a independência jurídica e econômica de cada uma delas.

Enfim, a problemática não parece ter sido solucionada, mas deslocada: considerando que o controle preventivo de estruturas se relaciona a uma apreensão apriorística, natural que se defenda que todo arranjo contratual cujo conteúdo envolva a cooperação qualificada, cumulada com áleas e estruturas organizativas interdependentes, seja de notificação obrigatória. Resta saber como identificar tais arranjos contratuais ante a diversidade empresarial, tarefa a ser eventualmente executada pelas partes contratantes, previamente à notificação.

Natural que a solução resida antes nas disposições das cláusulas contratuais do que na tipificação do contrato propriamente dito. Delineia-se com nitidez o próximo passo a ser adotado pelas autoridades e doutrinadores brasileiros: a consolidação de entendimentos sobre quais as modalidades de cláusulas que conviriam para se instrumentalizar a cooperação qualificada e a interdependência entre as partes, ou melhor, quais as cláusulas a serem classificadas como associativas.

Bibliografia

AZEVEDO, A. J. *Negócio Jurídico: Existência, Validade e Eficácia*. 4ª ed. São Paulo, Saraiva, 2002.

BRAGA, Marco Aurélio. *Subdesenvolvimento, Tecnologia, e Direito Econômico: o Programa Nacional de Nanotecnologia e o Desafio Furtadiano*. Dissertação de Mestrado, FDUSP, 2013.

COASE, R. H. "*The Nature of the Firm*", *Economica*, New Series, vol. 4, n. 16 (nov. 1937), The London School of Economics and Political Science.

CORDOVIL, L. *Nova Lei de Defesa da Concorrência Comentada*. São Paulo, Ed. RT, 2012.

DE ABREU, F. C.; HONDA, J. M. "Associative Agreements under the Brazilian Antitrust Law". In: *Overview of Competition Law in Brazil*. São Paulo, IBRAC/Singular, 2015.

FARIA, J. E. "Poucas certezas e muitas dúvidas: o direito depois da crise financeira". *Rev. Direito GV*, vol. 5, n. 2, São Paulo, jul.-dez. 2009.

FERNANDES, W. (coord.). *Contratos Empresariais: Fundamentos e Princípios dos Contratos Empresariais*. 2ª ed. São Paulo, Saraiva, 2012.

______ (coord.). *Contratos Empresariais: Contratos de Organização da Atividade Econômica*. 2ª ed. São Paulo. Saraiva, 2012.

FORGIONI, P. A. *Os Fundamentos do Antitruste*. 5ª ed. São Paulo, Ed. RT, 2012.

______. *Contratos Empresariais: Teoria Geral e Aplicação*. São Paulo, Ed. RT, 2015.

GOMES, O. *Contratos*. 26ª ed. São Paulo. Saraiva, 2008.

LILLA, P. E., SANG, E. V., "Technology Transfer Agreements as Associative Agreements Subject to Merger Control in Brazil". In: *Overview of Competition Law in Brazil*. São Paulo, IBRAC/Singular, 2015, p. 201.

MACEDO JÚNIOR. R. P. *Contratos Relacionais e Defesa do Consumidor*. São Paulo, Ed. RT, 2006.

MACNEIL, I. R. *O Novo Contrato Social: uma Análise das Relações Contratuais Modernas*. Rio de Janeiro, Elsevier, 2009.

NORTH, D. C. "Institutions, Institutional Change and Economic Performance", *Political Economy of Institutions and Decisions*. Cambridge University Press, 1990.

ROPPO, E. *O Contrato*. Coimbra, Almedina, 2009.

SALOMÃO FILHO, C. *Direito Concorrencial: as Condutas*. 1ª ed. São Paulo, Malheiros Editores, 2003.

______. *Regulação da Atividade Econômica*. 2ª ed. São Paulo, Malheiros Editores, 2008.

______. *Regulação e Desenvolvimento – Novos Temas*. São Paulo, Malheiros Editores, 2012.

______. "Breves acenos para uma análise estruturalista do contrato", *RDM* 141. São Paulo, Malheiros Editores.

SCHUMPETER, J. A. *Capitalism, Socialism, and Democracy*. Nova York, Harper Perennial Modern Thought, 2008.

SMITH, A. *Investigações sobre a Natureza e as Causas da Riqueza das Nações*. Livro I, cap. I, 1776.

SULLIVAN L. e GRIMES W. *The Law of Antitrust: an Integrated Handbook*. West Group, 2000.

VARELA, J. de M. A. *Das Obrigações em Geral*, vol. 1. 10ª ed. rev. e atual. Coimbra, Almedina, 2008.

Espaço Discente

DEPENDÊNCIA ECONÔMICA E SUA ABORDAGEM NA JURISPRUDÊNCIA

DANIELA MUSSOLINI LLORCA SANCHEZ ANDREI

RODRIGO BARREIRA ROSO

"Não é de se presumir que alguém, podendo evitá-lo, aceite o prejuízo".
(Washington de Barros Monteiro)

Resumo: Nem sempre as relações empresariais se dão entre agentes econômicos igualmente informados ou que tenham o mesmo poder econômico. Em muitas dessas situações o preço e os termos contratuais formalizados não são mecanismos de ajuste suficientes. O objetivo deste trabalho é avaliar em que medida e de que forma os princípios da liberdade de contratar e de respeito aos termos contratuais formalizados são observados ou ponderados em vista de outros princípios nesse tipo de situação. Para tanto, foram analisadas as respostas que têm sido apresentadas na jurisprudência brasileira, especificamente nas decisões do TJSP, utilizando como referência os contratos de distribuição. Nesse sentido, é analisada uma decisão específica do Tribunal de Justiça, com foco na fundamentação legal e no regime jurídico aplicáveis e realizando-se uma avaliação estruturada do caso. O que se extraiu com a pesquisa realizada é que o Judiciário – com raras exceções – ainda não reconhece, em sua plenitude, uma teoria geral dos contratos empresariais. Com frequência se lança mão de instrumentos de direito civil para, de alguma forma, tutelar os interesses de uma das partes, nem que isso importe revisão de contratos empresariais – ora para completar eventuais lacunas, ora para alterar frontalmente os termos e condições firmados. Por outro lado, nota-se que tal intervenção talvez ainda seja necessária, dada a incompletude ou inadequação dos instrumentos firmados entre as partes nos casos analisados. A metodologia de pesquisa utilizada foi a análise doutrinária, legal e jurisprudencial, esta última exclusivamente em relação a decisões disponíveis no *website* do TJSP e no do STJ, bem como a análise estruturada de uma decisão judicial específica, verificando a respeito da decisão o regime jurídico aplicável e a adequação da decisão a tal regime, bem como as consequências dela decorrentes.

Palavras-chave: Contratos Empresariais; Contratos de Distribuição; Jurisprudência; *Pacta sunt Servanda*; Dependência Econômica; Código Civil; Teoria Geral dos Contratos Empresariais.

1. Introdução

"O mercado – segundo Natalino Irti, no "Prefácio" de obra de Paula Forgioni – "não é um lugar imaginário e abstrato, mas uma *unidade jurídica*, fundada no princípio do *pacta sunt servanda*, isto é, no caráter vinculante e imperativo do acordo".[1]

Com esta afirmativa inaugural, Natalino Irti não apenas introduz o leitor ao que esperar na obra de Forgioni, mas sintetiza a pedra angular do direito comercial: o *pacta sunt servanda*, este uma derivação direta e intrínseca do princípio da livre iniciativa, ou sua vertente na esfera contratual, a liberdade de contratar.

Se tomados somente estes dois aspectos em consideração, a liberdade de contratar e sua consequência lógica, o *pacta sunt servanda*, poder-se-ia tentar estabelecer que a preocupação maior do direito comercial – ao menos no diz respeito aos contratos empresariais – deveria cingir-se ao aperfeiçoamento dos instrumentos contratuais, com o objetivo de torná-los completos e claros, sem margens para lacunas ou diferentes interpretações.[2]

Contudo, não é isso o que ocorre na prática comercial. Conforme observado por Benjamin Klein,[3] a partir da década de 1980 ocorre uma mudança fundamental de paradigma no mundo dos negócios. Até então os riscos e as oportunidades de negócios eram de certa forma previsíveis, sendo possível criar planos de longo prazo e definir projeções confiáveis. Contudo, estas condições deixaram de se observar na quase totalidade do mercado. Os anos 1980 marcam a transição para uma nova fase, caracterizada por incertezas e descontinuidades abruptas.

Essa nova etapa, que persiste até os dias atuais, é marcada por transformações contínuas e profundas. A todo momento o mercado é afetado por uma miríade de fatores externos (ou "externalidades", no jargão dos economistas). São novas estruturas econômicas ou contratuais, novos *players*, novas tecnologias, mudanças nos centros de poder e nas cadeias globais – dentre tantos outros casos. O mercado, portanto, torna-se um ser vivo, complexo e em constante mutação.

A dinâmica estabelecida a partir de então teve impacto profundo nas relações contratuais entabuladas. De um lado, tornou-se impossível estabelecer contratos completos (se é que um dia foi possível), dadas a gama de ocorrências cabíveis e a multiplicidade de reações, a crescente frequência de ocorrências imprevisíveis e a assimetria de informações entre os envolvidos, resultando em racionalidade limitada dos agentes. De outro, as dinâmicas estabelecidas nos mercados globalizados levaram à criação de complexos relacionamentos, simultaneamente permeados por características contratuais e hierárquicas,[4] levando por vezes à sujeição de agentes de mercado aos interesses de outros.

O presente trabalho tem como objetivo tratar justamente deste segundo ponto, ou seja, de casos em que as relações empresariais se dão entre agentes que não têm a mesma força econômica no mercado, resultando em situação de sujeição ou dependência entre os agentes envolvidos. O objetivo é avaliar

1. No "Prefácio" de Natalino Irti in Paula Forgioni, *Contratos Empresariais: Teoria Geral e Aplicação*, São Paulo, Ed. RT, 2015, p. 7.

2. Não são poucos os que defendem que o cuidado com a completude dos instrumentos contratuais deveria ser a preocupação maior da prática dos contratos empresariais. Defendem que somente por meio de contratos completos seria possível atingir o ponto ótimo nas relações contratuais. Nesse sentido, v.: Alan Schwartz e Robert E. Scott, "Contract interpretation redux", *The Yale Law Journal* 119/926-964, 2010.

3. Benjamin Klein, "Contracting costs and residual profits: the separation of ownership and control", *Journal of Law and Economics* 26, 1985.

4. Sobre o tema, v.: Oliver Williamson, "Comparative economic organization: the analysis of discrete structural alternatives", *Administrative Science Quarterly*, 1991, pp. 269-296; Claude Ménard, "The economics of hybrid organizations", *Journal of Institutional and Theoretical Economics* 160/345-376, 2004.

em que medida e de que forma os princípios da liberdade de contratar e do *pacta sunt servanda* são observados ou ponderados em vista de outros princípios nesse tipo de situação.

Para tanto, foram analisadas as respostas que têm sido apresentadas na jurisprudência brasileira, utilizando um caso em que o fenômeno de agentes com pesos distintos ocorre com certa frequência: o das relações de distribuição.

Como estrutura, o trabalho divide-se da seguinte forma: no item 2 serão apresentadas, em apertada síntese, algumas premissas teóricas importantes para o tema; no item 3, o caso para estudo será introduzido; o item 4 se prestará a identificar o regime jurídico e os principais fundamentos utilizados na solução do caso; o item 5 será reservado para uma análise mais crítica do julgamento; e, por fim, no item 6 serão apresentadas algumas conclusões.

2. Algumas premissas teóricas

A primeira premissa que se deve estabelecer antes de passarmos à análise do caso concreto é a de que os contratos empresariais constituem categoria autônoma, sujeita a regime jurídico próprio.

A discussão é relevante, tem raízes antigas e não está definitivamente assentada, tanto na doutrina quanto nos pensamentos dos julgadores. Veja-se, por exemplo, Vivante, que em meados do século XIX defendia a unificação do direito privado sob um mesmo regime jurídico e no início do século XX passa a defender as atividades mercantis como disciplina autônoma do regramento civil.

O advento do Código Civil de 2002 e a consequente revogação da Primeira Parte do Código Comercial também serviram para reforçar a unificação dos sistemas e, por consequência, a edição de regras que parecem querer reduzir a dicotomia existente entre as relações civis e as comercias. Forgioni nota que também no campo doutrinário, e mesmo antes do Código Civil, pouco se fez para conferir roupagem própria a uma teoria geral dos contratos empresariais, com vistas a distingui-los da disciplina jurídica dos contratos civis. E continua ao afirmar que os estudos eram mais voltados para as distinções entre os diferentes tipos contratuais previstos nos Códigos Civil e Comercial do que para questões centrais, de teoria geral.[5]

Curiosamente, foi o desenvolvimento das teorias consumeristas – polo exatamente oposto às relações empresariais – que fez ressurgir com maior força a discussão acerca da necessidade de se criar categorização que compreendesse três figuras distintas: (i) os contratos de consumo, (ii) os contratos civis e (iii) os contratos empresariais.[6] Nos Estados Unidos, País em que não há legislação específica consumerista ou trabalhista, Scott e Schwartz[7] propõem classificação dos contratos levando em consideração a relação entre os agentes, quais sejam: contratos entre empresas, próprios das relações empresariais; contratos entre empresa e um indivíduo, próprios das relações de trabalho; contratos entre indivíduos e empresas, próprios das relações de consumo; e, por fim, indivíduos que contratam com indivíduos, próprios das relações civis.[8] Chegam, portanto, a classificação similar à que se tem discutido no Direito Brasileiro.

5. Cf. Paula Forgioni, *Contratos Empresariais: Teoria Geral e Aplicação*, cit., p. 35.

6. Nesse sentido: Forgioni, *Contratos Empresariais: Teoria Geral e Aplicação*, cit.; Waldírio Bulgarelli, *Contratos Mercantis*, 4ª ed., São Paulo, Atlas, 1987; Kleber L. Zanchim, *Contratos Empresariais: Categoria; Interface com Contratos de Consumo e Paritários; Revisão Judicial*, São Paulo, Quartier Latin, 2012.

7. Alan Schwartz e Robert E. Scott, "Contract theory and the limits of contract law", *Faculty Scholarship Series*, Paper 308, 2003 (disponível em *http://digitalcommons.law.yale.edu/fss_papers/308*, acesso em 5.12.2015).

8. Referência apresentada por Wanderley Fernandes e Tatiana Aguiar, *A Empresa e o Direito do Consumidor: uma Relação Complexa*, São Paulo, Saraiva, 2014, p. 61.

É interessante notar que referido debate doutrinário já teve desdobramento no campo legislativo, com o Projeto de Lei 1.527/2011, que visa a estabelecer um novo Código Comercial, do qual um título inteiro é dedicado aos contratos empresariais.

Mas, a despeito de qualquer medida de cunho legislativo, cujas chances de sucesso são de difícil previsão, fato é que a doutrina assim como a jurisprudência já têm se ocupado em tentar estabelecer os principais elementos diferenciadores dos contratos empresariais. E uma das características que mais salta aos olhos dos estudiosos do tema reside na finalidade de buscar a geração de riqueza para todas as partes envolvidas.

Nesse sentido, Pereira Calças já asseverou que

> os contratos, quando celebrados entre empresários, isto é, entre pessoas físicas ou jurídicas que exercem atividade econômica organizada, com finalidade especulativa, podem ser chamados de contratos empresariais.[9]

Zanchim, a seu termo, aprofunda essa definição ao afirmar que os contratos empresariais são aqueles necessariamente celebrados entre empresários e que tenham como função econômico-social

> a circulação de fatores de produção ou de objetos de empresa, em relação aos quais as partes contratantes disponham, em conjunto e ao menos presumivelmente, das informações relevantes para sua contratação.[10]

Adiciona, assim, outro elemento distintivo para a subsunção de determinado contrato à categoria de contrato empresarial: a existência de paridade jurídica, ou seja, partes com tutela legal de igual intensidade.

O desdobramento lógico das características apontadas acima é que as partes envolvidas gozam de autodeterminação, que impede que uma imponha à outra o conteúdo do contrato. A partir daí se pode estabelecer que os contratos empresariais, como regra geral, são a expressão máxima da livre iniciativa e da liberdade de contratar, valores fundamentais do Estado Brasileiro. Esta é a segunda premissa relevante para este texto.

Naturalmente, tal premissa tem consequência direta na interpretação dos contratos empresariais. Com o nível de informação que os empresários têm ao firmar esses contratos, os deveres, as obrigações e, principalmente, os riscos neles distribuídos devem ser analisados com a firmeza que o mundo empresarial exige. Por tal razão, a regra geral é a de que se privilegie o estritamente estabelecido no contrato, sem qualquer derrogação ao *pacta sunt servanda*.

Contudo, nem sempre a lógica da paridade e da simetria de informações é verificada nas relações estabelecidas entre empresários. No mundo contemporâneo o mercado constantemente desenvolve novas e intrincadas redes de relacionamento, com integrações horizontais e verticais em diversos formatos e entre agentes de mercado de diferentes tipos e níveis de sofisticação. Ilustrativos são os exemplos dos grandes conglomerados de comércio eletrônico, como *Amazon* e *Alibaba*. Estas empresas disponibilizam sua plataforma *on-line* a pequenos, médios e grandes produtores e comerciantes do mundo inteiro. Por simples lógica empresarial, não se poderia esperar que a *Amazon* e a *Alibaba* pudessem negociar de forma individualizada com cada um dos comerciantes que deseje utilizar sua base. Não poderiam, e não é o que ocorre de fato. Por isso, as duas empresas impõem às suas contrapartes as condições da prestação dos serviços. E note-se: sem acesso a esses canais, os comerciantes e produtores não teriam capacidade de competir no mundo

9. Manoel de Q. Pereira Calças, "Revisão judicial de contratos entre empresários", *Revista do Instituto de Pesquisas e Estudos – Divisão Jurídica*, Bauru, Instituição Toledo de Ensino, 2000, p. 37.

10. Kleber L. Zanchim, *Contratos Empresariais: Categoria; Interface com Contratos de Consumo e Paritários; Revisão Judicial*, cit., p. 86.

atual. Aqui citam-se dois, mas no mundo virtual casos assim são fartos.

O mesmo ocorre na chamada economia real. É, por exemplo, o caso dos distribuidores, que será tratado a seguir, a partir da análise jurisprudencial. De forma bastante corriqueira, distribuidores atuam exclusivamente para um fornecedor e, por consequência, acabam se tornando dependentes econômicos destes. Ao longo da vigência do contrato estabelecido o fornecedor pode causar mudanças abruptas, muitas das vezes permitidas nos instrumentos firmados, que podem gerar abalo significativo à capacidade do distribuidor de atuar no mercado.

São casos como esses que trazem à discussão o seguinte questionamento: também nos contratos empresariais haveria a necessidade de fragmentar[11] a liberdade de contratar? Caso a resposta seja positiva, em que medida a limitação à liberdade de contratar deve operar?

Por falta de uma dogmática bem estabelecida em torno de uma teoria geral dos contratos empresariais, não raro os defensores das limitações à autonomia da vontade trazem elementos da disciplina civil para subsidiar seus argumentos. Como alerta Forgioni, usam e abusam de institutos como função social e boa-fé objetiva, contidos no Código Civil, para lançar mão de instrumentos de revisão contratual como *supressio*, *surrectio*, proibição do *venire contra factum proprium* e *tu quoque*.[12]

Esta, por exemplo, é a solução que parece ser sugerida por Zanetti ao afirmar que

> o contrato não pode, todavia, servir de instrumento de opressão do fraco pelo forte, pois, neste caso, não promoverá a criação e distribuição de riquezas que justifica sua proteção jurídica. O necessário respeito à função social impõe, destarte, que os contratos sejam equilibrados. Segue-se daí que a função social permite qualificar como cogentes todas as normas que objetivam promover o equilíbrio contratual, como, por exemplo, as regras relativas à lesão e à revisão por onerosidade excessiva. A função social igualmente reforça a incidência do princípio da boa-fé, cuja devida aplicação também serve a equacionar a relação entre os direitos e deveres assumidos pelas partes.[13]

Segundo o autor, regras de limitação à liberdade de contratar não tornam o princípio secundário no âmbito de contratos paritários. Para ele a livre iniciativa deve ser sopesada com outros princípios de igual relevância, mas reconhece que essa análise deve ser bem ponderada, para que eventual limitação à livre iniciativa não elimine a possibilidade das partes de assumirem riscos ou, ainda, que atribua às partes obrigações sociais para além das estabelecidas nos contratos. Nas palavras de Zanetti, "não se pode transferir aos contratantes o dever de sanar as mazelas da sociedade brasileira, como se estivessem a serviço do Estado. Os contratantes são pessoas livres, não funcionários".[14]

Forgioni, por sua vez, adota postura crítica ao uso de institutos de direito civil no âmbito dos contratos empresariais. Isso porque permitir a adoção de tais institutos pode deixar brecha para seu uso indiscri-

11. A expressão "fragmentação" da liberdade de contratar é utilizada em Cristiano de S. Zanetti, *Direito Contratual Contemporâneo: a Liberdade Contratual e sua Fragmentação*, São Paulo, Método, 2008.

12. Paula Forgioni, *Contratos Empresariais: Teoria Geral e Aplicação*, cit., p. 99.

13. Cristiano de S. Zanetti, *Direito Contratual Contemporâneo: a Liberdade Contratual e sua Fragmentação*, cit., p. 197. É válido de nota que para Zanetti os contratos empresariais não configuram categoria distinta *per se*. A classificação proposta por ele parte da maior ou menor necessidade de fragmentação (ou limitação) da liberdade de contratar. Como resultado, estabelece que os contratos se dividem entre paritários, de adesão e de consumidor. A ideia aposta na citação feita acima, contudo, é uma referência aos contratos paritários, que, para ele, apesar de ser a categoria em que há a prevalência da liberdade de contratar, ainda assim está sujeita às limitações propostas no *Codex* Civil.

14. Cristiano de S. Zanetti, *Direito Contratual Contemporâneo: a Liberdade Contratual e sua Fragmentação*, cit., p. 198.

minado, trazendo insegurança aos agentes econômicos, na medida em que "

> passam a nutrir o receio de que, ao se afastar do texto, nunca mais poderão recobrar os direitos que acertaram na formação do negócio. Tem-se o exagero, na ilusão de proteção de uma das partes da avença.[15]

Ou seja: sua conclusão é de vertente econômica, feita a partir de uma análise de eficiência de mercado. Traduzindo em miúdos, só seria cabível o uso de institutos que imponham limites à liberdade de contratar na medida em que contribuam "para o bom fluxo de relações econômicas – e não para alcançar a tutela do contraente que se afasta do instrumento assinado".

Essa conclusão parece estar em linha com as modernas teorias que analisam toda a estrutura de políticas paternalistas[16] a partir de conceitos de eficiência, utilizando-se de institutos da Economia, como o coeficiente de Pareto e os parâmetros de eficiência de Kaldor-Hicks.[17] Segundo Péter Cserne, medidas paternalistas surgem com maior frequência quando ao menos uma das seguintes hipóteses é verificada: (i) uma das partes tem pouca capacidade de compreensão total das circunstâncias, (ii) há falta ou assimetria de informações ou (iii) quando a parte não tem muitas opções em razão de circunstâncias de dependência ou esteja em ambientes de monopólio.[18] O autor afirma que em determinadas circunstâncias, quando se verifique ineficiência no mercado, se deve avaliar a conveniência de estabelecer medida visando a tutelar os interesses de uma parte ou grupo, com realocação forçada de recursos, assim limitando a liberdade de contratar. Cita, como exemplos positivos, as limitações advindas das regras de proteção contra coerção ou abuso de direito.[19]

Chegando à mesma conclusão sobre a importância da aplicação de conceitos de eficiência na análise de contratos empresariais, mas sob ângulo oposto, Michael Trebilcock argumenta que a exequibilidade de determinado contrato deva ser avaliada a partir da resposta ao seguinte questionamento: a transação pretendida deixará as partes envolvidas em situação melhor (segundo percepção do bem-estar próprio) em comparação a cenário em que elas não tivessem contratado?[20] Segundo o autor isso não seria uma fragilização da liberdade de contratar, mas seu reforço. Usa como exemplo caso em que em determinado contrato há divisão desigual dos resultados; porém, se ambas as partes tiverem obtido proveitos disso, não haveria que se colocar em dúvida qualquer de suas bases.

Diante de todos os aspectos abordados acima, pode-se concluir a terceira premissa para este trabalho: nos contratos empresariais

15. Paula Forgioni, *Contratos Empresariais: Teoria Geral e Aplicação*, cit., p. 99.

16. Determinada política, regra ou medida será considerada paternalista quando três condições estiverem presentes: (i) interfira na autonomia da pessoa, (ii) atue de forma benevolente com relação a outra pessoa e (iii) de forma que não seja necessário o consentimento da primeira. Dessa forma, não parece haver dúvidas de que institutos que busquem tutelar os interesses de parte de um contrato que pretenda impor limites ao que foi pactuado – ou seja, em alguma medida derrogar o *pacta sunt servanda* e, portanto, a liberdade de contratar – certamente se enquadrariam no que se está convencionando como medidas paternalistas.

17. Segundo o coeficiente de Pareto, determinada realocação forçada de recursos é eficiente quando não pode alterar a situação de determinada pessoa para melhor sem tornar pior a situação de outra. Já, segundo Kaldor-Hicks, uma medida é eficiente quando os ganhos daqueles que se beneficiam da medida são maiores que as perdas daqueles que foram prejudicados pela mesma medida.

18. Péter Cserne, *Freedom of Contract and Paternalism: Prospects and Limits of an Economic Approach*, Nova York, Palgrave MacMillan, 2012, p. 90. Nesse mesmo sentido, v.: Duncan Kennedy, "Distributive and paternalist motives in contract and tort law, with special reference to compulsory terms and unequal bargaining power", *Maryland Law Review* 41, *issue* 4, 2012.

19. Péter Cserne, *Freedom of Contract and Paternalism: Prospects and Limits of an Economic Approach*, cit., p. 97.

20. Michael Trebilcock, *The Limits of Freedom of Contract*, Cambridge, Harvard University Press, 1993, p. 84.

deve prevalecer a liberdade de contratar, porém referido princípio pode estar sujeito a limitações quando estas representem maior eficiência ao mercado. Pensar diferente seria violar a lógica própria do mercado e, por consequência, do direito comercial.

Estabelecidas essas premissas, a ideia é avaliar como a jurisprudência se comporta ao analisar casos que tipicamente envolvem contratos empresariais mas em que, por circunstâncias diversas, as partes não estão em paridade contratual, pois existe grau de dependência econômica.

3. O caso para análise

O caso a ser analisado envolve pedido de indenização em razão da rescisão imotivada de contrato de distribuição.[21]

Segundo a autora, durante os 16 anos em que o contrato esteve vigente, atuou como distribuidora da requerida no Interior do Estado de São Paulo. No exercício dessa função manteve mão de obra especializada, efetuou divulgação de produtos, bem como coletou dados e realizou testes junto a clientes potenciais. A autora ressaltou que sempre conduziu tais atividades às suas expensas.

Como fundamento para o pedido a autora apontou os severos prejuízos sofridos, decorrentes, principalmente, do fato que 98% das mercadorias que comercializava eram fabricadas pela requerida. Para a autora tal situação deixava clara a relação de dependência econômica que mantinha com a requerida, e, consequentemente, denotava a abusividade da conduta adotada pela requerida no momento da rescisão do contrato. Além disso, a requerida teria se apropriado da carteira de clientes da autora e aliciado seus empregados, prejudicando sobremaneira a continuidade do negócio.

A autora afirmou também que a requerida a teria obrigado a manter o acondicionamento de estoque, prestar assistência a antigos clientes e manter estruturas físicas, sem remuneração equivalente.

Ao final, a autora pediu a condenação da requerida para que pagasse (a) indenização pela captação de clientes, pela conquista de mercado, pela depreciação de sua reputação, pelo estoque remanescente e pelos desembolsos feitos com a contratação de mão de obra, a aquisição de equipamentos e a reestruturação de sua sede e instalações, tudo a ser apurado em sede de liquidação; (b) indenização derivada da denúncia do contrato, a ser arbitrada; (c) indenização prevista em lei especial (arts. 24, III, da Lei 6.729/1979 – "Lei Ferrari" – e 27, "j", e 34 da Lei 4.886/1965); (d) indenização por danos morais, a ser arbitrada.

A requerida apresentou contestação, na qual argumentou que a denúncia realizada havia observado os ditames legais (atendendo a exigência prevista no contrato quanto à notificação prévia) e que a autora nunca havia sido sua distribuidora exclusiva e nem gozava de exclusividade territorial. Nesse particular, a requerida apontou que alguns clientes especiais eram atendidos diretamente por ela, o que dispensava o suporte técnico oferecido pela autora. Por fim, a requerida sustentou que não provocou dano indenizável, uma vez que os investimentos realizados teriam sido amortizados ao longo dos anos.

Diante dos fatos apresentados, surgiram, portanto, as seguintes perguntas a serem

21.Processo 0115303-49.2006.8.26.0100, 4ª Vara Cível do Foro Central de São Paulo, julgado em primeira instância em maio/2008 (disponível em *https://esaj.tjsp.jus.br/pastadigital/abrirDocumentoEdt.do?nuProcesso=0115303-49.2006.8.26.0100&cdProcesso=2SZX6E0H30000&cdForo=100&baseIndice=INDDS&nmAlias=PG5JMDS&tpOrigem=2&flOrigem=P&cdServico=190101&ticket=fDp%2Bi94RZh5fopwTZCljnco7DbaRQP0ciU9v3jTQY9CCy4IUZbNOKN4F0xYudKlvzjnBFj%2BqlVUv3BGgy5jQfX01dlp92%2BGHI0iHgKWVoS2vkQg%2Fd2Uzp%2BGny%2BKR%2BYOwE4ZYwx65w7OX4pS93VVORsBZpiHhBJhukReAZVN0TXLT5xLC%2Bl7YWqFsBQcY0A4oOtB5P1Ka6G%2BR7zn1kzFYodk6Rh%2BxNxToC17ibpKSts%2FYu49DAPxJNwwzABgEYzfwKqtGBc5Q6fnZwWvXdROW4mdzl7p5lGm1s3xPWlRfd04%3D*, acesso em 25.5.2016).

respondidas pelo Judiciário: "(1) Qual é o regime jurídico aplicável a este contrato? (2) A rescisão do contrato foi feita de acordo com tal regime? (3) Diante dos fatos, deve prevalecer o teor do instrumento firmado ou ele deve ser afastado? (4) É cabível indenização?".

A decisão do Juiz, que foi totalmente confirmada pelo TJSP e ainda pende de julgamento de recurso especial,[22] foi pela procedência parcial da ação, como se verá a seguir.

Ao apreciar o caso o Juiz reconheceu que, embora o contrato em si não fosse um instrumento elaborado – nesse ponto, o Juiz ressaltou a ausência de detalhamento quanto aos deveres de cada uma das partes, estando presentes tão somente a incumbência da autora de comercializar produtos fabricados pela ré e a da ré de lhe disponibilizar produtos com preço diferenciado e lhe prestar informações técnicas necessárias ao desempenho de suas funções –, havia entre autora e ré muito mais que uma atividade estável de intermediação e revenda de produtos.

Os relatos trazidos aos autos foram apontados pelo Juiz como determinantes para ilustrar uma forma mais qualificada ou sofisticada de distribuição, ou seja, a concessão. Isso porque, além de uma atividade estável de intermediação, os depoimentos demonstraram que a relação entre autora e ré envolvia também a prestação de assistência técnica e de garantia de produtos, bem como a exigência de padronização da atuação perante o público. A exclusividade, presente no caso não por disposição expressa, mas sim em decorrência de a autora ter abdicado da comercialização de produtos concorrentes fabricados por terceiros (e também por haver disposição contratual de não concorrência de um ano após a rescisão), reforçou o afastamento da aplicação de regras comuns da distribuição, provocando a incidência de um regime jurídico distinto. Com efeito, o Juiz afastou a aplicação pura e simples do art. 721 do CC de 2002, que acabaria por aplicar ao caso as regras de representação comercial, por entender que tal dispositivo não se ajustaria ao caso concreto, dada a atipicidade do contrato celebrado.

A descaracterização do contrato como um "contrato de distribuição" abriu espaço para a aplicação da Lei Ferrari. O Juiz reconheceu que

> a postulação de uma indenização derivada da denúncia do contrato confunde-se com aquela relativa à prevista no art. 24 da Lei n. 6.729/1979, apesar de não se referir o contrato enfocado à comercialização de veículos automotores, igualada, pela configuração do abuso de direito, a conjuntura àquela estatuída na chamada "Lei Ferrari".

Assim, a resposta dada pelo Judiciário à primeira pergunta, sobre o regime jurídico aplicável, é que o contrato real existente entre as partes era de uma modalidade de concessão, e não de mera distribuição tal qual descrita nos seus termos escritos. Consequentemente, a resposta conferida à segunda pergunta foi que a rescisão não se operou de acordo com o regime jurídico aplicável ao caso.

Para o Juiz a denúncia operada indicou a consumação de abuso de direito, no sentido de que, ainda que exercendo faculdade expressamente prevista no instrumento contratual elaborado, a requerida atuou em sentido contrário aos ditames da boa-fé e se aproveitou de uma posição de preponderância para aniquilar a atividade empresarial mantida pela autora, tomando-a para si. Como pontuado na sentença, a requerida arrebatou toda a carteira de clientes construída pela autora ao longo de cerca de 16 anos, excedendo os limites impostos pela ética empresarial, paralisando a atividade mantida pela autora e induzindo, por isso, nos termos do art. 187

22. REsp 1.280.282-SP (2011/0181041-8) (disponível em *https://ww2.stj.jus.br/processo/pesquisa/?tipoPesquisa=tipoPesquisaNumeroRegistro&termo=201101810418&totalRegistrosPorPagina=40&aplicacao=processos.ea*, acesso em 25.5.2016).

do CC de 2002, sua responsabilidade civil. Ora, se um distribuidor ou concessionário assume os riscos decorrentes da comercialização, percebendo, a título de remuneração, os lucros auferidos com a operação, não pode estar submetido, em reverso, a uma atuação predatória do produtor-concedente, sem qualquer proteção para uma perda patrimonial total, como é o caso.

Portanto, na conclusão apresentada à terceira pergunta, sobre a manutenção, ou não, do teor contratual escrito, o Juiz estabeleceu que caberia a derrogação dos termos do contrato, pois observados indícios de abuso de direito contra parte vulnerável na atuação da requerida. Como consequência, a resposta apresentada à quarta questão, sobre o dever de indenizar, foi positiva, como se verá a seguir.

Diante desse contexto, o Juiz, em processo de integração do contrato, determinou a aplicação do art. 24 da Lei Ferrari, o qual prevê que, de maneira cumulativa, a reparação devida pela concedente corresponderá: (1) ao valor do estoque de produtos, implementos e componentes novos, avaliados pelo valor de venda ao consumidor (inciso I); (2) ao valor dos equipamentos, das máquinas, do ferramental e das instalações destinados à execução do contrato, conforme determinação formalizada por escrito pela concedente (inciso II); (3) ao pagamento de perdas e danos, no importe de 4% do faturamento projetado para a concedente, tendo em conta "um período correspondente à soma de uma parte fixa de 18 meses e uma variável de 3 meses por quinquênio de vigência da concessão, devendo a projeção tomar por base o valor corrigido monetariamente do faturamento de bens e serviços concernentes à concessão, que o concessionário tiver realizado nos 2 anos anteriores à rescisão" (inciso III); (4) ao pagamento de outras reparações ajustadas expressamente em contrato (inciso IV).

Ao final, o pedido de indenização foi parcialmente acolhido, para o fim de condenar a requerida ao pagamento, a título de ressarcimento e em favor da autora, das quantias correspondentes: (a) ao valor do estoque de produtos, implementos e componentes novos, avaliados pelo valor de venda ao consumidor e mantidos na data da extinção do contrato, deduzido aquele referente aos bens já vendidos com preços superiores aos de aquisição; (b) ao valor de *kits* de teste e filtros usados em demonstrações mantidos na data da extinção do contrato; (c) ao pagamento de perdas e danos, no importe de 4% do faturamento projetado para a ré, a partir das vendas feitas pela autora, tendo em conta o período correspondente à soma de uma parte fixa de 18 meses e uma variável de 3 meses por quinquênio de vigência da concessão, devendo a projeção tomar por base o valor corrigido monetariamente do faturamento de bens e serviços concernentes à concessão, que a autora tiver realizado nos 2 anos anteriores à da data da extinção do contrato.

A sentença foi integralmente mantida pelo Tribunal de Justiça, cuja ementa se transcreve:

> Coisa móvel – Compra e venda – Contrato de distribuição – Resilição – Dever de indenizar – Irrelevância de disposição no sentido de ser possível a denúncia – Caráter especial da relação jurídica de direito material em causa – *Aplicação da Lei n. 6.279, na ausência de um dimensionamento das perdas e danos* – Indenização por danos morais descabida, uma vez adotado o critério indenizatório da tal legislação apontada – Necessidade de definição em liquidação de sentença no que toca ao *quantum* devido a título de reparação, fixados por ora apenas os critérios a tanto – Procedência parcial do pleito indenizatório – Agravo retido e apelação de cada parte denegada.[23]

Pode-se concluir que as decisões de primeira e segunda instâncias favoreceram a

23. TJSP, Ap. 1.194.925-0/5, j. junho/2010 (disponível em *https://esaj.tjsp.jus.br/cjsg/getArquivo.do?cdAcordao=4588766&cdForo=0&vlCaptcha=uvMKU*, acesso em 25.5.2016).

autora, aplicando uma legislação específica a determinado setor comercial no qual a autora não se inseria, ao que parece, numa tentativa de suprir as lacunas que se entendeu existentes tanto no contrato objeto da decisão judicial quanto no âmbito legislativo.

4. Fundamentação legal e regime jurídico aplicáveis – A visão da jurisprudência

No caso em questão, a rescisão contratual se operou na vigência do Código Civil de 2002. A despeito de existir no Código Civil atual regramento específico para contratos de distribuição, o Magistrado determinou a aplicação de lei especial à relação contratual em questão, formalizada como contrato de distribuição, por ter considerado esta qualificada, assemelhando-a à concessão.

Identificou, ao determinar tal aplicação, existência de dependência econômica na relação entre as partes, embora não tenha expressamente mencionado o termo em sua decisão. Diante da forma do instrumento e do contrato real entre as partes, verificado na instrução processual, é possível afirmar que a relação de dependência econômica existiu desde o início do contrato, e que, portanto, o instrumento utilizado entre as partes para formalizá-lo de fato foi impróprio, o que, *per se*, parece sugerir desequilíbrio entre as partes.

Por outro lado, caso as partes tivessem formalizado claramente as condições comerciais entabuladas, é possível que o regime jurídico aplicável ao contrato não tivesse sido aquele indicado na decisão judicial, uma vez que a Lei Ferrari não teria aplicação específica à situação fática. Nesse ponto é válido destacar que a aplicação da Lei Ferrari a contratos de distribuição e similares foi recurso muito adotado na vigência do Código Civil de 1916, pela falta de norma específica no *Codex*. Porém, mesmo naquela época não era tarefa fácil fazer tal construção, como inclusive demonstram os comentários ao Código de então.[24]

Ainda nesse ponto, fica uma dúvida latente: caso o instrumento refletisse de forma mais adequada a relação comercial, teria a decisão judicial sido completamente distinta (e talvez, de fato, o caso nem tivesse vindo ao Judiciário, uma vez que um contrato mais claro provavelmente teria trazido ao fornecedor maior interesse em colaborar)?

Ainda, se, por um lado, pareceu correta a decisão de afastar a aplicação do art. 721, dada a complexidade da relação comercial, outra questão importante surge: por que o Magistrado, podendo fazê-lo, não aplicou o parágrafo único do art. 473 do CC?[25]

São perguntas de difícil resposta, mas, ao se analisar o julgado, quer parecer que a decisão entabula a lógica da "conta de chegada": primeiro verificaram-se indícios de dependência econômica e de abuso e, com isso, buscou-se norma que permitisse adequada compensação, fosse ela qual fosse.

Veja-se que, assim como indica Forgioni,[26] o Magistrado identificou o que a autora chamou de "custos idiossincráticos", que

> (...) podem trazer o estado de dependência unilateral ou recíproca porque, regra

24. Cf. Álvaro Villaça Azevedo (coord.), *Código Civil Comentado*, vol. VIII, São Paulo, Atlas, 2003, p. 87. Nesse sentido a Ap. 7.285.490-9 (disponível em *https://esaj.tjsp.jus.br/cjsg/getArquivo.do?cdAcordao=3535747&cdForo=0*, acesso em 25.5.2016), que ainda menciona que tem a jurisprudência aplicado nos vazios contratuais normas de contratos de concessão de veículos automotores, de comissão e de representação comercial autônoma, por entender que há verossimilhança de objetivo e conteúdo nessas modalidades contratuais.

25. CC:

"Art. 473. A resilição unilateral, nos casos em que a lei expressa ou implicitamente o permita, opera mediante denúncia notificada à outra parte.

"Parágrafo único. Se, porém, dada a natureza do contrato, uma das partes houver feito investimentos consideráveis para a sua execução, a denúncia unilateral só produzirá efeito depois de transcorrido prazo compatível com a natureza e o vulto dos investimentos."

26. Paula Forgioni, *Contratos Empresariais: Teoria Geral e Aplicação*, cit., p. 71.

geral, quanto maiores os investimentos específicos, mais elevadas as despesas do aborto da operação. E, ainda, quanto menor sua probabilidade de recuperação, maior o grau de dependência".

Os pedidos feitos pela requerente foram de (i) manutenção de vigência do contrato (em tutela antecipada, o que foi negado) e de indenização, (ii) pela captação de clientes, (iii) pela conquista de mercado, (iv) pela depreciação de sua reputação, (v) pelo estoque remanescente e (vi) pelos custos incorridos pela distribuidora, ao longo da vigência do contrato, com a contratação de mão de obra, a aquisição de equipamentos e a reestruturação de sua sede e instalações. Ainda, foi requerida (vii) indenização prevista em lei especial e (viii) indenização por danos morais. Conforme a separação acima sugerida, e com os fundamentos já citados, o Magistrado deferiu apenas os pedidos relativos aos itens (v), (vi) e (vii). Os mesmos pedidos não poderiam ser atendidos sob fundamento do art. 473, sem a necessidade de aplicação de qualquer lei especial?

É de se notar que, dentre a jurisprudência pesquisada,[27] na sua maioria os casos envolvendo contratos de distribuição, representação comercial e dependência econômica receberam, após a vigência do Código Civil de 2002, tratamento diverso do aplicado a este caso. As soluções não foram mediante a adoção da Lei Ferrari, mas a partir de outros elementos do Código Civil de 2002, mesmo que na maioria dos casos não tenha sido citado especificamente seu art. 473. Como exemplo comparável, embora não se fundamente em nenhum outro artigo de lei, cuja ementa abaixo se transcreve, pode ser verificado no acórdão apreciado pelo TJSP em agosto/2007,[28] ou seja, um ano antes da decisão de primeira instância do caso central:

> Contrato – Distribuição de produtos – Rescisão injustificada pela concedente – Aviso prévio inocorrente – Contrato que extrapola a mera distribuição comercial – Dependência do contratante às regras impostas pela concedente e por ela supervisionadas rigidamente – Efetiva contribuição do distribuidor ao agregamento de valor à marca e ao patrimônio incorpóreo do fabricante – Rescisão unilateral, sem justo motivo, que põe fim não apenas à distribuição, mas conduz, ainda, a um abalo da própria empresa – Dependência econômica, moral e até contábil da distribuidora – Perda do valor incorpóreo do estabelecimento empresarial – Dever de indenizar pela perda do contrato de exclusividade que por direito lhe cabia, por cessão a terceiros, sem sua anuência, em desrespeito ao prazo constante do contrato, perda do aviamento empresarial, ou de parte dele, pelo desaparecimento do estabelecimento empresarial como tal concebido por seus sócios, ressarcimento de despesas necessárias ao retorno do estabelecimento ao estado anterior e ressarcimento à efetiva contribuição do distribuidor ao desenvolvimento econômico da marca do fabricante – Dano material fixado nos valores discriminados pela perícia judicial – Indenizatória procedente – Apelo provido para este fim.

Em outros casos verificados, mesmo quando a dependência econômica não é expressamente reconhecida, o pagamento de indenização pela ruptura contratual leva em conta algumas variáveis, tais como: existência de prazo determinado ou não no contrato, forma da denúncia, práticas pré e pós-denúncia que eventualmente ensejem reconhecimento de abuso de direito. E muitos dos julgados corroboram a lição de Forgioni: "(...) a quebra do contrato de distribuição é abusiva quando efetuada de forma 'abrupta'. Por sua vez, uma denúncia 'abrupta' é aquela em que não se concede ao distribuidor aviso prévio em 'tempo razoável'. Esse 'tempo

27. Pesquisa realizada em novembro/2015 nos *websites* do TJSP e do STJ, partindo do campo de pesquisa livre com os seguintes conjuntos de verbetes: no TJSP – primeiro "dependência econômica" e "contrato de distribuição" e segundo "dependência econômica" e "contrato de representação". No STJ: "Lei 6.729 e analogia".

28. TJSP, Ap. 1116359-8 (disponível em *https://esaj.tjsp.jus.br/cjsg/getArquivo.do?cdAcordao=621597&cdForo=0*, acesso em 25.5.2016).

razoável' é fixado caso a caso e dependerá de grande número de variáveis, inclusive as características dos agentes econômicos e dos mercados em que atuam (...)".[29]

Neste contexto, merecem destaque outros dois julgados: no primeiro a indenização foi considerada indevida diante do término do contrato de distribuição por prazo determinado que após seu decurso não foi renovado. Neste caso o Tribunal entendeu como regular o exercício do direito do fornecedor:

> Tratando-se de encerramento de contrato de distribuição de bebidas após transcurso integral do prazo pactuado, a falta de interesse na renovação, ainda que amparada exclusivamente no interesse de obtenção de maior lucro, não constitui ato ilícito hábil a gerar dever de indenizar. Ao não renovar o contrato de distribuição e revenda, a ré exerceu regularmente seu direito e, como sabido, quem assim age não pratica ato ilícito.[30]

No segundo, um julgado que, assim como o caso central, também aplicou a Lei Ferrari por analogia, mas em tempos de vigência do Código Civil de 1916,[31] asseverando que se socorreria do art. 473 do CC de 2002 caso a contenda se desse sob a égide deste. Aliás, esta decisão é bastante representativa das questões que envolvem os contratos de distribuição.

Tratava-se de contrato de distribuição de bebidas que vigorava há 10 anos. O distribuidor havia sido premiado e reconhecido como um dos melhores da rede. Um agressivo plano de reposicionamento da marca exigiu do distribuidor investimento com propaganda e uniformes para seus funcionários. Outro plano, de continuidade dos negócios, exigiu que o principal sócio da empresa distribuidora iniciasse preparo e treinamento da sua filha para assumir seu negócio. No mesmo ano destes planos e da premiação, *abruptamente*, o contrato de distribuição foi rescindido, de forma imotivada e sem qualquer contrapartida.

De todos, este foi o único caso que a pesquisa encontrou em que houve aplicação de dano moral. A decisão do Tribunal, fundamentada de forma inteligente e delicada, reverteu a decisão de primeira instância e determinou a indenização com base no art. 160 do CC vigente, reconhecendo a ilicitude do exercício da rescisão contratual tal como pactuada no instrumento e aplicando ainda, por analogia, a Lei Ferrari. O tipo de conduta por parte do fornecedor como a deste caso justifica toda intervenção paternalista na relação empresarial, que deveria vir acompanhada não só do amparo legal, como também do *enforcement*.[32]

Na esteira deste, tantos outros no mesmo sentido, sob a lei atual, garantem a indenização em caso de quebra "abrupta" do contrato.[33]

29. Paula A. Forgioni, *Contrato de Distribuição*, São Paulo, Ed. RT, 2004, pp. 452-453.

30. TJSP, Ap. 0000473-59.2009.8.26.0296, j. maio/2012 (disponível em *https://esaj.tjsp.jus.br/cjsg/getArquivo.do?cdAcordao=5934148&cdForo=0*, acesso em 25.5.2016).

31. TJSP, Ap. 7.285.490-9, j. janeiro/2009 (disponível em *https://esaj.tjsp.jus.br/cjsg/getArquivo.do?cdAcordao=3535747&cdForo=0*, acesso em 25.5.2016).

32. A beleza desta decisão ofusca-se pela morosidade do processo. A rescisão ocorreu em 1995, ano em que a ação foi proposta. O acórdão é de 2009. Dessa decisão houve interposição de recurso especial, o qual teve sua admissibilidade denegada. Depois do agravo, que permitiu a subida dos autos para o STJ, em 2013, o recurso até novembro/2015 ainda aguardava julgamento. O distribuidor faliu em 1996.

33. Nesse sentido, v.: (i) AI 2016759-20.2014.8.26.0000 (disponível em *https://esaj.tjsp.jus.br/cjsg/getArquivo.do?cdAcordao=7412177&cdForo=0*, acesso em 25.5.2016), j. março/2014, caso em que o distribuidor dos sorvetes da marca "Rochinha" obteve prazo adicional para encerrar a relação contratual; (ii) Ap. 9120259-90.2008.8.26.0000 (disponível em *https://esaj.tjsp.jus.br/cjsg/getArquivo.do?cdAcordao=6822768&cdForo=0*, acesso em 25.5.2016), j. junho/2013, caso em que não houve justa causa para a rescisão e o distribuidor fez jus a lucros cessantes; e (iii) Ap. 0248713-13.2009.8.260000 (disponível em *https://esaj.tjsp.jus.br/cjsg/getArquivo.do?cdAcordao=7125131&cdForo=0*, acesso em 25.5.2016), j. outubro/2013 (interessante notar que em todos estes casos não havia contrato escrito).

De fato, é possível afirmar que o art. 473, como preceito geral, preencheu uma lacuna existente na lei anterior, ratificada, em relação ao contrato de distribuição e agência, porém de forma incompleta, pelo arts. 710 e ss. Antes da vigência do atual Código a jurisprudência se socorria de analogias a leis especiais para tratar os casos de distribuição atípicos.

A especificação dos contratos empresariais é assunto já comentado neste trabalho, e os julgados avaliados corroboram isso. Nesse sentido, Fernandes e Aguiar,[34] da mesma forma, indicam a necessidade de verificar as diferenças que existem nas diversas subespécies contratuais para que sejam conduzidas adequadamente as relações entre as partes, e é o que os julgados analisados fizeram.

Com efeito, os autores apresentam uma classificação das relações contratuais onde a intervenção e o paternalismo estatal devem atuar de forma mais intensa, até à forma onde isso quase não seria necessário. Numa escala de 1 a 12, sendo o primeiro (relação entre consumidor pessoa física contratando por adesão com empresa monopolista) o que precisa de mais proteção e o último o que menos precisaria (duas grandes empresas que contratam em relação paritária), as relações estudadas nesse trabalho se encontrariam na oitava e na décima primeira posições, respectivamente (uma pessoa jurídica contratando por adesão com outra empresa e uma pequena empresa contata com uma grande empresa).[35]

Portanto, a partir das análises feitas acima, podem ser identificadas algumas tendências: (i) não parece que são levados em consideração pelos tribunais aspectos particulares do que seria um regime jurídico específico dos contratos empresariais ou, ao menos, não é conferida a tal regime estrutura de tutela distinta da dos contratos civis; (ii) a dependência econômica de uma das partes parece ser uma das pedras de toque para guiar as decisões (a despeito de tal relação ter caráter empresarial), conferindo à parte dependente tutela de seus interesses mesmo que em muitas das vezes tal tutela seja contrária ao teor específico dos instrumentos firmados; (iii) diante de uma tipificação antes ausente e hoje insuficiente do contrato de distribuição, a jurisprudência, como se demonstrou, regula as mazelas contratuais pela via das indenizações, alcançando a fundamentação a partir da conclusão que pretende, seja ora para aplicar lei especial, ora para fundamentar suas decisões em preceitos do Código Civil, como boa-fé, abuso, função social, pautando resposta nos arts. 710 e ss. ou no art. 473; e (iv) quando da aplicação de tais institutos de direito civil, os tribunais não parecem levar em consideração conceitos de eficiência econômica, como, por exemplo, analisar os desdobramentos que esse tipo de tutela pode ter no mercado, e, ainda que se refiram a tal possibilidade, não fazem qualquer comprovação ou estudo.

5. Avaliação estruturada do caso

Diante do cenário jurisprudencial que se apresentou, passa-se a estudar com mais profundidade o caso central.

Primeiramente, cabe observar a boa forma que possui a decisão de primeiro grau, a correta instrução processual, que permitiu a verificação de elementos contratuais que não estavam presentes no instrumento firmado entre as partes. A decisão, sem omissões ou controvérsias, foi integralmente ratificada pelo Tribunal, o que certamente é um reconhecimento do seu acerto.

A fundamentação, embora não óbvia para a época em que foi aplicada, justifica-se. Como já referido, a Lei Ferrari foi diversas vezes utilizada como base para preenchimento de lacuna existente diante da

34. Wanderley Fernandes e Tatiana Aguiar, *A Empresa e o Direito do Consumidor: uma Relação Complexa*, cit., p. 61.

35. Idem, pp. 71-72.

complexidade e atipicidade dos contratos de distribuição no Direito pátrio. No entanto, após a vigência do Código Civil de 2002 nota-se uma mudança neste padrão, que poderia ter sido utilizada pelo Magistrado ao aplicar a lei ao caso.

Ao que parece, a escolha foi consciente. A decisão afasta a aplicação dos arts. 710 e ss., reconhecendo na relação contratual mais que um contrato de agência e distribuição, tal qual ali descrito, e, em perfeita sintonia com a doutrina atual,[36] ao estabelecer que o tipo do contrato de distribuição em afeto foi pobremente tratado no Código Civil, manteve a aplicação da analogia anteriormente usual.

É, portanto, uma decisão de direito positivo, com aplicação de analogia, que se fundamenta no Decreto-lei 4.657/1942.[37]

Pode-se avaliar se a decisão obteria os mesmos resultados se fundamentada ao abrigo do parágrafo único do art. 473. Talvez nesta hipótese o valor da indenização sofreria pela incerteza, ao passo que na Lei Ferrari se encontra positivado. No entanto, o desequilíbrio da rescisão imotivada deve ser sempre objeto de análise casuística, de forma a que talvez possa o STJ, ao julgar o recurso pendente de apreciação, considerar o *quantum* excessivo e reformar a decisão.

De qualquer forma, parece que haveria instrumental suficiente no parágrafo único do art. 473 para deferir a indenização pretendida pelo distribuidor. Apesar desta possibilidade, a decisão não mereceu reforma no Tribunal, uma vez que também para este órgão a indenização pelo dano causado seria de fato devida, independentemente do fundamento legal.

Entretanto, já existem decisões no STJ contrariando a sentença. Nesse sentido, o REsp 513.048-DF (2003/0018005-7), julgado em março/2010,[38] estabeleceu, em caso bastante semelhante ao julgado:

> Não é possível valer-se da interpretação analógica nas situações em que a solução jurídica buscada pela recorrente só é empregada para casos atípicos, que receberam normatização específica, em face das peculiaridades levadas em conta pelo legislador.

Da mesma forma foi a decisão do REsp 681.100-PR (2004/0085842-7), julgado em junho/2006:[39]

> Havendo disposição contratual assegurando às partes interromper o negócio de distribuição de bebidas, o que afasta a configuração de cláusula abusiva ou potestativa, é impertinente buscar analogia com dispositivo de outra lei especial de regência para os casos de concessão de veículos automotores de via terrestre.

Assim, diante do posicionamento do STJ, seria conveniente que a decisão não tivesse feito uso de lei especial, pois assim provavelmente terá mais chance de integralmente ser prestigiada. Isso porque, como dito antes, a indenização pelo dano não deixaria de ser devida, o que mudaria seria seu fundamento. É o que corrobora o acordão dos ED no REsp 654.408-RJ (2004/0047977-6), julgado em agosto/2013:[40]

> Analisando os recursos especiais interpostos por ambas as partes, a egrégia 4ª Turma, por unanimidade de votos, deu parcial provimento ao recurso da PEPSI-

36. Nesse sentido: Álvaro Villaça Azevedo (coord.), *Código Civil Comentado*, cit., vol. VIII; e Paula Forgioni, *Contrato de Distribuição*, cit.

37. Decreto-lei 4.657/1942, art. 4º: "Quando a lei for omissa, o juiz decidirá o caso de acordo com a analogia, os costumes e os princípios gerais de Direito".

38. Disponível em *https://ww2.stj.jus.br/processo/revista/documento/mediado/?componente=ITA&sequencial=952619 &num_registro=200300180057&data=20100419&formato=PDF* (acesso em 25.5.2016).

39. Disponível em *https://ww2.stj.jus.br/processo/revista/documento/mediado/?componente=ITA&sequencial=634036 &num_registro=200400858427&data=20060814&formato=PDF* (acesso em 25.5.2016).

40. Disponível em *https://ww2.stj.jus.br/processo/revista/documento/mediado/?componente=ITA&sequencial=1254656 &num_registro=200400479776&data=20130820&formato=PDF* (acesso em 25.5.2016).

> CO para, não obstante afastar a aplicação analógica, ao caso, da Lei n. 6.729/1979, manter, com fundamento na teoria geral dos contratos e também no direito positivado (art. 473 do novo CC), a necessidade de haver prazo razoável para notificação acerca da extinção do contrato (aviso prévio) e, por isso, a indenização pretendida, consistente em lucros cessantes e danos emergentes, em face do exíguo prazo de 30 dias relativo ao aviso prévio. (...). Com efeito, não obstante se tenha afastado a aplicabilidade da lei de concessão comercial relativa a automóveis, entendeu-se pela necessidade de fixação de um prazo razoável e adequado de aviso prévio, antecedendo a ruptura do contrato entre as partes. O aviso prévio foi reconhecido justamente para evitar maiores prejuízos para a distribuidora, evitando-se os lucros cessantes e danos emergentes reconhecidos, no caso. (...).

Pelo exposto, deve-se reconhecer a coerência da disciplina jurídica aplicável ao caso em questão, mesmo que por analogia, bem como os princípios que fundamentam a questão, muito embora exista caminho semelhante por aplicação direta da lei, sem aplicação da analogia.

Em conclusão, deve-se dizer que a decisão visa a reparar um desequilíbrio contratual, atendendo, portanto, aos imperativos econômicos e sociais que se esperariam em casos em que se verifica que uma das partes se encontra em dependência econômica da outra. Como resultado, os termos estabelecidos no instrumento contratual são afastados, em derrogação do princípio do *pacta sunt servanda*. A despeito de ser cabível considerar que a decisão atende a um anseio de alcançar uma suposta "função social" do contrato – qual seja, recompensar adequadamente as expectativas entabuladas de boa-fé pelas partes –, é criticável o fato de que isso tenha sido feito sem proceder a uma análise de fundo econômico, sem considerar os efeitos que a quebra de um contrato pode ter no mercado e quais as consequências que podem decorrer desse tipo de decisão em contratações futuras.

6. O que pode se esperar do futuro – Conclusão

O que se extrai das análises realizadas neste trabalho é que o Judiciário – com raras exceções – ainda não reconhece, em sua plenitude, uma teoria geral dos contratos empresariais, conferindo a ela tratamento distinto da lógica dos contratos civis. Com frequência lança mão de instrumentos de direito civil para, de alguma forma, tutelar os interesses de uma das partes, nem que isso importe revisão de contratos empresariais – ora para completar eventuais lacunas, ora para alterar frontalmente os termos e condições firmados.

Sem que isso signifique qualquer crítica ao acerto, ou não, das decisões, fato é que esse exercício é feito sem a ponderação adequada dos efeitos econômicos de se derrogar o *pacta sunt servanda* e, portanto, a autonomia das partes na hora de contratar. Uma vez verificada a vulnerabilidade de um dos lados – e, nos casos analisados, essa vulnerabilidade se manifestava na forma de dependência econômica –, parece que os demais critérios de avaliação do caso são colocados de lado. Parece não importar se no momento da contratação a parte teve o interesse de firmar o instrumento mesmo sabendo dos riscos envolvidos.

Por outro lado, os contratos objeto da jurisprudência analisada e, em especial, do caso central eram de fato incompletos. Não se pode admitir que houve em tais casos deliberada intenção de deixar o contrato sem tratar das consequências de sua rescisão. Nesse sentido, as decisões do Judiciário, independentemente do fundamento legal, têm reconhecido a existência de dano indenizável, o que deveria servir como referência para contratações futuras, e acenam para o reconhecimento da necessidade de uma disciplina jurídica específica e mais bem detalhada para o assunto, que, quando tiver maior robustez, permitirá ao Judiciário passar a avaliar com mais atenção os efeitos econômicos a ela relacionados.

Bibliografia

AGUIAR, Tatiana, e FERNANDES, Wanderley. *A Empresa e o Direito do Consumidor: uma Relação Complexa*. São Paulo, Saraiva, 2014.

AZEVEDO, Álvaro Villaça (coord.). *Código Civil Comentado*. vol. VIII. São Paulo, Atlas, 2003.

BUGARELLI, Waldírio. *Contratos Mercantis*. 4ª ed. São Paulo, Atlas, 1987.

CSERNE, Péter. *Freedom of Contract and Paternalism: Prospects and Limits of an Economic Approach*. Nova York, Palgrave MacMillan, 2012.

FERNANDES, Wanderley, e AGUIAR, Tatiana. *A Empresa e o Direito do Consumidor: uma Relação Complexa*. São Paulo, Saraiva, 2014.

FORGIONI, Paula. *Contrato de Distribuição*. São Paulo, Ed. RT, 2004.

________. *Contratos Empresariais: Teoria Geral e Aplicação*. São Paulo, Ed. RT, 2015.

KENNEDY, Duncan. "Distributive and paternalist motives in contract and tort law, with special reference to compulsory terms and unequal bargaining power". *Maryland Law Review* 41. *Issue* 4. 2012.

KLEIN, Benjamin. "Contracting costs and residual profits: the separation of ownership and control". *Journal of Law and Economics* 26. 1985.

MÉNARD, Claude. "The economics of hybrid organizations". *Journal of Institutional and Theoretical Economics* 160/345-376. 2004.

PEREIRA CALÇAS, Manoel de Q. "Revisão judicial de contratos entre empresários". *Revista do Instituto de Pesquisas e Estudos – Divisão Jurídica*. Bauru, Instituição Toledo de Ensino, 2000.

SCHWARTZ, Alan, e SCOTT, Robert E. "Contract interpretation redux". *The Yale Law Journal* 119. 2010.

________. "Contract theory and the limits of contract law". *Faculty Scholarship Series*. Paper 308, 2003 (disponível em *http://digitalcommons.law.yale.edu/fss_papers/308*, acesso em 5.12.2015).

SCOTT, Robert E., e SCHWARTZ, Alan. "Contract interpretation redux". *The Yale Law Journal* 119. 2010.

________. "Contract theory and the limits of contract law". *Faculty Scholarship Series*. Paper 308, 2003 (disponível em *http://digitalcommons.law.yale.edu/fss_papers/308*, acesso em 5.12.2015).

TREBILCOCK, Michael. *The Limits of Freedom of Contract*. Cambridge, Harvard University Press, 1993.

WILLIAMSON, Oliver. "Comparative economic organization: the analysis of discrete structural alternatives". *Administrative Science Quarterly* 1991 (pp. 269-296).

ZANCHIM, Kleber L. *Contratos Empresariais: Categoria; Interface com Contratos de Consumo e Paritários; Revisão Judicial*. São Paulo, Quartier Latin, 2012.

ZANETTI, Cristiano de S. *Direito Contratual Contemporâneo: a Liberdade Contratual e sua Fragmentação*. São Paulo, Método, 2008.

Espaço Discente

FAZ SENTIDO QUE HAJA CREDORES NÃO SUJEITOS À RECUPERAÇÃO JUDICIAL?

ADRIANA MARIA CRUZ DIAS DE OLIVEIRA

1. Introdução. 2. Objetivos do sistema de insolvência: 2.1 Foco no direito dos credores – 2.2 Foco nos demais stakeholders*. 3. O tratamento dos credores com garantia: 3.1 O tratamento dos créditos tributários. 4. Adequação entre objetivos e legislação. 5. Distorções causadas pela não inclusão de todos os credores na reestruturação judicial de empresas – Análise da Lei 11.101/2005 e realidade brasileira: 5.1 A exclusão de créditos do procedimento de insolvência prejudica a empresa em crise – 5.2 Distorções para a maximização de valor aos credores. 6. Conclusão.*

Resumo: O objetivo do artigo é analisar, sob a perspectiva da função dos institutos falimentares, em especial da recuperação de empresas, se faz sentido que alguns credores sejam excluídos do procedimento concursal que se forma quando apresentado pedido de recuperação judicial pela empresa em crise – assumindo que esta exclusão visa a dar prioridade aos direitos de referidos credores em detrimento daqueles que deverão sujeitar seus direitos ao procedimento de insolvência. São discutidos conceitos e teorias ligados aos objetivos do sistema de insolvência, divididos em basicamente dois grandes grupos – aqueles que acreditam que o procedimento de insolvência deve ter como fim precípuo permitir a efetiva recuperação de empresas que desenvolvem negócios economicamente viáveis, bem como aqueles que acreditam que o principal objetivo deve ser maximizar o retorno aos credores participantes da empresa em crise. Partindo destes conceitos, serão analisadas as possíveis distorções causadas ao sistema do direito da insolvência – com consequências para o alcance de seus objetivos – em razão de o procedimento judicial de reestruturação de empresas permitir a reestruturação apenas parcial dos créditos da empresa em crise.

Palavras-chave: Insolvência; Reestruturação; Recuperação Judicial; Credores; Extraconcursal; Garantias.

1. Introdução

Desde a entrada em vigor, há mais de 10 anos, da Lei 11.101, de 9.2.2005, a Lei de Recuperação de Empresas e Falência, um dos assuntos mais discutidos é a validade e a eficácia da exclusão dos efeitos da recuperação judicial dos créditos garantidos por alienação fiduciária, em especial a cessão fiduciária de recebíveis.

A questão era tão relevante que foi um dos primeiros assuntos relacionados à interpretação da Lei 11.101/2005 a serem decididos pelo STJ, em 2013, ocasião em que foi confirmado o entendimento de que, conforme o art. 49, § 3º,[1] da Lei 11.101/2005,

1. Lei 11.101/2005, § 3º do art. 49: "§ 3º. Tratando-se de credor titular da posição de proprietário fiduciário de bens móveis ou imóveis, de arrendador mercantil, de proprietário ou promitente vendedor de

referidos créditos estão excluídos dos efeitos da recuperação judicial.[2]

Não parece haver muita dúvida sobre o fato de que, nos termos da Lei Falimentar brasileira, créditos garantidos por propriedade fiduciária de bens móveis ou imóveis não se sujeitam à recuperação judicial, muito menos de que créditos, nos termos do art. 83, III, do CC, são considerados bens móveis. A despeito da clareza do instituto, não faltam iniciativas de devedores e julgadores que, mesmo após o entendimento adotado pelo STJ, tentam, com a adoção de teses jurídicas cada vez mais inovadoras, sujeitar os créditos garantidos por cessão fiduciária de recebíveis aos efeitos da recuperação judicial.[3]

Tentativas como estas, que contrariam tanto o texto da lei quanto precedentes já estabelecidos pelas Cortes Superiores, atrapalham a segurança jurídica e a previsibilidade das quais deve ser dotado o sistema normativo, e, por isso, devem ser evitadas.

Não se pode negar, entretanto, que este tipo de decisão representa (incorreta) manifestação de inconformismo frente à limitação normativa que impede o juiz de adotar no caso concreto a solução que *lhe* parecia mais adequada ao destino da empresa (a reestruturação de todo o seu passivo, não apenas aquele sujeito à recuperação judicial).

É este mesmo inconformismo quanto à previsão legal trazida pelo § 3º do art. 49 da Lei 11.101/2005 que talvez tenha levado Manoel Pereira Calças – que, como Desembargador do TJSP, decide constantemente pela extraconcursalidade de créditos garantidos por alienação fiduciária[4] – a indicar em artigo recentemente publicado que

imóvel cujos respectivos contratos contenham cláusula de irrevogabilidade ou irretratabilidade, inclusive em incorporações imobiliárias, ou de proprietário em contrato de venda com reserva de domínio, seu crédito não se submeterá aos efeitos da recuperação judicial e prevalecerão os direitos de propriedade sobre a coisa e as condições contratuais, observada a legislação respectiva, não se permitindo, contudo, durante o prazo de suspensão a que se refere o § 4º do art. 6º desta Lei, a venda ou a retirada do estabelecimento do devedor dos bens de capital essenciais à sua atividade empresarial".

2. "Recurso especial – Recuperação judicial – Contrato de cessão fiduciária de duplicatas – Incidência da exceção do art. 49, § 3º, da Lei n. 11.101/2005 – Art. 66-B, § 3º, da Lei n. 4.728/1965. 1. Em face da regra do art. 49, § 3º, da Lei n. 11.101/2005, não se submetem aos efeitos da recuperação judicial os créditos garantidos por cessão fiduciária. 2. Recurso especial provido" (STJ, 4ª Turma, REsp 1.263.500-ES, rela. Min. Maria Isabel Gallotti, j. 5.2.2013).

3. A título de exemplo, cita-se o Exmo. Juízo da Vara de Falências, Recuperações, Insolvência e Cartas Precatórias Cíveis de Campo Grande/MS, que nos autos da recuperação judicial de Fábrica – Química Petróleo e Derivados Ltda. (Autos 0816741-50.2015.8.12.0001), a exemplo do que fez em diversas outras recuperações judiciais, declarou a sujeição dos créditos garantidos por cessão fiduciária de recebíveis a recuperação judicial já na decisão que deferiu o processamento da recuperação, em razão da inconstitucionalidade do § 3º do art. 49 da Lei 11.101/2005: "Posto isso, com base nos fundamentos expostos, e diante da inconstitucionalidade do § 3º do art. 49 da Lei n. 11.101/2005, deixo de aplicá-lo na presente ação, posto que está em desacordo com as normas e princípios constitucionais (arts. 170 e 1º, I, da CF), principalmente os que norteiam a ordem econômica: da propriedade privada, função social da propriedade e da empresa, da livre concorrência, garantia do pleno emprego, suprimento das desigualdades regionais e sociais e tratamento diferenciado para as pequenas e microempresas, declarando que os créditos bancários decorrentes dos institutos jurídicos descritos no parágrafo referido, 'credor titular da posição de proprietário fiduciário de bens móveis ou imóveis, de arrendador mercantil, de proprietário ou promitente vendedor de imóvel cujos respectivos contratos contenham cláusula de irrevogabilidade ou irretratabilidade, inclusive em incorporações imobiliárias, ou de proprietário em contrato de venda com reserva de domínio', estão sujeitos à recuperação judicial".

4. Como exemplo cite-se a decisão alcançada nos seguintes recursos, relatados por Manoel Pereira Calças: "Agravo de instrumento – Recuperação judicial – Cédula de crédito bancária – Contrato de constituição de alienação fiduciária em garantia sobre bem imóvel – Crédito que não se submete aos efeitos da recuperação judicial (art. 49, § 3º, da LREF) – Consolidação da propriedade do imóvel dado em garantia em favor do agravado – Decisão mantida – Agravo a que se nega provimento" (TJSP, 1ª Câmara Reservada de Direito Empresarial, AI 0224457-98.2012.8.26.0000, j. 13.11.2012); e "Agravo de instrumento – Impugnação de crédito – Recuperação judicial – Crédito decorrente de contrato de mútuo garantido por alienação fiduciária – Cláusula de alienação fiduciária devidamente levada a registro – Crédito não sujeito à recuperação judicial (art. 49, § 3º, da Lei n. 11.101/05) – Decisão

> a pura e simples exclusão de tais créditos da abrangência do plano de recuperação da crise econômico-financeira da empresa pode acarretar – como de fato acarreta – imensas dificuldades, ou mesmo inviabilizar o soerguimento da empresa".[5]

Conclui o autor que

> há, pois, necessidade de se refletir sobre a viabilidade da alteração da disciplina legal dos créditos tutelados por direitos reais em garantia, procurando-se equilibrar os interesses das instituições financeiras e das empresas que por ela são financiadas, objetivando-se equacionar o escopo lucrativo das instituições financeiras com o princípio da preservação da empresa.

É sob este panorama que se desenvolve o presente artigo.

Apesar da introdução feita – visando a chamar a atenção do estudioso à questão –, não é objetivo do estudo discutir as escolhas da legislação brasileira quanto à prioridade de pagamentos em casos de insolvência – com a exclusão dos créditos garantidos por alienação fiduciária, adiantamento de contrato de câmbio ou de natureza tributária dos efeitos da recuperação judicial –, mas discutir a escolha da forma adotada para que seja garantida referida prioridade, em especial em contraposição aos objetivos do sistema concursal.

O objetivo do artigo é analisar, sob a perspectiva da função dos institutos falimentares, em especial da recuperação de empresas, se faz sentido que alguns credores sejam excluídos do procedimento concursal que se forma quando apresentado pedido de recuperação judicial pela empresa em crise, assumindo que esta exclusão visa a dar prioridade aos direitos de referidos credores em detrimento daqueles que deverão sujeitar seus direitos ao procedimento de insolvência.

A intenção é discutir conceitos e teorias ligados aos objetivos do sistema de insolvência, divididos em basicamente dois grandes grupos: aqueles que acreditam que o procedimento de insolvência deve ter como fim precípuo permitir a efetiva recuperação de empresas que desenvolvem negócios economicamente viáveis bem como aqueles que acreditam que o principal objetivo deve ser maximizar o retorno aos credores participantes da empresa em crise.

Partindo destes conceitos, serão analisadas as possíveis distorções causadas ao sistema – com consequências para o alcance de seus objetivos – em razão de o procedimento judicial de reestruturação de empresas permitir a reestruturação apenas parcial dos créditos.

Feita esta introdução, o artigo apresenta breve análise dos objetivos de um sistema de insolvência, no item 2, e a análise sobre tratamento dos créditos usualmente tratados com privilégio nos sistemas de insolvência, no item 3. No item 4 trata-se da necessidade de que os objetivos do sistema de insolvência sejam compatíveis com as normas nele contidas, para, no item 5, analisar as distorções causadas pela exclusão de créditos do concurso de credores, com base no sistema brasileiro. No item 6 é feita a conclusão.

2. Objetivos do sistema de insolvência

A análise das teorias que defendem quais devem ser os objetivos do sistema de insolvência denota que, ainda que haja grandes diferenças de metodologia e de graus de defesa aos direitos de cada um dos envolvidos em determinada situação de insolvência, o sistema concursal sempre será voltado à tomada de decisões de alocação dos custos da insolvência, gravitando as teorias existentes, basicamente, entre (i) aqueles que focam nas proteções que devem ser dadas aos

mantida – Agravo a que se nega provimento" (TJSP, 1ª Câmara Reservada de Direito Empresarial, AI 0033034-49.2012.8.26.0000, j. 28.8.2012).

5. Manoel de Queiroz Pereira Calças, "Créditos submetidos a recuperação judicial", in Newton de Lucca e Miguel Pestana de Vasconcelos (coords.), *Falência, Insolvência e Recuperação de Empresas. Estudos Luso-Brasileiros*. São Paulo, Quartier Latin, 2015.

credores – identificadas com o objetivo do sistema de insolvência de gerar maximização dos retornos aos credores –, em contrapartida (ii) àqueles que focam no tratamento que deve ser dado a outros *stakeholders* da empresa em crise, como acionistas, trabalhadores, fornecedores, clientes e sociedade em geral – identificados genericamente com os autores que defendem que o foco do sistema concursal deve ser a empresa em crise.

Sobre estas teorias, ressalta Sheila Neder Cerezetti,[6] a identificação dentre os objetivos do sistema concursal da preservação da empresa não deve ser vista como uma medida "pró-devedor", mas, sim, uma medida voltada à proteção de todos os interesses ligados à empresa, incluindo o direito dos credores. Tratar-se-ia, na realidade, de uma mudança de foco: da visão tradicional do direito concursal – focado no concurso de credores – para o direito da empresa em crise – focado na solução da crise relacionada à situação de insolvência.

A seguir são analisadas algumas das teorias sobre finalidade do sistema concursal defendidas por estudiosos da insolvência empresarial, conforme debate internacional sobre o tema, em especial nos Estados Unidos.

2.1 Foco no direito dos credores

Nos Estados Unidos, Thomas Jackson acompanhado por Douglas Baird,[7] ainda na década de 1980, iniciaram estudos acerca da finalidade do sistema de insolvência, tendo defendido a tese de que sua primeira finalidade seria maximizar o retorno dos credores, por meio da utilização de um sistema coletivo de recuperação de crédito que possibilitasse a superação dos problemas de divisão de bens insuficientes ao pagamento de dívidas, problemas, estes, inerentes aos procedimentos de insolvência.

Nesse sentido, não caberia às regras de insolvência criar direitos, devendo, ainda, o procedimento concursal zelar para que fossem respeitados os direitos individuais de cada credor tal como contratados, de modo a evitar o que se chamou de *forum shopping* – a utilização do sistema concursal por entes que teriam neste sistema direitos superiores àqueles garantidos pela legislação não concursal.[8]

John Armour[9] indica que, para economistas financeiros, o sistema de insolvência deve ser apenas uma forma de reduzir os custos de financiamento da empresa por meio de dívida. Tal visão adota a premissa de que os custos da insolvência nada mais são do que um produto inerente ao financiamento por meio de dívida. Continua o autor para indicar que a possibilidade de que o credor se valha dos bens do devedor para satisfação de seu crédito é a forma mais eficiente de garantir que os detentores do capital da empresa não se apropriem do capital emprestado.

Sistematizando estudos havidos em diversas legislações sobre quais deveriam ser os objetivos de um procedimento de insolvência, a *United Nations Commission on International Trade Law*/UNCITRAL e o Banco Mundial desenvolveram princípios gerais de como deveriam ser os sistemas nacionais de defesa de interesses de credores e regime de insolvência para que eles oferecessem mecanismos ao desenvolvimento econômico.

6. Sheila Christina Neder Neder Cerezetti, *A Recuperação Judicial de Sociedade por Ações – O Princípio da Preservação da Empresa na Lei de Recuperação e Falência*, São Paulo, Malheiros Editores, 2012, p. 209.

7. Douglas G. Baird e Thomas H. Jackson, "Corporate reorganizations and the treatment of diverse ownership interests: a comment on adequate protection of secured creditors in bankruptcy", 51 *University of Chicago Law Review* 97 (1984).

8. Douglas G. Baird, "Loss distribution, forum shopping, and bankruptcy: a reply to Warren", *University of Chicago Law Review* 54 (1987).

9. John Armour, *The Law and Economics of Corporate Insolvency: a Review*, Working Paper 197 – ESRC Centre for Business Research, University of Cambridge, 2001 (disponível em *http://www.econ.jku.at/members/Buchegger/files/Juristen/armour_2001_corporate%20insolvency.pdf*, acesso em 30.9.2015).

O *Legislative Guide on Insolvency Law* desenvolvido pela UNCITRAL indica nove diferentes objetivos para o procedimento de insolvência:[10] (i) prover certeza jurídica ao mercado para promover estabilidade e crescimento, (ii) maximizar o valor da massa, (iii) equilibrar o sistema entre situações de liquidação e reestruturação, (iv) prover tratamento semelhante a credores na mesma situação, (v) proporcionar rápida, eficiente e imparcial solução à situação de insolvência, (vi) preservar a massa falida ou bens do devedor para permitir adequada distribuição entre os credores, (vii) ter um sistema que forneça previsibilidade e transparência de informações, (viii) reconhecer os direitos dos credores e estabelecer regras claras de prioridade entre eles e (ix) estabelecer mecanismos para lidar com situações de insolvência internacionais, que gerem efeitos em diversos Países.

Os objetivos definidos pelo Banco Mundial não são muito diferentes. Conforme relatado no *World Bank Principles for Effective Creditor/Debtor Regimes*, que foi recentemente atualizado,[11] o sistema de insolvência deve buscar: (i) integrar-se ao sistema legal geral e comercial do País, (ii) maximizar o valor da massa e o retorno aos credores, (iii) propiciar a rápida liquidação de empresas inviáveis ou caso esta solução gere maior retorno aos credores, bem como a reestruturação de negócios viáveis, (iv) propiciar equilíbrio entre a liquidação e a reestruturação de empresas, permitindo a rápida alteração de um procedimento a outro, (v) garantir tratamento equitativo a credores na mesma situação, incluindo credores nacionais e estrangeiros, (vi) proporcionar rápida, eficiente e imparcial solução à situação de insolvência, (vii) prevenir o uso indevido dos sistemas de insolvência, (viii) prevenir a corrida de credores contra os bens do devedor que leve ao esvaziamento da empresa, (ix) prever processo transparente que inclua e constantemente aplique regras de alocação de risco e regras que estimulem a obtenção e divulgação de informações, (x) reconhecer o direito dos credores e respeitar a prioridade dos débitos em procedimento previsível e estável e (xi) prever mecanismos para lidar com casos de insolvência que envolvam mais de uma jurisdição, incluindo o reconhecimento de procedimentos de insolvência estrangeiros.

Esses guias – *Legislative Guide* da UNCITRAL e princípios adotados pelo *World Bank* – parecem trazer, implicitamente, a adoção da teoria segundo a qual o sistema de insolvência deve ter como foco central a proteção do interesse dos credores, sem, contudo, que esta premissa esteja expressa em referidos documentos. A simples leitura dos princípios trazidos indica, além de garantias importantes para a economia de mercado – segurança e previsibilidade –, como o sistema concursal deve se voltar a proteger o interesse dos credores envolvidos no processo, sem trazer, em nenhuma das recomendações, qualquer consideração sobre o direito de outros interessados na continuidade ou liquidação da empresa.

2.2 Foco nos demais stakeholders

Elizabeth Warren[12] defende que o sistema de insolvência deve ter função muito mais abrangente, defendendo que deve ser objetivo do direito concursal a determinação de regras legais que auxiliem na difícil tarefa

10. UNCITRAL/United Nations Commission on International Trade Law, *Legislative Guide on Insolvency Law*, pp. 10-14 (disponível em *http://www.uncitral.org/uncitral/en/uncitral_texts/insolvency.html*, acesso em 25.9.2015).

11. World Bank. *Principles for Effective Insolvency and Creditor/Debtor Regimes*, 2015 (disponível em *http://siteresources.worldbank.org/EXTGILD/Resources/5807554-1357753926066/2015_Revised_ICR_Principles(3).pdf*, acesso em 16.10.2015).

12. Elizabeth Warren, "Bankruptcy policy", in *University of Chicago Law Review* 54 (1987).

de distribuição dos custos da insolvência – que não decorrem do procedimento concursal, mas da situação de insolvência em que se encontra o devedor –, regras, estas, que devem levar em consideração não apenas os direitos dos credores, mas de outros entes envolvidos com a empresa em crise, como empregados, acionistas e a sociedade em geral. A intenção do sistema não poderia ser a proteção de um direito em detrimento de outro, mas, sim, a harmonização de todos os direitos envolvidos, da melhor forma possível. Nas palavras de Elizabeth Warren, "bankruptcy is designed to resolve difficult distributional choices".[13]

Em estudos mais recentes, Lynn LoPucki[14] defende a aplicação da *team production theory* para a solução da crise causada pela insolvência da empresa. Segundo a *team production theory*, todos aqueles que investem no negócio da empresa dividem o benefício econômico por ela gerado, divisão, esta, que se dá por meio da delegação do poder de decisão ao conselho de administração, que tem por objetivo compor estes interesses de modo a manter o "time" unido para o desenvolvimento da empresa. Nesse contexto, os procedimentos de insolvência devem considerar não apenas interesses de credores e acionistas, mas também de fornecedores, clientes, governo e outros, ou seja: devem incluir aqueles que não têm mecanismos contratuais para defender seus direitos decorrentes dos investimentos específicos feitos na empresa.

Segundo o autor, o *team production contract* – delegação de poderes por todos os *stakeholders* da empresa ao conselho de administração para distribuição dos benefícios econômicos gerados pela empresa – continuaria vigente mesmo durante procedimento de insolvência. Indo além, defende o autor que os credores da companhia teriam concordado implicitamente com tal mecanismo de delegação de poderes ao contratarem com a empresa em um ambiente legal no qual a utilização de sistemas de insolvência é aceita (e ao não utilizarem sistemas de garantia que excluam o crédito dos efeitos de procedimentos falimentares).

Sarah Paterson[15] defende que, na verdade, os objetivos a serem perseguidos na reestruturação e na liquidação de empresas em crise seriam distintos, e isso deveria ser reconhecido na legislação falimentar, a fim de que os interesses dos credores e demais interessados sejam adequadamente protegidos em ambos os cenários de insolvência – reestruturação e liquidação –, levando em conta as peculiaridades dos interesses em jogo em cada caso.

As teorias que defendem a empresa em crise como centro do sistema de insolvência, de modo a preservar os direitos e expectativas de todos aqueles que têm interesses com relação à empresa em crise – consumidores, trabalhadores, moradores da comunidade em que localizada a empresa, sociedade beneficiada pelo pagamento de tributos etc. –, são, em geral, identificadas como teorias que visam à preservação da empresa em crise.

Mesmo que isso não seja verdade – considerar direito dos demais envolvidos na crise não significa ter por *objetivo* a preservação da empresa –, considerando que os *stakeholders* da empresa em crise que não são seus credores não terão qualquer direito preservado ou compensado num procedimento liquidatório –, há certo "atalho mental" que leva à identificação destas teorias com a preservação da empresa (porque apenas com a preservação da atividade produtiva, ainda que sob nova

13. Idem, p. 800.

14. Lynn LoPucki, "A team production theory of bankruptcy reorganization", 57 *Vanderbilt Law Review* 57 (2004).

15. Sarah Paterson, *Rethinking the Role of the Law of Corporate Distress in the Twenty-First Century*, LSE Law, Society and Economy Working Papers 27/2014, London School of Economics and Political Science, 2014 (disponível em *http://papers.ssrn.com/sol3/papers.cfm?abstract_id=2526677*, acesso em 11.9.2015).

personalidade jurídica, estes direitos serão protegidos e preservados).

Se no Brasil não se desenvolveu ainda grande sistematização de estudos acerca dos interesses que devem ser protegidos no procedimento concursal, a análise dos dispositivos legais deixa claro que o principal objetivo do sistema concursal brasileiro é a preservação da atividade produtiva, ainda que na falência.[16] Aliás, os objetivos da lei são claramente definidos, tanto para a recuperação judicial quanto para a falência, nos arts. 47 e 75 da Lei 11.101/2005 e se relacionam à preservação da atividade produtiva.

3. *O tratamento dos credores com garantia*

O sistema concursal ou o direito da empresa em crise trata da escolha da forma mais adequada de distribuição de recursos escassos – e, porque são escassos os recursos, algumas partes terão que arcar em maior ou menor grau com os custos inerentes à insolvência.

Elizabeth Warren[17] sugere, por exemplo, que nesta distribuição de recursos sejam levados em consideração, preponderantemente, os seguintes parâmetros: (i) a habilidade de cada uma das partes de arcar com os custos; (ii) os incentivos que determinada forma de distribuição causaria às relações fora do sistema de insolvência; (iii) o tratamento similar a credores em situações similares; (iv) os proprietários do negócio devem arcar com os custos da insolvência, e, portanto, somente podem receber algo na liquidação se todos os credores forem pagos; bem como (v) o benefício ao patrimônio do devedor ou da massa falida gerado pela forma de distribuição adotada.

Douglas Baird[18] sugere, de outro lado, o respeito às regras de prioridade existentes no sistema individual de recuperação de créditos, do que decorre o respeito aos direitos dos credores com garantia sobre os bens do devedor – e, portanto, qualquer sistema jurídico de insolvência eficiente deveria garantir a remuneração ao credor com garantia real pela utilização do bem que deveria servir ao pagamento imediato de seu crédito pelo credor em crise.

16. Nesse sentido, observando a legislação brasileira, Sheila Neder Cerezetti (*A Recuperação Judicial de Sociedade por Ações – O Princípio da Preservação da Empresa na Lei de Recuperação e Falência*, cit.) indica, com relação especificamente à recuperação judicial, que o art. 47 da Lei 11.101/2005 indica qual seria a finalidade do referido instituto – *viabilizar a superação da situação de crise econômico-financeira do devedor, a fim de permitir a manutenção da fonte produtora, do emprego dos trabalhadores e dos interesses dos credores, promovendo, assim, a preservação da empresa, sua função social e o estímulo à atividade econômica* (art. 47 da Lei 11.101/2005). A mesma autora continua para indicar que o art. 75 da Lei 11.101/2005 colocou mesmo dentre os objetivos do procedimento de falência a preservação da utilidade produtiva dos bens.

Jorge Lobo, ao comentar o art. 47 da Lei 11.101/2005, indica que a recuperação judicial tem duas finalidades: a finalidade imediata de permitir a preservação da empresa, dos empregos e a satisfação dos credores, bem como a finalidade mediata de estimular as atividades empresarial e creditícia (in Paulo F. C. Salles de Toledo e Carlos Henrique Abrão (coords.), *Comentários à Lei de Recuperação de Empresas e Falência*, 4ª ed., São Paulo, Saraiva, 2010, p. 180). Na mesma obra, Carlos Henrique Abrão, ao comentar o art. 75 da lei, indica que a realização do ativo na falência também tem como um de seus objetivos a preservação do estado patrimonial da empresa (in Paulo F. C. Salles de Toledo e Carlos Henrique Abrão (coords.), *Comentários à Lei de Recuperação de Empresas e Falência*, cit., 4ª ed., pp. 286-287).

A análise deste objetivo legalmente definido frente às teorias existentes sobre o tema deixa claro que a escolha feita pelo legislador brasileiro não se filia a nenhuma das teorias existentes. Mesmo sendo a "preservação da empresa" em geral identificada com a defesa dos interesses não apenas daqueles que são credores da empresa em crise, este objetivo não é colocado pela doutrina internacional, que opta por indicar a existência de diversos interesses em jogo. O risco da adoção da preservação da empresa como objetivo em si é que esta finalidade seja buscada em detrimento de todos os envolvidos na crise, credores e não credores.

17. Elizabeth Warren, "Bankruptcy policy", cit., *University of Chicago Law Review* 54/790-793.

18. Douglas G. Baird, "Loss distribution, forum shopping, and bankruptcy: a reply to Warren", cit., *University of Chicago Law Review* 54/822-825.

Nesse ponto, cita-se que o tratamento sugerido pelos mais diversos autores e guias internacionais supracitados aos credores com garantia fornece uma boa representação de quanto determinado sistema legislativo ou recomendação pende à proteção dos direitos dos credores ou dos demais *stakeholders* da empresa em crise. Isso porque grande parte da discussão entre defensores de que os direitos dos credores devem se sobrepor a qualquer outro interesse relacionado à empresa em crise, em contrapartida àqueles que consideram que outros interesses devem ser levados em consideração, é travada justamente no tratamento oferecido aos credores com garantias.

Há certo consenso no sentido de que mesmo os direitos dos credores com garantia podem sofrer determinadas restrições em situação de insolvência caso isso seja necessário para a preservação de valor da empresa organizada, se o bem dado em garantia for considerado essencial ao desenvolvimento da atividade produtiva ou se puder ser vendido de forma integrada com os demais bens da empresa em crise (o que justificaria a limitação aos direitos dos credores com garantia mesmo em casos de falência).[19]

A divergência refere-se ao tratamento que deve ser dado ao credor garantido durante o período em que ele está impedido de exercer seus direitos sobre o bem específico do patrimônio do devedor.

Segundo defende Douglas Baird no citado artigo, o respeito ao direito dos credores garantidos apenas se daria com o pagamento de juros a eles durante o período de suspensão do exercício de seus direitos (*stay period*), de modo que eles sejam indiferentes à retomada do bem dado em garantia ou ao recebimento da remuneração pelo uso do bem pelo devedor. Do contrário todos aqueles que se beneficiam da continuidade da empresa estariam se apropriando de valor pertencente ao credor. O pagamento da remuneração ao credor garantido faria com que aqueles que apenas se beneficiariam (sem custos) do bem arquem com os custos deste uso, reequilibrando a divisão de ônus no procedimento de insolvência. Segundo o autor, esta sistemática evitaria o prolongamento de procedimentos de insolvência em que não há chance efetiva de reestruturação da atividade produtiva.

O *Legislative Guide on Insolvency Law* desenvolvido pela UNCITRAL sugere que a adoção de medidas restritivas aos direitos dos credores garantidos seja acompanhada de compensação, como, por exemplo, a possibilidade de revogação da suspensão de seus direitos sobre os bens dados em garantia, o pagamento de juros, a permissão de que bens não essenciais possam ser livremente vendidos para pagamento dos credores, o dever de conservação do bem que permita a manutenção do valor da garantia etc.[20]

Lynn LoPucki[21] defende que os credores beneficiários de garantia anuíram com a possibilidade de estarem sujeitos a eventual procedimento de insolvência quando da contratação. Caso desejassem evitar os efeitos do procedimento de insolvência poderiam ter estruturado a operação de forma que o bem dado em garantia fosse completamente retirado do direito patrimonial da empresa devedora. Ou seja: ele usa a existência de determinadas formas de garantia que não se sujeitam aos procedimentos de insolvência para justificar a sujeição dos credores – e, portanto, a repartição também com estes dos custos da insolvência – com garantia que escolheram contratar por formas que sujeitam os credores ao processo de insolvência.

Acerca da questão, o direito positivo brasileiro optou por uma solução mista, em

19. UNCITRAL/United Nations Commission on International Trade Law, *Legislative Guide on Insolvency Law*, cit., pp. 87-88.

20. Idem, pp. 17 e 87-88.

21. Lynn LoPucki, "A team production theory of bankruptcy reorganization", 57 *Vanderbilt Law Review* 57, cit., pp. 16-19.

que créditos garantidos por direito real *de* garantia estão sujeitos à recuperação judicial e direitos reais *em* garantia – em que há formas de transferência, ainda que parcial, de direitos inerentes à propriedade do devedor ao credor – não estariam abrangidos pelo concurso.[22] Para estes casos – em que o terceiro credor tem direito de propriedade ou assemelhado sobre os bens do devedor –, preconiza o *Legislative Guide on Insolvency Law* da UNCITRAL que, caso referidos bens sejam essenciais à continuidade da empresa insolvente, deve haver meios legais de garantir que o devedor possa deles se utilizar, desde que haja proteção adequada aos direitos do terceiro proprietário.[23]

Jodie A. Kirshner trata também das consequências para o objeto da maximização da empresa da outorga de garantias aos credores que oferecem financiamento durante o procedimento concursal pelo qual passa a empresa. Segundo defendido pela autora, os poderes dados a estes credores levam à venda da empresa ou de parte dela de forma apressada e que não permite a maximização de valor para todos os credores envolvidos, mas garantindo apenas o repagamento rápido aos credores que financiaram a empresa em crise, o que estaria gerando um retorno da corrida de credores pelos bens da empresa em crise, a qual a legislação falimentar deve tentar evitar.[24]

Mesmo que os autores defendam a necessidade de que os direitos dos credores com garantias possam sofrer limitações em decorrência da situação de crise da empresa, não divergem das recomendações de órgãos internacionais no sentido de que o credor que tem seu crédito garantido por bens da empresa em crise deve ser recompensado pela limitação realizada, de modo a garantir que sua expectativa de ver seu direito exercido sobre o bem objeto da garantia não se frustre – e esse mecanismo garante que o oferecimento de garantias permita a tomada de financiamento a custos mais baixos.

A questão que se coloca entre credores que adotam versões mais ou menos radicais dos dois grandes polos de interesses a serem defendidos na insolvência – maximização da recuperação de crédito pelos credores ou atenção aos demais *stakeholders* da empresa em crise – é a medida em que os interesses dos credores com garantia podem ser restritos.

Essa questão não é simples, e já gerou muito debate no âmbito internacional. Nos Estados Unidos houve importante debate travado entre estudiosos do tema focado na eficiência de um sistema legal que desse prioridade absoluta aos credores com garantia sobre o bem objeto da garantia outorgada.

Lucian A. Bebchuk e Jesse M. Fried iniciaram o debate ao defender, principalmente, que a prioridade dada aos créditos garantidos nos Estados Unidos causa distorções ao sistema de distribuição de valor em caso de insolvência, ao subordinar os credores preexistentes ao novo credor com garantia, em especial aqueles credores existentes que não pudessem renegociar as condições de seus créditos (*nonajusting creditors*). Sugere, assim, que a prioridade dos credores com garantia sobre o bem dado em garantia seja limitada para transferência de algum valor aos credores sem garantia.[25]

22. Sobre a diferenciação entre direitos reais *de* garantia e direitos reais *em* garantia, v. Pontes de Miranda, *Tratado de Direito Privado*, t. XXI (*Direito das Coisas*), São Paulo, Ed. RT, 2012, pp. 479-483.

23. UNCITRAL/United Nations Commission on International Trade Law, *Legislative Guide on Insolvency Law*, cit., pp. 77-78.

24. Jodie A. Kirshner, *Design Flaws in the Bankruptcy Regime: Lessons from the U.K. for Preventing Resurgent Creditors' Race in the U.S.*, University of Pennsylvania Journal of Business Law, 2015 (disponível em *http://scholarship.law.upenn.edu/jbl/vol17/iss2/4*, acesso em 11.9.2015).

25. Lucian A. Bebchuk e Jesse M. Fried, "The uneasy case for the priority of secured claims in bankruptcy", *Yale Law Journal* 105/857-934, Harvard Law and Economics Discussion Paper n. 166, 1996 (disponível em *http://ssrn.com/abstract=417960*).

Em resposta ao artigo, Steven L. Schwarcz[26] discute, além da conclusão, as premissas sobre as quais se fundaram os autores. De acordo com a resposta oferecida, os críticos da prioridade dada aos credores com garantia desconsideraram o fato de que os devedores aceitam oferecer garantia por não terem acesso ao crédito senão nestas condições, e, além disso, o crédito novo recebido é, em regra, e excepcionados os casos de fraude, dado em benefício de todos os credores, inclusive os credores prévios sem garantia. Além disso, o crédito novo aumenta o patrimônio do credor na mesma proporção em que ele é reduzido pelo valor do bem dado em garantia, em adição ao aumento de liquidez oferecido pelo crédito.

O tema não apresenta resposta fácil ou correta, além de estar sujeito a peculiaridades de cada País. Inúmeros artigos ainda devem ser escritos para discutir em que medida o credor com garantia deve ter prioridades nos procedimentos de insolvência, e o presente artigo não tem a pretensão de esgotar a discussão, trazendo apenas alguns parâmetros sobre os quais a discussão sobre a questão se dá no atual momento no ambiente internacional.

3.1 O tratamento dos créditos tributários

Outro tratamento privilegiado comumente verificado em diversos ordenamentos jurídicos nacionais é o tratamento privilegiado outorgado a dívidas de natureza tributária.

Elizabeth Warren defende como uma das formas de diminuir a socialização dos efeitos da insolvência que um sistema de insolvência eficiente deve prever o pagamento prioritário às dívidas fiscais, assumindo que esta é a contribuição da empresa à sociedade que deve continuar a ser feita.[27]

O *Guia Legislativo* da UNCITRAL, reconhecendo que diversas legislações nacionais tratam os créditos tributários como prioritários numa situação de insolvência, rebate também outros argumentos trazidos para esta prioridade.[28] Segundo indicado, há quem defenda que a prioridade dada aos créditos tributários na insolvência permite que o Fisco seja mais leniente com a cobrança de dívidas fora do sistema de insolvência, dando certo "alívio" para que a empresa possa tentar se reerguer. Entretanto, tal medida representaria certa forma de subsídio público para as empresas em crise, que seria posteriormente cobrado dos credores, que teriam que conviver com a prioridade ao pagamento de tributos.

Por outro lado, os *Princípios* editados pelo Banco Mundial para os regimes legais para relações entre credores e devedores indicam que o número de classes de credores com prioridades sobre os bens do devedor, à exceção dos credores com garantia, deve ser mantido no mínimo número de prioridades possível, devendo os valores obtidos pela empresa ser distribuídos igualmente (*pari passu*) entre os credores, respeitadas prioridades contratuais. Concluem indicando que "public interests generally should not be given precedence over private rights".[29]

Os créditos tributários, entretanto, têm natureza de certa forma "dúplice": ao mesmo tempo em que representam o benefício a determinado credor – o Estado, arrecadador do tributo –, em detrimento dos demais, eles são também créditos da sociedade, e, neste ultimo ponto, dar prioridade a este tipo de crédito seria, em certa medida, reduzir os efeitos da insolvência para a sociedade como um todo.

Devido a esta característica dúplice, considerando que a prioridade dada ao credor

26. Steven L. Schwarcz, "The easy case for the priority of secured claims in bankruptcy", 47 *Duke Law Journal* 425-489, 1997 (disponível em *http://scholarship.law.duke.edu/faculty_scholarship/1792*).

27. Elizabeth Warren, "Bankruptcy policy", cit., *University of Chicago Law Review* 54/362-363.

28. UNCITRAL/United Nations Commission on International Trade Law, *Legislative Guide on Insolvency Law*, cit., p. 273.

29. World Bank, *Principles for Effective Insolvency and Creditor/Debtor Regimes*, cit., pp. 18-19.

específico, no caso dos tributos, também é uma prioridade dada aos demais *stakeholders* da empresa, a análise sobre a eficácia da exclusão de crédito do sistema de insolvência para a consecução de seus objetivos será feita apenas com a análise do caso do credor com garantia, que representa apenas seu interesse individual, de modo a simplificar a análise e a demonstração das conclusões obtidas.

4. Adequação entre objetivos e legislação

Se o foco do direito falimentar deve se voltar à empresa em crise, o sistema concursal deve permitir a utilização de um único foro para a solução total – e não parcial – da crise da empresa. Nesse sentido, a existência de diversos foros nos quais o devedor deve defender seu patrimônio contra diferentes investidas dos credores dificulta – se não impossibilita – a efetiva reestruturação da empresa.

Por outro lado, se o foco do direito falimentar é a maximização da recuperação de crédito para os credores, o sistema concursal deve respeitar rigorosamente a prioridade de pagamento entre eles, bem como maximizar o valor dos ativos que servirão ao pagamento aos credores, seja pela reestruturação da empresa e continuidade da atividade produtiva, seja pela venda organizada e rápida dos seus ativos.

Seja qual for o fundamento adotado por determinado sistema jurídico, os procedimentos que visam a lidar com a situação de insolvência devem prever mecanismos adequados para garantir que estes objetivos sejam alcançados.

Como é possível considerar um procedimento apto a lidar com a crise decorrente da insolvência de forma rápida, eficiente e imparcial[30] se concomitantemente ao procedimento reorganizacional há diversas outras tentativas de se atingir o patrimônio do devedor (ou seja, não enfrentado o problema do *common pool of assets* indicado por Thomas Jackson[31])? Ou se credores concursais podem ser pagos antes daqueles que estão fora do procedimento coletivo?

Assim, mesmo que o ordenamento jurídico tenha por opção o entendimento de que há direitos prioritários que não devem ser afetados pela insolvência do devedor ou por um procedimento voltado à solução da referida crise, não faz sentido, tanto sob a perspectiva da preservação da empresa (assim considerada como a simplificação das teorias que visam à proteção de direitos dos outros *stakeholders* da empresa em crise que não os credores, conforme exposto no item 3, acima) como da possibilidade de exercício de direitos pelos credores, que alguns créditos estejam excluídos do sistema concursal.

E esse é o ponto ao qual se buscava chegar neste artigo: baseando-se na análise das duas posições ao redor das quais gravitam os objetivos do sistema de insolvência – maximização de recuperação de crédito aos credores ou o foco na solução da crise da empresa –, a exclusão de créditos do procedimento concursal não serve ao alcance de nenhum deles, ao menos se consideradas as distorções que se percebe nas normas relacionadas à insolvência no Direito Brasileiro. Ou seja: independentemente do modelo adotado, a escolha legislativa pela exclusão de determinados credores ou créditos do concurso gera prejuízos aos objetivos assumidos pela Lei Falimentar.

A análise a seguir demonstra este ponto.

5. Distorções causadas pela não inclusão de todos os credores na reestruturação judicial de empresas – Análise da Lei 11.101/2005 e realidade brasileira

Para demonstrar a afirmação acima feita – de que a exclusão de créditos do

30. Conforme recomendações do Banco Mundial e da UNCITRAL, acima expostas.

31. V.: Thomas Jackson, *The Logics and Limits of Bankruptcy Law*, Washington, D.C., BeardBooks, 1986.

procedimento de insolvência traz prejuízo à preservação da empresa (como representação da proteção gerada aos interesses dos terceiros não credores) e à maximização de recuperação aos credores, mesmo aqueles excluídos do concurso –, é feita a análise das distorções que tal exclusão gera no sistema de insolvência brasileiro, no qual, como visto acima, estão excluídos do concurso, além dos adiantamentos de contrato de câmbio (art. 49, § 4º, da Lei 11.101/2005) e dos créditos tributários (art. 6º, § 7º, da Lei 11.101/2005), os direitos reais em garantia (art. 49, § 3º, da Lei 11.101/2005).

De acordo com o previsto em tais artigos, estes créditos especiais não se sujeitam ao procedimento de recuperação judicial da empresa, não sendo, portanto, atingidos pelo *stay* – suspensão da exigibilidade do crédito – aplicado às demais dívidas do devedor, que a lei define como período máximo de 180 dias improrrogáveis (mas que, na prática, são usualmente prorrogados).

A empresa em crise continua obrigada a pagar normalmente referidos créditos, e, por outro lado, o credor com garantia pode exercer seus direitos sobre o bem objeto da garantia em caso de não pagamento. Com relação aos créditos não sujeitos à recuperação judicial que não tenham garantias, o credor preserva seu direito de buscar o pagamento da dívida, mas atos expropriatórios estão sujeitos ao crivo do juízo recuperacional, o que muitas vezes acaba por impossibilitar a efetiva execução da dívida.

Aos credores beneficiários de direitos reais em garantia a lei limita apenas a retirada, do estabelecimento do devedor, durante o *stay period*, de bens essenciais ao desenvolvimento da atividade empresarial (art. 49, § 3º, da Lei 11.101/2005), cabendo, conforme construção jurisprudencial, ao juízo da recuperação avaliar a essencialidade do bem.

5.1 A exclusão de créditos do procedimento de insolvência prejudica a empresa em crise

A incongruência da existência de créditos extraconcursais com o objetivo de recuperação efetiva da empresa em crise é bastante intuitiva.

Como visto acima, a suspensão dos direitos de ação inerente à recuperação judicial não se aplica aos credores considerados não sujeitos ao procedimento. Assim, mesmo após o deferimento do prosseguimento do processo de recuperação judicial o devedor está sujeito a diversas ações de seus credores não sujeitos, nas quais estes últimos visam à recuperação do seu crédito.

A existência de procedimentos concorrentes nos quais credores e julgadores discutem e decidem o destino do patrimônio da empresa em crise, além de não permitir que o *stay* gere a necessária calma para que o devedor foque seus esforços na retomada de seus negócios, impossibilita a reestruturação eficiente da empresa.

Além de o desvio de foco causar prejuízo prático e efetivo aos esforços necessários ao sucesso do plano de reestruturação (que demanda esforço operacional do devedor e foco na sua atividade-fim), ele ainda torna o procedimento de recuperação judicial inócuo, já que é possível que o devedor deixe o procedimento concursal, com um plano de recuperação aprovado, sem ter solucionado toda sua situação de endividamento, e, portanto, não estando apto a retomar sua atividade produtiva de forma plena.[32]

Nesses casos, a aprovação de plano de recuperação judicial ou mesmo o encerra-

32. Nesse sentido, frisa-se que a homologação do plano de recuperação judicial não demanda que o devedor apresente prova da quitação de suas dívidas extraconcursais. A exigência legal de apresentação ao menos das certidões negativas de débitos fiscais (art. 57 da Lei 11.101/2005) acabou sendo afastada pela jurisprudência.

mento do procedimento concursal não têm como pressuposto a efetiva reestruturação bem-sucedida da empresa em crise.

Outra questão relevante que não tem relação direta com as finalidades do sistema concursal, mas diz respeito ao seu correto funcionamento e à possibilidade de efetiva reestruturação da empresa em crise, está relacionada ao financiamento do devedor em recuperação judicial. Esse tipo de financiamento em geral é outorgado em contrapartida ao recebimento de bens do devedor em garantia (o que já limita o acesso ao financiamento, considerando que vários devedores que chegam à recuperação sequer possuem bens livres e desembaraçados que possam ser outorgados como garantia).

Prevê o art. 66[33] da Lei 11.101/2005 que durante a recuperação judicial os negócios que impliquem oneração do patrimônio do devedor devem ter autorização judicial ou ser previstos no plano de recuperação judicial.

Entretanto, se credores extraconcursais têm direito de atingir referidos bens para o pagamento de suas dívidas, como permitir a oneração patrimonial sem que tenham sido integralmente pagos os credores extraconcursais ou, ao menos, que sobrem à devedora bens suficientes para fazer frente às suas dívidas imediatamente exigíveis? Essa questão é sobremaneira importante para credores tributários e de adiantamento de contrato de câmbio, que não contam com garantia real ao pagamento de suas dívidas.

Ainda que possa ser construído o raciocínio de que deve ser dada ao juízo da recuperação judicial competência para autorizar a oneração de bens da devedora, mesmo que em detrimento dos credores extraconcursais – o que, aliás, evidencia novamente que sua extraconcursalidade não significa proteção dos direitos em detrimento dos credores concursais –, a simples existência da dúvida já inclui mais riscos a serem considerados pelo financiador da empresa em crise, o que aumenta seu custo de financiamento – se não inviabiliza.

Cita-se, finalmente, que a adoção frequente da alienação fiduciária e da cessão fiduciária como formas de garantia ao credor, associada ao financiamento das empresas por adiantamento de contrato de câmbio, permite aos credores de determinadas companhias praticamente impedir que elas se valham do procedimento da recuperação judicial para a reestruturação de suas dívidas, o que coloca em dúvida novamente se há na lei vigente mecanismos adequados à efetiva superação da situação de insolvência pela empresa em crise.

Considerando as discussões havidas ao longo do artigo, sobre a identificação entre interesses e direitos de terceiros, para além dos credores da empresa em crise, com a preservação da empresa, verifica-se que a possibilidade de proteção destes interesses também fica prejudicada com a exclusão de créditos do procedimento de reestruturação de empresas.

Pouca valia tem a previsão, no art. 47 da Lei 11.101/2005, da preservação da empresa ou da função social da atividade produtiva, se os dispositivos legai aplicáveis aos casos concretos não permitem o alcance destes objetivos. Se este artigo pode servir como guia para interpretação da lei, não pode servir para afastar disposições claras da lei, sob pena de restar prejudicada a segurança jurídica, tão importante para o correto funcionamento do sistema legal.

5.2 Distorções para a maximização de valor aos credores

A justificativa para a exclusão de determinados créditos do procedimento concursal é dar a eles prioridade máxima de pagamento

33. Lei 11.101/2005: "Art. 66. Após a distribuição do pedido de recuperação judicial, o devedor não poderá alienar ou onerar bens ou direitos de seu ativo permanente, salvo evidente utilidade reconhecida pelo juiz, depois de ouvido o comitê, com exceção daqueles previamente relacionados no plano de recuperação judicial".

em relação aos créditos sujeitos. A presunção é a de que, mantidos os direitos dos credores tais como previstos fora da legislação de insolvência, tais direitos não sofreriam as limitações inerentes às difíceis decisões de alocação de recursos escassos entre os atingidos pela insolvência.

A referida medida poderia ser identificada com o objetivo de maximização do valor aos credores no âmbito da recuperação judicial, dado que mantidos seus direitos sobre a garantia, além do direito de serem normalmente pagos. No primeiro caso – manutenção dos direitos sobre a garantia – a proteção é, contudo, incompleta, já que a lei dá a possibilidade de que estes direitos sejam restringidos no caso de o bem objeto da garantia ser essencial ao credor.

Ainda que a exclusão do crédito fosse uma realidade, esta medida não seria apta a garantir a efetiva prioridade de pagamento aos créditos excluídos.

Para verificação de que a exclusão não maximiza o retorno aos credores, mesmo aqueles excluídos do procedimento concursal, utilize-se como exemplo a análise sobre se a referida exclusão permite o alcance dos objetivos da legislação de insolvência identificados pela UNCITRAL – os quais parecem ser inspirados na crença de que o sistema de insolvência deve servir à maximização de retorno aos credores.

A seguir, o resultado da análise da consequência da exclusão de créditos para o alcance de cada um dos objetivos normativos indicados pela UNCITRAL.

(a) *Prover certeza jurídica ao mercado para promover estabilidade e crescimento.* Considerando a exclusão do crédito, não há estabilidade gerada pelo início do procedimento de recuperação judicial, já que diversos outros juízos terão jurisdição para decidir sobre o patrimônio da empresa em recuperação. Mesmo adotado o entendimento desenvolvido até em resposta a este risco de que cabem ao juízo recuperacional as decisões sobre expropriação de bens do devedor,[34] o procedimento de recuperação judicial simplesmente não prevê mecanismos para expropriação de bens, muito menos para a distribuição equânime dentre todos os credores extraconcursais. A certeza jurídica fica prejudicada tanto para o credor beneficiário da garantia, que corre o risco de sofrer limitações na excussão da garantia se o bem for considerado essencial à atividade, quanto para o devedor, que não tem certeza sobre se um bem que seja essencial à sua atividade assim será considerado pelo juízo.

(b) *Maximizar o valor da massa.* A exclusão de créditos do alcance da recuperação afeta negativamente o valor da massa, por limitar as possibilidades da empresa em crise de enfrentar sua crise econômico-financeira, inclusive a venda coletiva de bens organizados. Esse fato tanto afeta a preservação da empresa, como os credores, já que, em última instância, o patrimônio contra o qual poderiam exercer seus direitos é menor. Muito mais sentido faria permitir a sujeição do referido direito à recuperação mediante compensação adequada ao credor que teve seu direito restringido – o que garantiria a prioridade dada ao credor com garantia, além de maximizar o valor da empresa, para divisão entre os demais credores.

34. "Direito processual civil – Empresarial – Conflito de competência – Empresa em recuperação judicial – Execução trabalhista – Sujeição dos atos expropriatórios ao crivo do juízo universal – Princípio da preservação da empresa. 1. Apesar de a execução não se suspender em face do deferimento do pedido de recuperação judicial (art. 6º, § 7º, da Lei n. 11.105/2005, art. 187 do CTN e art. 29 da Lei n. 6.830/1980), submete-se ao crivo do juízo universal os atos de alienação voltados contra o patrimônio social das sociedades empresárias em recuperação, em homenagem ao princípio da preservação da empresa. 2. Referido entendimento também se aplica na hipótese de a sociedade executada haver sido incorporada pela sociedade em recuperação, pois a sucessão de empresas por incorporação extingue a personalidade jurídica da incorporada, com a transmissão de direitos e obrigações à incorporadora. 3. Conflito de competência procedente, declarando-se competente o Juízo da recuperação" (STJ, 2ª Seção, CComp 135.703-DF, rel. Min. Antônio Carlos Ferreira, j. 27.5.2015).

(c) *Equilibrar o sistema entre situações de liquidação e reestruturação*. Com apenas parte dos créditos sujeitos à recuperação judicial, apenas parte dos credores pode decidir a viabilidade do plano de recuperação judicial e o destino da empresa. O fato de que o credor não tem ciência exata da situação patrimonial da empresa e dos créditos extraconcursais o leva a assumir que, em caso de falência, todos os bens da empresa serão destinados a tais credores. Assim, qualquer plano que preveja pagamento superior a zero será aceitável, criando, então, o que Fábio Ulhoa Coelho chamou de "indústria da recuperação judicial",[35] em analogia à "indústria da concordata", que de desenvolveu no sistema falimentar anteriormente vigente no Brasil.

(d) *Prover tratamento semelhante a credores na mesma situação*. Se nem todos os credores estão sujeitos ao procedimento, não há como garantir tratamento equitativo para além desta condição (a extraconcursalidade) – ou seja: não há garantia de que todos os credores extraconcursais receberão seu pagamento de forma equânime. Para estes credores está retomada a corrida contra os bens do devedor – com a limitação de que qualquer ato de expropriação estará sujeito ao crivo do juízo recuperacional –, de modo que um deles poderá ser pago anteriormente aos demais, independentemente da ordem de prioridade estabelecida legalmente.

(e) *Proporcionar rápida, eficiente e imparcial solução à situação de insolvência*. Conforme já discutido acima, um procedimento concursal que lide apenas com parte do passivo do devedor não proporciona solução nem rápida nem eficaz à crise econômico-financeira da empresa. Mesmo a alienação da empresa em crise para terceiro dependeria de negociação paralela com diversas contrapartes, o que a torna praticamente inviável, com prejuízo aos credores com e sem garantia (ou, mesmo, credores parcialmente sem garantia, cuja garantia vale menos que seu crédito).

(f) *Preservar a massa falida ou bens do devedor para permitir adequada distribuição entre os credores*. Novamente, ainda que a jurisprudência brasileira tenha harmonizado a questão da preservação da empresa com a existência de diversos procedimentos que visem a atingir o patrimônio do devedor, a existência destes procedimentos representa risco à maximização do valor dos bens do devedor e à sua distribuição *pari passu* entre credores da mesma classe.

(g) *Ter um sistema que forneça previsibilidade e transparência de informações*. É a ampla participação dos credores no procedimento concursal que garante a ampla divulgação de informações. Se determinados credores são excluídos do procedimento concursal, tanto sua informação sobre a situação patrimonial da empresa quanto a informação dos credores sujeitos quanto à situação dos créditos extraconcursais ficam significativamente reduzidas.

(h) *Reconhecer os direitos dos credores e estabelecer regras claras de prioridade entre eles*. Como dito, excluindo-se credores do âmbito de abrangência da recuperação, a única garantia que se dá ao respeito às regras de prioridade de pagamento é a de que todos estarão excluídos da recuperação, mas nada se sabe com relação à prioridade em que eles serão (ou não) pagos.

6. Conclusão

A intenção do artigo é, além de trazer argumentos à discussão do tema da sujeição de créditos e da opção legislativa de permitir à empresa lidar apenas parcialmente com sua situação de endividamento por meio do processo de reestruturação de dívidas, mostrar que a referida prática pode significar não apenas a impossibilidade de reestrutu-

35. Fábio Ulhoa Coelho, *Comentários à Lei de Falências e de Recuperação de Empresas*, 10ª ed., São Paulo, Saraiva, 2014, p. 161.

ração bem-sucedida da atividade produtiva, mas também retornos menores aos credores que estão dentro ou fora do procedimento recuperacional.

Assim, a resposta à pergunta que se faz no título deveria ser a de que não, não faz sentido que haja credores não sujeitos à recuperação judicial.

Medida muito mais eficaz à proteção de determinados tipos de crédito tidos como privilegiados seria a submissão destes direitos ao procedimento concursal, para que eles fossem protegidos pelo próprio juízo perante o qual tramita a recuperação judicial, de modo que o descumprimento, pelo devedor, de suas obrigações frente a estes credores fosse uma das causas para a decretação de sua falência.

A exclusão de determinados créditos do procedimento recursal, se limita a possibilidade de reestruturação efetiva da empresa, não protege sequer os credores, que muitas vezes percebem-se com a possibilidade de exercício de seus direitos de crédito contra o patrimônio do devedor mas que, na prática, não conseguem exercer referidos direitos, seja porque não podem tirar do poder do devedor bens essenciais à sua atividade produtiva, seja porque a garantia que lhes foi outorgada pereceu.

O argumento óbvio a ser levantado contra o aqui exposto será o de que sujeitar todos os créditos à recuperação judicial traria intrínseco aumento dos custos de capital às empresas, com diminuição da oferta de crédito.

A referida assertiva, entretanto, pode não ser verdadeira. No Brasil credores extraconcursais têm, nestes 10 anos da edição da lei, vivido os problemas relacionados à adoção de sistema falimentar incompleto, que permite apenas a solução parcial da insolvência da empresa e muitas vezes não lhes fornece meios adequados de proteção de seus direitos. Sujeitar o crédito à recuperação judicial para dar ao credor meios efetivos de proteção de sua prioridade de pagamento – e respeito estrito a esta prioridade –, na verdade, poderia aumentar a segurança jurídica aos credores e, portanto, o acesso ao crédito.

O problema neste caso poderia ser contrário: se deixar o credor à sorte do sistema jurídico com os mesmos direitos existentes antes de instaurado o procedimento de insolvência não lhe garante pagamento, o problema pode não estar no sistema de insolvência em si, mas em outros âmbitos do sistema jurídico, que não permitem o exercício de direito legítimo de forma eficiente. Neste ponto, a efetividade da prioridade dada aos credores extraconcursais no Brasil talvez dependa também da reforma dos procedimentos comuns, alheios ao procedimento de insolvência.

Nada neste artigo deve ser lido como qualquer forma de incentivo ao ativismo judicial, que, frente à aparente inadequação das normas jurídicas vigentes, acaba por afastar a aplicabilidade da norma que seria cabível. Referida situação traz insegurança jurídica ao sistema normativo, diminuindo a previsibilidade das consequências outorgadas pelo Direito a determinados negócios, com aumento de custos de transação e consequente aumento dos custos de financiamento.[36] Essa situação em nada melhora as atuais limitações do sistema concursal brasileiro, mas afastaria o alcance de um dos objetivos que levaram à edição da Lei 11.101/2005, que era o aumento da oferta de crédito ao empresário brasileiro. Este artigo deve servir à reflexão sobre a adequação das escolhas feitas na Lei 11.101/2005 em contrapartida aos objetivos que levaram à sua criação.

36. Acerca do aumento de custos de financiamento pelo desrespeito aos direitos de garantia outorgados a credores v.: John Armour, *The Law and Economics of Corporate Insolvency: a Review*, cit., p. 15; World Bank e United Nations Comission On International Trade Law, *Creditors Rights and Insolvency Standard*, 2005, p. 87; e World Bank, *Principles for Effective Insolvency and Creditor/Debtor Regimes*, cit., pp. 18-19.

Bibliografia

ABRÃO, Carlos Henrique, e TOLEDO, Paulo F. C. Salles de (coords.). *Comentários à Lei de Recuperação de Empresas e Falência*. 4ª ed. São Paulo, Saraiva, 2010.

ARMOUR, John. *The Law and Economics of Corporate Insolvency: a Review*. Working Paper 197 – ESRC Centre for Business Research, University of Cambridge, 2001 (disponível em *http://www.econ.jku.at/members/Buchegger/files/Juristen/armour_2001_corporate%20insolvency.pdf*, acesso em 30.9.2015).

BAIRD, Douglas G. "Loss distribution, forum shopping, and bankruptcy: a reply to Warren". *University of Chicago Law Review* 54 (1987).

__________, e JACKSON, Thomas H. "Corporate reorganizations and the treatment of diverse ownership interests: a comment on adequate protection of secured creditors in bankruptcy". 51 *University of Chicago Law Review* 97 (1984).

__________, e MORRISON, Edward R. *Serial Entrepreneurs and Small Business Bankruptcies*. The Law School – The University of Chicago. Chicago John M. Olin Law & Economics Working Paper n. 236, 2005.

BEBCHUK Lucian A., e FRIED, Jesse M. "The uneasy case for the priority of secured claims in bankruptcy". *Yale Law Journal* 105/857-934. Harvard Law and Economics Discussion Paper n. 166, 1996 (disponível em *http://ssrn.com/abstract=417960*).

CEREZETTI, Sheila Christina Neder. *A Recuperação Judicial de Sociedade por Ações – O Princípio da Preservação da Empresa na Lei de Recuperação e Falência*. São Paulo, Malheiros Editores, 2012.

COELHO, Fábio Ulhoa. *Comentários à Lei de Falências e de Recuperação de Empresas*. 10ª ed. São Paulo, Saraiva, 2014.

COMPARATO, Fábio Konder. *Aspectos Jurídicos da Macroempresa*. São Paulo, Ed. RT, 1996.

FRANCO, Vera Helena de Mello, e SZTAJN, Rachel. *Falência e Recuperação da Empresa em Crise – Comparação com as Posições do Direito Europeu*. São Paulo, Campus Jurídico, 2008.

FRIED, Jesse M., e BEBCHUK, Lucian A. "The uneasy case for the priority of secured claims in bankruptcy". *Yale Law Journal* 105/857-934. Harvard Law and Economics Discussion Paper n. 166, 1996 (disponível em *http://ssrn.com/abstract=417960*).

JACKSON, Thomas. *The Logics and Limits of Bankruptcy Law*. Washington, D.C., BeardBooks, 1986.

__________, e BAIRD, Douglas G. "Corporate reorganizations and the treatment of diverse ownership interests: a comment on adequate protection of secured creditors in bankruptcy". 51 *University of Chicago Law Review* 97 (1984).

KIRSHNER, Jodie A. *Design Flaws in the Bankruptcy Regime: Lessons from the U.K. for Preventing Resurgent Creditors' Race in the U.S.* University of Pennsylvania Journal of Business Law, 2015 (disponível em *http://scholarship.law.upenn.edu/jbl/vol17/iss2/4*, acesso em 11.9.2015).

KLEE, Kenneth N., NEWTON, Grant W., NICKLES, Steve H., e SCARBERRY, Mark S. *Business Reorganization in Bankruptcy – Cases and Materials*. 3ª ed. St. Paul, West, 2006.

LoPUCKI, Lynn. "A team production theory of bankruptcy reorganization". 57 *Vanderbilt Law Review* 57 (2004).

LUCCA, Newton de, e VASCONCELOS, Miguel Pestana de (coords.). *Falência, Insolvência e Recuperação de Empresas. Estudos Luso-Brasileiros*. São Paulo, Quartier Latin, 2015.

MARTIN, Nathalie. "The role of History and Culture in developing bankruptcy and insolvency systems: the perils of legal transplantation". 28 *B.C. Int'l & Comp. L. Review* 1 (2005) (disponível em *http://lawdigitalcommons.bc.edu/iclr/vol28/iss1/2*).

MORRISON, Edward R., e BAIRD, Douglas G. *Serial Entrepreneurs and Small Business Bankruptcies*. The Law School – The University of Chicago. Chicago John M. Olin Law & Economics Working Paper n. 236, 2005.

NAGARJAN, S. *Design of Efficient Bankruptcy Mechanisms*. New York University, Stern School of Business. Finance Department. Working Paper Series FIN 97-7, 1997 (disponível em *http://papers.ssrn.com/sol3/papers.cfm?abstract_id=1295215*, acesso em 11.9.2015).

NEWTON, Grant W., KLEE, Kenneth N., NICKLES, Steve H., e SCARBERRY, Mark S.

Business Reorganization in Bankruptcy – Cases and Materials. 3ª ed. St. Paul, West, 2006.

NICKLES, Steve H., KLEE, Kenneth N., NEWTON, Grant W., e SCARBERRY, Mark S. *Business Reorganization in Bankruptcy – Cases and Materials*. 3ª ed. St. Paul, West, 2006.

PATERSON, Sarah. *Rethinking the Role of the Law of Corporate Distress in the Twenty-First Century*. LSE Law, Society and Economy Working Papers 27/2014, London School of Economics and Political Science, 2014 (disponível em *http://papers.ssrn.com/sol3/papers.cfm?abstract_id=2526677*, acesso em 11.9.2015).

PEREIRA CALÇAS, Manoel de Queiroz "Créditos submetidos a recuperação judicial". In: LUCCA, Newton de, e VASCONCELOS, Miguel Pestana de (coords.). *Falência, Insolvência e Recuperação de Empresas. Estudos Luso-Brasileiros*. São Paulo, Quartier Latin, 2015.

PONTES DE MIRANDA, F. C. *Tratado de Direito Privado*. t. XXI (*Direito das Coisas*). São Paulo, Ed. RT, 2012.

ROTEM, Yaad. "Pursuing preservation of pre-bankruptcy entitlements: corporate bankruptcy law's self executing mechanisms". 5 *Berkeley Bus. L. J.* 79 (2008) (disponível em *http://scholarship.law.berkeley.edu/bblj/vol5/iss1/3*, acesso em 1.9.2015).

SCARBERRY, Mark S., KLEE, Kenneth N., NEWTON, Grant W., e NICKLES, Steve H. *Business Reorganization in Bankruptcy – Cases and Materials*. 3ª ed. St. Paul, West, 2006.

SCHWARCZ, Steven L. "The easy case for the priority of secured claims in bankruptcy". 47 *Duke Law Journal* 425-489. 1997 (disponível em *http://scholarship.law.duke.edu/faculty_scholarship/1792*, acesso em 2.11.2015).

SOUZA JR., Francisco Satiro de (coord.). *Comentários à Lei de Recuperação de Empresas e Falência*. 2ª ed. São Paulo, Ed. RT, 2007.

SZTAJN, Rachel, e FRANCO, Vera Helena de Mello. *Falência e Recuperação da Empresa em Crise – Comparação com as Posições do Direito Europeu*. São Paulo, Campus Jurídico, 2008.

TENE, Omer. "Revisiting the creditors' bargain: the entitlement to the going-concern surplus in corporate bankruptcy reorganizations". *Bankruptcy Development Jornal* 19.2003 (disponível em *http://papers.ssrn.com/sol3/papers.cfm?abstract_id=943066*, acesso em 11.9.2015).

TOLEDO Paulo F. C. Salles de, e ABRÃO, Carlos Henrique (coords.). *Comentários à Lei de Recuperação de Empresas e Falência*. 4ª ed. São Paulo, Saraiva, 2010.

TOMASIC, Roman. "Creditor participation in insolvency proceedings – Towards the adoption of international standards". *Insolvency Law Journal* 14/173-187. 2006 (disponível em *http://papers.ssrn.com/sol3/papers.cfm?abs tract_id=1443762*, acesso em 25.9.2015).

UNCITRAL/*United Nations Commission on International Trade Law*. *Legislative Guide on Insolvency Law* (disponível em *http://www.uncitral.org/uncitral/en/uncitral_texts/insolvency.html*, acesso em 25.9.2015).

__________, e WORLD BANK. *Creditors Rights and Insolvency Standard*. 2005 (disponível em *http://www.worldbank.org/ifa/FINAL-ICRStandard-March2009.pdf*, acesso em 1.10.2015).

VASCONCELOS, Miguel Pestana de, e LUCCA, Newton de (coords.). *Falência, Insolvência e Recuperação de Empresas. Estudos Luso-Brasileiros*. São Paulo, Quartier Latin, 2015.

VASCONCELOS, Ronaldo. *Direito Processual Falimentar*. São Paulo, Quartier Latin, 2008.

WARREN, Elizabeth. "Bankruptcy policy". *University of Chicago Law Review* 54 (1987).

__________. "Bankruptcy policymaking in an imperfect world". *Mich. Law Review* 92/336-387 (1993-1994).

WORLD BANK. *Principles for Effective Insolvency and Creditor/Debtor Regimes*, 2015 (disponível em *http://sitere sour ces.worldbank.org/EXTGILD/Resources/5807554-1357753926066/2015_Revised_ICR_Principles(3).pdf*, acesso em 16.10.2015).

__________, e UNCITRAL/United Nations Comission on International Trade Law. *Creditors Rights and Insolvency Standard*. 2005 (disponível em *http://www.worldbank.org/ifa/FINAL-ICRStandard-March2009.pdf*, acesso em 1.10.2015).

Espaço Discente

GOVERNANÇA CORPORATIVA E EMPRESAS ESTATAIS: RECENTES AVANÇOS E DESAFIOS

Vítor Mendes Costa Pinto

1. Introdução: a importância da governança corporativa para as empresas estatais. 2. As empresas estatais: conceito, estrutura e peculiaridades. 3. Governança corporativa aplicada às empresas estatais: problemas, desafios e possibilidades. 4. Principais diretrizes para a governança corporativa em empresas estatais: 4.1 Diretrizes da OCDE; 4.2 Recomendações do Banco Mundial; 4.3 Iniciativas do IBGC; 4.4 Programa Destaque em Governança de Estatais – BM&FBovespa; 4.5 Lei 13.303, de 30.6.2016. 5. Propostas para a governança corporativa em empresas estatais: avanços, críticas e comentários. 6. Síntese conclusiva. Referências bibliográficas.

Resumo: A despeito da enorme importância das empresas estatais, o progresso visto nas estruturas de governança corporativa das companhias privadas não afetou significativamente essas sociedades controladas pelo Estado. Mais recentemente, os debates sobre a melhoria na governança das estatais ressurgiram com intensidade, motivados pela emergência dos problemas enfrentados por essas empresas e pela percepção do grande potencial contido na iniciativa. O presente artigo examina o tema da governança corporativa aplicada às empresas estatais, considerando as peculiaridades apresentadas por tais organizações e as mais recentes diretrizes anunciadas, no Brasil e no mundo, a respeito do assunto. De forma a melhor compreender a utilização da governança corporativa nas empresas detidas pelo Estado e mapear suas principais evoluções e perspectivas, analisamos a estrutura singular dessas entidades, com as consequências que tal natureza especial acarreta, bem como avaliamos as principais propostas para o setor. O artigo demonstra que a adaptação dos instrumentos e modelos de governança corporativa à realidade das empresas estatais não apenas é justificável, mas também que o aperfeiçoamento das práticas de governança corporativa adotadas por essas empresas pode trazer uma série de benefícios, favorecendo tanto interesses públicos quanto privados. Verificou-se que uma série de entidades vem dedicando seus esforços para o progresso da governança corporativa nas empresas estatais, o que tem contribuído para os avanços no setor vistos nos últimos anos. Apesar disso, ainda há necessidade de desenvolvimento. Os grandes desafios colocados pelas peculiaridades das empresas estatais permanecem sem respostas definitivas.

Corporate governance and state-owned companies: recent developments and challenges

Abstract: Despite the enormous importance of the state-owned companies, the progress seen regarding the corporate governance structures of the private companies had no significant effect over the companies controlled by the State. More recently, discussions on the improvement of the state-owned companies' governance reappeared with intensity, driven by the emergence of the problems faced by these companies and by the understanding of the great potential contained within the initiative. This article examines the issue of corporate governance applied to state-owned companies, considering the peculiarities presented by these organizations and the latest guidelines announced on the subject, in Brazil and worldwide. In order to better understand the use of corporate governance in state-owned companies and map its key developments and perspectives, we analyze the unique structure of these entities, with the consequences entailed by such special nature, and evaluate the main proposals for the sector. The article demonstrates that the adaptation of corporate governance tools and models to the reality of state-owned companies is not only justified, but also that the improvement of the corporate governance policies adopted by such companies can deliver a wide number of benefits, favoring both public and private interests. The article shows that several entities have been devoting their efforts to the progress of corporate governance in state-owned companies, which has contributed to the advances in the sector seen in recent years. Nevertheless, further development is still needed. The major challenges posed by the particularities of state-owned companies remain without definitive answers.

Palavras-chave: Governança corporativa – empresas estatais – atuação empresarial do Estado – interesse público – Estado-acionista – diretrizes de melhores práticas – alinhamento de interesses.

Keywords: Corporate governance – state-owned companies – State corporate performance – public interest – State as shareholder – best practices guidelines – alignment of interests.

1. Introdução: a importância da governança corporativa para as empresas estatais

A governança corporativa pode ser entendida como o conjunto de mecanismos por meio dos quais as organizações são dirigidas e controladas, compreendendo a ordenação do relacionamento entre seus gestores, investidores e demais interessados (*stakeholders*). Por meio da adoção de boas práticas de governança corporativa, pretende-se otimizar o sistema de gestão das organizações, melhorando seu desempenho, e assegurar os direitos e interesses de todos aqueles que se relacionam com suas atividades.[1]

Se, nas empresas privadas, o valor da governança corporativa vem sendo cada vez mais reconhecido e comprovado, sua aplicação nas empresas estatais deve receber ainda maior destaque, em razão da enorme relevância – pública e privada – desse tipo de organização empresarial, nos mais diversos setores.

As empresas estatais constituem um expressivo meio de intervenção do Estado na ordem econômica e podem ser encontradas

1. Essa é a orientação seguida pelo IBGC, que define a governança corporativa como: "(...) o sistema pelo qual as organizações são dirigidas, monitoradas e incentivadas, envolvendo as práticas e os relacionamentos entre proprietários, conselho de administração, diretoria e órgãos de controle. As boas práticas de Governança Corporativa convertem princípios em recomendações objetivas, alinhando interesses com a finalidade de preservar e otimizar o valor da organização, facilitando seu acesso ao capital e contribuindo para a sua longevidade". Seguem nesse mesmo sentido as proposições da Organização para a Cooperação e Desenvolvimento Econômico (OCDE) e da Comissão de Valores Mobiliários (CVM). Vide *http://www.ibgc.org.br/inter.php?id18161*; Organization for Economic Cooperation and Development, *The OECD principles of Corporate Governance*, OECD, 2004, disponível em *http://www.oecd.org/corporate/ca/corporategovernanceprinciples/31557724.pdf*; Comissão de Valores Mobiliários, *Recomendações da CVM sobre governança corporativa,* CVM, 2002, disponível em *http://exame.abril.com.br/rede-de-blogs/investidor-em-acao/files/2011/04/cartilha-CVM-Governan%C3%A7a-Corporativa.pdf*.

em um grande número de países por todo o mundo, independentemente da orientação política ou econômica predominante. No Brasil, essas empresas despontaram, de forma sistemática e estruturada, nos anos de 1940 e experimentaram intenso desenvolvimento nas décadas de 1960 e 1970. Sua criação pretendeu, principalmente, promover a industrialização nacional, por meio do estímulo a setores que não dispunham de investimentos privados, bem como desenvolver e regular áreas econômicas estratégicas, notadamente nos campos da indústria de base, infraestrutura e tecnologia, consideradas essenciais à preservação dos interesses nacionais.[2]

Mesmo após a intensa onda de privatizações, iniciada na Inglaterra a partir dos anos de 1980 e amplamente observada no Brasil durante os anos de 1990, o peso do Estado empresário não pode ser ignorado ou subestimado. As empresas estatais continuam a ter grande importância estratégica e econômica, tanto nacional quanto internacionalmente. De acordo com dados apresentados pelo Banco Mundial, em 2006, as empresas estatais representavam 20% do volume de investimentos e 5% do nível de emprego no mundo. Em 2009, uma pesquisa conduzida pela OCDE revelou que 25 países associados a tal organização possuíam um total de 2.050 empresas estatais, avaliadas em US$ 1.2 trilhões, que representavam de 15% a 30% do PIB nacional, a depender das características econômicas do país.[3]

No Brasil, segundo dados de fevereiro de 2015 divulgados pela BM&FBovespa, as trinta sociedades de economia mista listadas atingiam um valor de mercado de R$ 328 bilhões, representando 14,15% da capitalização bursátil do país. Além disso, a negociação das ações emitidas por tais empresas correspondia a 25,1% do volume médio negociado diariamente nos pregões, sendo grande parte desses papéis detido e negociado por pessoas físicas.[4]

No entanto, a despeito da inquestionável importância dessa modalidade de atuação empresarial do Estado, ainda há muito o que evoluir em matéria de governança corporativa nas empresas estatais. As deficiências nas práticas de governança corporativa dessa modalidade de empresas podem ser percebidas nas mensurações de seu desempenho. Entre 2010 e fevereiro de 2015, conforme pesquisa realizada pela BM&FBovespa, o valor de mercado das empresas estatais listadas apresentou uma redução de 35%, enquanto – nesse mesmo período – a capitalização de mercado retraiu apenas 1,6%.[5] Constata-se que as ações das empresas estatais de capital aberto são negociadas com certo grau de desvalorização ou deságio, quando comparadas às sociedades privadas.

Os recentes escândalos envolvendo empresas estatais, amplamente noticiados, vêm evidenciando com cada vez maior clareza os problemas de governança corporativa enfrentados por tais empresas. Aliada às últimas evoluções jurisprudenciais,[6] a atual conjuntura tem contribuído para propiciar o ressurgimento e a intensificação dos debates

2. Mario E. Pinto Junior, *Empresa Estatal: Função Econômica e Dilemas Societários*, São Paulo, Atlas, 2010, pp. 17-37.

3. Esses dados podem ser encontrados em The World Bank, *Corporate Governance of State-Owned Enterprises – a toolkit*, Washington, DC, 2014, p. 4. Disponível em *http://documents.worldbank.org/curated/en/2014/10/20286791/corporate-governance-state-owned-enterprises-toolkit*.

4. Esses dados podem ser encontrados no Anexo I do Programa de Governança de Estatais da BM&FBovespa, disponível em *www.bmfbovespa.com.br*.

5. Os dados foram apresentados por Flávia Mouta Fernandes, Diretora de Regulação de Emissores da BM&FBovespa e responsável pelo Programa de Governança de Estatais, no painel intitulado "Nova era da Governança em Estatais", organizado pelo Instituto Brasileiro de Direito Empresarial – IBRADEMP, em 10.9.2015.

6. Fazemos referência aos Processos Administrativos Sancionadores RJ 2012/1131 e RJ 2013/6635, relatados pela Diretora Luciana Dias e julgados pelo Colegiado da Comissão de Valores Mobiliários em 26.5.2015. Trata-se dos casos envolvendo a EMAE e a Eletrobrás, que serão abordados no item 3 do presente artigo.

voltados para o funcionamento das empresas estatais, demonstrando a urgência e necessidade em obter respostas satisfatórias para a questão da governança corporativa nas empresas estatais.

O presente artigo tem por objetivo examinar o tema da governança corporativa aplicada às empresas estatais, à luz dos mais recentes avanços e propostas anunciados, no Brasil e no mundo, a respeito do assunto, e considerando as peculiaridades apresentadas por tais organizações.

2. *As empresas estatais: conceito, estrutura e peculiaridades*

Para que as proposições de governança corporativa direcionadas às empresas estatais sejam adequadamente compreendidas, é preciso, em primeiro lugar, apreciar o conceito e as estruturas peculiares apresentados por essa modalidade empresarial.

A noção de empresas estatais constitui um gênero que pode ser subdividido em duas espécies de entidades distintas:[7] as empresas públicas e as sociedades de economia mista.[8] Ambas as espécies de empresas estatais constituem modalidade de intervenção estatal na economia, com o objetivo de prestar serviço público ou explorar atividade econômica, quando justificada por interesses nacionais ou coletivos. Outro traço comum entre tais empresas é a necessidade de lei que autorize sua constituição, conforme exige a Constituição Federal.[9] Finalmente, todas as empresas estatais, independentemente da função por elas desempenhada, são constituídas como pessoas jurídicas de direito privado e possuem natureza jurídica correspondente.

Porém, as empresas públicas não se confundem com as sociedades de economia mista. Enquanto as primeiras podem ser constituídas sob quaisquer das formas admitidas pelo direito privado brasileiro, as segundas obrigatoriamente assumem a forma de sociedades anônimas. Adicionalmente, as empresas públicas sempre são integralmente formadas por capital integralmente estatal. As sociedades de economia mista, por outro lado, conjugam recursos públicos e privados, tendo o Estado necessariamente na posição de acionista controlador.[10]

As empresas estatais estão sujeitas a um amplo espectro de normas, de diferentes naturezas. Em primeiro lugar, tais empresas sujeitam-se à disciplina constitucional sobre a ordem econômica e financeira, que regula as hipóteses e balizamentos da intervenção estatal na economia.[11] Em segundo lugar, a

7. A doutrina aponta, ainda, uma terceira espécie de empresa estatal: as sociedades privadas que foram adquiridas pelo Estado, sem a obtenção de autorização legislativa ou a observância dos demais requisitos necessários à configuração de uma empresa pública ou sociedade de economia mista. Nesse sentido, vide Vítor Rhein Schirato, "Novas anotações sobre as empresas estatais", *Revista de Direito Administrativo*, vol. 239, Rio de Janeiro, Renovar, jan./mar 2005, p. 210.

8. Ressaltamos, ainda, o papel e grande importância das fundações públicas nesse contexto.

9. Diz o art. 37, XIX, da Constituição Federal brasileira: "XIX – somente por lei específica poderá ser criada autarquia e autorizada a instituição de empresa pública, de sociedade de economia mista e de fundação, cabendo à lei complementar, neste último caso, definir as áreas de sua atuação".

10. Schirato, conjugando as proposições doutrinárias sobre o tema, define as empresas públicas e sociedades de economia mista da seguinte forma: "Empresas Públicas são entidades constituídas pelo Estado, sob quaisquer formas admitidas em direito privado, mediante a edição de lei autorizadora, para o exercício de atividade econômica (em sentido estrito), para a prestação de serviço público ou para a realização de funções públicas, com personalidade jurídica de direito privado e capital subscrito e integralizado com recursos oriundos exclusivamente do Poder Público. Sociedades de economia mista são sociedades anônimas, cuja criação é autorizada por lei, nas quais há o encontro de capitais públicos com capitais privados para a prestação de um serviço público ou para a exploração de uma atividade econômica (em sentido estrito), com personalidade jurídica de direito privado, sendo o Poder Público, necessariamente, o acionista controlador". Cf. Schirato, "Novas anotações...", cit., jan./mar. 2005, p. 211.

11. Dentre as disposições constitucionais aplicáveis às empresas estatais, destaca-se o art. 173, que diz: "Art. 173. Ressalvados os casos previstos nesta Constituição, a exploração direta de atividade econô-

criação e estrutura das empresas estatais é prevista e regulada pelo Decreto-lei 200, de 1967. Embora tal Decreto-lei tenha por objeto a organização da administração pública federal, os poderes estadual e municipal frequentemente seguem suas diretrizes no que se refere às empresas estatais, em razão da falta de normas equivalentes em suas respectivas esferas da administração.

Além disso, incide sobre as empresas públicas a legislação societária que corresponder à forma de sua constituição. No caso das sociedades de economia mista, aplica-se a Lei 6.404/1976, que regula as sociedades anônimas. Por fim, cabe mencionar que as normas setoriais específicas e autorregulatórias também podem recair sobre as empresas estatais, assim como ocorre com relação às empresas privadas. Nesse sentido, a título de exemplo, uma empresa estatal com ações negociadas no Novo Mercado da BM&FBovespa, atuando no setor de energia elétrica, deve respeitar os regulamentos da CVM, da ANEEL e do Novo Mercado. Assim, a depender do caso, uma série de normas acerca de governança corporativa podem incidir sobre as empresas estatais.

Convém notar que as empresas estatais são entidades híbridas que, apesar de possuírem natureza jurídica de direito privado, também se sujeitam a certas normas de direito público. Diferentemente das sociedades privadas, por exemplo, as empresas estatais subordinam-se à fiscalização pelos Tribunais de Contas, bem como às normas do setor público quanto à contratação e gestão de pessoas.

A estrutura externa das empresas estatais também apresenta especificidades inéditas nas sociedades privadas. No Brasil, o exercício do controle estatal é organizado segundo um modelo composto pela atuação de três Ministérios, intitulado pela doutrina de *modelo dual ou triplo*.[12] Cabe ao ministério supervisor setorial, que varia de acordo com a área de atuação de cada empresa estatal, a função de acompanhar a gestão e orientar as políticas de negócio de forma a alinhá-las às diretrizes governamentais do setor. A função de coordenar estrategicamente os planos orçamentários e de investimentos, integrando as políticas do conjunto de empresas estatais federais, fica a cargo do Ministério do Planejamento, por meio do Departamento de Coordenação e Controle das Empresas Estatais (DEST). Finalmente, a gestão das participações acionárias estatais, administração do ativo e condução dos atos societários das empresas estatais são desempenhadas pelo Ministério da Fazenda, mediante a Secretaria do Tesouro Nacional.[13]

Demonstrando preocupação com a aplicação das boas práticas de governança corporativa às empresas estatais, o Governo Federal, em 2007, criou a Comissão Interministerial de Governança Corporativa e de Administração de Participações Societárias da União (CGPAR), composta pelos Ministros da Fazenda, do Planejamento e da Casa Civil.[14] A CGPAR tem por objetivo promover uma adequada governança nas empresas estatais federais, auxiliando na promoção

mica pelo Estado só será permitida quando necessária aos imperativos da segurança nacional ou a relevante interesse coletivo, conforme definidos em lei. § 2º. As empresas públicas e as sociedades de economia mista não poderão gozar de privilégios fiscais não extensivos às do setor privado. § 3º. A lei regulamentará as relações da empresa pública com o Estado e a sociedade. § 4º. A lei reprimirá o abuso do poder econômico que vise à dominação dos mercados, à eliminação da concorrência e ao aumento arbitrário dos lucros. (...)".

12. Joaquim Rubens Fontes Filho e Lidice Meireles Picolin, "Governança Corporativa em empresas estatais: avanços, propostas e limitações", *Revista de Administração Pública – RAP*, n. 42, Rio de Janeiro, nov./dez. 2008,. pp. 1.176-1.178.

13. Embora o modelo de supervisão aqui descrito, composto por três ministérios, seja voltado para as empresas estatais federais, é comum que os estados e municípios utilizem estruturas semelhantes para monitorar as sociedades controladas por esses entes da federação.

14. A CGPAR foi instituída pelo Decreto 6.021, de 22.1.2007.

da eficiência de gestão e organização nessas empresas.[15]

3. Governança corporativa aplicada às empresas estatais: problemas, desafios e possibilidades

As características especiais das empresas estatais e as peculiaridades em sua estrutura, conforme expusemos no item 2 acima, originam uma série de problemas de governança corporativa típicos dessas espécies de organização.

Como ensina Mario Engler Pinto Junior, as empresas estatais apresentam, paradoxalmente, as disfunções que marcam as realidades de dispersão do capital e de concentração acionária. De um lado, essas empresas convivem com o constante risco de interferência política em sua condução. Nas empresas públicas, tal intervenção indevida prejudica a eficiência e deturpa a lógica que deve pautar tais organizações, prejudicando a consecução de seus reais objetivos. Nas sociedades de economia mista, isso pode evidenciar um conflito entre os acionistas minoritários privados e o controlador estatal, marcado pelo continuado perigo de expropriação daqueles por parte desses.[16] Ao mesmo tempo, a ineficiência da burocracia estatal gera problemas no alinhamento de interesses entre o Estado controlador e os gestores das sociedades controladas.[17]

As empresas estatais comumente apresentam uma estrutura de governança interna fraca, com órgãos sociais sem autonomia e que acabam por apenas homologar decisões de grupos de interesse. Ao mesmo tempo, o despreparo e baixo desempenho das instituições que monitoram externamente as empresas estatais selam as muitas dificuldades enfrentadas por tais organizações em matéria de governança corporativa.[18]

O grande desafio enfrentado na aplicação da governança corporativa às empresas estatais consiste na dificuldade em conciliar suas finalidades públicas com a lógica em-

15. Cabe mencionar que, nas Diretrizes para a governança corporativa de empresas estatais editadas pela OCDE, analisada no item 4.1, abaixo, recomenda-se a adoção do modelo centralizado para o exercício do controle externo sobre as empresas estatais, em que a função propriedade é submetida a um único Ministério ou órgão estatal. A criação da CGPAR veio justamente para atender as recomendações da OCDE e tornar mais consistente e claro o exercício da função propriedade pelo Estado. Vide Joaquim Rubens Fontes Filho, Lidice Meireles Picolin, "Governança Corporativa...", cit., 2008, pp. 1.173-1.174 e 1.178; e Maria Celeste Morais Guimarães, "Governança corporativa nas empresas sob controle estatal – por um código de melhores práticas", in Adriano Augusto Teixeira Ferraz, Alexandre Couto Silva, Arnoldo Wald, *et al.*, *Sociedades Anônimas e Mercado de Capitais: Homenagem ao Prof. Osmar Brina Corrêa-Lima*, São Paulo, Quartier Latin, 2011, p. 269.

16. Em certos casos, tal desalinhamento de interesses entre os investidores minoritários e o controlador estatal pode indicar um conflito de agência principal-principal. Diferentemente do clássico conflito agente-principal, o conflito de agência denominado principal-principal é verificado entre acionistas minoritários e controladores, especialmente em ambientes com instituições protetivas fracas e caracterizados pela concentração da propriedade acionária. Nessa linha, estudos recentes identificaram a ocorrência de conflitos principal-principal em empresas controladas pelo Estado, especialmente em contextos de economias emergentes, como na China e na Índia. Vide Mike W. Peng e Steve Sauerwald, "Corporate Governance and Principal-Principal Conflicts", in Mike Wright, Donald S. Siegel, Kevin Keasey, *et. al.* (Org.), *The Oxford Handbook of Corporate Governance*, Oxford, Oxford University, 2013, pp. 663 e 658-672; Yiyi Su, Dean Xu, Phillip H. Phan, "Principal-Principal Conflict in the Governance of the Chinese Public Corporation", *Management and Organization Review*, 4 (1), Cambridge University Press, 2008, pp. 17-38; e Santosh Pande, *Position and Rights of Minority Shareholders in Listed State Owned Enterprises (SOEs) – Experiences and Lessons from India*, 20.9.2012, disponível em *http://ssrn.com/abstract2149566*, acesso em 24.2.2016.

17. Mario E. Pinto Junior, "A propriedade acionária estatal", In: Assizio Aparecido de Oliveira, Elvira Cruvinel Ferreira Ventura, Enrico Spini Romanielo, *et. al.*, *Governança Corporativa: estrutura de controles societários,* São Paulo, Saint Paul, 2009, pp. 163-164.

18. Ruderico F. Pimentel, "A governança dos grupos estatais no Brasil", In: Assizio Aparecido de Oliveira, Elvira Cruvinel Ferreira Ventura, Enrico Spini Romanielo, *et. al.*, *Governança Corporativa: estrutura de controles societários*, cit., pp. 149-150.

presarial inerente à estrutura de direito privado por elas assumida. Notadamente diante da indefinição de finalidades das empresas estatais e falta de clareza nos objetivos que o Estado empresário almeja, tão frequentemente verificadas na prática, torna-se complexo estabelecer um referencial para operá-las.

Vários dos problemas de governança das empresas estatais aqui descritos podem ser encontrados em casos práticos recentemente noticiados, como aqueles julgados pela CVM em maio de 2015.

No "Caso Eletrobrás" (PAS CVM N. RJ2013/6635), a CVM analisou a atuação da União Federal, na qualidade de acionista controladora da Centrais Elétricas Brasileiras S.A. – Eletrobrás, com relação à renovação antecipada dos contratos de concessão de geração e transmissão de energia, no âmbito da Medida Provisória n. 579, de 2012 (MP 579), que prejudicou largamente as receitas daquela companhia.[19] Em seu voto, acompanhado unanimemente pelo Colegiado da CVM, a Diretora Relatora Luciana Dias condenou a União Federal à pena de multa no valor de R$500.000,00. Considerou-se que a controladora estatal agiu em situação de conflito de interesses ao votar a favor da adoção da MP 579, pois envolvia interesses relevantes da União Federal e a beneficiaria de forma particular.[20]

No "Caso EMAE" (PAS CVM N. RJ2012/1131), examinou-se o comportamento do Estado de São Paulo, como acionista controlador da Empresa Metropolitana de Águas e Energia S.A. – EMAE, no que diz respeito a operações em que a Companhia de Saneamento do Estado de São Paulo – Sabesp retirou água gratuitamente dos reservatórios Billings e Guarapiranga. O Colegiado da CVM, por iniciativa da Diretora Relatora Luciana Dias, condenou o Estado de São Paulo ao pagamento de R$ 400.000,00 a título de multa, pela sua atuação omissiva diante das transações entre as partes relacionadas EMAE e Sabesp, que representou falha em seus deveres inerentes ao exercício do poder de controle e inobservância dos interesses dos acionistas minoritários privados da sociedade de economia mista.[21]

Os precedentes acima citados exemplificam dificuldades enfrentadas pelas empresas estatais, notadamente com relação à atuação de seus acionistas controladores estatais. Adicionalmente, as decisões proferidas auxiliam a reforçar as boas práticas de governança corporativa nessas organizações controladas por entes públicos, na medida em que desestimulam atuações abusivas e intervenções políticas injustificadas, bem como fornecem maior segurança e previsibilidade.

Como se pode perceber, os instrumentos e modelos de governança corporativa devem ser adaptados à realidade das empresas estatais, considerando-se suas características singulares.

Com o aperfeiçoamento das práticas de governança corporativa adotadas pelas empresas estatais, é possível melhorar a gestão de recursos públicos e a qualidade na prestação das atividades de interesse público desenvolvidas por tais empresas, bem como obter impactos positivos no mercado de capitais e na economia.

Mais que isso, o incremento na governança corporativa de sociedades de economia mista garante maior segurança e proteção aos investidores minoritários privados e, com isso, auxilia a diminuir os custos de capital aplicáveis a essas empresas.

19. A Medida Provisória 579, de 2012, propunha a renovação automática das concessões de geração e transmissão de energia elétrica para as concessionárias que as detinham, em troca da redução de tarifa.

20. A União Federal foi condenada, especificamente, por infração ao art. 115, § 1º, da Lei 6.404, de 1976, porque votou em situação de conflito de interesses em assembleia geral extraordinária da Eletrobrás realizada em 3.12.2012.

21. O Estado de São Paulo foi condenado, especificamente, por abuso de poder de controle omissivo, em infração ao art. 116, parágrafo único, da Lei 6.404, de 1976.

Como aponta Alexandre Di Miceli da Silveira, também é importante que o Estado dê o exemplo ao setor privado, adotando e estimulando as boas práticas de governança corporativa nas organizações.[22]

A aplicação da governança corporativa às empresas estatais pode até mesmo contribuir ativamente para o desenvolvimento econômico e social de países, notadamente aqueles em desenvolvimento – a exemplo do Brasil. Como veremos adiante, essa correlação foi identificada por organismos multilaterais (OCDE e Banco Mundial, para citar alguns) e justifica a edição de diretrizes e políticas visando à difusão de boas práticas de governança entre os governos e autoridades públicas de um amplo espectro de países.

Os benefícios da aplicação de boas práticas de governança corporativa às estatais, portanto, são percebidos por indivíduos e pela coletividade, favorecendo tanto interesses públicos como privados.

4. Principais diretrizes para a governança corporativa em empresas estatais

Procurando adaptar as normas gerais de governança corporativa aos problemas e desafios peculiares enfrentados pelas empresas estatais e motivados pelos consideráveis benefícios que tal projeto carrega, como apresentamos no item anterior, muitas entidades voltaram seus esforços para o setor e editaram recomendações de governança especificamente destinadas a esse tipo de organização. A seguir, analisaremos as principais delas e destacaremos seus principais elementos.

4.1 Diretrizes da OCDE

A Organização para a Cooperação e Desenvolvimento Econômico (OCDE) propôs, em 2005, um conjunto de recomendações direcionadas especialmente às empresas estatais, considerando o contexto particular em que elas estão inseridas.[23] Em razão da importância adquirida pelo tema, bem como para incorporar os mais recentes desenvolvimentos e experiências no assunto, a OCDE conduziu a atualização e aperfeiçoamento de suas orientações, o que deu origem ao lançamento, no ano de 2015, de uma nova edição das "Diretrizes da OCDE sobre governança corporativa para empresas de controle estatal".

Tendo em vista o impacto que a aplicação da governança corporativa nas empresas estatais possui no desenvolvimento econômico e social dos países, a OCDE, por meio da edição de suas diretrizes, pretendeu criar um referencial internacionalmente aceito e orientar as práticas dos governos em relação ao tema. Os esforços empreendidos por tal organização internacional têm como objetivos, essencialmente, profissionalizar a atuação do Estado como acionista, tornar as empresas estatais tão eficientes e transparentes quanto as melhores empresas privadas e garantir a competição, em igualdade de condições, entre as empresas estatais e empresas privadas.

As recomendações desenvolvidas e publicadas pela OCDE são divididas em sete grandes diretrizes, seguidas de orientações específicas sobre cada uma delas, abordando – em linhas gerais – os seguintes pontos: (i) clareza na política e objetivos da atuação empresarial do Estado; (ii) adequado exercício do poder de controle pelo Estado; (iii) garantia de tratamento igualitário e

22. Alexandre Di Miceli da Silveira, "O mau exemplo das estatais: episódios recentes oferecem lições importantes sobre as práticas dessas companhias", *Revista Capital Aberto*, n. 79, mar. 2010, p. 64.

23. De acordo com a lógica empregada pela OCDE, as recomendações para as empresas estatais devem ser entendidas como um complemento aos Princípios de governança corporativa da OCDE, elaborados para as empresas em geral.

competição justa entre as empresas estatais e privadas atuando no mercado; (iv) tratamento igualitário de acionistas minoritários e outros investidores nas empresas estatais; (v) respeito à função social da empresa e relacionamento positivo com os *stakeholders*; (vi) altos padrões de transparência e prestação de contas; e (vii) fortalecimento e aumento da eficiência dos órgãos internos das empresas estatais. Nota-se que as sugestões da OCDE são genéricas e propõem-se apenas a fornecer princípios gerais de orientação. Isso se deve ao fato de a atuação da OCDE ter caráter internacional, envolvendo propostas destinadas aos mais diversos países, cada qual com sua legislação e especificidades.

A OCDE vem desempenhando um papel pioneiro e de grande relevância no aperfeiçoamento e disseminação das boas práticas de governança corporativa em empresas estatais, por todo o mundo. Em vários países, entidades e autoridades se basearam nos princípios estabelecidos por tal organização para desenvolver uma série de iniciativas concretas voltadas à governança corporativa de empresas estatais. A influência das orientações gerais editadas pela OCDE pode ser percebida nas normas para a governança de empresas estatais concebidas no Brasil, a exemplo das iniciativas do IBGC sobre o assunto, do Programa Destaque em Governança de Estatais da BM&FBovespa e da recém-editada Lei 13.303/2016, que serão analisadas abaixo.

4.2 Recomendações do Banco Mundial

O Banco Mundial, assim como a OCDE, identificou a importância do aprimoramento da governança corporativa nas empresas estatais para o desenvolvimento nacional. Nesse contexto, preparou um conjunto de recomendações e ferramentas concretas destinado a auxiliar as autoridades governamentais a avaliar e desenvolver as estruturas de governança corporativa aplicáveis às empresas estatais de seus respectivos países.

A contribuição do Banco Mundial está estruturada em torno de cinco aspectos centrais, compatíveis com os princípios gerais internacionais editados pela OCDE: (i) definição e limitação dos objetivos da propriedade empresarial estatal e dos fins das empresas estatais; (ii) estímulo à atuação ativa e eficiente do controlador estatal; (iii) aperfeiçoamento da transparência e adequada divulgação de informações; (iv) fortalecimento do conselho de administração; e (v) adequado relacionamento e tratamento de acionistas minoritários e demais *stakeholders*.

Como é característico em uma iniciativa internacional, a exemplo das diretrizes da OCDE, as recomendações do Banco Mundial são genéricas e destinadas a serem aplicadas nas diferentes realidades encontradas em cada país. No entanto, o projeto de tal instituição financeira se destaca por fornecer uma série de mecanismos e ferramentas práticos (*toolkit*) para auxiliar as autoridades públicas na tarefa de desenvolver a governança corporativa nas empresas estatais.

4.3 Iniciativas do IBGC

O Instituto Brasileiro de Governança Corporativa (IBGC) vem trabalhando ativamente pela aplicação das boas práticas de governança corporativa às empresas estatais, notadamente no que se refere às sociedades de economia mista. No primeiro semestre de 2015, o IBGC publicou dois documentos contendo posicionamentos e recomendações sobre o tema: a Carta de Opinião IBGC n. 03/2015 e a Carta Diretriz n. 5. Adicionalmente, em dezembro de 2015, o Instituto lançou um Caderno de Boas Práticas de Governança Corporativa para as sociedades de economia mista, tratando de orientações e medidas especificamente voltadas a tais sociedades.

Diferentemente dos projetos encabeçados pela OCDE e pelo Banco Mundial, acima analisados, o trabalho do IBGC sugere medidas específicas e detalhadas, levando em conta a compatibilidade com a realidade e legislação brasileiras.

As contribuições acerca da governança corporativa em sociedades de economia mista protagonizadas pelo IBGC são construídas sobre três elementos centrais: (i) a regulação da atuação do Estado nas sociedades de economia mista; (ii) o fortalecimento da administração interna dessa espécie de sociedade; e (iii) a adoção de altos padrões de transparência e divulgação de informações pelas sociedades de economia mista.

No que diz respeito ao primeiro desses eixos de atuação, destaca-se a preocupação com a estabilidade, responsabilidade e eficiência na condução das sociedades de economia mista pelo Estado, bem como a necessidade de definição do interesse público a ser atendido por cada uma delas, de forma a evitar o direcionamento indevido dessas sociedades e a consequente expropriação dos investidores minoritários privados. Nessa linha, o IBGC recomenda que os acionistas minoritários das sociedades de economia mista sejam compensados pelas perdas assumidas por tais companhias em razão do atendimento ao interesse público, até mesmo quando se trata daquele que justificou sua criação e faz parte de suas atribuições legais.

Quanto ao segundo eixo de atuação acima citado, ressaltamos a importância do Conselho de Administração para uma boa governança das sociedades de economia mista, órgão esse que deve ser autônomo e forte, com membros independentes e profissionais.[24] Além disso, o IBGC sugere a criação de uma Secretaria de Governança Corporativa e a adoção de um Código de Ética por tais sociedades, de forma a reforçar ainda mais a adesão e cumprimento das boas práticas de governança corporativa.

Finalmente, no âmbito do terceiro eixo de atuação verificado nas iniciativas do IBGC, coloca-se em evidência a necessidade de sujeitar as sociedades de economia mista a um regime mais rigoroso de divulgação de informações e prestação de contas, especialmente no que se refere à consecução e financiamento das políticas de interesse público. Diante disso, o IBGC considera desejável o registro de todas as sociedades de economia mista como companhias abertas,[25] bem como a sua adequação aos níveis de divulgação de informações exigido pelos Níveis 2 e Novo Mercado da BM&FBovespa.

4.4 Programa Destaque em Governança de Estatais – BM&FBovespa

Em setembro de 2015, a BM&FBovespa lançou o Programa Destaque em Governança de Estatais (Programa Destaque), direcionado especificamente às empresas estatais de capital aberto ou em processo de abertura de capital, que tem por objetivo estimular tais empresas a adotar ou aumentar a qualidade de suas práticas de governança corporativa. Com essa iniciativa, a BM&FBovespa pretende retomar a confiança dos investidores nas empresas estatais e, assim, impulsionar o desenvolvimento do mercado de capitais brasileiro.

A adesão ao Programa Destaque é voluntária e pode ser realizada em duas categorias distintas. Para obter a certificação na Categoria 1, todas as medidas de governança corporativa propostas no Programa devem

24. O IBGC sugere, inclusive, que a totalidade dos cargos no Conselho de Administração das sociedades de economia mista seja composta por membros independentes. Vide Carta Diretriz n. 5 do IBGC, p. 19.

25. Mario Engler Pinto Junior afirma que a abertura de capital das empresas estatais é positiva, pois impõe padrões de transparência mais exigentes, aumenta as possibilidades e abrangência de sua fiscalização e monitoramento, além de estimular a sua eficiência. Vide Mario E. Pinto Junior, "A propriedade...", cit., 2009, pp. 165-166.

ser adotadas. Para receber a certificação na Categoria 2, basta adotar, da relação de recomendações propostas, seis medidas obrigatórias e um conjunto de medidas opcionais que some um total de 27 pontos, calculados de acordo com os pesos atribuídos a cada uma delas.

O Programa Destaque é divido em quatro linhas de ação: (i) Divulgação de Informações – Transparência; (ii) Estruturas e Práticas de Controles Internos; (iii) Composição da Administração e do Conselho Fiscal; e (iv) Compromisso dos Controladores Públicos. Todas elas, em conjunto, visam a conferir maior eficiência à condução e atuação das empresas estatais e reforçar a segurança e a previsibilidade dos investimentos nessas empresas.

A primeira linha de ação tem por fim a clara definição dos objetivos e papel do Estado empresário, bem como fazer com que as empresas estatais observem altos padrões de transparência, com divulgações sobre os objetivos e realizações da companhia. Nesse ponto, destacam-se as medidas que pretendem adaptar as políticas de divulgação de informações à realidade das estatais, a exemplo do aprimoramento do conteúdo do Formulário de Referência e criação da chamada Carta Anual de Governança Corporativa, que resume e torna mais acessíveis as principais informações interessantes ao investidor dessas companhias.

Na segunda linha de ação, pretende-se fortalecer a governança interna das empresas estatais, com mecanismos capazes de evitar desvios na atuação e condução dessas sociedades. Nessa linha, ressaltamos as sugestões pela adoção de um Código de Conduta e de uma Política de Transações com Partes Relacionadas, bem como pela instituição de uma área de *Compliance*, Auditoria Interna e Comitê de Auditoria Estatutário.

A terceira linha de ação inclui medidas acerca da nomeação, autoridade e atuação dos administradores das empresas estatais. O incremento da governança corporativa nas empresas estatais passa necessariamente pelo fortalecimento da autoridade, eficiência e integridade dos seus órgãos internos, evitando-se interferências políticas. Para isso, o Programa Destaque inclui requisitos mínimos para a indicação de administradores, que devem ser qualificados, profissionais e comprometidos com seus cargos. Diferentemente da sugestão emitida pelo IBGC, o Programa Destaque da BM&FBovespa recomenda que 30% dos conselheiros sejam independentes. Além disso, há determinação para que avaliações e treinamentos sejam conduzidos com os administradores, de forma a elevar a qualidade de sua atuação.

Por fim, a quarta linha de ação visa a engajar o controlador público com a boa governança das empresas estatais. Nesse contexto, nota-se que essa última seção do Programa Destaque também endereça preocupações voltadas ao vazamento de informações sensíveis ainda não divulgadas ao mercado e ao chamado *insider trading*, na medida em que estimula o comprometimento dos controladores estatais com a manutenção do sigilo de tais informações privilegiadas até a sua adequada disseminação.

4.5 Lei 13.303, de 30.6.2016

Recentemente, foi sancionada a Lei de Responsabilidade das Estatais (Lei 13.303, de 30.6.2016), originada a partir do Projeto de Lei do Senado n. 555, de 2015, que estabeleceu regras de governança corporativa e responsabilidade, bem como sobre contratações, para as empresas estatais e suas subsidiárias, controladas pela União, Estados, Distrito Federal e Municípios.

O texto da Lei é dividido em duas grandes partes. A primeira trata de governança corporativa aplicada às empresas estatais, com normas sobre a organização do controle interno, divulgação de informações, composição dos órgãos da administração, assim como limitações e responsabilidade quanto à atuação da empresa e de seus administradores. A segunda parte, por sua vez, trata de regras sobre licitações e contratos envolvendo essa categoria de empresas.

Desde a tramitação da Lei no Congresso Nacional, alguns dispositivos se destacaram e motivaram intensos debates. Nesse sentido, o texto original do Projeto de Lei do Senado estabelecia que as empresas estatais deveriam ter seu capital social composto apenas por ações ordinárias, com um prazo de dez anos para adaptação e extinção das ações preferenciais emitidas. Além disso, o Projeto de Lei também previa a necessidade de as estatais com capital aberto manterem ao menos 25% de ações em circulação, o que poderia gerar dificuldades para certas empresas. Ao final, nenhuma das prescrições acima citadas alcançou o texto final da Lei. A primeira foi retirada pelo próprio Senado Federal, nas fases finais do processo legislativo. A segunda, por outro lado, foi objeto de veto por parte da Presidência da República, com a justificativa de que o dispositivo incentivaria o fechamento de capital de certas estatais controladas pela União e poderia prejudicar futuras operações para capitalização de empresas estatais.

Nessa mesma linha, também foi vetada a polêmica regra que estabelecia responsabilidade solidária entre os conselheiros e a Diretoria quanto à efetiva implementação das deliberações tomadas pelo Conselho de Administração. A justificativa para tal rejeição mencionou a divergência do dispositivo com a disciplina de responsabilidade dos administradores contida na Lei 6.404/1976, aplicável às empresas estatais, que – por norma constitucional – sujeitam-se ao regime jurídico vigente para as sociedades privadas.

Dentre as inovações trazidas pela Lei 13.303/2016, merece relevo o estabelecimento de rígidos requisitos para a composição de cargos da administração em empresas estatais. Com a aprovação da Lei de Responsabilidade das Estatais, além de outras condições, passou a ser exigido um período mínimo de experiência profissional,[26] formação acadêmica compatível, bem como vedação à indicação de indivíduos com quaisquer vinculações partidárias, sindicais ou que tenham ligação com o ente controlador da empresa estatal ou com a própria sociedade.

Em outro dispositivo, também relacionado a normas sobre a estrutura administrativa das empresas estatais, a Lei determina que o Conselho de Administração – a ser integrado por um mínimo de sete e um máximo de onze membros – deve ser composto por ao menos 25% de membros independentes ou por pelo menos um conselheiro indicado pelos acionistas não controladores (caso os acionistas minoritários decidam exercer o mecanismo de voto múltiplo, nos termos do art. 141 da Lei 6.404/1976). Em adição, o novo diploma reforça as estruturas e práticas de integridade corporativa, controles internos, gestão de riscos e transparência. Como exemplos de medidas que seguem nessa direção, podemos citar a obrigatoriedade de constituição do Comitê de Auditoria Estatutário e adoção de um Código de Conduta e Integridade, bem como a divulgação de uma carta anual de governança corporativa, com informações sobre a estrutura, atividades, planos e políticas da empresa estatal.

Por último, também cabe mencionar que ainda há, no texto final da nova Lei de Responsabilidade das Estatais, previsões que limitam despesas com publicidade e patrocínio, inclusive com restrições especiais aos gastos com publicidade em ano de eleição

26. A Lei 13.303/2016 exige que os administradores de empresas estatais tenham experiência profissional de, ao menos, alternativamente: (i) dez anos em área relacionada à atuação da empresa; ou (ii) quatro anos ocupando cargo de direção em sociedade semelhante à empresa estatal, cargo em comissão no setor público equivalente a no mínimo DAS-4 ou cargo acadêmico nas áreas de atuação da empresa estatal; ou ainda (iii) quatro anos atuando como profissional liberal em atividade relacionada à área de atuação da empresa estatal.

para cargos do ente federativo ao qual a empresa estatal seja vinculada.

5. Propostas para a governança corporativa em empresas estatais: avanços, críticas e comentários

As recomendações e projetos acima apresentados trouxeram uma série de avanços para a disciplina da governança corporativa nas empresas estatais, adaptando as medidas, originalmente direcionadas às empresas privadas, à realidade particular dessas organizações estatais e procurando superar seus problemas específicos.

Com base no panorama acima exposto, é possível identificar orientações em comum apresentadas pelas diferentes entidades. Dentre elas, destacamos as seguintes: (i) definir o interesse público a ser atendido pelas empresas estatais e conferir clareza à atuação do Estado na qualidade de sócio controlador; (ii) estabelecer altos padrões de transparência e prestação de contas; (iii) fortalecer a estrutura de governança interna das empresas estatais, com ênfase à autoridade e independência do Conselho de Administração; e (iv) estabelecer critérios adequados para a composição e avaliação da atuação dos administradores das empresas estatais.[27] Percebe-se que a clareza na atuação empresarial do Estado, o aumento do grau de transparência e o fortalecimento dos órgãos internos, com destaque ao Conselho de Administração, são imperativos para a superação dos desafios enfrentados pelas empresas estatais e constituem elementos necessários à instituição de uma melhor estrutura de governança corporativa nessas organizações.

Contudo, nem todas as propostas apresentadas são unânimes e escapam de críticas. De fato, muitas delas afetam diretamente o interesse de vários setores da sociedade, públicos e privados, e vêm gerando interessantes discussões e controvérsias.

Inicialmente, questiona-se a necessidade de criar novas normas para disciplinar a governança corporativa nas empresas estatais. Para uns, em nosso ordenamento, faltam normas que se preocupem com a eficiência na administração das empresas estatais e a observância às melhores práticas de governança corporativa. Nesse sentido, defende-se a criação de regras que ultrapassem o foco em proibir e punir, abundante em nossas leis, para concentrar-se em proposições construtivas e compatíveis com o que há de mais recente na disciplina da governança corporativa.[28] Para outros, no entanto, já há normas suficientes para garantir a adequada condução e operação das sociedades estatais. Assim, não haveria necessidade de criar novas regras; bastaria o cumprimento das já existentes.[29]

A nosso ver, embora a Lei de Responsabilidade das Estatais não necessariamente represente o melhor caminho, as especificidades das empresas estatais justificam a produção de normas sobre governança corporativa a elas adaptadas.[30] Regras específicas que compatibilizem e encorajem a aplicação das boas práticas de governança corporativa às empresas estatais desempenham um papel positivo, em complementação às normas já existentes e aplicáveis a tais sociedades.

27. Muitas dessas propostas também podem ser identificadas na doutrina. Vide Mario E. Pinto Junior, "A propriedade...", cit., 2009, pp. 167-168.

28. Vide Mario G. Schapiro e Diogo R. Coutinho, "Para além da tempestade", Jornal *Valor Econômico*, de 18.9.2015, São Paulo, p. E2; e Armínio Fraga e Marcelo Trindade, "Sobre a governança das estatais", Jornal *O Estado de São Paulo*, de 27.11.2014, Coluna Opinião. Disponível em *http://opiniao.estadao.com.br/noticias/geral,sobre-a-governanca-das-estatais-imp-,1598646*.

29. Para um debate entre ambas as posições vide Francisco da Costa e Silva e José Alexandre Tavares Guerreiro, "As estatais precisam de uma legislação específica?", *Revista Capital Aberto*, São Paulo, Antítese, nov./dez. 2015, pp. 44-45.

30. Joaquim Rubens Fontes Filho e Lidice Meireles Picolin, "Governança Corporativa...", cit., 2008, pp. 1.170-1.171.

Além disso, também há controvérsias sobre o risco de alguns projetos e soluções propostos acabarem, em certa medida, afastando o Estado da administração das empresas estatais. Nesse sentido, menciona-se, por exemplo, a sugestão do IBGC para que 100% dos conselheiros das empresas estatais sejam independentes.[31]

Ao mesmo tempo em que é necessário aumentar a eficiência e profissionalizar as empresas estatais, é preciso cuidar para que sua razão de ser (atendimento ao interesse público que justificou sua criação) não seja descaracterizada. Ressalta-se que a lógica de lucratividade e geração de valor característica das empresas privadas é naturalmente mitigada nas empresas estatais, em razão da função pública que lhe é inerente. Nesse ponto, volta a aparecer o grande desafio enfrentado pelas empresas estatais: a compatibilização da lógica empresarial com as finalidades coletivas.

Finalmente, há propostas para a governança corporativa das empresas estatais que, embora teoricamente acertadas, poderiam enfrentar obstáculos práticos. Cabe citar, inicialmente, o aumento da rigidez para a indicação de administradores e a ampliação da responsabilidade decorrente de sua atuação, conforme verificado na nova Lei de Responsabilidade das Estatais. Apesar de ser imprescindível que os órgãos de administração das empresas estatais melhorem sua atuação e se fortaleçam, o que passa necessariamente pelo profissionalismo, ética e comprometimento de seus integrantes, a rigidez exacerbada dos critérios de indicação e responsabilização pode tornar difícil encontrar as pessoas adequadas para os cargos.

Em segundo lugar, menciona-se a sugestão de proceder com a abertura de capital de todas as sociedades de economia mista, oferecida pelo IBGC, bem como a proposta de extinguir as ações preferenciais das sociedades de economia mista, em dez anos, originalmente constante do Projeto de Lei de Responsabilidade das Estatais. Ainda que essas medidas estejam completamente em linha com as melhores práticas de governança corporativa, sua operacionalização seria consideravelmente difícil e implicaria em altos gastos. A própria exclusão do dispositivo que proibia ações preferenciais em sociedades de economia mista, no texto final da Lei de Responsabilidade das Estatais, comprova a percepção da dificuldade prática em implementar providências dessa natureza.

Por último, na prática, a adequada definição do interesse público a ser atendido pelas empresas estatais pode se revelar complexa. Nem sempre é possível prever com detalhes, em um determinado momento no tempo, todas as possibilidades e variáveis que a empresa estatal enfrentará no cumprimento de sua função. É preciso esclarecer o objetivo público para o qual a empresa estatal foi criada e, ao mesmo tempo, evitar tolher demasiadamente sua atuação, descaracterizá-la ou prejudicar sua eficiência.

6. Síntese conclusiva

As empresas estatais carregam uma enorme importância, tanto em termos econômicos quanto em razão de impactarem concretamente setores estratégicos para a sociedade. Apesar disso, a grande evolução vista nas estruturas de governança corporativa das empresas privadas não afetou significativamente as empresas controladas pelo Estado. Apenas mais recentemente a aplicação da governança corporativa às empresas estatais passou a ser uma preocupação, com a percepção dos grandes benefícios potencialmente trazidos por tal iniciativa. No

31. Esse ponto foi levantado por Antônio Rugero Guibo, Diretor de Governança, Riscos e *Compliance* do BB Seguridade, no painel intitulado “Nova era da Governança em Estatais”, organizado pelo Instituto Brasileiro de Direito Empresarial – IBRADEMP, em 10.9.2015. A sugestão do IBGC poderia fazer com que o Estado não participasse da administração da empresa estatal por ele controlada.

Brasil, os últimos escândalos, investigações e julgamentos têm evidenciado os problemas de governança enfrentados por essas empresas, contribuindo para dar maior visibilidade e intensidade às discussões sobre o tema.

Nesse contexto, importantes entidades e organizações vêm direcionando seus esforços para o estudo das peculiaridades intrínsecas às empresas estatais, de forma a adaptar as medidas e estruturas de governança corporativa aos problemas específicos por elas enfrentados. Nos últimos anos, tem sido possível verificar grandes avanços no setor, com a proliferação das atenções e projetos direcionados ao assunto e a constante e cada vez maior adoção e desenvolvimento das boas práticas de governança corporativa pelas empresas estatais.

Porém, a despeito da magnitude dos recentes avanços na construção de mecanismos de governança corporativa para as empresas estatais, ainda há espaço para evolução e aperfeiçoamento. Especialmente em momentos como o que agora atravessamos, no auge de sérias crises envolvendo a governança de empresas estatais, é preciso cuidado para evitar medidas irrefletidas, a exemplo daquelas que, por falta de planejamento adequado, falham em entregar os resultados pretendidos ou ameaçam descaracterizar a natureza da empresa estatal. O grande desafio dessa espécie de organização permanece: como harmonizar adequadamente a lógica e eficiência típicas do setor privado com o papel público inerente a tais sociedades?

Referências bibliográficas

BM&F BOVESPA. *Programa Destaque de Governança de Estatais*, 2015. Disponível em *http://www.bmfbovespa.com.br/pt-br/servicos/solucoes-para-empresas/segmentos-de-listagem/governanca-de-estatais.aspx?Idiomapt-br*. Último acesso em 28.11.2015.

BONFIM, Natália Bertolo. *O Interesse Público nas Sociedades de Economia Mista*. Dissertação (mestrado) – Departamento de Direito Econômico e Financeiro da Faculdade de Direito da Universidade de São Paulo, 2011.

COMISSÃO DE VALORES MOBILIÁRIOS. *Recomendações da CVM sobre Governança Corporativa*, 2002. Disponível em *http://exame.abril.com.br/rede-de-blogs/investidor-em-acao/files/2011/04/cartilha-CVM-Governan%C3%A7a-Corporativa.pdf*. Último acesso em 28.11.2015.

COSTA E SILVA, Francisco da; GUERREIRO, José Alexandre Tavares. "As estatais precisam de uma legislação específica?", *Revista Capital Aberto*. São Paulo, Antítese, nov./dez. 2015, pp. 44-45.

EIZIRIK, Nelson. "As sociedades anônimas com participação estatal e o Tribunal de Contas", in *Questões de Direito Societário e Mercado de Capitais*. Rio de Janeiro, Forense, 1987, pp. 28-33.

FACO, Daniel de M.; PRADO, Caio G. H. "A sociedade de economia mista e o mercado de capitais", in CANTIDIANO, Luiz L.; MUNIZ, Igor (Org.). *Temas de Direito Bancário e do Mercado de Capitais*. São Paulo: Renovar, 2014, pp. 137-166.

FONTES FILHO, Joaquim Rubens; PICOLIN, Lidice Meireles. "Governança Corporativa em empresas estatais: avanços, propostas e limitações", *Revista de Administração Pública – RAP*, n. 42. Rio de Janeiro, nov./dez. 2008, pp. 1.163-1.188.

FRAGA, Armínio; TRINDADE, Marcelo. "Sobre a governança das estatais", Jornal *O Estado de São Paulo*, de 27.11.2014, Coluna Opinião. Disponível em *http://opiniao.estadao.com.br/noticias/geral,sobre-a-governanca-das-estatais-imp-,1598646*. Último acesso em 29.11.2015.

GRAU, Eros R. "Intervenção estatal na economia", in: CLÈVE, Clèmerson Merlin; BARROSO, Luís Roberto (Org.). *Direito Constitucional. Constituição financeira, econômica e social,* vol. 6. São Paulo: Ed. RT, 2011, pp. 369-401.

__________. "Lucratividade e função social nas empresas sob controle do Estado", *Revista de Direito Mercantil, Industrial, Econômico e Financeiro*, n. 52. São Paulo, out./dez. 1984, pp. 30-33.

GUIMARÃES, Maria Celeste Morais. "Governança corporativa nas empresas sob controle estatal – por um código de melhores práticas", in: FERRAZ, Adriano Augusto Teixeira; SILVA, Alexandre Couto; WALD, Arnoldo; *et al. Sociedades Anônimas e Mercado de Capitais: Homenagem ao Prof. Osmar Brina Corrêa-Lima*. São Paulo: Quartier Latin, 2011, pp. 259-280.

INSTITUTO BRASILEIRO DE GOVERNANÇA CORPORATIVA – IBGC. "Boas práticas de governança corporativa para sociedades de economia mista", *Cadernos de Governança Corporativa*, n. 14. São Paulo: IBGC, 2015. Disponível em *http://www.ibgc.org.br/userfiles/2014/files/Arquivos_Site/Caderno14.PDF*. Último acesso em 7.9.2016

_________. *Carta de Opinião IBGC n. 3/2015 – Governança de Sociedades de Economia Mista*, 13.2.2015. Disponível em *www.ibgc.org.br*. Último acesso em 4.10.2015.

_________. *Carta Diretriz n. 5 – Sociedades de Economia Mista*, 2015. Disponível em *www.ibgc.org.br*. Último acesso em 4.10.2015.

LAZZARINI, Sergio G.; MUSACCHIO, Aldo. "State-owned enterprises in Brazil: History and lessons", artigo preparado para o The Working Party on State-Ownership and Privatization Practices – OECD, 2014. Disponível em *www.oecd.org*. Último acesso em 4.10.2015.

MENDES, João Mourão. "Empresas estatais federais: governança corporativa para combater a corrupção", *Revista da Controladoria-Geral da União*, n. 3, ano II, dez. 2007. pp. 50-64.

ORGANIZATION FOR ECONOMIC CO-OPERATION AND DEVELOPMENT – OEDC. *Corporate Governance of state-owned enterprise: a survey of OECD countries*. Paris: OECD Publications, 2003. Disponível em *http://www.oecd.org/daf/ca/corporategovernanceofstate-ownedenterprises*. Último acesso em 4.10.2015.

_________. *Guidelines on Corporate Governance of State-Owned Enterprises*, 2015. Disponível em *http://www.oecd.org/corporate/ca/corporategovernanceofstate-ownedenterprises*. Último acesso em 28.11.2015.

_________. *The OECD Principles of Corporate Governance*, 2004. Disponível em *http://www.oecd.org/corporate/ca/corporategovernanceprinciples/31557724.pdf*. Último acesso em 28.11.2015.

PANDE, Santosh. *Position and Rights of Minority Shareholders in Listed State Owned Enterprises (SOEs) – Experiences and Lessons from India*, 20.9.2012. Disponível em: *http://ssrn.com/abstract2149566*. Acesso em 24.2.2016.

PENG, Mike W.; SAUERWALD, Steve. "Corporate Governance and Principal-Principal Conflicts", In: WRIGHT, Mike; SIEGEL, Donald S.; KEASEY, Kevin; *et. al.* (Org.). *The Oxford Handbook of Corporate Governance*. Oxford, Oxford University, 2013, pp. 658-672.

PENTEADO, Mauro Rodrigues. "As sociedades de economia mista e as empresas estatais perante a Constituição de 1988", *Revista de Direito Mercantil, Industrial, Econômico e Financeiro*, vol. 28, n. 73. São Paulo, 1989, pp. 5-21.

PIMENTEL, Ruderico F. "A governança dos grupos estatais no Brasil", in: OLIVEIRA, Assizio Aparecido de; VENTURA, Elvira Cruvinel Ferreira; ROMANIELO, Enrico Spini; *et. al. Governança Corporativa: estrutura de controles societários*. São Paulo: Saint Paul, 2009, pp. 139-154.

PINTO JUNIOR, Mario E. "A atuação empresarial do Estado e o papel da empresa estatal", *Revista de Direito Mercantil, Industrial, Econômico e Financeiro*, vol. 151/152. São Paulo, Malheiros Editores, Ano XLVIII, jan./dez. 2009, pp. 256-280.

_________. "A estrutura da administração pública indireta e o relacionamento do Estado com a companhia controlada", *Revista de Direito Público da Economia*, n. 28. Belo Horizonte, Ano 7, out./dez. 2009.

_________. "A propriedade acionária estatal", In: OLIVEIRA, Assizio Aparecido de; VENTURA, Elvira Cruvinel Ferreira; ROMANIELO, Enrico Spini; *et. al. Governança Corporativa: estrutura de controles societários*. São Paulo, Saint Paul, 2009, pp. 155-168.

_________. *Empresa Estatal: Função Econômica e Dilemas Societários*. São Paulo, Atlas, 2010.

_________. "O novo mercado da Bovespa e o compromisso da sociedade de economia mista com práticas de boa governança corporativa", *Revista de Direito Mercantil, Industrial, Econômico e Financeiro*, n. 128. São Paulo, out./dez. 2002, pp. 54-60.

SCHAPIRO, Mario G.; COUTINHO, Diogo R. "Para além da tempestade", Jornal *Valor Econômico*, de 18.9.2015. São Paulo, p. E2.

SCHIRATO, Vítor Rhein. "Novas anotações sobre as empresas estatais", *Revista de Direito Administrativo*, vol. 239. Rio de Janeiro, Renovar, jan./mar. 2005, pp. 209-240.

SILVEIRA, Alexandre di Miceli da. *Governança Corporativa no Brasil e no mundo: teoria e prática.* Rio de Janeiro, Elsevier, 2010.

_________. "O mau exemplo das estatais: episódios recentes oferecem lições importantes sobre as práticas dessas companhias", *Revista Capital Aberto*, n. 79. Ano 7, mar. 2010, pp. 64-65.

SU, Yiyi; XU, Dean; PHAN, Phillip H. "Principal--Principal Conflict in the Governance of the Chinese Public Corporation", *Management and Organization Review*, 4 (1). Cambridge University Press, 2008, pp. 17-38.

THE WORLD BANK. *Corporate Governance of State-Owned Enterprises – a toolkit.* Washington, DC, 2014. Disponível em *http://documents.worldbank.org/curated/en/2014/10/20286791/corporate-governance-state-owned-enterprises-toolkit*. Último acesso em 4.10.2015.

TRINDADE, Marcelo; WARDE JR., Walfrido J. "A companhia aberta de economia mista tem o dever de priorizar o lucro?", *Revista Capital Aberto*. São Paulo, Antítese, set. 2015, pp. 56-57.

Pareceres

CONSIDERAÇÕES SOBRE A EFICÁCIA DO REGISTRO, EFETUADO EM REGISTRO PÚBLICO MATERIAL E TERRITORIALMENTE COMPETENTE, DE NEGÓCIOS JURÍDICOS DE OBRIGAÇÃO E DE CERTOS NEGÓCIOS JURÍDICOS DE DISPOSIÇÃO (CESSÃO DE CRÉDITO; CONSTITUIÇÃO DE PENHOR COMUM, ESPECIAL, DE CRÉDITO E DE TÍTULO DE CRÉDITO; CONSTITUIÇÃO DE PROPRIEDADE FIDUCIÁRIA DE COISA MÓVEL, INFUNGÍVEL OU FUNGÍVEL; CONSTITUIÇÃO DE TITULARIDADE FIDUCIÁRIA DE DIREITO E DE TÍTULO DE CRÉDITO)

João Alberto Schützer Del Nero

Consulta-me o Banco B., por intermédio dos dignos advogados N.N. e N.N., sobre a eficácia do registro, efetuado em registro público, de instrumentos particulares. Mais particularmente, a consulta desdobra-se nos seguintes quesitos:

A) Efeito do Registro e Riscos da Ausência de Registro

I. Qual o tipo de eficácia que traz ao negócio jurídico obrigacional o registro (excluída a cessão de crédito), em cartório de Títulos e Documentos, de seu instrumento particular, realizado para efeitos do art. 221 do Código Civil, com base no art. 127, I, da Lei 6.015/1973 – Lei de Registros Públicos-LRP? Pode-se dizer que tais efeitos se limitam ao probatório e de datação?

II. É necessário o registro em cartório de Títulos e Documentos do instrumento da dívida garantida, para que seja possível ou eficaz o registro do acordo de constituição da garantia?

III. Especificamente para o caso da cessão de crédito, o Código Civil dispõe no art. 288 que as cessões de crédito serão "ineficazes perante terceiros" se celebradas por instrumento particular não revestido das solenidades do art. 654, § 1º. Quais seriam os riscos da ausência de registro dos instrumentos particulares de cessão de crédito em cartório de Títulos e Documentos, considerando, em especial, os arts. 221 e 288 do Código Civil?

IV. Quais seriam os riscos (em especial no caso de falência do garantidor, penhora dos bens dados em garantia e alegação de fraude contra credores) da ausência de registro, em cartório de Títulos e Documentos, dos seguintes instrumentos particulares:

a) Instrumentos particulares de constituição de garantias reais em que o efeito do registro não é constitutivo (*i.e.* penhor de coisa)?

b) Instrumentos particulares de constituição de garantias reais em que o efeito do registro é constitutivo (*i.e.* penhor de títulos de crédito ou propriedade fiduciária)?

V. No caso do registro cujo efeito é constitutivo da garantia (*i.e.* penhor de títulos de crédito ou propriedade fiduciária), é possível a execução da garantia contra o garantidor (ressalvando-se os casos de recuperação judicial ou falência), sem que tal registro tenha sido feito? Em outras palavras, qual a eficácia mínima do acordo de constituição da garantia sem que tenha ocorrido o registro do instrumento?

VI. Nas garantias reais, mais especificamente na cessão fiduciária de créditos, é comum que haja "reforço da garantia" (quando o valor da garantia torna-se inapto para assegurar o pagamento da dívida garantida), hipótese em que o garantidor entrega novos créditos em garantia. Da mesma forma, é comum a "substituição" dos créditos dados em garantia por outros. Uma vez que os créditos originais são pagos ao credor fiduciário, o garantidor oferece novos créditos contra a liberação dos recursos do crédito cedido em garantia. Tal reforço ou substituição é feito conforme previsão expressa constante do acordo de constituição da garantia, que fora devidamente registrado em cartório de Títulos e Documentos. Em ambos os casos, o cedente entrega documento, por ele firmado, ao credor fiduciário, especificando os novos créditos cedidos em garantia. Haveria necessidade de registro ou averbação do registro existente para especificação desses novos créditos, cedidos de forma complementar ou suplementar e com base no acordo já registrado?

B) Local para o Registro

VII. Nos instrumentos particulares de constituição de garantia, dever-se-ia registrar o instrumento no domicílio do devedor, se apenas o garantidor e o credor garantido são partes no instrumento?

VIII. Nos instrumentos particulares de cessão de crédito ou de cessão fiduciária em garantia de créditos, dever-se-ia registrar o instrumento no domicílio do devedor do crédito cedido?

IX. Considerando o art. 130 da Lei de Registros Públicos no que tange ao lugar do registro, quais são as consequências de realização do registro apenas no domicílio de uma das partes contratantes? Neste caso, há uma eficácia territorial ou probatória reduzida? Qual seria a eficácia mínima de tal registro? Haveria diferença se o instrumento fosse registrado apenas no domicílio do credor garantido ou apenas no domicílio do garantidor?

C) Prazo para o Registro

X. Quais são as consequências de realização do registro em Títulos e Documentos após o prazo legal, nos seguintes casos:

a) Nos instrumentos particulares de constituição de garantias reais em que o efeito do registro é constitutivo de direito, qual o efeito da realização do registro após o prazo legal (em especial em relação ao termo legal da falência/período suspeito)?

b) Nos instrumentos particulares de constituição de garantias reais em que o efeito do registro não é constitutivo de direito, qual o efeito da realização do registro após o prazo legal?

c) Para os instrumentos particulares de caráter obrigacional, qual o efeito do registro caso feito após o prazo legal?

Antes, porém, de enfrentar cada um desses quesitos – mas desde já tendo-os sempre em mente –, creio serem necessárias ou, pelo menos, úteis, algumas considerações de índole geral acerca da eficácia subjetiva de certos negócios jurídicos, a saber: os negócios jurídicos de Direito das Obrigações e os de Direito das Coisas; os negócios jurídicos de obrigação, os de disposição e os de aquisição.

Trata-se de responder à seguinte indagação: quem fica ou pode ficar submetido aos efeitos do negócio jurídico?

Se a indagação é singela, sua resposta, conquanto à primeira vista também o seja, não o é de modo algum.

1. A EFICÁCIA SUBJETIVA DO NEGÓCIO JURÍDICO

1.1 Autonomia privada e experiência jurídica normativa

É possível estudar o Direito do ponto de vista normativo. Sem pretender reduzir o Direito à norma, talvez a melhor maneira de compreender a experiência jurídica e identificar seus traços característicos seja considerar o Direito um conjunto de normas ou regras de conduta. A experiência jurídica é – também e sobretudo, embora não somente – experiência normativa. A organização social e a intersubjetividade, postas em primeiro plano respectivamente pelas teorias institucionalistas e pelas teorias relacionais do Direito, não eliminam a normatividade, mas apenas a complementam e dela dependem: a experiência jurídica é conjunto de relações entre sujeitos estavelmente organizados em sociedade por meio de normas de conduta. A organização social e a intersubjetividade são condições necessárias para que se configure uma ordem jurídica, ao passo que só a normatividade é condição necessária e suficiente – fundamental, portanto.[1]

Entendendo a proposição como conjunto de palavras que, em sua totalidade, apresentam certo significado, as normas são, formalmente, proposições. As proposições dividem-se, quanto à forma gramatical, em declarativas, interrogativas, exclamativas e imperativas; e, quanto à função, em asserções, interrogações, exclamações e comandos. As normas são comandos, geralmente – embora não necessariamente – expressas em forma imperativa. Três são as funções da linguagem e, portanto, três são os correspondentes tipos de linguagem, dependendo do predomínio – não da exclusividade – de cada uma das três funções: *a*) a função descritiva, destinada a fazer (alguém) conhecer (algo), na linguagem científica; *b*) a função expressiva, orientada a fazer (alguém) participar (de algo), na linguagem poética; e *c*) a função prescritiva, dirigida a fazer (alguém) fazer (algo), na linguagem normativa. As normas são proposições prescritivas ou prescrições, autônomas e irredutíveis quer às proposições descritivas, quer às proposições expressivas.[2]

As proposições prescritivas ou prescrições podem dividir-se segundo três critérios principais: quanto à relação entre o sujeito ativo e o sujeito passivo da prescrição; quanto à forma da prescrição; e quanto à força obri-

1. Cf. Norberto Bobbio, *Teoria della Norma Giuridica*, Torino, G. Giappichelli, 1958, §§ 1-8, pp. 3-34; agora também em *Teoria Generale del Diritto*, Torino, G. Giappichelli, 1993, Parte Prima.

2. Cf. Norberto Bobbio, *Teoria della Norma Giuridica*, cit., §§ 15-21, pp. 71-99.

gatória da prescrição. Quanto à relação entre o sujeito ativo e o sujeito passivo da prescrição, distinguem-se as prescrições autônomas das prescrições heterônomas da seguinte maneira: autônomas são as prescrições em que o sujeito que põe a norma e o sujeito que a segue (ou há de seguir) são o mesmo sujeito; heterônimas, as prescrições em que o sujeito que põe a norma e o sujeito que a segue (ou há de seguir) são sujeitos diversos. Conquanto tenha sido essa a distinção que Kant empregou para distinguir o Direito, como conjunto de prescrições heterônomas do legislador jurídico externo, da Moral, como conjunto de prescrições autônomas do legislador moral interno (a razão), é possível reconhecer, de um lado, prescrições morais heterônomas, fundadas na vontade e na autoridade de um ente superior, como em certas morais religiosas; e, de outro lado, prescrições jurídicas autônomas:[3]

> (...) não se afirma que imperativos autônomos não possam encontrar-se também no campo do direito, nem que só por isso venham a confundir-se com a moral. O conceito de autonomia emprega-se, no sentido próprio de normas ou complexo de normas em que legislador e observante se identificam, tanto no direito privado como no direito público. No direito privado, fala-se de esfera da *autonomia privada* para referir aquela regulação de comportamentos que os cidadãos *dão a* si mesmos independentemente do poder público, que se limita a reconhecê-la e delimitá-la. Podemos entender o contrato como norma autônoma, no sentido de que é regra de conduta que deriva da vontade das mesmas pessoas que a tal regra se submetem. Num contrato, aqueles que *põem a* regra e aqueles que a devem observar são as mesmas pessoas.

É possível, portanto, entender a autonomia privada e o contrato – ou, de maneira mais ampla, o negócio jurídico – como parte da experiência jurídica normativa. O negócio jurídico é, precipuamente, complexo de prescrições jurídicas autônomas, isto é, de normas jurídicas postas pelo mesmo sujeito que a elas se submete e as há de seguir.

1.2 Modalidades normativas

As normas jurídicas podem dividir-se segundo diversos critérios, tendo em vista diferentes propósitos. Para tratar da eficácia do negócio jurídico, creio serem suficientes, pelo menos como ponto de partida, algumas distinções comuns no âmbito da lógica deôntica, que a seguir se apresentarão.[4]

Na linguagem normativa, pode definir-se a ordem (de praticar C) como a norma que imponha o dever de alguém comportar-se de acordo com tema positivamente determinado (o ato C); e a proibição (de praticar C), como a norma que imponha o dever de alguém comportar-se de acordo com tema negativamente determinado (o ato não-C, ou seja, a omissão de C). Daí as seguintes duas identidades lógicas:

Ordem (C) = Obrigação (C)

Proibição (C) = Obrigação (não-C)

Ainda na linguagem normativa, a obrigação pode constituir a categoria diretiva fundamental capaz de expressar qualquer norma. A obrigação estabelecida por norma é relação entre duas pessoas, no sentido de que a obrigação da pessoa A é comumente obrigação da pessoa A para com outra pessoa, B.

Por ser institucional e dinâmica, toda ordem jurídica desenvolvida apresenta, além de normas de conduta, que prescrevem como se há de atuar, normas de competência, que

3. Cf. Norberto Bobbio, *Teoria della Norma Giuridica*, cit., § 22, pp. 100-104, encontrando-se o texto citado na p. 103.

4. Para tanto, seguirei de perto a exposição de Alf Ross, *Lógica de las Normas*, trad. (de *Directives and Norms*, London, Routledge & Kegan Paul) de José S.-P. Hierro, Madrid, Tecnos, 1971, §§ 26-29, pp. 108-129. Consulte-se também, com muitas semelhanças e algumas diferenças, Tercio Sampaio Ferraz Junior, *Introdução ao Estudo do Direito: técnica, decisão, dominação*, São Paulo, Atlas, 1988, 4.2.5.6, pp. 156-160.

estabelecem como, por meio de certos atos jurídicos, podem criar-se novas normas válidas e obrigatórias. Como a obrigação, a competência estabelecida por norma também é relação entre duas pessoas: a pessoa A, dotada de competência, e a pessoa B, que está sujeita ao poder daquela, ou seja, que fica obrigada a obedecer às normas corretamente criadas por aquela, A.[5]

Com determinadas operações lógicas, é possível construir os dois quadros a seguir apresentados: o primeiro, das modalidades de normas de conduta, e o segundo, das modalidades de normas de competência. Em ambos, o símbolo lógico de identidade "=" significa que as duas expressões por ele ligadas são sinônimas e correlativas; e o símbolo lógico de negação "~", que as expressões por ele ligadas são contraditórias.

No quadro das modalidades de normas de conduta (abaixo), começa-se em (1): A tem, em relação a B, a obrigação de desempenhar o comportamento C, em que C descreve a situação e o tema da obrigação de A; a negação de (1), por definição, conduz a (2); (3) e (4) expressam, respectivamente, as mesmas relações que (1) e (2), mas do ponto de vista de B, não no de A.

No quadro das modalidades de normas de competência (p. seguinte), começa-se em (5): A está sujeito às disposições, isto é, aos atos criadores de normas ou de efeitos, de B, no campo F, em que F descreve a competência material e procedimental de B;[6] a negação de (5), por definição, conduz a (6); (7) e (8) expressam, respectivamente, as mesmas relações que (5) e (6), mas do ponto de vista de B, não do de A.

MODALIDADES DE NORMAS DE CONDUTA			
(1)	Obrigação A–B (C)	=	Pretensão B–A (C)
	~		~
(2)	Permissão A–B (não-C)	=	Não pretensão B–A (não-C)
(3)	Pretensão A–B (C)	=	Obrigação B–A (C)
	~		~
(4)	Não pretensão A–B (não-C)	=	Permissão B–A (não-C)

5. Do ponto de vista lógico, as normas de competência podem reduzir-se a normas de conduta se as entendermos como normas que tornam obrigatório atuar de acordo com as normas de conduta criadas segundo o procedimento por elas, normas de competência, estabelecido (cf. Alf Ross, *Lógica de las Normas*, cit., p. 113). Creio, porém, ser de todo recomendável manter a divisão das normas jurídicas em normas de conduta e normas de competência, como, aliás, a mantém o próprio Alf Ross.

6. Cf. 1.2.3, abaixo.

MODALIDADES DE NORMAS DE COMPETÊNCIA			
(5)	Sujeição A–B (F)	=	Competência B–A (F)
	~		~
(6)	Imunidade A–B (não-F)	=	Incompetência B–A (não-F)
(7)	Competência A–B (F)	=	Sujeição B–A (F)
	~		~
(8)	Incompetência A–B (não-F)	=	Imunidade B–A (não-F)

1.2.1 Pretensão e obrigação

A pretensão de B é correlativa da obrigação de A.[7]

B é quem tem a liberdade ou a faculdade[8] de exigir que A pratique o ato C ou, ainda, que se imponha a A a sanção associada à ausência da prática do ato C, até mesmo em procedimento judicial.

A pretensão tem de ser, até certo ponto, precisa: quem a formula há de individuar seu objeto, qualitativa e quantitativamente. O titular de pretensão tem o poder ou a competência[9] de dispor sobre ela: pode, por exemplo, renunciar a ela e, consequentemente, a obrigação correlativa extingue-se.

1.2.2 Permissão e não pretensão

Observando o quadro das modalidades de normas de conduta e lembrando que Ordem (C) = Obrigação (C) e Proibição (C) = Obrigação (não-C), vê-se que a permissão de omitir o ato C significa que não há obrigação de praticar o ato C e, portanto, que não há ordem de praticar o ato C; e, também, que a permissão de praticar o ato C significa que não há obrigação de omitir o ato C e, portanto, que não há proibição de praticar o ato C:[10]

Permissão (C) = Não obrigação (não--C) = Não proibição (C)

A liberdade – ou, em certo sentido, a faculdade – de praticar o ato C pode entender-se como ausência de ordem de praticá-lo e de proibição de praticá-lo:

Liberdade (C) = Não ordem (C) & Não proibição (C) =

= Não obrigação (C) & Não obrigação (não-C)[11]

A liberdade e a permissão têm em comum o não estarem proibidas. Distinguem-

7. No art. 189 do Código Civil o significado de pretensão é outro.

8. Cf. 1.2.2, abaixo.

9. Cf. 1.2.3, abaixo.

10. Sobre a distinção entre permissão forte e permissão fraca, na lógica deôntica de Georg Henrik von Wright, e a respectiva crítica, ver Alf Ross, *Lógica de las Normas*, cit., pp. 114-118.

11. "&" é o símbolo lógico de conjunção de dois enunciados que se combinam mediante a conjunção aditiva "e".

-se, todavia, porque a permissão de praticar o ato C pode coexistir com a obrigação de praticar o ato C e, portanto, com a ordem de praticar o ato C; ao passo que a liberdade de praticar o ato C, não: não pode coexistir com a obrigação ou a ordem de praticar o ato C.

A não pretensão de B, por sua vez, é correlativa da permissão de A.

1.2.3 Competência e sujeição

Denomine-se poder a capacidade, juridicamente estabelecida, da pessoa de criar certos efeitos jurídicos, por meio de seus próprios atos de enunciação de tais efeitos. Competência da pessoa, um tipo especial de poder: a capacidade de ela criar certas normas jurídicas, também por meio de seus próprios atos de enunciação de tais normas.[12] E ato jurídico – ou, no direito privado, declaração dispositiva (declaração de vontade, negocial ou jurídico-negocial) ou, ainda, negócio jurídico –, o ato de enunciação com que se exerce tal competência ou poder.

Norma de competência é norma jurídica que atribui semelhante capacidade e estabelece as condições para seu correto exercício. Essas condições determinam: *a*) a pessoa qualificada para, com seu próprio ato enunciativo, criar a norma ou produzir o efeito – competência pessoal; *b*) o âmbito possível da norma criada no tocante ao sujeito (aquele que está sujeito ou submetido à norma ou ao efeito), à situação e ao tema – competência material; e *c*) o modo de praticar o ato enunciativo de criação da norma ou de produção do efeito e, em certos casos, a ordem e o modo de praticar atos anteriores ou posteriores a ele – competência procedimental.

Denomine-se sujeição o correlativo do poder ou da competência. A pessoa sujeita ou submetida, B, é aquela – e apenas aquela – que, segundo as normas determinantes do âmbito da competência material de A, pode ser sujeito de norma jurídica criada por A ou de efeito jurídico produzido por A.

Segundo seus conteúdos e propósitos diversos, as normas jurídicas de competência podem dividir-se em normas que criam o poder denominado autonomia privada e normas que criam a denominada autoridade pública. Sobre a autonomia privada:

> De um lado, estão as regras de competência que criam o poder que chamamos *autonomia privada*. Caracterizam-se pelos seguintes traços. Na esfera pessoal, criam um poder para cada indivíduo normal. Em todos os seus aspectos importantes, tal poder limita-se à capacidade do indivíduo de incorrer em responsabilidades e de dispor no concernente a seus próprios direitos.
>
> Quando as disposições de dois ou mais indivíduos se coordenam, capacitam-nos para "legislar" por contrato sobre suas relações recíprocas. Tal poder não está ligado a um direito de exercê-lo ou de exercê-lo apenas de certa maneira. O indivíduo é livre para decidir se faz uso de sua autonomia, e como. A função social da autonomia privada é capacitar o indivíduo para, nos limites da ordem jurídica, dar forma a suas relações jurídicas segundo seus próprios interesses. O próprio poder, em relação a certo objeto, não é um "direito", mas, sim, parte de um direito transferível. Com a transferência do direito, o poder passa a quem recebe a transferência. Pode dizer-se, portanto, que o poder que estamos considerando é *não qualificado* (toda gente o tem), *autônomo* (usa-se para obrigar a própria pessoa competente), *discricionário* (exerce-se livremente) e *transferível* (pode transmitir-se a outrem).[13]

1.2.4 Imunidade e incompetência

Denomine-se imunidade a ausência de sujeição de alguém a outrem. Toda pessoa tem imunidade contra qualquer outra pessoa

12. Observe-se, contudo, que é frequente o emprego, em sinédoque *pars pro toto*, do termo competência também no sentido de poder.

13. Alf Ross, *Lógica de las Normas*, cit., pp. 124-125.

que, em relação a ela, não tenha poder ou competência.

A incompetência é correlativa da imunidade: a ausência de competência de A em relação a B significa imunidade de B em relação a A.

1.2.5 A relevância das modalidades normativas

Para a adequada compreensão da experiência jurídica, é mais que insuficiente a comum divisão das relações jurídicas nos correlativos conceitos de direito e dever.

Direitos e deveres muitas vezes consideram-se entidades substanciais metafísicas criadas por fatos (jurídicos) e criadoras de efeitos jurídicos; e isso dificulta o tratamento de problemas jurídicos concretos. Essa maneira de lidar com a experiência jurídica afasta – quando não ignora – o primeiro e, talvez, mais relevante objeto de análise, que é a linguagem do Direito: as modalidades normativas são expressões do conteúdo ou significado diretivo das normas jurídicas.

Mais ainda. A dicotomia direito-dever é inadequada porque cada um desses dois termos acaba por ter de referir os muito heterogêneos conceitos das diversas modalidades normativas: direito, as ativas – pretensão, permissão, liberdade ou faculdade, poder ou competência e imunidade; e dever, as passivas – obrigação, não pretensão, sujeição e incompetência.

Por fim, cabe ressaltar que direito subjetivo não é modalidade normativa alguma: é "conceito que se usa na descrição de situação jurídica complexa" e

> (...) é erro introduzir "direito" como correlativo de "dever". O conceito de direito é conceito sistemático em que se une certo número de regras jurídicas e que cobre uma série de efeitos jurídicos, cada um dos quais podendo expressar-se pelas modalidades citadas. O direito de propriedade, por exemplo, inclui um conjunto de pretensões, liberdades, competências e imunidades. Um "direito" (como a propriedade, os diferentes *jura in re aliena*, o *copyright*, etc.) não é nenhuma modalidade jurídica usada na expressão de alguma regra jurídica particular, mas, sim, construção teórica que serve à apresentação sistemática do Direito vigente.[14]

1.3 Cinco tipos de negócios jurídicos

Como qualquer conjunto de entidades, também os negócios jurídicos podem dividir-se segundo diversos critérios. Tendo em vista os temas deste parecer, creio serem de maior relevância os seguintes cinco tipos: negócios jurídicos de Direito das Obrigações e de Direito das Coisas; negócios de obrigação, de disposição e de aquisição.

Passo a apresentá-los.[15]

1.3.1 Negócios jurídicos de Direito das Obrigações e de Direito das Coisas

Segundo o critério do objeto da regulação negocial, os negócios jurídicos dividem-se em negócios jurídicos de Direito das Obrigações (*schuldrechtliche Rechtsgeschäfte*) e negócios jurídicos de Direito das Coisas (*sachenrechtliche Rechtsgeschäfte*).[16-17]

14. Alf Ross, *Lógica de las Normas*, cit., pp. 117 e 126. Ver também Tercio Sampaio Ferraz Junior, *Introdução ao Estudo do Direito*, cit., p. 160.

15. Minha apresentação acompanha de perto a exposição de Karl Larenz, *Derecho Civil: parte general*, trad. (da 3ª ed. alemã, München, Beck, 1975, de *Allgemeiner Teil des deutschen Bürgerlichen Rechts*) e notas de Miguel Izquierdo y Macías-Picavea, Madrid, EDERSA, 1978, § 18, II, "a", "b" e "c", pp. 428-439; agora também, reformulada e atualizada – e, portanto, preferida por mim –, em Karl Larenz e Manfred Wolf, *Allgemeiner Teil des Bürgerlichen Rechts*, 8ª ed. revista, München, Beck, 1997, § 23, II e III, pp. 447-455.

16. Ainda segundo o mesmo critério distintivo, identificam-se dois outros tipos: os negócios jurídicos de Direito de Família (*familienrechtliche Rechtsgeschäfte*) e os negócios jurídicos de Direito das Sucessões (*erbrechtliche Rechtsgeschäfte*).

17. Os negócios jurídicos de Direito das Obrigações denominam-se comumente negócios jurídicos

Negócios jurídicos de Direito das Obrigações são os que se destinam à constituição, modificação, ulterior ampliação ou cessação de relação obrigacional (*Schuldverhältnis*) com direitos relativos e deveres.

Negócios jurídicos de Direito das Coisas são os que se destinam à constituição, modificação, transmissão ou supressão de direito real com eficácia absoluta contra todos.

Essa primeira distinção guarda estreita proximidade com a segunda, que, por sua maior relevância, se expõe mais minuciosamente logo a seguir.[18]

1.3.2 Negócios de obrigação, de disposição e de aquisição

Segundo o critério do tipo de efeito jurídico pretendido, os negócios jurídicos dividem-se em negócios de obrigação (*Verpflichtungsgeschäfte*), negócios de disposição (*Verfügungsgeschäfte*) e, ao lado deles, em peculiar situação, negócios de aquisição (*Erwerbsgeschäfte*).[19]

Negócios de obrigação são negócios jurídicos mediante os quais uma pessoa se impõe, perante outra pessoa, fazer ou não fazer alguma coisa determinada. Seu efeito primário é, portanto, o de constituir certo dever de prestação (*Leistungspflicht*) e, assim, certa relação obrigacional. O devedor (*Verpflichtete*), intitulado como obrigado (*Schuldner*), tem de conduzir-se, perante o intitulado como credor (*Gläubiger*), de acordo com a obrigação imposta e, especialmente, propiciar ao credor a prestação. Surge, concomitantemente, para o credor, o direito de exigir a prestação, que consiste em direito de crédito (*Forderungsrecht*).

Negócios de disposição são negócios jurídicos que se destinam a produzir efeitos diretos sobre um direito existente, com sua modificação, transmissão, gravação (ou oneração) ou supressão. Objeto dos negócios de disposição é direito subjetivo existente, embora possa ser também, segundo alguns, relação jurídica.

A eficácia de negócio de disposição pressupõe que o disponente esteja intitulado ou legitimado (*berechtigt*) para dispor sobre o direito ou a relação jurídica, ou seja, que lhe caiba o poder de disposição (*Verfügungsmacht*) sobre aquele ou esta.

A faculdade (*Befugnis*) de dispor sobre o direito é parte constitutiva (*Bestandteil*) do respectivo direito ou relação jurídica; e a disposição, em si mesma, é ato de exercício do direito.

Os mais importantes negócios de disposição são aqueles pelos quais se transmite certo direito; ou, então, se constitui algum direito real limitado mediante a transmissão a outrem de faculdade contida no direito de propriedade, dele separável e subsistente por si só – denominada transmissão de direito constitutiva (*konstitutiven Rechtsübertragung*). E ainda:[20]

> Eles (os negócios de disposição) *têm o* caráter de atribuição (*Zuweisung*): seu efeito jurídico é a modificação da competência (*Zuständigkeit*) incidente sobre o respectivo

obrigacionais, e os de Direito das Coisas, negócios jurídicos reais. Procuro evitar esses termos por causa de sua equivocidade.

18. Cf. 1.3.2, abaixo.

19. Os negócios de obrigação denominam-se mais frequentemente negócios obrigatórios, em termos equívocos que procuro evitar. Os negócios de disposição denominam-se também comumente dispositivos, e os de aquisição, aquisitivos.

20. Dada a importância do trecho e a fim de que não paire dúvida alguma sobre ele, convém transcrevê-lo: "Sie haben den Charakter einer Zuweisung: Ihre Rechtserfolg ist die Änderung der Zuständigkeit des betreffenden Rechts und damit eine von jedermann zu beachtende Änderung der Güterzuordnung. Derartige *Verfügungen wirken* damit *absolut* gegenüber jedermann. Das gilt auch von der Übertragung einer Forderung. Die Zuständigkeit einer Forderung, ihre Inhaberschaft, ist eine von jedermann zu achtende Rechtsstellung" (Karl Larenz e Manfred Wolf, *Allgemeiner Teil des Bürgerlichen Rechts*, cit., § 23, III, 2, "d", Rn. 50, p. 453). Cf. também Karl Larenz, *Derecho Civil: parte general*, cit., § 18, II, "c", p. 437 e nota 14).

direito e, portanto, a modificação – a ser respeitada por todos – da ordem de distribuição dos bens. Assim, *as disposições são eficazes de modo absoluto, contra todos*. Exatamente o mesmo ocorre com a transmissão de crédito: a competência incidente sobre o crédito (ou sua titularidade) é posição jurídica (*Rechtsstellung*) que tem de ser respeitada por todos.

Diferentemente dos negócios de disposição, os negócios jurídicos de obrigação fundamentam apenas obrigação perante outra ou outras pessoas determinadas: sua eficácia, portanto, é tão somente relativa.

A pessoa pode assumir várias obrigações, ainda que não possa cumpri-las todas. Mas só pode transmitir, eficazmente, certo direito uma única vez porque, se o abdicou mediante sua transmissão, não mais lhe cabe nenhum poder de disposição sobre ele, a não ser nos casos de tutela do terceiro que, de boa-fé, adquire de não titular do poder de disposição. Em princípio, disposição anterior, tão logo se torne eficaz, exclui a eficácia de disposição posterior que se lhe oponha.

É preciso, contudo, reconhecer que a divisão dos negócios jurídicos em negócios de obrigação e negócios de disposição não é exaustiva, nem suas duas classes são mutuamente excludentes.

Essas duas classes não são mutuamente excludentes porque nem todo negócio jurídico ou é negócio de obrigação, ou é negócio de disposição: em certos negócios jurídicos podem encontrar-se elementos de negócios jurídicos de obrigação e elementos de negócios jurídicos de disposição.

E a divisão não é exaustiva porque, ao lado dos negócios de obrigação e dos negócios de disposição, se encontram os negócios de aquisição: são negócios jurídicos mediante os quais se adquire algum direito e que podem coexistir seja com negócios de obrigação, seja com negócios de disposição. Vê-se negócio de aquisição junto de negócio de obrigação na aquisição, pelo credor, do novo crédito criado pelo negócio de obrigação; e, junto de negócio de disposição, na aquisição de direito transmitido ou cedido. Compreende-se, então, por que o contrato de Direito das Obrigações (*Schuldvertrag*) é, para a pessoa que assume obrigação, negócio de obrigação, enquanto para a outra pessoa, que em virtude dele adquire direito de crédito, é negócio de aquisição; por isso mesmo, o contrato bilateral ou sinalagmático (*gegenseitiger Vertrag*) é, ao mesmo tempo, para ambas as partes, negócio de obrigação e negócio de aquisição.

1.4 Ser e parecer

Ao tratar dos negócios de disposição,[21] afirmou-se que uma pessoa só pode transmitir, eficazmente, certo direito uma única vez porque, ao abdicá-lo, transmitindo-o, deixa de competir-lhe o poder de disposição sobre ele, exceto – e a exceção é de grande relevância em qualquer ordem jurídica – nos casos de tutela do terceiro que, de boa-fé, adquire de não titular do poder de disposição; e acrescentou-se que, em princípio, disposição anterior, tão logo se torne eficaz, exclui a eficácia de disposição posterior que se lhe oponha.

A tutela do terceiro de boa-fé e da confiança encontra-se, de maneira geral, na denominada teoria da aparência, cujo cerne reside na eventual oposição entre ser e parecer, com o primado, em casos excepcionais, do parecer sobre o ser.

Creio que o modelo lógico-semântico do chamado quadrado semiótico e o exemplo a seguir apresentados permitem compreender adequadamente a questão.[22]

21. Cf. 1.3.2, acima.

22. Cf. Algirdas Julien Greimas e Joseph Courtés, *Dicionário de Semiótica*, trad. (da 7ª ed. francesa de *Semiotique, Dictionnaire Raisonné de la Théorie du Langage*, Paris, Hachette, 2007) de vár. trad., São Paulo, Contexto, 2008, verbete "Quadrado semiótico", pp. 400-404. O quadrado apresentado no texto encontra-se na p. 403.

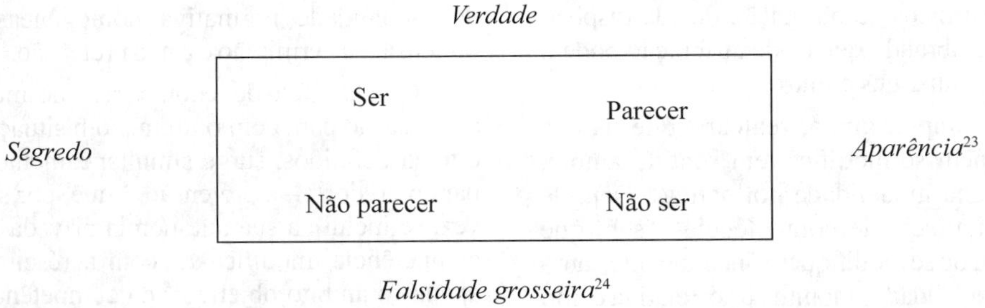

A relação entre os termos situados nos vértices em diagonal do quadrado é de contradição, ou seja, é impossível que os dois termos se apresentem juntos. É impossível a coexistência de ser com não ser; e a de parecer com não parecer.

A relação entre os termos situados nos vértices em linhas horizontais é de contrariedade, para a linha superior, e de subcontrariedade, para a linha inferior, ou seja, é possível que os termos se apresentem juntos. É possível a coexistência de ser com parecer – verdade; e a de não ser com não parecer – falsidade grosseira.

A relação entre os termos situados nos vértices em linhas verticais pode ser de complementaridade, se houver implicação semântica entre eles.[25] É possível a coexistência de ser com não parecer – segredo; e a de parecer com não ser – aparência.

Daí afirmar-se:[26]

> (...) as relações contraídas entre termos podem servir, por sua vez, de termos que estabeleçam entre si relações hierarquicamente superiores (funções desempenhando o papel de funtivos, de acordo com a terminologia de L. Hjelmslev). Dir-se-á, nesse caso, que duas relações de contrariedade contraem entre si a relação de contradição, e que duas relações de complementaridade estabelecem entre si a relação de contrariedade. O exemplo que segue ilustra essa constatação (segue o quadrado acima apresentado):
>
> Poder-se-á, assim, reconhecer que *verdade* e *falsidade (grosseira)* são *metatermos contraditórios*, ao passo que *segredo* e *mentira (aparência)* são *metatermos contrários*. Os metatermos e as categorias que constituem serão considerados como termos e categorias de segunda geração.

Os metatermos contraditórios não podem coexistir: a verdade não pode coexistir com a falsidade grosseira. Mas os metatermos contrários podem: o segredo pode coexistir com a aparência.

1.5 Submissão aos efeitos do negócio jurídico

Creio que, depois de apresentar diversos conceitos metodologicamente adequados – adequados apenas, não únicos, de modo que os pontos de partida poderiam ser outros –, é possível enfrentar a indagação formulada logo no início deste parecer: Quem fica ou pode ficar submetido aos efeitos do negócio jurídico?

23. No texto citado consta o termo "mentira", cujo traço semântico negativo de reprovabilidade me leva a preferir o termo "aparência".

24. No texto citado consta apenas o termo "falsidade". Como, porém, a falsidade bem feita atenua muito o termo "não parecer", prefiro o termo "falsidade grosseira", comum no âmbito do Direito Penal.

25. Para a construção lógico-semântica, ver Algirdas Julien Greimas e Joseph Courtés, *Dicionário de Semiótica*, cit., p. 401, que omito para não sobrecarregar minha exposição.

26. Algirdas Julien Greimas e Joseph Courtés, *Dicionário de Semiótica*, cit., pp. 403-404.

Para tanto, convém separar[27] os negócios jurídicos de obrigação dos de disposição, lembrando que os de atribuição podem acompanhar uns e outros.

Cumpre, ainda, realçar[28] que não se cria, nem se modifica, em sentido amplo, nenhuma modalidade normativa – seja de conduta, seja de competência – sem que surjam ou se modifiquem, incontinente, tanto sua modalidade sinônima e correlativa como sua modalidade contraditória; a modalidade contraditória, por sua vez, faz-se acompanhar, incontinente também, de sua modalidade sinônima e correlativa. Denomine-se esse fenômeno lógico-deôntico "ocorrência simultânea das modalidades normativas homogêneas".

1.5.1 Negócios jurídicos de obrigação

O negócio jurídico de obrigação é exercício de competência compreendida na autonomia privada mediante o qual seu autor[29] cria, para si mesmo – e, em princípio, apenas para si mesmo[30] –, obrigação para com outrem.[31]

Criada, assim, a obrigação, que é modalidade de norma de conduta, surgem, de imediato, em virtude da ocorrência simultânea das modalidades normativas homogêneas, a pretensão, a permissão e a não pretensão.[32-33]

Criada – pelo devedor, para si mesmo – a obrigação para com outrem, com situação e tema definidos, surge simultaneamente – para o credor[34] – a pretensão,[35] que, por sua vez, se inclui na sua autonomia privada ou competência: modifica-se, com acréscimo, apenas o âmbito objetivo[36] da competência material do credor, sem nenhuma modificação de sua competência pessoal. O negócio jurídico é, portanto, de obrigação para o devedor, ao passo que, para o credor, é de aquisição.

Todas as modalidades normativas criadas pelo negócio de obrigação são de conduta. Seus dois polos subjetivos – o devedor e o credor – estão rigorosamente definidos pela situação e pelo tema da obrigação criada pelo autor do negócio jurídico de obrigação para si mesmo.

A única modalidade normativa de competência modificada, não criada, pelo negócio de obrigação é a competência do credor, mas apenas no tocante ao âmbito objetivo de sua competência material. Noutras palavras: não há nenhuma modificação da dimensão subjetiva da competência do credor porque sua competência pessoal e o âmbito subjetivo de sua competência material permanecem idênticos.

27. Cf. 1.3.2, acima.

28. Cf. 1.2, acima.

29. Também nos casos de regular representação, legal ou voluntária (arts. 115 a 120 do Código Civil), autor (parte) do negócio jurídico é o representado (parte em sentido material), não o representante (parte em sentido formal), que é apenas emissor da declaração jurídico-negocial.

30. Não é exceção a estipulação em favor de terceiro (arts. 436 a 438 do Código Civil): o "devedor" (art. 437) ou "outro contratante" (art. 438, *caput*) – que não é nem o "estipulante", nem o "terceiro designado no contrato", "terceiro, em favor de quem se estipulou a obrigação" ou "terceiro, em favor de quem se fez o contrato" – obrigou-se apenas e tão somente a si mesmo.

31. Para não sobrecarregar desnecessariamente o texto deste parecer, deixo de lado os negócios jurídicos de obrigação que não criam obrigação, mas, sim, modificam, em sentido amplo, obrigação criada anteriormente. É o caso, por exemplo, da assunção de dívida (arts. 299 a 303 do Código Civil).

32. Cf. 1.2.2, acima.

33. O surgimento de faculdade ou liberdade depende da adequada conjugação de duas não obrigações (cf. 1.2.2, acima), que, porém, não são criadas tão somente pelo próprio negócio de obrigação.

34. O credor é aquele para com quem o autor do negócio de obrigação se obrigou; é, também, aquele em relação a quem o devedor tem a obrigação de desempenhar o comportamento definido pela situação e pelo tema desta.

35. Surge também simultaneamente, para o devedor, a permissão de não omitir o adimplemento; e, para o credor, a não pretensão à omissão do adimplemento.

36. Não há modificação do âmbito subjetivo da competência material do credor porque não há nenhuma modificação do sujeito – aquele que está sujeito ou submetido à autonomia privada do credor (cf. 1.2.3, acima).

Efeitos do negócio de obrigação são as entidades por ele criadas ou modificadas, em sentido amplo. Consistem em complexo de modalidades normativas de conduta: para o devedor, obrigação e permissão; e, para o credor, pretensão, não pretensão e modificação ampliativa do âmbito objetivo da sua competência material.

Ficam, portanto, submetidos aos efeitos próprios do negócio de obrigação apenas o devedor e o credor, rigorosamente definidos pela situação e pelo tema da obrigação criada pelo autor de tal negócio jurídico para si mesmo.

O negócio de obrigação não tem nenhum efeito próprio que submeta alguém que não seja nem o devedor, nem o credor: não tem eficácia própria contra "terceiros", em certo sentido deste termo.

1.5.2 Negócios jurídicos de disposição

O negócio jurídico de disposição é, também ele, exercício de competência compreendida na autonomia privada mediante o qual seu autor cria certo efeito jurídico – diferente do de criação de norma de conduta –, a saber: modifica sua própria competência pessoal e, portanto, sua própria competência material,[37] suprimindo-a ou limitando-a, mas não a aumentando.[38] E, modificada pelo autor do negócio de disposição sua própria competência, modificam-se, de imediato, em virtude da ocorrência simultânea das modalidades normativas homogêneas, a sujeição, a incompetência e a imunidade.

A autonomia privada apresenta dois aspectos diferentes: um, que consiste na competência de alguém para criar norma de conduta para si mesmo; e outro, na competência de alguém para modificar, suprimindo ou limitando, sua própria competência pessoal e material, ou seja, para modificar a esfera de sua própria autonomia privada.

Nesse segundo aspecto, a esfera da autonomia privada de alguém é a parcela ativa do seu patrimônio, ou seja, o conjunto de todas as posições susceptíveis de apreciação econômica que alguém ocupa em toda e qualquer modalidade normativa ativa,[39] seja de conduta (pretensão, permissão e faculdade), seja de competência (competência e imunidade).[40]

Na atual ordem jurídica brasileira, o reconhecimento e a configuração da autonomia privada decorrem principalmente da dignidade da pessoa humana e do valor social da livre iniciativa – dois dos fundamentos da República –, da propriedade privada e sua função social, e da incolumidade da esfera jurídica individual fora do devido processo legal – dois dos direitos fundamentais.[41]

A autonomia privada é, portanto, competência reconhecida e configurada, em primeiro lugar, por normas de competência constitucionais.

Criada constitucionalmente a autonomia privada como competência, que é modalidade normativa de competência, surgem, de imediato, em virtude da ocorrência simultânea das modalidades normativas homogêneas, a sujeição, a incompetência e a imunidade, como se mostra no quadro a seguir:[42]

37. Cf. 1.2.3, acima.

38. Logo mais esclarecer-se-á por que a modificação da competência pessoal e, portanto, da competência material do autor do negócio de disposição só pode ser supressiva ou limitativa, não ampliativa.

39. Cf. 1.2.5, acima.

40. A parcela negativa do patrimônio é o conjunto de todas as posições susceptíveis de apreciação econômica que alguém ocupa em toda e qualquer modalidade normativa passiva (cf. 1.2.5, acima), seja de conduta (obrigação e não pretensão), seja de competência (sujeição e incompetência). Não me parece tão clara a noção de patrimônio constante no art. 91 do Código Civil.

41. Cf. o art. 1º, *caput*, incs. III e IV; e o art. 5º, *caput*, incs. XXII, XXIII e LIV, da Constituição da República.

42. Cf. 1.2, acima.

Autonomia privada (2º aspecto)

Competência X–Y (Ex)	=	Sujeição Y–X (Ex)
~		~
Incompetência X–Y (não Ex)	=	Imunidade Y–X (não Ex)

X = Toda pessoa

Y = Todas as pessoas, incluindo X

Ex = Esfera da autonomia privada de X

não Ex = Todas as esferas jurídicas de pessoa, exceto Ex

O quadro acima apresenta as seguintes proposições: 1ª) Toda pessoa (X) é competente para modificar a esfera da sua própria autonomia privada (Ex). 2ª) Todas as pessoas (Y) estão sujeitas a tais modificações.[43] 3ª) Toda pessoa (X) é incompetente para modificar qualquer esfera jurídica que não seja a da sua própria autonomia privada (não Ex). 4ª) Todas as pessoas (Y) são imunes a qualquer modificação, em suas próprias esferas jurídicas, decorrente de ato de toda pessoa (X) fora da esfera de autonomia privada desta (não Ex).

Trata-se, agora, não da competência de alguém para criar norma de conduta para si mesmo (primeiro aspecto da autonomia privada), mas, sim, da competência de alguém para dispor sobre sua própria competência (segundo aspecto da autonomia privada). Na criação de norma de conduta para si mesmo, a competência pessoal (quem está qualificado ou legitimado para, com seu próprio ato enunciativo, criar a norma) e o âmbito subjetivo da competência material (quem fica sujeito ou submetido a tal norma) coincidem: o ato enunciativo de criação de norma para si mesmo sujeita ou submete apenas seu próprio autor. Na disposição sobre a própria competência, a competência pessoal (quem está qualificado ou legitimado para, com seu próprio ato enunciativo, dispor sobre a própria competência) e o âmbito subjetivo da competência material (quem fica sujeito ou submetido a tal disposição), não: o ato enunciativo de disposição sobre a própria competência há de sujeitar ou submeter não apenas seu próprio autor, senão também todos.[44]

Como, porém, o negócio de disposição há de sujeitar ou submeter não apenas seu próprio autor, senão também todas as demais pessoas? Noutras palavras: como o negócio de disposição poderá ter efeitos que alcancem (também) quem não seja seu autor? Ou: como o negócio de disposição poderá ter eficácia (também) contra "terceiros", em certo sentido deste termo?

A resposta a tais indagações é a seguinte: a ordem jurídica legislativa, ao regular a competência procedimental relativa a cada um dos diversos tipos de negócios de disposição, estabelece como seu autor há de praticar o ato enunciativo de modificação da sua competência ou, também, que outros atos, anteriores ou posteriores a esse, haverão de praticar-se e como haverão de praticar-se,[45]

43. Compreende-se, agora, por que a modificação da competência pessoal e, portanto, da competência material do autor do negócio de disposição só pode ser supressiva ou limitativa, não aumentativa: como todas as pessoas já estão a ela sujeitas, é impossível aumentar seu número.

44. Por isso, como já se observou anteriormente (cf. 1.3.2, acima), os negócios de disposição têm o caráter de atribuição: seu efeito é a modificação da competência e, portanto, a modificação – a ser respeitada por todos – da ordem de distribuição dos bens. O negócio de disposição é eficaz de modo absoluto, contra todos, ainda que se trate de transmissão de crédito.

45. Cf. 1.2.3, acima.

a fim de que o negócio de disposição tenha seus efeitos próprios contra todos, não apenas contra alguns ou, então, contra ninguém.

É a imposição legislativa da prática de ato posterior ao negócio de disposição, como requisito para que ele adquira sua eficácia própria ou adquira sua eficácia própria contra todos, que permite compreender-se uma das diversas funções desempenhadas pelos serviços notariais e de registros públicos, cujas atividades se exercem, em caráter privado, por delegação do Poder Público, cabendo privativamente à União sobre eles legislar.[46] O registro, efetuado em certo ofício do Registro de Imóveis, do instrumento[47] do negócio de transmissão[48] do direito subjetivo[49] real de propriedade incidente sobre coisa imóvel é requisito para que tal negócio adquira sua eficácia própria: sem o registro, não há transmissão alguma do direito de propriedade;[50] não há nenhuma modificação da competência do proprietário em relação a ninguém.[51]

Tendo em vista os temas deste parecer, cabe, agora, examinar mais de perto os seguintes negócios jurídicos de disposição: cessão de crédito, constituição de penhor, constituição de propriedade fiduciária em garantia de coisa móvel, infungível ou fungível, e constituição de titularidade fiduciária em garantia.

1.5.2.1 Cessão de crédito[52]

A cessão de crédito é tipo de negócio jurídico bilateral de disposição mediante o qual o credor-cedente transmite, abdicando-o, determinado direito subjetivo de crédito[53] seu ao credor-cessionário, que, aceitando-o, o adquire.

O credor-cedente transmite ao credor-cessionário modalidades normativas ativas, de conduta – pretensões, permissões e faculdades – e de competência – competências e imunidades.

Nas modalidades normativas de conduta, o polo ativo modifica-se: ocupa-o o credor-cedente, antes da cessão de crédito, e o credor-cessionário, depois dela; mas o polo passivo, não: ocupa-o, antes e depois da cessão de crédito, o devedor-cedido. Indague-se, então, tendo em vista particularmente a pretensão: Para com quem o devedor-cedido tem obrigação? Para com o credor-cedente ou para com o credor-cessionário? Noutras palavras: O devedor-cedido está ou não submetido aos efeitos da cessão de crédito? Ao regular a competência procedimental relativa à cessão de crédito, a ordem jurídica legislativa impõe, como requisito de submissão do devedor-cedido aos efeitos da cessão de crédito, que dela se lhe dê ciência por notificação ou que ele se declare ciente dela.[54] A partir da ciência do devedor-cedido, a cessão de crédito passa a ter efeitos também contra ele, não apenas contra o credor-cedente e o credor-cessionário como, antes de tal ciência, tinha.

Nas modalidades normativas de competência, modificam-se o polo ativo e o polo

46. Cf. os arts. 236, *caput*, e 22, *caput*, XXV, da Constituição da República, respectivamente. O diploma legislativo atualmente em vigor é a Lei 6.015, de 31.12.1973, que "Dispõe sobre os registros públicos e dá outras providências".

47. Público ou particular, na dependência do valor da coisa imóvel (cf. o art. 108 do Código Civil).

48. O negócio jurídico bilateral de transmissão é, para o alienante, supressivo de certa competência e, para o adquirente, aquisitivo de igual competência.

49. "Direito subjetivo" entendido, aqui e doravante, como expressão cujo conteúdo é o de totalidade, com significado jurídico unitário, de modalidades normativas ativas, tanto de competência – competências e imunidades – como de conduta – pretensões, permissões e faculdades (cf. 1.2.5, acima).

50. Cf. o art. 1.245, *caput* e § 1º, do Código Civil.

51. A imposição legislativa da prática de ato posterior ao negócio de disposição, para que ele adquira sua eficácia própria contra todos, ocorre na cessão de crédito, que se exporá logo a seguir (cf. 1.5.2.1, abaixo).

52. Cf. os arts. 286 a 298 do Código Civil.

53. Sobre a expressão "direito subjetivo de crédito", ver nota 49, acima.

54. Cf. o art. 290 do Código Civil.

passivo. Antes da cessão de crédito, o polo ativo da competência e o polo ativo da imunidade do credor-cedente são ocupados por ele mesmo; o polo passivo da competência (do credor-cedente) – sujeição (ao credor-cedente) –, por todas as pessoas, incluindo o próprio credor-cedente; e o polo passivo da imunidade (do credor-cedente) – incompetência (de quem não é o credor-cedente) –, por todas as pessoas, exceto o credor-cedente. Depois da cessão de crédito, o polo ativo da competência e o polo ativo da imunidade passam a ser ocupados pelo credor-cessionário, não mais pelo credor-cedente; o polo passivo da competência (do credor-cessionário) – sujeição (ao credor-cessionário) –, por todas as pessoas, incluindo o próprio credor-cessionário; e o polo passivo da imunidade (do credor-cessionário) – incompetência (de quem não é o credor-cessionário) –, por todas as pessoas, exceto o credor-cessionário, incluindo, portanto, o próprio credor-cedente.

Observando a sujeição (polo passivo da competência) e a incompetência, que se modificam com a cessão de crédito, indaga-se: A quem todas as pessoas estão sujeitas? Ao credor-cedente ou ao credor-cessionário? São incompetentes todas as pessoas, exceto quem? O credor-cedente ou o credor-cessionário?

Se a ordem jurídica não criasse nenhum meio de publicação, por assim dizer, da cessão de crédito, em princípio apenas o credor-cedente e o credor-cessionário[55] poderiam responder a tais indagações. Ninguém mais teria ou poderia ter conhecimento dela e, portanto, ninguém mais saberia ou poderia saber a quem está ou não está sujeito – ao credor primitivo ou a outrem; nem se está ou não está diante de alguém competente – o credor primitivo ou outrem.

Mais ainda: coexistiriam ou poderiam coexistir os metatermos contrários denominados segredo e aparência:[56] de um lado, o credor-cedente não seria, embora parecesse, credor – credor aparente, por assim dizer; de outro lado, o credor-cessionário seria, conquanto não parecesse, credor – credor secreto, por assim dizer. Lembrando que, no âmbito da teoria da aparência, o parecer pode preferir ao ser,[57] o credor secreto poderia ver-se suplantado por outro credor-cessionário, a quem o credor aparente cedesse uma segunda vez o crédito.

Compreende-se, então, por que, ao disciplinar a cessão de crédito, a ordem jurídica legislativa impõe, como requisito de submissão de todos – que não o credor-cedente, o credor-cessionário e o devedor-cedido – aos efeitos da cessão de crédito, o registro, a ser efetuado em registro público, do instrumento particular desta.[58]

Quem fica submetido aos efeitos da cessão de crédito? A partir da celebração da cessão de crédito, o credor-cedente e o credor-cessionário. A partir da ciência que da cessão de crédito tenha o devedor-cedido, este também. A partir do registro, efetuado em registro público, do instrumento da cessão de crédito, todas as demais pessoas também.

1.5.2.2 Constituição de penhor

A fim de assegurar ou garantir, quanto possível, a satisfação de pretensão do cre-

55. Além do devedor-cedido, desde que dela ciente, conforme se expôs acima.

56. Cf. 1.4, acima.

57. Cf. 1.4, acima.

58. Cf. o art. 221, *caput*, do Código Civil, cuja redação não é, para dizer o mínimo, das melhores. Observo que o art. 288 do mesmo Código estabelece como o negócio jurídico de disposição há de celebrar-se, a fim de que possa ter efeitos contra "terceiros": sua forma há de ser escrita, seja a escritura pública, seja a escritura particular. Mas os efeitos contra terceiros dependem do registro, a ser efetuado em registro público, do instrumento de cessão de crédito, seja ele público, seja ele particular, nos termos do art. 221, *caput*, do Código Civil e do art. 129, 9º, da Lei 6.015, de 1973, que não distingue entre instrumentos públicos e instrumentos particulares.

dor,[59] a ordem jurídica configura certo tipo de competência que o doravante denominado garantidor[60] pode atribuir ao credor mediante negócio jurídico de disposição que modifique sua (do garantidor) própria competência pessoal e, portanto, sua própria competência material – limitando-a, não a suprimindo.[61]

A competência do garantidor, modificada pelo negócio jurídico de disposição, recai sobre determinado "direito subjetivo"[62] que pertença à sua esfera de autonomia privada e incida sobre certo bem, corpóreo ou incorpóreo, móvel ou imóvel. A competência do credor, atribuída pelo mesmo negócio jurídico, recai sobre o mesmo direito subjetivo do garantidor e incide sobre o mesmo bem; e, associada a imunidades, pretensões, permissões e faculdades, em totalidade com significado jurídico unitário, constitui "direito subjetivo de garantia", pertencente ao credor.

A cada uma dessas duas competências coexistentes correspondem, em virtude da ocorrência simultânea das modalidades normativas homogêneas,[63] sujeição, imunidade e incompetência. Para não sobrecarregar desnecessariamente o texto, omito construção análoga à que, com minúcia, acabou de apresentar-se[64] e aponto as conclusões a que se chegaria: de um lado, o garantidor, ao atribuir certa competência ao credor, passa a sujeitar-se a ele, deixa de ser imune a ele e suprime determinada incompetência dele; e, de outro lado, o credor, ao adquirir certa competência do garantidor, passa a sujeitá-lo, torna-se imune a ele e tem sua incompetência reduzida.

Observando a sujeição (polo passivo da competência) e a incompetência, tanto em relação ao garantidor, cuja competência se reduziu, como em relação ao credor, cuja competência aumentou, indaga-se: A quem todas as pessoas estão sujeitas? Ao garantidor ou ao credor? Ou a ambos? São incompetentes todas as demais pessoas, exceto quem? O garantidor ou o credor? Ou ambos?

Repetir-se-iam, aqui, os mesmos problemas anteriormente apontados.[65] Se a ordem jurídica não criasse nenhum meio de publicação do negócio jurídico de constituição de garantia, em princípio apenas o garantidor e o credor poderiam responder a tais indagações. Ninguém mais teria ou poderia ter conhecimento dela e, portanto, ninguém mais saberia ou poderia saber a quem está ou não está sujeito – ao garantidor, a outrem ou a ambos; nem se está ou não está diante de alguém competente – o garantidor, outrem ou ambos. Mais ainda: coexistiriam ou poderiam coexistir os metatermos contrários denominados aparência e segredo: de um lado, o garantidor não seria titular de competência exclusiva e plena, embora parecesse sê-lo; de outro lado, o credor seria titular de competência concorrente e limitada, conquanto não parecesse sê-lo. E como, no campo da teoria da aparência, o parecer pode preferir ao ser, o credor poderia ter sua competência concorrente e limitada superada pela imunidade de alguém a quem o garantidor viesse a transmitir sua competência, aparentemente exclusiva e plena.

Digo que os mesmos problemas se repetiriam, se a ordem jurídica não criasse nenhum meio de publicação do negócio jurídico de constituição de garantia, porque, no meu entender, ela foi além disso: ao disciplinar a competência procedimental relativa aos negócios jurídicos de constituição dos chamados

Ver, no mesmo sentido, Francisco Cavalcanti Pontes de Miranda, *Tratado de Direito Privado*, t. XXIII, 3ª ed., 2ª reimpr., São Paulo, Ed. RT, 1984, § 2.837, 2, p. 335.

59. Seja a pretensão primária ou principal, seja a pretensão secundária substitutiva da primária e economicamente equivalente a esta, dependendo do caso.

60. O garantidor pode ser o próprio devedor ou outrem (cf. o art. 1.427 do Código Civil).

61. Cf. 1.5.2, acima.

62. Cf. nota 49, acima.

63. Cf. 1.5, acima.

64. Cf. 1.5.2.1, acima.

65. Cf. 1.5.2.1, acima.

direitos reais de garantia – hipoteca, penhor e anticrese[66] –, estabeleceu como requisito para que eles adquiram sua eficácia própria o registro, a ser efetuado em registro público, do seu instrumento: sem o registro, não há constituição de garantia; não há nenhuma alteração da competência nem do garantidor, nem do credor, em relação a ninguém.[67]

Passo a examinar o penhor, deixando de lado a hipoteca e a anticrese porque alheias aos temas deste parecer.[68]

A disciplina legislativa geral do penhor – geral porque, além do penhor, abrange também a hipoteca e a anticrese – encontra-se nos arts. 1.419 a 1.430 do Código Civil de 2002; e a particular, nos arts. 1.431 a 1.472 do mesmo Código. No Código Civil de 1916, encontrava-se nos arts. 755 a 767 (disciplina geral de penhor, hipoteca e anticrese) e nos arts. 768 a 804 (disciplina particular do penhor).

O novo Código Civil regula os seguintes tipos de penhor: *a*) penhor comum, cuja constituição exige – também, mas não só – transmissão da posse direta incidente sobre coisa móvel ao credor pignoratício;[69] *b*) penhor especial, por assim dizer, desdobrado em penhor rural (agrícola ou pecuário), penhor industrial, penhor mercantil e penhor de veículo, cuja constituição dispensa tal transmissão;[70] *c*) penhor de "direitos, suscetíveis de cessão, sobre coisas móveis", penhor de direito ou penhor de crédito,[71-72] para cuja constituição tal transmissão de posse não é requisito, haja vista incidir sobre bens incorpóreos – insuscetíveis de posse, portanto; *d*) penhor de título de crédito, cujas peculiaridades exigem estudo à parte; e *e*) penhor legal (totalmente alheio aos temas deste parecer).

Dispõe o novo Código Civil (grifos meus):

Art. 1.432. O instrumento do penhor *deverá ser levado a registro*, por qualquer dos contratantes; o do penhor comum *será registrado* no Cartório de Títulos e Documentos.

Art. 1.437. Produz efeitos a extinção do penhor *depois de averbado o cancelamento do registro*, à vista da respectiva prova.

Art. 1.438. Constitui-se o penhor rural mediante *instrumento público ou particular, registrado no Cartório de Registro de Imóveis* da circunscrição em que estiverem as coisas empenhadas.

Parágrafo único. (...)

Art. 1.448. Constitui-se o penhor industrial, ou mercantil, mediante *instrumento público ou particular, registrado no Cartório de Registro de Imóveis* da circunscrição em que estiverem as coisas empenhadas.

Parágrafo único. (...)

Art. 1.452. Constitui-se o penhor de direito mediante *instrumento público ou particular, registrado no Registro de Títulos e Documentos*.

Parágrafo único. (...)

Art. 1.461. Podem ser objeto de penhor os veículos empregados em qualquer espécie de transporte ou condução.

Art. 1.462. Constitui-se o penhor, a que se refere o artigo antecedente, mediante *instrumento público ou particular, registrado no Cartório de Títulos e Documentos do domicílio do devedor*, e anotado no certificado de propriedade.

Parágrafo único. (...)

66. Cf. o art. 1.225, incs. VIII, IX e X, do Código Civil. O "vínculo real" a que, em hipoteca, penhor ou anticrese, "o bem dado em garantia fica sujeito" é referido expressamente no art. 1.419 do mesmo Código.

67. Exceto no caso de penhor de título de crédito, de cujas peculiaridades adiante se cuidará.

68. Sobre a hipoteca, veja-se o art. 1.227 do Código Civil; e, sobre a anticrese que recaia sobre coisa imóvel, o art. 167, inc. I, 11, da Lei 6.015, de 1973.

69. Cf. o art. 1.431, *caput*, do Código Civil.

70. Cf. o art. 1.431, par. ún., do Código Civil.

71. Cf. os arts. 1.451, 1.452, *caput*, e 1.453 do Código Civil.

72. Embora pudesse discutir-se se o direito de crédito pecuniário constitui ou não "direito sobre *coisa* móvel", segundo o art. 1.455, *caput*, 2ª oração, do Código Civil, constitui: "Se este (o crédito empenhado) consistir numa prestação pecuniária, (...)".

Ao passo que o velho Código Civil dispunha (grifos meus):

Art. 771. *Se* o contrato se fizer mediante *instrumento particular*, será firmado pelas partes, e lavrado em duplicata, ficando um exemplar com cada um dos contraentes, qualquer dos quais *pode levá-lo à transcrição*.

Art. 796. *O penhor agrícola será transcrito no Registro de Imóveis*.

Parágrafo único. *Enquanto não cancelada*, continua a transcrição a valer contra terceiros.

Art. 800. O credor, ou o devedor, um na ausência do outro contraente, *pode fazer transcrever* o penhor, apresentando o respectivo instrumento na forma do *art. 135*, se for particular.[73]

Art. 801. *Poderá* o devedor *fazer cancelar* a transcrição do instrumento pignoratício, apresentando, com a firma reconhecida, se o documento for particular, a quitação do devedor (art. 1.093).

Parágrafo único. (...)

São nítidas e grandes as diferenças.[74] Segundo o novo Código Civil, somente se constitui penhor – seja ele comum, especial ou de crédito – com o registro, efetuado em registro público, do instrumento do negócio jurídico de disposição – quer o instrumento seja particular, quer o instrumento seja público. E somente se extinguem seus efeitos com a averbação, efetuada no mesmo registro público, do cancelamento do registro de sua constituição. O velho Código Civil distinguia entre instrumentos públicos e instrumentos particulares; não exigia para a constituição do penhor nenhum registro, efetuado em registro público, exceto no caso de penhor agrícola; e, se o instrumento de qualquer penhor fosse particular, apenas os efeitos contra todos, que não o garantidor e o credor, dependiam de registro, efetuado em registro público, em virtude do disposto não na disciplina legislativa própria do penhor, mas, sim, no art. 135, *caput*.

Ao disciplinar a competência procedimental relativa ao negócio jurídico de disposição de constituição de penhor comum, de penhor especial e de penhor de crédito, a vigente ordem legislativa impõe, como requisito para que ele adquira sua eficácia própria, o registro, efetuado em registro público, do respectivo instrumento, seja ele particular, seja ele público, de modo que, sem tal registro, o negócio de disposição não produz efeitos contra ninguém (nem mesmo, portanto, contra o garantidor e o credor). E mais: dadas as peculiaridades do penhor de direito ou de crédito, para que ele, uma vez constituído (com o registro, efetuado em registro público, portanto), produza efeitos também contra o devedor,[75] a ordem legislativa exige que de tal constituição se lhe dê ciência por notificação ou que ele se declare ciente dela.[76]

Quem fica submetido aos efeitos da constituição de penhor comum, de penhor especial ou de penhor de crédito? Enquanto não registrado, em registro público, o instrumento de sua constituição, ninguém, nem mesmo o garantidor e o credor. A partir do registro, o garantidor, o credor e todas as demais pessoas – exceto o devedor, se tratar-se de penhor de crédito; a partir da ciência que

73. O art. 135, *caput*, do velho Código Civil, que corresponde em parte ao art. 221, *caput*, do novo – já referido neste parecer –, estabelecia: "O instrumento particular, feito e assinado, ou somente assinado por quem esteja na disposição e administração de seus bens, sendo subscrito por 2 (duas) testemunhas, prova as obrigações convencionais de qualquer valor. Mas os seus efeitos, bem como os da cessão, não se operam, a respeito de terceiros (art. 1.067), antes de transcrito no Registro Público".

74. Deixo de examinar outras leis federais posteriores o velho Código Civil, que poderiam ter alterado a ordem jurídica em seu todo, porque o objetivo, aqui, é apenas comparar os dois Códigos Civis e realçar a clareza do novo.

75. Devedor, aqui, é quem ocupa um dos polos subjetivos das modalidades normativas de conduta, sinônimas e correlativas, denominadas obrigação e pretensão: é agente na obrigação, e paciente, na pretensão; o garantidor, autor do negócio de disposição de constituição do penhor, ocupa o outro polo: é agente na pretensão, e paciente, na obrigação (cf. 1.5.1, acima).

76. Cf. o art. 1.453 do Código Civil.

da constituição de penhor de crédito tenha o devedor, todas as pessoas.

Passo, agora, a tratar do penhor de título de crédito, cujas peculiaridades demandam exame particular.[77]

Dispõe o Código Civil de 2002 (grifos meus):

Art. 887.[78] O *título de crédito, documento necessário ao exercício do direito literal e autônomo nele contido*, somente produz efeitos quando preencha os requisitos da lei.

Art. 895. Enquanto o título de crédito estiver em circulação, *só ele poderá ser dado em garantia*, ou ser objeto de medidas judiciais, e não, separadamente, os direitos ou mercadorias que representa.

Art. 904. A *transferência de título ao portador se faz por simples tradição.*

Art. 905. *O possuidor de título ao portador tem direito à prestação nele indicada, mediante sua simples apresentação ao devedor.*

Parágrafo único. (...)

Art. 910.[79] O endosso deve ser lançado pelo endossante no verso ou anverso do próprio título.

§ 1º. Pode o endossante designar o endossatário, (...)

§ 2º. A transferência por endosso completa-se com a tradição do título.

§ 3º. (...)

Art. 918. A *cláusula constitutiva de penhor, lançada no endosso*, confere *ao endossatário* o exercício dos direitos inerentes ao título.

§ 1º. O endossatário de endosso-penhor só pode endossar novamente o título na qualidade de procurador.

§ 2º (...)

Art. 923.[80] O *título nominativo* também pode ser transferido por *endosso que contenha o nome do endossatário.*

§ 1º. A *transferência mediante endosso só tem eficácia perante o emitente, uma vez feita a competente averbação em seu registro*, (...)

§ 2º. (...)

§ 3º. (...)

Art. 926. *Qualquer negócio* ou medida judicial, *que tenha por objeto o título, só produz efeito perante o emitente ou terceiros, uma vez feita a competente averbação no registro do emitente.*

Art. 1.458. O penhor, que recai sobre título de crédito, constitui-se mediante *instrumento público ou particular* ou *endosso pignoratício, com a tradição do título ao credor, regendo-se pelas Disposições Gerais deste Título e, no que couber, pela presente Seção.*

Art. 1.459. Ao credor, em penhor de título de crédito, compete o direito de:

I – conservar a posse do título e recuperá-la (...);

II – usar dos meios judiciais (...);

III – *fazer intimar ao devedor do título que não pague ao seu credor, enquanto durar o penhor*;

IV – receber a importância consubstanciada no título e os respectivos juros, se exigíveis, restituindo o título ao devedor, quando este solver a obrigação.

Art. 1.460. O devedor do título empenhado que receber a intimação prevista no

77. Sobre o tema, o único trabalho monográfico, posterior ao novo Código Civil, que conheço é o de Nestor Duarte, intitulado *Penhor de Título de Crédito* e apresentado, em 2010, como tese de livre-docência em Direito Civil à Faculdade de Direito da Universidade de São Paulo, e, com o mesmo título, publicado em 2012 pela Ed. RT. Merecem também referência: Francisco Eduardo Loureiro, "Arts. 1.196 a 1.510 – Coisas", in Cezar Peluso (coord.), *Código Civil Comentado: doutrina e jurisprudência*, 3ª ed., Barueri, Manole, 2009; Gladston Mamede, "Direito das coisas. Penhor. Hipoteca. Anticrese: arts. 1.419 a 1.510", in Álvaro Villaça Azevedo (coord.), *Código Civil Comentado*, vol. XIV, São Paulo, Atlas, 2003; e Marco Aurelio da Silva Viana, "Dos direitos reais", in Sálvio de Figueiredo Teixeira, *Comentários ao novo Código Civil*, vol. XVI (arts. 1.225 a 1.510), 3ª ed., Rio de Janeiro, Forense, 2007.

78. O art. 887 e o art. 895, a seguir transcritos, encontram-se nas disposições gerais sobre os três grandes tipos de títulos de crédito disciplinados pelo Código Civil – ao portador, à ordem e nominativos.

79. O art. 910 e o art. 918, a seguir transcritos, encontram-se nas disposições próprias dos títulos de crédito à ordem.

80. O art. 923 e o art. 926, a seguir transcritos, encontram-se nas disposições próprias dos títulos de crédito nominativos.

inciso III do artigo antecedente, ou se der por ciente do penhor, *não poderá pagar ao seu credor. Se o fizer, responderá solidariamente por*[81] *este, por perdas e danos, perante o credor pignoratício.*

Parágrafo único. *Se o credor der quitação ao devedor do título empenhado, deverá saldar imediatamente a dívida*, em cuja garantia se constituiu o penhor.

Entre as disposições gerais relativas ao penhor, à hipoteca e à anticrese, que se encontram nos arts. 1.419 a 1.430 do novo Código Civil, sobressai o art. 1.424, que estabelece (grifos meus):

Art. 1.424. *Os contratos de penhor*, anticrese ou hipoteca *declararão, sob pena de não terem eficácia*:

I – o valor do crédito, sua estimação, ou valor máximo;

II – o prazo fixado para pagamento;

III – a taxa dos juros, se houver;

IV – o bem dado em garantia, com as suas especificações.

O Código Civil de 1916, ao disciplinar o penhor civil, dispunha (grifos meus):

Art. 790. Também se equipara ao penhor, mas com as modificações dos artigos seguintes, a *caução de títulos de crédito* pessoal.

Art. 791. *Esta caução principia a ter efeitos com a tradição do título ao credor*, e *provar-se-á por escrito*, nos termos dos arts. 770[82] e 771.[83]

Art. 792. Ao credor por esta caução compete o direito de:

I – conservar e recuperar a posse dos títulos caucionados, (...);

II – *fazer intimar ao devedor dos títulos caucionados, que não pague ao seu credor, enquanto durar a caução* (art. 794);

III – usar das *ações,* (...);

IV – receber a importância dos títulos caucionados, e restituí-los ao devedor, quando este solver a obrigação por eles garantida.

Art. 794. O devedor do título caucionado, tanto que receba a intimação do art. 792, II, ou se dê por ciente da caução, *não poderá receber quitação do seu credor.*

Art. 795. Aquele que, sendo credor num título de crédito, depois de o ter caucionado, quitar o devedor, ficará, por esse fato, obrigado a saldar imediatamente a dívida, em cuja garantia prestou a caução; e *o devedor que, ciente de estar caucionado o seu título de débito, aceitar quitação do credor caucionante, responderá solidariamente, com este, por perdas e danos ao caucionado.*

Art. 797. *O penhor de títulos de bolsa averbar-se-á* nas repartições competentes, *ou na sede da associação emissora.*

E o Código Comercial, ao disciplinar o penhor mercantil, estabelecia (grifos meus):

Art. 271. *O contrato de penhor, pelo qual o devedor ou um terceiro por ele entrega ao credor uma coisa móvel em segurança e garantia de obrigação comercial, só pode provar-se por escrito assinado por quem recebe o penhor.*

Art. 272. *O escrito deve enunciar com toda a clareza a quantia certa da dívida, a causa de que procede, e o tempo do pagamento*, a qualidade do penhor, e o seu valor real ou aquele em que for estimado; não se declarando o valor, se estará, no caso do credor deixar de restituir ou de apresentar o penhor quando for requerido, pela declaração jurada do devedor.

Art. 273. *Podem dar-se em penhor bens móveis, mercadorias e quaisquer outros efeitos, títulos da Dívida Pública, ações de companhias ou empresas e em geral quaisquer papéis de crédito negociáveis em comércio.*

Não podem, porém, dar-se em penhor comercial escravos, nem semoventes.

Art. 274. *A entrega do penhor pode ser real ou simbólica*, e pelos modos por que pode fazer-se a tradição da coisa vendida (art. 199[84]).

Art. 277. Se a coisa empenhada consistir em títulos de crédito, o credor que

81. Deveria ser "com", como consta no art. 795 do velho Código Civil, não "por".

82. "Art. 770. O instrumento do penhor convencional determinará precisamente o valor do débito (...)."

83. "Art. 771. Se o contrato se fizer por instrumento particular, será firmado pelas partes, e lavrado em duplicata, ficando um exemplar com cada um dos contraentes, qualquer dos quais pode levá-lo à transcrição."

84. "Art. 199. A *tradição* da coisa vendida (...) pode operar-se pelo fato da entrega real ou simbólica, ou pelo do título, ou pelo modo que estiver em uso comercial no lugar onde deva verificar-se."

os tiver em penhor entende-se sub-rogado pelo devedor para praticar todos os atos que sejam necessários para conservar a validade dos mesmos títulos, e os direitos do devedor, ao qual ficará responsável por qualquer omissão que possa ter nesta parte. *O credor pignoratício é igualmente competente para cobrar o principal e créditos do título ou papel de crédito empenhado na sua mão*, sem ser necessário que apresente poderes gerais ou especiais do devedor (art. 387).

Apesar das mais que evidentes modificações no plano da expressão, creio que, no plano do conteúdo, não houve alterações significativas, a não ser, pelo menos à primeira vista, o disposto na parte inicial do art. 1.458 do novo Código Civil: "O penhor, que recai sobre título de crédito, constitui-se mediante instrumento público ou particular ou endosso pignoratício, com a tradição do título ao credor, (...)".

Parece serem apenas dois os requisitos, cumulativos, de constituição de penhor de título de crédito, a saber: o primeiro, desdobrado em três termos alternativos: ou *a*) o contrato de penhor, por instrumento público; ou *b*) o contrato de penhor, por instrumento particular; ou *c*) o endosso pignoratício; e o segundo, que se acresce ao primeiro: a tradição do título de crédito ao credor pignoratício.

Se fosse assim, poderia constituir-se o penhor de título de crédito mediante tão somente endosso pignoratício e tradição do título de crédito ao credor pignoratício, sendo desnecessário o contrato de penhor. Mas a parte final do mesmo art. 1.458 determina que o penhor de título de crédito se rege "pelas Disposições Gerais deste Título (arts. 1.419 a 1.430) e, *no que couber*, pela presente Seção (arts. 1.451 a 1.460)" (grifos meus). O art. 1.424 estabelece que "Os contratos de penhor (...) declararão, sob pena de não terem eficácia: (...)". Portanto, sem contrato de penhor – seja por instrumento público, seja por instrumento particular –, com o conteúdo mínimo descrito nesse artigo, não há constituição eficaz de penhor de título de crédito:[85] ao contrário do que, à primeira vista, poderia entender-se, não se constitui eficazmente penhor de título de crédito mediante apenas endosso pignoratício e tradição do título de crédito ao credor pignoratício.[86-87-88]

O art. 1.452, *caput*, por sua vez, dispõe:

> Art. 1.452. Constitui-se o penhor de direito mediante instrumento público ou particular, registrado no Registro de Títulos e Documentos.

85. A necessidade do contrato de penhor, por escrito, era indiscutível, nos termos tanto do art. 790 do velho Código Civil como dos arts. 270 e 271 do Código Comercial.

86. Segundo Nestor Duarte, "A constituição do penhor por instrumento público ou particular encontra aplicação precipuamente quando dado em garantia título ao portador. (...) É o que expõe Francisco Eduardo Loureiro: 'Mais comum e adequado será o endosso do que o contrato por instrumento público ou particular. Somente nos casos de título ao portador é que faz sentido o contrato, para demonstrar que o apresentante portador não é titular, mas somente credor pignoratício do crédito'" (tese cit., 3.3, pp. 112-113); pouco depois afirma que "a literalidade é essencial aos títulos de crédito, ou seja, valem 'pelo que nele se contém, exprimindo, portanto, a sua *existência*, o seu *conteúdo*, a sua *extensão*, e a modalidade do direito nele mencionado', consoante Waldirio Bulgarelli. Disso resulta que o contrato que deu causa ao endosso pignoratício não consta do título, mas, sem o contrato, não haverá penhor; logo, aquele endosso é idôneo para constituí-lo, porquanto legitima a tradição do título, mas não consubstancia contrato de penhor, que deve ser firmado em instrumento escrito, público ou particular" (tese cit., 3.4, p. 137).

87. Gladston Mamede afirma: "o penhor de título de crédito segue um regime muito mais simples do que o penhor de crédito. Para que um título de crédito seja dado em penhor, realiza-se o que o Direito Cambiário denomina endosso-penhor ou endosso-caução ou endosso-pignoratício. (...) O penhor sobre título de crédito exige apenas que se escreva uma cláusula constitutiva respectiva, lançada na cártula, bem como a entrega da cártula, (...). Nada impede, porém, que se recorra ao procedimento aplicável ao penhor de direito, como se afere do disposto no art. 1.458 do mesmo Código, segundo o qual o penhor, que recai sobre título de crédito, constitui-se mediante instrumento público ou particular ou endosso-pignoratício, com a tradição do título ao credor" (ob. cit., coment. ao art. 1.458, pp. 268-269).

88. De acordo com Marco Aurelio da Silva Viana, "O diploma civil admite duas formas de constituição: a) por escrito, em instrumento público ou particular; b) ou mediante endosso pignoratício" (ob. cit, coment. ao art. 1.458, p. 837).

Parágrafo único. (...)

Caberá ou não caberá tal disposição na disciplina legislativa do penhor de título de crédito?

Creio, pelas razões que acabo de expor, que sua primeira parte cabe: a eficaz constituição de penhor exige contrato, por instrumento público ou por instrumento particular. Mas será também necessário o registro do respectivo instrumento, seja ele público, seja particular, no Registro de Títulos e Documentos?

Para responder a essa indagação, é preciso ir ao campo do direito cartular, cuja disciplina legislativa geral e subsidiária[89] consta nos arts. 887 a 926 do Código Civil de 2002.[90-91]

Título de crédito é "documento" – coisa móvel, portanto – que contém certo "direito literal e autônomo" e é "necessário ao exercício deste", nos termos do art. 887 do novo Código Civil. Daí os atributos do título de crédito denominados cartularidade, literalidade e autonomia.

A constituição de qualquer garantia cartular, em particular o penhor, somente pode recair sobre o próprio título de crédito e, portanto, sobre o direito literal e autônomo nele contido.[92] Tendo em vista os atributos da literalidade e da cartularidade, o negócio jurídico cartular de constituição de penhor de título de crédito tem de ser lançado, inscrito, no próprio título e a posse direta que sobre ele recai tem de transmitir-se ao credor pignoratício.

No caso de título de crédito à ordem, o negócio jurídico cartular de constituição de penhor consiste no endosso-penhor ou endosso pignoratício, disciplinado no art. 918 do Código Civil, cuja configuração completa exige, também, a transmissão da posse direta que sobre o título recai, do endossante-garantidor ao endossatário-credor pignoratício, nos termos do art. 910, § 2º, do mesmo Código. Tendo em vista mais uma vez o atributo da literalidade, acrescento que, no meu entender, o endosso pignoratício tem de ser em preto, isto é, com expressa designação do endossatário-credor pignoratício.[93]

No caso de título de crédito nominativo, não há disposição expressa sobre o modo de constituição de penhor senão apenas sobre sua eficácia contra o emitente e terceiros, que, segundo o art. 926 do Código Civil, se subordina à averbação no registro do emitente.[94] Creio, porém, que nada impede se estenda analogicamente a disposição constante no art. 918 ao título de crédito nominativo, combinando-a com o disposto no art. 923, que trata do endosso próprio, translativo, desse tipo de título: o negócio jurídico cartular de constituição de penhor de título de crédito nominativo consistiria em endosso pignoratício, necessariamente em preto, cuja eficácia contra o emitente e todas as demais pessoas depende de averbação no registro do emitente.

No caso de título de crédito ao portador também não há disposição expressa sobre o modo de constituição de penhor, nem mesmo sobre sua eficácia. Além disso, o título de crédito ao portador transmite-se por simples tradição e seu legítimo possuidor é seu pleno e exclusivo proprietário e, portanto, titular do direito literal e autônomo nele contido.[95]

89. Cf. o art. 903 do Código Civil.

90. As disposições gerais sobre os títulos de crédito, sejam eles ao portador, sejam à ordem, sejam nominativos, constam nos arts. 887 a 903; as particulares sobre os títulos ao portador, nos arts. 904 a 909; as particulares sobre os títulos à ordem, nos arts. 910 a 920; e as particulares sobre os títulos nominativos, nos arts. 921 a 926.

91. Restringir-me-ei a ela porque o exame dos diversos títulos de crédito em espécie e de sua disciplina legislativa própria ultrapassaria os limites deste parecer.

92. Cf. o art. 895 do Código Civil.

93. O art. 918 do Código Civil reforça esse entendimento, ao referir expressamente o endossatário do endosso pignoratício.

94. Parece-me que o correto seria "o emitente *e* terceiros", não "o emitente *ou* terceiros".

95. Cf. os arts. 904 e 905, *caput*, do Código Civil.

Seria insusceptível de penhor o título de crédito ao portador? Não me parece porque o art. 895, que se encontra nas disposições gerais sobre os três grandes tipos de títulos de crédito, não afasta os títulos ao portador. Então, mais uma vez, julgo possam estender-se analogicamente as disposições constantes nos arts. 918 e 910, § 2º, ao título de crédito ao portador: o negócio jurídico cartular de constituição de penhor de título de crédito ao portador consistiria em endosso pignoratício, necessariamente em preto, cuja configuração completa exigiria, também, a transmissão da posse direta que sobre o título recai, do endossante-garantidor ao endossatário-credor pignoratício.[96]

Sendo assim, conclui-se que a constituição de penhor de título de crédito – seja ele ao portador, seja à ordem, seja nominativo – exige tanto o negócio jurídico cartular de endosso pignoratício, necessariamente em preto, como a transmissão da posse direta que sobre ele recai, do endossante-garantidor ao endossatário-credor pignoratício. Por outras palavras e mais singelamente: sem endosso pignoratício, em preto, e entrega do título ao endossatário, não se constitui penhor pignoratício de título de crédito.

Voltemos à indagação anteriormente formulada: para a constituição de penhor de título de crédito, será necessário o registro, no Registro de Títulos e Documentos, do respectivo contrato de penhor, quer celebrado por instrumento público, quer por instrumento particular?

Parece-me que o negócio jurídico cartular de endosso pignoratício, em preto, e a transmissão da posse direta que recai sobre o título, do endossante-garantidor ao endossatário-credor pignoratício, são condições necessárias para a constituição de penhor de título de crédito. Mas não são suficientes porque tal negócio jurídico cartular não contém nem sua data,[97] nem as quatro declarações que, segundo o art. 1.424 do Código Civil, devem constar no contrato de penhor: o valor do crédito, sua estimação, ou valor máximo; o prazo fixado para pagamento; a taxa de juros, se houver; e o bem dado em garantia com as suas especificações.[98]

O negócio jurídico cartular de endosso pignoratício, em preto, acompanhado da transmissão da posse direta que recai sobre o título de crédito, do endossante-garantidor ao endossatário-credor pignoratício, é o negócio jurídico de disposição.[99] E, à semelhança do que ocorre com o contrato de doação, o contrato de penhor de título de crédito consiste,

96. Observo que o Código Civil italiano também disciplina, de maneira geral e subsidiária, os títulos de crédito; as disposições gerais sobre os três tipos constam nos arts. 1.992 a 2.002; as particulares sobre os títulos ao portador, nos arts. 2.003 a 2.007; as particulares sobre os títulos à ordem, nos arts. 2.008 a 2.020; e as particulares sobre os títulos nominativos, nos arts. 2.021 a 2.027. Não há nenhuma disposição particular sobre penhor de título ao portador, mas o art. 1.997, que se aplica aos três tipos e, portanto, aos títulos ao portador, estabelece: "*Eficácia dos vínculos (incidentes) sobre crédito*. – O penhor, o sequestro, a penhora e qualquer outro vínculo (incidente) sobre direito mencionado em título de crédito ou sobre mercadorias por ele representadas não terão efeito se não se efetivarem no título" ("*Efficacia dei vincoli sul credito*. Il pegno, il sequestro, il pignoramento e ogni altro vincolo sull diritto menzionato in un titolo di credito o sulle merci da esso rappresentate non hanno effetto se non si attuano sul titolo").

97. O lançamento, no próprio título de crédito, da data do endosso pignoratício não constitui prova dela senão apenas presunção de sua veracidade, porém restrita ao endossante-garantidor (cf. o art. 219, *caput*, do Código Civil) e, no meu entender, ao endossatário-credor pignoratício, por ser em preto o endosso. Creio, todavia, que a data de eventual reconhecimento da firma do endossante-garantidor, no próprio título de crédito, prova, pelo menos, que o endosso pignoratício não ocorreu depois dela.

98. Para qualquer devedor cartular (quer principal ou direto, quer subsidiário ou regressivo), a data do endosso pignoratício e tais declarações são, em princípio, irrelevantes (cf. os arts. 905, *caput*, 918, *caput* e § 2º, e 926 do Código Civil); mas, no caso de insolvência (cf., em particular, o art. 961 do Código Civil e o art. 768, *caput*, do Código de Processo Civil [*de 1973*]), recuperação judicial ou falência do devedor pignoratício (cf., em particular e respectivamente, os arts. 49, § 5º, e 83, *caput*, inc. II, da Lei 11.101, de 9.2.2005), não o são, de modo algum.

99. Cf. 1.5.2, acima.

no meu entender, em negócio jurídico de obrigação[100] mediante o qual o garantidor se obriga perante o credor a praticar o negócio jurídico cartular de endosso pignoratício e a transmitir-lhe a posse direta que recai sobre o título de crédito.

Tratando-se de negócio jurídico de obrigação, não de disposição, é preciso examinar apenas a eficácia probatória do contrato de penhor de título de crédito: se celebrado por instrumento público, sua eficácia probatória é plena e, portanto, tem efeitos contra quem nele é parte – o garantidor e o credor – e contra todas as demais pessoas,[101] independentemente de qualquer registro; se celebrado por instrumento particular, tem efeitos apenas contra seus signatários – o garantidor e o credor –, mas, se registrado em registro público, tem efeitos também contra todas as demais pessoas.[102]

Portanto, diferentemente do que à primeira vista parecia estabelecer o art. 1.458 do Código Civil, são três os requisitos, cumulativos, de constituição de penhor de título de crédito, a saber: o primeiro, desdobrado em dois termos alternativos: ou *a)* o contrato de penhor, por instrumento público; ou *b)* o contrato de penhor, por instrumento particular registrado em registro público;[103-104-105] o segundo, que se acresce ao primeiro: o endosso pignoratício, em preto; e o terceiro, que se acrescenta ao primeiro e ao segundo: a transmissão da posse direta que recai sobre o título, do endossante-garantidor ao endossatário-credor pignoratício.

Quem fica submetido aos efeitos da constituição de penhor de título de crédito? No caso de títulos de crédito ao portador ou à ordem, tão logo constituído o penhor – em virtude do preenchimento dos três requisitos que acabaram de individuar-se –, o endossante-garantidor, o endossatário-credor pignoratício e todas as demais pessoas. No caso de títulos de crédito nominativos, tão logo desse mesmo modo constituído o penhor, o endossante-garantidor e o endossatário-credor pignoratício e, a partir da averbação de tal penhor no registro do emitente do título, o próprio emitente do título e todas as demais pessoas.

100. Cf. 1.5.1, acima.

101. Cf. o art. art. 215, *caput* e § 1º, inc. IV, do Código Civil e o art. 364 do Código de Processo Civil [*de 1973; art. 405 do CPC/2015*].

102. Cf. o art. 221, *caput*, do Código Civil (grifos meus): "O instrumento particular, feito e assinado, ou somente assinado por quem esteja na livre disposição e administração de seus bens, *prova as obrigações* convencionais de qualquer valor; *mas os seus efeitos (...) não se operam, a respeito de terceiros, antes de registrado no registro público*".

103. Para que a eficácia probatória do contrato de penhor seja plena – contra as partes no contrato e todas as demais pessoas –, não limitada – apenas contra as partes no contrato.

104. Nestor Duarte manifesta-se assim: "Há controvérsia, na doutrina, sobre se o penhor de título de crédito tem de ser registrado, posicionando-se pela exigibilidade Rosângela A. Villaça Bertoni, e pela inexigibilidade Francisco Cláudio de Almeida Santos e Francisco Eduardo Loureiro. O penhor, que ocorre pelo endosso pignoratício, merece, de início, tratamento especial, pois a própria índole do endosso e dos títulos cambiários repugna empecilhos ou formalidades. Assim, não havendo disposição legal expressa impondo o registro, essa formalidade é inexigível quando o penhor se constitui por endosso, conquanto já se tenha sustentado que a falta de registro descaracteriza o penhor, embora mantidos os efeitos cambiais. Entretanto, quando o penhor se constituir por instrumento particular, seja por opção das partes, seja porque se trata de título ao portador ou título não endossável, é necessário o registro, porque a preterição ou a inadequação da forma cambiária de transferência desagua nas regras próprias do Direito Civil. Quando o penhor for contratado por instrumento público, razão nenhuma há para o registro no Serviço de Títulos e Documentos, uma vez que a publicidade já está assegurada (...). Essa solução intermediária atende ao comando de se aplicar ao penhor de título de crédito, apenas no que couber, as demais disposições constantes da seção em que se encontra inserido no Código Civil" (tese cit., 3.6, pp. 148-149).

105. Segundo Marco Aurelio da Silva Viana, "O diploma civil admite duas formas de constituição: a) por escrito, em instrumento público ou particular; b) ou mediante endosso pignoratício. *Constituição por escrito*. Será reduzido a escrito, em documento público ou particular, observando-se o que edita o art. 1.424 do diploma civil. (...) O contrato será levado ao Cartório de Títulos e Documentos, como está no art. 127, inc. III, da Lei dos Registros Públicos" (ob. cit., coment. ao art. 1.458, p. 837).

Finalmente, merece exame o disposto nos arts. 1.459, inc. III, e 1.460, *caput*, do Código Civil, a saber (grifos meus):

Art. 1.459. *Ao credor, em penhor de título de crédito, compete o direito de*:

(...)

III – *fazer intimar ao devedor do título que não pague ao seu credor, enquanto durar o penhor*;

(...)

Art. 1.460. O devedor do título empenhado que receber a intimação prevista no inciso III do artigo antecedente, ou se der por ciente do penhor, *não poderá pagar ao seu credor. Se o fizer, responderá solidariamente por este, por perdas e danos, perante o credor pignoratício*.

Parágrafo único. (...)

Como acabou de ver-se, a submissão aos efeitos da constituição de penhor de título de crédito não depende da ciência que dela venha a ter devedor cartular (quer principal ou direto, quer subsidiário ou regressivo), exceto se tratar-se de título de crédito nominativo, em que a averbação do penhor no registro do emitente é necessária para que o penhor tenha efeitos contra o próprio emitente do título e todas as demais pessoas. Em virtude do atributo da literalidade dos títulos de crédito, a pretensão cartular do credor pignoratício – e, portanto, a correlativa obrigação cartular de devedor cartular – é a que consta no título empenhado, e tão somente a que nele consta; mas a obrigação extracartular de devedor cartular que tiver ciência da constituição de penhor é ou, pelo menos, pode ser mais ampla que sua mera obrigação cartular: é obrigação extracartular – solidária com a do garantidor pignoratício que dele receber a prestação cartular – de ressarcir todos os eventuais prejuízos que o credor pignoratício venha a experimentar em decorrência de inadimplemento da obrigação cartular, nos termos do art. 1.460, *caput*, do Código Civil.

No penhor de título de crédito, portanto, convém distinguir a pretensão cartular da pretensão extracartular do credor pignoratício: a pretensão cartular não depende da ciência que, da constituição do penhor do título, tenha devedor cartular; mas a pretensão extracartular depende: sem tal ciência, ela não se configura, persistindo apenas a pretensão cartular.[106-107-108-109]

106. Segundo Nestor Duarte, "Incumbe ao credor pignoratício dar notícia ao devedor do título da constituição do penhor, o que deverá, em princípio, ocorrer por intimação, que pode ser judicial ou extrajudicial, e mesmo por simples carta ou qualquer escrito apto a cientificar o devedor, (...). Consequência dessa cientificação é que o devedor fica inibido de pagar ao devedor pignoratício ou caucionante. (...) a intimação do devedor deve ser entendida como simples faculdade do credor pignoratício, conforme sustenta Gladson Mamede, invocando julgados do Superior Tribunal de Justiça, no sentido de que, 'se o devedor tem ciência inequívoca do endosso, desnecessária qualquer notificação do endossatário para não pagar ao credor originário', até porque sem a exibição do título não estará o devedor obrigado a pagar, correndo o risco de ele haver circulado. (...) Por esses motivos, conclui (Aldemiro Rezende Dantas Júnior) que somente em duas hipóteses a intimação será verdadeiramente necessária: a) 'quando o credor do título ao portador, estando de má-fé, alegar que houve extravio e conseguir obter em juízo um novo título'; e b) 'no caso do credor do título, ainda que temporariamente, ter recuperado a posse do mesmo, de boa ou de má-fé; (...)'" (tese cit., 4.4, pp. 167-169).

107. Francisco Eduardo Loureiro afirma: "a faculdade prevista no inciso III é a de intimar ao devedor, para que este não pague o título a seu credor enquanto durar o penhor. Lembre-se, contudo, de que os títulos de crédito são documentos de apresentação, de modo que o devedor originário somente vai efetuar o pagamento ao endossatário/portador, exigindo a devolução da cártula. A regra, assim, importa simples faculdade do credor pignoratício. Dizendo de outro modo, ainda que o devedor originário não seja intimado da existência do penhor somente efetuará o pagamento ao apresentante, vale dizer, ao credor pignoratício endossatário, que tem a cártula em seu poder. A intimação do devedor, para que não faça o pagamento a seu credor originário, somente tem razão de ser quando se trate de títulos de crédito sem vinculação por escrito do devedor, como as duplicatas por indicação, que podem ser substituídas por triplicatas, colocando em risco o devedor, uma vez que mais de um credor pode apresentar a cártula para pagamento. Aí sim a intimação se faz necessária, para produzir efeitos contra o devedor originário" (ob. cit., coment. ao art. 1.459, p. 1.515).

108. De acordo com Gladson Mamede, "Faculta-se ao credor pignoratício fazer intimar ao devedor do título para que não pague a seu credor, enquanto durar o penhor. É faculdade, contudo, que não precisa ser exercitada, lembrando-se que os títulos de crédito

1.5.2.3 Constituição de propriedade fiduciária de coisa móvel

Os nexos entre negócios jurídicos podem dividir-se em nexos de concurso e nexos de continuidade ou sequência.[110] O nexo de concurso manifesta-se na totalidade, com significado jurídico unitário, resultante de dois ou mais negócios contemporâneos que criam determinados efeitos jurídicos. Os negócios concorrentes podem ser homogêneos, se do mesmo tipo, ou heterogêneos, se de tipos diversos.

O negócio fiduciário resulta do concurso de dois negócios heterogêneos: um, de disposição, e outro, de obrigação. O negócio de disposição "consiste na atribuição de um direito dotado de relevância em relação a terceiros", ao passo que o negócio de obrigação "funda efeitos exclusivamente nas relações internas entre as partes e cria para o novo titular daquele direito a obrigação de exercê-lo apenas na órbita de finalidade (causa) determinada no pacto de fidúcia".[111] Compreende-se, assim:[112]

> O problema prático do negócio *fiduciário* (...) apresenta dois momentos essenciais: de um lado (real ou, melhor, externo), trata-se de atribuir ou deixar um direito patrimonial ao arbítrio do próprio fiduciário, em particular o senhorio sobre a coisa a ele confiada; de outro lado (obrigatório ou, melhor, interno), trata-se de limitar o exercício de tal direito, tendo em vista que ele se destina a servir ao interesse do fiduciante e, portanto, confere à posição do fiduciário o caráter de ofício privado na curadoria de interesses alheios (...). O primeiro momento importa confiança e risco; o segundo traduz-se em necessidade de tutela, de segurança contra o risco. Tal necessidade suscita o problema de côngrua repartição entre fiduciante e fiduciário da legitimação relativa à coisa confiada ou ao direito conferido; o problema surge precisamente da discrepância entre poder e dever do fiduciário (dever correspondente ao interesse do fiduciante) que se almeja atenuar ou remover mediante o cumprimento da exigência de subordinar e adequar, no exercício do direito, o poder ao dever. Tendo em vista o momento externo, que concerne ao poder do fiduciário sobre terceiros, em tese as possíveis soluções do problema são várias: (*a*) direito pleno do fiduciário, sem limitações de caráter real; ou (*b*) legitimação conjunta do fiduciante e do fiduciário (por meio de aquisição constitutiva); ou (*c*) subordinação do poder do fiduciário a condição resolutiva; ou, finalmente, (*d*) disponibilidade própria de direito alheio em virtude de simples atribuição de poderes (...). De maneira geral, em sistema derivado da tradição romana e, portanto, fundado na tipicidade dos direitos reais e dos correspondentes atos de disposição, não se pode reforçar a tutela do fiduciante por outro meio, que não o de enfraquecer, com eficácia real contra terceiros, a posição jurídica atribuída ao fiduciário.

Creio que, conforme se verá a seguir, o direito brasileiro consagra, pelo menos

são documentos de apresentação, ou seja, que seu pagamento se faz, obrigatoriamente, em face da entrega da cártula. Assim, o Superior Tribunal de Justiça (...) já pontificou que, se o devedor tem ciência inequívoca do endosso, desnecessária qualquer notificação (...). Note-se que sequer se faria necessário saber do *endosso-pignoratício*; se o devedor paga ao credor originário, sem que esse lhe apresente o original do título, corre o risco de a cártula ter circulado (por qualquer motivo) e, assim, ter que pagar novamente a seu legítimo portador" (ob. cit., coment. ao art. 1.459, p. 274).

109. De acordo com Marco Aurelio da Silva Viana, "Estamos no território da denúncia do penhor, que se justifica porque o devedor deve saber a quem pagar validamente. Tanto isso é verdade que o art. 1.460 dispõe a respeito dos efeitos da denúncia, dizendo que (se) ele estiver ciente, em uma das formas ali previstas, (e) se pagar ao seu credor, responderá solidariamente por perdas e danos perante o credor pignoratício. (...) O importante é que o devedor saiba que há o penhor" (ob. cit., coment. ao art. 1.459, pp. 841-842).

110. Minha exposição dos negócios fiduciários segue de perto a de Emilio Betti, *Teoria Generale del Negozio Giuridico* (in *Trattato di Diritto Civile Italiano*, red. da div. giur. sotto la direz. di Filippo Vassalli, vol. XV, t. II), 3ª rist. corr. della 2ª ed., Torino, UTET, 1960, § 37, pp. 303-310, e § 40, pp. 323-329.

111. Emilio Betti, *Teoria Generale del Negozio Giuridico*, cit., § 37, p. 307.

112. Emilio Betti, *Teoria Generale del Negozio Giuridico*, cit., § 40, pp. 323-324.

em certos casos de negócio jurídico fiduciário, a solução de subordinar "o poder do fiduciário a condição resolutiva", com mais que acentuado esmaecimento, para não dizer desaparecimento, do negócio de obrigação e exacerbação, para não dizer exclusividade, da relevância do negócio de disposição. É o caso da chamada "propriedade fiduciária" com função de garantia,[113-114] que é um dos tipos de "propriedade resolúvel" do art. 1.359 do Código Civil.[115]

Empregando nomenclatura e conceitos já apresentados neste parecer e repetindo, com as necessárias adaptações, anteriores considerações sobre a constituição de penhor,[116] é lícito afirmar-se que, a fim de assegurar ou garantir, quanto possível, a satisfação de pretensão do credor, a ordem jurídica configura certo tipo de competência que o garantidor pode atribuir ao credor mediante negócio jurídico de disposição que modifique sua (do garantidor) própria competência pessoal e, portanto, sua própria competência material – limitando-a, não a suprimindo.

A limitação de competência do garantidor, aqui, é de tal ordem, que parece ter havido supressão dela. É possível, porém, identificar certa competência que lhe resta: a competência para reconstituir, por assim dizer, sua competência primitiva, em sua plenitude e exclusividade; e, ainda que não se admitisse pertencer essa competência reconstituinte à competência primitiva do garantidor – e, portanto, ainda que se afirmasse ser supressiva a modificação da competência primitiva do garantidor –, teria ela sido criada pelo negócio de disposição.[117] De qualquer maneira, a competência do garantidor ou não se suprimiu por inteiro ou, se se suprimiu, se viu substituída por nova competência.[118]

A competência atribuída ao credor, por sua vez, à primeira vista é plena e exclusiva; mas, do ponto de vista cronológico, não é plena, senão limitada:[119] é competência provisória, por assim dizer, e não pode ser permanente, em virtude da inadmissibilidade de pacto comissório.[120-121]

113. Disciplinada nos arts. 1.361 a 1.368 do Código Civil e no art. 1.368-B do mesmo Código, a ele acrescentado pela Lei 13.043, de 13.11.2014, se incidente sobre "coisa móvel infungível"; ou em legislação especial, no caso de outros tipos de "propriedade fiduciária ou titularidade fiduciária", de acordo com o art. 1.368-A do mesmo Código, a ele acrescentado pela Lei n. 10.931, de 2.8.2004.

114. Observo que a propriedade fiduciária incidente sobre bens móveis ou imóveis pode não ter a função de garantia, mas, sim, a de incorporação em patrimônio de fundo de investimento imobiliário para os fins de administração ou até mesmo de disposição, nos termos da Lei 8.668, de 25.6.1993.

115. "Art. 1.359. Resolvida a propriedade pelo implemento da condição ou pelo advento do termo, entendem-se também resolvidos os direitos reais concedidos na sua pendência, e o proprietário, em cujo favor se opera a resolução, pode reivindicar a coisa do poder de quem a possua ou detenha."

116. Cf. 1.5.2.2, acima.

117. É precisamente esta competência do garantidor, reconstituinte da sua competência primitiva, na plenitude e na exclusividade desta, que permite compreender por que a propriedade fiduciária é tipo de propriedade resolúvel do art. 1.359 do Código Civil: "Resolvida a propriedade [*fiduciária*] pelo implemento da condição ou pelo advento do termo, entendem-se também resolvidos os direitos reais concedidos na sua pendência [*pelo proprietário fiduciário, isto é, pelo credor*], e o proprietário, em cujo favor se opera a resolução [*o proprietário fiduciante, isto é, o garantidor*] pode reivindicar a coisa (...)".

118. Cf. o art. 1.368-B, *caput*, do Código Civil, a ele acrescentado pela Lei 13.043, de 2014: "A alienação fiduciária em garantia de bem móvel ou imóvel confere direito real de aquisição ao fiduciante, seu cessionário ou sucessor".

119. Cf. o art. 1.367 do Código Civil, com a redação dada pela Lei 13.043, de 2014: "A propriedade fiduciária em garantia de bens móveis ou imóveis sujeita-se (...), não se equiparando, para quaisquer efeitos, à propriedade plena de que trata o art. 1.231". O art. 1.231, por sua vez, refere-se aos atributos da plenitude e da exclusividade da propriedade.

120. Cf. o art. 1.365, *caput*, do Código Civil. Aliás, também em negócio de disposição de constituição de penhor, hipoteca ou anticrese a competência atribuída ao credor é provisória e não pode ser permanente, dada a nulidade de eventual pacto comissório, nos termos do art. 1.428, *caput*, do mesmo Código, que, tendo em vista a nova redação do art. 1.367 do Código Civil, dada pela Lei 13.043, de 2014, também se aplica expressamente à propriedade fiduciária de bens móveis ou imóveis.

A competência primitiva do garantidor, modificada pelo negócio de disposição, recai sobre determinado direito subjetivo que pertencia à sua esfera de autonomia privada e incide sobre certa coisa móvel infungível. A competência provisória do credor, atribuída pelo mesmo negócio, recai sobre o mesmo direito subjetivo que, da esfera da autonomia privada do garantidor, se transmitiu para a do credor e incide sobre a mesma coisa. E a competência reconstituinte do garantidor recai sobre o mesmo direito subjetivo, que agora pertence à esfera de autonomia privada do credor, e incide sobre a mesma coisa.

A cada uma dessas duas competências coexistentes (a provisória, do credor, e a reconstituinte, do garantidor), em virtude da ocorrência simultânea das modalidades normativas homogêneas, correspondem sujeição, imunidade e incompetência. Omito, ainda uma vez mais, construção análoga à que já se apresentou[122] e aponto as conclusões a que se chegaria: de um lado, o garantidor, ao atribuir certa ou quase toda competência ao credor, passa a sujeitar-se a ele, deixa de ser imune a ele e suprime determinada incompetência dele – provisoriamente, porém; e, de outro lado, o credor, ao adquirir certa ou quase toda competência do garantidor, passa a sujeitá-lo, torna-se imune a ele e tem sua incompetência reduzida – mas provisoriamente, também.

Observando a sujeição (polo passivo da competência) e a incompetência, tanto em relação ao garantidor, cuja competência se reduziu, mas pode reconstituir-se, como em relação ao credor, cuja competência aumentou, mas apenas provisoriamente, indaga-se: A quem e por quanto tempo todas as pessoas estão sujeitas? Ao garantidor ou ao credor? Ou a ambos? São incompetentes, por quanto tempo, todas as demais pessoas, exceto quem? O garantidor ou o credor? Ou ambos?

121. Diversamente no caso de propriedade de fiduciária de coisa imóvel, nos termos do art. 26 da Lei 9.514, de 20.11.1997.

122. Cf. 1.5.2.1, acima.

Aqui poderiam repetir-se, ainda uma vez mais, com as devidas adaptações, os problemas anteriormente apontados e as considerações sobre a necessidade de algum meio de publicação para obviar justificáveis ignorâncias.[123]

Novamente, contudo, creio que a ordem jurídica foi além disso: ao disciplinar a competência procedimental relativa aos negócios jurídicos de constituição de propriedade fiduciária de coisa móvel infungível, estabeleceu como requisito para que eles adquiram sua eficácia própria o registro, a ser efetuado em registro público, do seu instrumento: sem o registro, não há constituição de garantia; não há nenhuma alteração da competência nem do garantidor, nem do credor, em relação a ninguém. Dispõe o art. 1.361, *caput* e § 1º, do Código Civil (grifos meus):

> Art. 1.361. Considera-se fiduciária a *propriedade resolúvel* de coisa móvel infungível que o devedor, com escopo de garantia, transfere ao credor.
>
> § 1º. *Constitui-se* a propriedade fiduciária *com o registro do contrato*, celebrado por *instrumento público ou particular*, que lhe serve de título, *no Registro de Títulos e Documentos do domicílio do devedor*, ou, em se tratando de veículos, na repartição competente para o licenciamento, fazendo-se a anotação no certificado de registro.

Quem fica submetido aos efeitos da constituição de propriedade fiduciária de coisa móvel infungível? Enquanto não registrado, em registro público, o instrumento de sua constituição, ninguém, nem mesmo o garantidor e o credor. A partir do registro, o garantidor-alienante fiduciante, o credor-proprietário fiduciário e todas as demais pessoas.

O art. 66-B da Lei 4.728, de 14.7.1965, a ela acrescentado pela Lei 10.931, de 2004,[124] e o Decreto-lei 911, de 1º de outubro

123. Cf. 1.5.2.1 e 1.5.2.2, acima.

124. A Lei 10.931, de 2004, disciplina a emissão e o regime dos seguintes títulos: letra de crédito imobiliário, cédula de crédito imobiliário e cédula de crédito bancário.

de 1969, disciplinam, como leis especiais e em determinado âmbito, as por tal artigo denominadas "alienação fiduciária" e "cessão fiduciária", que são modos de constituição, respectivamente, de "propriedade fiduciária" e de "titularidade fiduciária", se empregarmos as expressões do art. 1.368-A do Código Civil.

Dispõe o art. 66-B da Lei 4.728, de 1965:

> Art. 66-B. O *contrato de alienação fiduciária* celebrado *no âmbito do mercado financeiro e de capitais, bem como em garantia de créditos fiscais e previdenciários*, deverá conter, além dos requisitos definidos na Lei n. 10.406, de 10 de janeiro de 2002 – *Código Civil, a taxa de juros, a cláusula penal, o índice de atualização monetária, se houver, e as demais comissões e encargos.*
>
> *§ 1º*. Se a *coisa objeto de propriedade fiduciária não se identifica por números, marcas e sinais no contrato de alienação fiduciária, cabe ao proprietário fiduciário o ônus da prova, contra terceiros, da identificação dos bens do seu domínio* que se encontram em poder do devedor.
>
> *§ 2º*. (...)
>
> *§ 3º*. *É admitida a alienação fiduciária de coisa fungível* e *a cessão fiduciária de direitos sobre coisas móveis*, bem como *de títulos de crédito*, hipóteses em que, salvo disposição em contrário, a posse direta e indireta do bem objeto da propriedade fiduciária ou do título representativo do direito ou do crédito é atribuída ao credor, que, em caso de inadimplemento ou mora da obrigação garantida, (...)
>
> *§ 4º*. No tocante à *cessão fiduciária de direitos sobre coisas móveis* ou *sobre títulos de crédito* aplica-se, também, o disposto nos arts. 18 a 20 da Lei n. 9.514, de 20 de novembro de 1997.[125]
>
> *§ 5º*. Aplicam-se à *alienação fiduciária* e à *cessão fiduciária* de que trata esta Lei os arts. 1.421, 1.425, 1.426, 1.435 e 1.436 da Lei n. 10.406, de 10 de janeiro de 2002.
>
> *§ 6º*. *Não se aplica à alienação fiduciária* e à *cessão fiduciária* de que trata esta Lei o disposto no art. 644 da Lei n. 10.406, de 10 de janeiro de 2002.

No meu entender, estão aí expressamente previstas: *a*) a alienação fiduciária e, portanto, a propriedade fiduciária de coisa móvel infungível; *b*) a alienação fiduciária e, portanto, a propriedade fiduciária de coisa móvel fungível; *c*) a cessão fiduciária e, portanto, a titularidade fiduciária de direitos que recaiam sobre coisas móveis;[126-127] e *d*) a cessão fiduciária e, portanto, a titularidade fiduciária de títulos de crédito.

Passo a examinar a constituição de propriedade fiduciária de coisa móvel, infungível ou fungível, no âmbito do mercado financeiro e de capitais ou em garantia de créditos fiscais e previdenciários.[128]

Sua disciplina legislativa própria e especial não trata da competência procedimental relativa aos negócios jurídicos de constituição de propriedade fiduciária de coisa móvel, infungível ou fungível: aplica-

125. A Lei 9.514, de 1997, disciplina, no âmbito do financiamento imobiliário: *a*) o regime fiduciário sobre créditos imobiliários; *b*) a cessão fiduciária de direitos creditórios decorrentes de contratos de alienação de imóveis; e *c*) a alienação fiduciária de coisa imóvel.

126. No mesmo sentido, a Súmula n. 59 do Tribunal de Justiça do Estado de São Paulo (originária de suas Câmaras Reservadas de Direito Empresarial): "Classificados como bens móveis, para os efeitos legais, os direitos de créditos podem ser objeto de cessão fiduciária" (*Diário da Justiça do Estado de São Paulo*, 14.4.2011, Cad. Adm., p. 2).

127. Ao tratar-se do penhor de direito ou penhor de crédito (cf. 1.5.2.2, acima), observei que, conquanto pudesse discutir-se se o direito de crédito pecuniário constitui ou não "direito sobre *coisa* móvel", segundo o art. 1.455, *caput*, 2ª oração, do Código Civil, constitui: "Se este [*o crédito empenhado*] consistir numa prestação pecuniária, (...)" (cf. nota 72, acima). Além disso, o § 4º do art. 66-B da Lei 4.728, de 1965, determina que "à cessão fiduciária de direitos sobre coisas móveis ou sobre títulos de crédito" se aplicam os arts. 18 a 20 da Lei 9.514, de 1997, cujas disposições se referem a créditos pecuniários e decorrem de cessão fiduciária em garantia de "direitos creditórios decorrentes de contratos de alienação de imóveis" (art. 17, *caput*, inc. II) – possível e mais provavelmente créditos pecuniários, portanto. Por essas razões, creio que os direitos de crédito pecuniário devam considerar-se, legislativamente, direitos que recaem sobre coisas móveis.

128. A constituição de titularidade fiduciária de direitos e de títulos de crédito examinar-se-á a seguir, em 1.5.2.4.

-se-lhes, portanto, o disposto no art. 1.361, § 1º, do Código Civil, em virtude do disposto no art. 1.368-A do mesmo Código.

Quem fica submetido aos efeitos da constituição de propriedade fiduciária de coisa móvel, infungível ou fungível, no âmbito do mercado financeiro e de capitais ou em garantia de créditos fiscais e previdenciários? Enquanto não registrado, em registro público,[129] o instrumento de sua constituição,[130] ninguém, nem mesmo o garantidor e o credor. A partir do registro, o garantidor-alienante fiduciante, o credor-proprietário fiduciário e todas as demais pessoas.

1.5.2.4 Constituição de titularidade fiduciária de direito e de título de crédito

Como acabou de ver-se,[131] no âmbito do mercado financeiro e de capitais e em garantia de créditos fiscais e previdenciários, o art. 66-B da Lei 4.728, de 1965, também prevê e disciplina, parcial e especialmente: *a*) a cessão fiduciária e, portanto, a titularidade fiduciária de direitos que recaiam sobre coisas móveis,[132] assim também considerados os créditos pecuniários;[133] e *b*) a cessão fiduciária e, portanto, a titularidade fiduciária de títulos de crédito.

A constituição de titularidade fiduciária de direito exige: o contrato de cessão de direito, por instrumento público ou particular, cujo conteúdo deve apresentar os dados apontados no art. 18 da Lei 9.514, de 1997,[134] em decorrência do disposto no art. 66-B, § 4º, da Lei 4.728, de 1965; e o registro, a ser efetuado em registro público, de tal contrato, seja seu instrumento particular, seja público, em virtude do disposto nos arts. 1.368-A e 1.361, § 1º, do Código Civil, haja vista que a disciplina legislativa própria e especial da constituição de titularidade fiduciária de direito é omissa e o art. 1.361, § 1º, do Código Civil, com ela não é incompatível.

O art. 19, *caput*, inc. II, da Lei 9.514, de 1997, que se aplica à constituição de titularidade fiduciária de direito em virtude do disposto no art. 66-B, § 4º, da Lei 4.728, de 1965, estabelece que "ao credor fiduciário compete o direito de promover a intimação dos devedores (...) que não paguem ao cedente, enquanto durar a cessão fiduciária", em redação quase idêntica à do art. 1.459, inc. III, do Código Civil, que trata do penhor de título de crédito, não do penhor de direito.[135] Ao examinar o penhor de título de crédito, distingui entre a pretensão cartular e a pretensão extracartular do credor pignoratício, e afirmei que a pretensão cartular não depende da ciência que, da constituição de penhor de título de crédito, tenha devedor cartular.[136] Mas, ao examinar a cessão de crédito e o penhor de direito, afirmei que seus efeitos contra o devedor[137] dependem de se lhe dar ciência por notificação ou de ele declarar-se ciente da cessão de crédito ou da constituição de penhor de direito, em virtude do disposto, respectivamente, nos arts. 290 e 1.453 do Código Civil.[138]

129. Em Registro de Títulos e Documentos do domicílio do garantidor ou, se se tratar de veículo automotor terrestre, na repartição competente para o licenciamento, com anotação no certificado de registro.

130. Se a coisa móvel for infungível, do contrato constitutivo de propriedade fiduciária deverão constar tanto os dados apontados no art. 1.362 do Código Civil como os descritos no art. 66-B, *caput*, da Lei 4.728, de 1965. Se a coisa móvel for fungível, o disposto no inc. IV do art. 1.362 do Código Civil há de substituir-se por descrição que individue, pelo menos, o gênero e a quantidade da coisa (cf. o art. 243 do mesmo Código).

131. Cf. 1.5.2.3, acima

132. Ou, mais simplesmente, "direitos" ou "créditos", se empregarmos os termos dos arts. 1.451 a 1.457 do Código Civil, que tratam do penhor de direitos.

133. Cf. nota 127, acima.

134. Tais dados são os mesmos que constam no art. 1.362 do Código Civil.

135. Aliás, é interessante notar que a redação de todo o art. 19, *caput*, da Lei 9.514, de 1997, é quase idêntica à de todo o art. 1.459 do Código Civil.

136. Cf. 1.5.2.2, acima.

137. O devedor, na cessão de crédito, é o chamado devedor-cedido; e, no penhor de direito, é o devedor do garantidor, que, por sua vez, é seu credor.

138. Cf. 1.5.2.1 e 1.5.2.2, acima.

E os efeitos contra o devedor,[139] na cessão fiduciária de crédito, dependem ou não de tal ciência? Parece-me que haveriam de depender porque, se o devedor-cedido, insciente da cessão, pagasse ao credor-cedente, o pagamento seria eficaz e, portanto, sua obrigação se extinguiria[140] e, assim, se frustraria a garantia.

Mas a disciplina legislativa própria e especial da cessão fiduciária de crédito é omissa: nem o art. 66-B, da Lei 4.728, de 1965, nem o Decreto-lei 911, de 1969, tratam do tema; omissos também os arts. 18 a 20 da Lei 9.514, de 1997, e os arts. 1.421, 1.425, 1.426, 1.435 e 1.436 do Código Civil, que se aplicam à cessão fiduciária de crédito em virtude do disposto nos §§ 4º e 5º do art. 66-B da Lei 4.728, de 1965; e, por fim, igualmente omissos os arts. 1.361 a 1.368 e o art. 1.368-B do Código Civil, que, não havendo incompatibilidade com a legislação especial, se aplicam à cessão fiduciária de crédito, nos termos do art. 1.367-A do mesmo Código.

Uma de duas, portanto: ou se tem por diretamente aplicável à cessão fiduciária de crédito o art. 290 do Código Civil, que trata da cessão de crédito sem nenhuma função de garantia; ou – e esta parece-me a construção mais adequada – se reconhece a lacuna legislativa e se a preenche por extensão analógica do disposto no art. 1.453 do mesmo Código. Seja como for, conclui-se que, na cessão fiduciária de crédito, os efeitos contra o devedor dependem de que dela se lhe dê ciência por notificação ou de que ele se declare ciente dela.

Quem fica submetido aos efeitos da cessão fiduciária de crédito? Enquanto não registrado o instrumento de tal cessão, ninguém, nem mesmo o garantidor-credor cedente fiduciante e o credor cessionário fiduciário. A partir do registro, o garantidor-credor cedente fiduciante, o credor cessionário fiduciário e todas as demais pessoas – exceto o devedor; a partir da ciência que da cessão fiduciária de crédito tenha o devedor, todas as pessoas.

Passo agora a examinar a constituição de titularidade fiduciária de título de crédito.

Creio que sua disciplina legislativa própria e especial se limita a exigir o respectivo contrato, por instrumento público ou particular, cujo conteúdo deve apresentar os dados apontados no art. 18 da Lei 9.514, de 1997,[141] em decorrência do disposto no art. 66-B, § 4º, da Lei 4.728, de 1965.

Tendo em vista peculiaridades do direito cartular, que já expus com certa minúcia,[142] parece-me que a disciplina jurídica da constituição de penhor de título de crédito deva aplicar-se – diretamente, em certos pontos, e por extensão analógica, noutros – também à constituição de titularidade fiduciária em garantia de título de crédito, com uma modificação relevante, a seguir apontada.

Para não sobrecarregar desnecessariamente este parecer, omito construção semelhante à que já apresentei[143] e afirmo serem três os requisitos, cumulativos, de constituição de titularidade fiduciária de título de crédito, a saber: o primeiro, desdobrado em dois termos alternativos: ou *a*) o contrato de cessão, por instrumento público; ou *b*) o contrato de cessão, por instrumento particular registrado em registro público;[144] o segundo, que se acresce ao primeiro: o endosso *fiduciário* (não pignoratício), em preto; e o terceiro, que se acrescenta ao primeiro e ao segundo: a transmissão da posse direta que recai sobre o título, do

139. O devedor, na cessão fiduciária de crédito, pode também chamar-se devedor-cedido.

140. Cf. o art. 310 do Código Civil.

141. Tais dados, como ainda há pouco observei, são os mesmos que constam no art. 1.362 do Código Civil.

142. Cf. 1.5.2.2, acima.

143. Cf. 1.5.2.2, acima.

144. Para que a eficácia probatória do contrato de cessão seja plena – contra as partes no contrato e todas as demais pessoas –, não limitada – apenas contra as partes no contrato.

endossante-garantidor fiduciante ao endossatário-credor fiduciário.

A cláusula constitutiva de garantia, que necessariamente tem de lançar-se no título de crédito, não pode ser a de penhor: tem de ser a de titularidade fiduciária. O art. 19 do Anexo I do Decreto 57.663, de 24 de janeiro de 1966, que "Promulga as Convenções para adoção de uma lei uniforme em matéria de letras de câmbio e notas promissórias", dispõe (grifos meus):

> Art. 19. Quando o endosso contém a menção "*valor em garantia*", "*valor em penhor*" ou *qualquer outra* menção que implique uma *caução*, (...).

Tendo em vista o atributo da literalidade dos títulos de crédito, é preciso que o endosso lançado no título consigne expressamente de que tipo de garantia se trata – se pignoratícia ou fiduciária. Por isso, convém que, se for o caso de penhor de título de crédito, nele se lance a expressão "em garantia pignoratícia" ou "em penhor"; e, se for o caso de cessão de titularidade fiduciária, a expressão "em garantia fiduciária".

Quem fica submetido aos efeitos da constituição de titularidade fiduciária de título de crédito? No caso de títulos de crédito ao portador ou à ordem, tão logo constituída a titularidade fiduciária – em virtude do preenchimento dos três requisitos que acabaram de individuar-se –, o endossante-garantidor fiduciante, o endossatário-credor fiduciário e todas as demais pessoas. No caso de títulos de crédito nominativos, tão logo desse mesmo modo constituída a titularidade fiduciária, o endossante-garantidor fiduciante e o endossatário-credor fiduciário e, a partir, da averbação de tal titularidade fiduciária no registro do emitente do título, o próprio emitente do título e todas as demais pessoas.

2. *Instrumento Particular e Registro Público*

Acabou de observar-se a íntima ligação entre a eficácia própria de alguns tipos de negócios jurídicos de disposição e uma das diversas funções desempenhadas pelos serviços notariais e de registros públicos, cujas atividades se encontram atualmente disciplinadas pela Lei 6.015, de 31.12.1973.

Tendo em vista os temas deste parecer, cumpre ainda examinar, de um lado, a competência material e territorial dos diversos ofícios de registro público relativa a certos negócios de disposição celebrados por instrumento particular; e, de outro lado, a eficácia cronológica, por assim dizer, do registro, efetuado em registro público, dos negócios de disposição até agora estudados. Trata-se de responder às seguintes indagações: Em que ofício de registro público há de registrar-se o instrumento particular de negócio de disposição? Em todos? Ou em qualquer um? Ou, então, em ofício cuja competência material e territorial apresente alguma conexão com o negócio de disposição? Se o registro, efetuado em registro público, de instrumento particular de negócio de disposição for requisito para que este adquira sua eficácia própria ou para que adquira sua eficácia própria contra todos, a partir de quando tal eficácia se dá? A partir da celebração do negócio de disposição? Ou a partir do registro do instrumento no registro público? Ou, então, a partir de algum outro momento, que não esses dois?

Os negócios de disposição relevantes para este parecer, lembre-se, são os seguintes, todos eles celebrados por instrumento particular: *a*) a cessão de crédito; *b*) a constituição de penhor comum, a de penhor de direito (ou de crédito) e a de penhor de título de crédito; *c*) a constituição de propriedade fiduciária em garantia de coisa móvel, infungível ou fungível; e *d*) a constituição de titularidade fiduciária em garantia de direito e a de título de crédito.[145]

145. Cf. 1.5.2.1 a 1.5.2.4, acima.

2.1 Competência material de registro público

A competência material de registro público, tendo em vista cada um dos negócios de disposição relevantes para este parecer, é do Registro de Títulos e Documentos, como a seguir se aponta:

a) A cessão de crédito, nos termos do art. 221, *caput*, do Código Civil e do art. 129, 9º, da Lei 6.015, de 1973 ("instrumentos de cessão de créditos").[146]

b) O penhor comum, nos termos do art. 1.432 do Código Civil e do art. 127, *caput*, inc. II, da Lei 6.015, de 1973 ("penhor comum sobre coisas móveis").[147]

c) O penhor de direito (ou de crédito), nos termos do art. 1.452, *caput*, do Código Civil e do art. 129, 2º, da Lei 6.015, de 1973 ("documentos decorrentes de depósitos, ou de cauções feitos em garantia de cumprimento de obrigações contratuais").[148]

d) A constituição de propriedade fiduciária em garantia de coisa móvel, infungível ou fungível, nos termos do arts. 1.361, *caput* e § 1º, e 1.368-A do Código Civil e do art. 129, 5º, da Lei 6.015, de 1973 ("contratos de alienação fiduciária de bens móveis").[149]

e) A constituição de titularidade fiduciária em garantia de direito (ou de crédito), nos termos dos arts. 1.361, § 1º, e 1.368-A do Código Civil e do art. 129, 5º, da Lei 6.015, de 1973.[150]

f) O contrato de constituição de penhor de título de crédito ou de titularidade fiduciária em garantia de título de crédito – que é negócio jurídico de obrigação, porque o de disposição é necessariamente cartular e consiste em endosso, pignoratício ou fiduciário – submete-se, no meu entender, ao disposto no art. 127, *caput*, inc. I, da Lei 6.015, de 1973 ("prova das obrigações convencionais de qualquer valor constantes em instrumentos particulares"), não no art. 127, *caput*, inc. III, da mesma Lei ("caução de títulos de crédito pessoal ou de bolsa ao portador"), mas apenas se seu instrumento for particular e para que sua eficácia probatória seja plena.[151]

2.2 Competência territorial do Registro de Títulos e Documentos

No que concerne ao Registro de Títulos e Documentos, sua competência territorial é, talvez, a *vexata quaestio* da legislação de registros públicos, cuja história vai, no meu entender, da lacuna inconveniente ao excesso infundado, com a efêmera presença de exceção insustentável.

146. Cf. nota 58, acima.

147. O penhor de automóveis, todavia, consta expressamente no art. 129, 7º, da Lei 6.015, de 1973.

148. Enquanto não registrado no Registro de Títulos e Documentos o instrumento de constituição do penhor de crédito, ninguém fica submetido aos seus efeitos, nem mesmo o garantidor e o credor; a partir do registro, ficam submetidos a tais efeitos o garantidor, o credor e todas as demais pessoas – exceto o devedor; a partir da ciência que da constituição do penhor de crédito tenha o devedor, todas as pessoas (cf. 1.5.2.2, acima). Equivocada, portanto, no meu entender, a inclusão do registro de "documentos decorrentes de cauções, feitos em garantia de cumprimento de obrigações contratuais" no art. 129 da Lei 6.015, de 1973, "para surtir efeitos em relação a terceiros": o registro de tais documentos é necessário para que eles tenham seus efeitos próprios até mesmo contra o garantidor e o credor e, assim, sua correta posição legislativa seria no art. 127, *caput*, da mesma Lei.

149. Enquanto não registrado no Registro de Títulos e Documentos o instrumento de constituição de propriedade fiduciária de coisa móvel, infungível ou fungível, ninguém fica submetido aos seus efeitos, nem mesmo o garantidor e o credor; a partir do registro, ficam submetidos a tais efeitos o garantidor, o credor e todas as demais pessoas (cf. 1.5.2.3, acima). Equivocada, portanto, no meu entender, a inclusão do registro de "contratos de alienação fiduciária de bens móveis" no art. 129 da Lei 6.015, de 1973, "para surtir efeitos em relação a terceiros": o registro de tais contratos é necessário para que eles tenham seus efeitos próprios até mesmo contra o garantidor e o credor e, assim, sua correta posição legislativa seria no art. 127, *caput*, da mesma Lei.

150. Para a constituição de titularidade fiduciária de direito cabem as mesmas observações que acabei de fazer sobre a constituição de propriedade fiduciária de coisa móvel, infungível ou fungível (cf. nota 148, acima).

151. Cf. 1.5.2.2 e 1.5.2.4, acima.

Limitando-me ao período posterior ao início de vigor do velho Código Civil (1º de janeiro de 1917), a legislação de registros públicos no Brasil apresentou-se fundamentalmente nos seguintes diplomas.

A) A Lei 4.827, de 7.2.1924, reorganizou os registros públicos instituídos pelo Código Civil; e regulamentou-se pelo Decreto 18.542, de 24.12.1928. Não se disciplinou, em nenhum desses dois diplomas, a competência territorial do Registro de Títulos e Documentos.[152]

Extrai-se de obra mais que conhecida:[153]

13 – Em que registo público deve ser transcrito o documento para valer contra terceiros? Será obrigatória a transcrição no registo do domicílio do devedor?

Esta questão, cuja importância não precisa ser posta em relevo, foi omitida por todos os comentadores do nosso Código. Nenhum deles a previu e, pois, não cogitou de resolvê-la.

Pró e contra há argumentos de valor. Pela obrigatoriedade do registo no lugar do domicílio do devedor pode-se alegar, por exemplo, que é essencial, para o fim de garantir as partes em quaisquer transações que façam com o devedor, desde que não se põe em dúvida hoje em dia que o credor anterior ao ato fraudulento pode anular a alienação feita em fraude de execução. (...)

Pela admissibilidade do registo em qualquer lugar há argumentos de toda procedência. Pois *a verdade é que o registo especial nunca teve outro fim senão fixar a data dos instrumentos particulares*, para valerem contra terceiros.

A razão, a nosso ver, está com os que sustentam esta última opinião.

Os argumentos expostos pelos que opinam ser obrigatório o registo no lugar do domicílio do devedor impressionam apenas à primeira vista. Mas, bem meditados, são frágeis. Porque, em última análise, aquele risco que se vislumbra de ficar sujeito a ver anulada a compra feita ao devedor insolvente não existe, realmente, se não existe o dolo ou a má fé, (...).

Ao invés, os argumentos em pról da solução oposta teem toda procedência, a saber:

a) o registo especial de documentos *não afeta o objeto da relação jurídica*, não visa criar o cadastro da propriedade movel, como sucede com o registo de bens imoveis, mesmo porque cadastro da propriedade movel é desconhecido em nosso direito (Parecer do dr. José Soares de Arruda, *in Revista dos Tribunais*, vol. 74, pág. 18);

b) o registo especial, por conseguinte, *afeta o título*, o instrumento do contrato, tão somente, *impedindo a ante-data*, e *não a coisa, o objeto da obrigação* (Parecer citado);

c) não é, ademais, um registo atributivo da propriedade movel, como se dá com o registo geral e de hipotecas no tocante aos imoveis, razão por que não se exige, como neste, que ele seja feito em determinado cartório (*Cód. Civ.*, art. 831).

De fato. Desde a lei n. 79, de 23 de agosto de 1892 – a criadora do registo especial – pode-se constatar que o legislador visou sempre o título e não o objeto da relação jurídica.

Assim é que, por aquele texto (art. 3º), quatro eram os meios de se fixar a data do instrumento particular, para valer contra

152. Cf. Affonso Dionysio Gama, *Os registros publicos do Codigo Civil. Lei n. 4.827, de 7 de Fevereiro de 1924 e Reg. n. 18.542, de 24 de Dezembro de 1928, devidamente annotados e explicados, acompanhados da legislação em vigôr, tambem annotada e explicada, referente ao registro de contractos maritimos*, 3ª ed., cuid. rev. e muito augm., São Paulo, Saraiva, 1929. Lysippo Garcia, *Registros publicos e registros de immoveis. Dec. Leg. n. 4827 de 7 de Fevereiro de 1924. Regulamento approvado pelo dec. n. 18542 de 24 de Dezembro de 1928. Dec. n. 370 (de 2) de Maio de 1890 em confronto com as novas disposições*, Rio de Janeiro, Casa Vallelle, 1929. José do Amaral Gurgel, *Registros publicos (legislação, jurisprudência e doutrina)*, São Paulo, Saraiva, 1929. José Philadelpho de Barros e Azevedo, *Registros publicos. Lei n. 4827 de 7 de Fevereiro de 1924 (commentario e desenvolvimento)*, 2ª tir., accrescida do regulamento approvado pelo decreto n. 18542 de 24 de Dezembro de 1928 e exposições de motivos que o precederam, Rio de Janeiro, Almeida Marques, 1929.

153. João Manuel de Carvalho Santos, *Código Civil brasileiro interpretado – Principalmente no ponto de vista prático*, vol. III, 3ª ed., (Rio de Janeiro), Freitas Bastos, 1942, coment. ao art. 135, n. 13, pp. 163-167 (grifos meus).

terceiros: *a*) reconhecimento de firma; *b*) registo em notas de tabelião; *c*) apresentação em juizo ou repartição pública; *d*) falecimento de algum dos signatários.

Em nenhuma destas figuras, como foi visto, se alude ao domicílio das partes ou à discussão do objeto da transação.

Ao contrário, é evidente que o registo podia ser feito em notas de qualquer tabelião, como a apresentação em juizo ou repartição pública podia ser feita em qualquer comarca ou município, (...)

E o Código Civil não fez mais do que, completando a evolução iniciada pela lei n. 973, reduzir apenas para o registo o *meio de se fixar a data dos escritos particulares* (Parecer do dr. Soares de Arruda, citado);

d) se o legislador desejasse que o registo de um contrato ou documento devesse ser feito obrigatoriamente, no domicílio do comprador ou devedor, teria criado essa exigência, como o fez, de modo expresso, no cit. art. 831 do Cód. Civil, relativamente à situação dos imoveis.

Ora, o que se verifica é precisamente o contrário, isto é, que de nenhuma das leis e regulamentos, que se teem ocupado do registo de documentos, se infere que o registo de documentos ou contratos escape à regra geral estabelecida para os instrumentos particulares.

É axiomático que onde a lei não distingue a ninguém é dado distinguir (Parecer cit.);

(...)

Como se vê, são argumentos convincentes, deixando fora de dúvida que o *registo não precisa ser obrigatoriamente feito no lugar do domicílio do devedor ou comprador*.

Em acórdão de 27 de agosto, o Tribunal de Justiça de São Paulo confirmou por seus fundamentos a sentença do juiz de S. José do Rio Pardo, onde este sustenta que os pactos com reserva de domínio devem ser inscritos no registo público do domicílio do devedor:

"A prevalência dos efeitos jurídicos resultantes desse contrato, diz ele, contra terceiros, é, entretanto, condicionada à prova da sua existência. Não fora assim, a instabilidade das relações jurídicas ocasionaria tal retraimento do crédito que o comércio sofreria de um mal insanavel – o comerciante seria apenas possuidor precário dos efeitos comerciais em suas mãos – eis que os havia adquirido com o pacto de reserva de domínio.

"Esse é o mal, motivo por que algumas legislações, Código Civil suiço, art. 915, só admitem o pacto uma vez inscrito no registo público do domicílio do devedor.

"Entre nós isso se dá tambem. No Código Civil pátrio, os contratos para valer contra terceiros, devem ser inscritos no registo público do domicílio do devedor" (*Revista dos Tribunais*, vol. 75, pág. 452).

Há nessa afirmativa evidente equívoco. Não há dúvida que para evitar a instabilidade das relações jurídicas, *o Código Civil brasileiro exige que todo contrato particular para valer contra terceiro seja inscrito no registo de títulos e documentos. Para adquirir data certa. Para evitar antedata* prejudicial aos interesses legítimos de outrem. Mas se o fim é evitar a antedata, se lhe dando data certa desaparece o perigo daquela instabilidade, o certo é que *o Código se contenta com o simples fato da inscrição no registo, não exigindo que ele seja feito no lugar do domicílio do devedor*.

Mas, segundo o talvez mais acatado comentador brasileiro de legislação de registros públicos:[154]

140 – Lugar do registro de titulos e documentos. – Grave e importante questão é a de se saber qual o lugar onde deve ser feito o registro de titulos e documentos. Nenhuma disposição de lei existe expressamente determinando-o. Entretanto, a questão do lugar do registro está intimamente ligada á outra questão já por nós abordada, isto é a questão dos efeitos do registro de titulos e documentos. *Si o registro* do instrumento particular apenas e para todos os casos *tivesse o simples efeito de fixação da dáta do instrumento* registrado, cláro está que, em qualquer lugar, êle seria validamente feito

154. Miguel Maria de Serpa Lopes, *Tratado dos Registros Públicos, em comentário ao Decreto 18.542 de 24 de dezembro de 1928 e dispositivos conexos do Código Civil brasileiro*, vol. II, Rio de Janeiro, Livraria Jacinto, 1939, n. 140, pp. 68-70 (grifos meus).

e com toda a eficiência, pois a sua unica finalidade estaria perfeitamente preenchida. *Mas*, como vimos, *existem casos em que seus efeitos possuem maior amplitude*, como (...) e *tambem na cessão de créditos*.

Publicidade é conhecimento, divulgação. O meio de que a lei se vale – o registro – precisa ser constituído de um modo eficás, para que êsse conhecimento se torne uma realidade prática. Requisitos materiais e formais são impostos na feitura do Registro, (...) Existem mesmo regras que não podem sêr postergadas, normas que não podem sêr prescindidas. Assim o devêr de exibir os livros aos interessados e a obrigação do oficial certificar o seu conteúdo, quando se lhe exija.

Ora, para isso, mistér se faz que o interessado conheça, com segurança, o cartório onde necessária e esclusivamente um determinado contráto dêva ter sido registrado. É forçoso que uma certidão negativa deste mesmo cartório constitua efetivamente um elemento indiscutivel e tranquilizadôr para a parte interessada. Tudo isso ficará por terra n'um país, como o nosso, geograficamente vasto, si a lei, estabelecendo efeitos desse Registro contra terceiros, impondo a presunção de conhecimento *erga omnes*, ao mesmo tempo deixasse *ad libitum* a escôlha do lugar onde êsse Registro tivesse de ser efetuado. Conseguintemente, *o Registro do instrumento particular*, nos termos do art. 135 do Codigo Civil, *pode ser feito em qualquer lugar, si se tratar de uma obrigação e que dito registro não tenha outra finalidade que não a de fixar a dáta dêsse mesmo instrumento*.

É claro que sem a fixação de um lugar certo para o registro não se pode dêle deduzir uma presunção de conhecimento geral, *cabendo ao juiz*, portanto, *em cada caso*, – como circunstancia igual a qualquer outra, para deduzir si existem ou não fundamentos permitindo concluir que o terceiro conhecia o áto juridico registrado.

E, com maior precisão sobre a função do registro público:[155]

É preciso atentar-se na *função dos registos públicos*, quanto a *algo que êles adicionam, no plano da eficácia*. O registo de imóveis confere eficácia a respeito de terceiros, frente aos quais fica o ato de direito público, que é o registo, e não só o ato jurídico registado, e a eficácia real. *O registo de títulos e documentos* sòmente confere aquela *eficácia a respeito de terceiros*. *Essa eficácia, sem o registo, não a têm atos jurídicos de direito civil e atos jurídicos de direito comercial*.

A função principal do registo de títulos e documentos é exatamente o de publicidade, isto é, de ter eficácia *erga omnes* (= a respeito de terceiros). Dizer-se que só tem por fim fixar a data é não se ver que a data do registo apenas tem relevância para se determinar de quando começam os efeitos a respeito de terceiros. Nada mais infantil, denunciando escassa cultura jurídica, do que enunciar-se que o registo sòmente fixa a data. O que importa é o registo, o que importa, mais precisamente, são os efeitos do registo; a data é apenas o momento em que êsses efeitos se iniciam.

B) O Decreto 4.857, de 9.11.1939, dispôs sobre a execução dos serviços concernentes aos Registros Públicos estabelecidos pelo Código Civil e não revogou expressamente a Lei 4.827, de 1924. Dispunha seu art. 139, relativo à competência territorial do Registro de Títulos e Documentos (grifos meus):

Art. 139. Dentro do prazo de sessenta (60) dias da data da assignatura pelas partes, todos os actos enumerados nos arts. 134 a 138 serão registrados no domicílio das partes contractantes, e, quando residam estas em circumscripções territoriaes diversas o registro se fará em todas ellas.

Agora, afirma o mesmo comentador antes citado:[156]

155. Francisco Cavalcanti Pontes de Miranda, *Tratado de direito privado*, t. III, 4ª ed., São Paulo, Ed. RT, 1983, § 339, 5, pp. 372-373 (grifos meus).

156. Miguel Maria de Serpa Lopes, *Tratado dos Registos Públicos, em comentário ao Decreto n. 4.857, de 9 de novembro de 1939, com as alterações introduzidas pelo Decreto n. 5.318, de 29 de novembro de 1940 e legislação posterior em conexão com o direito privado brasileiro*, 3ª ed., Rio de Janeiro, Freitas Bastos, 1955, n. 212, pp. 92-93 (grifos meus).

212. *Obrigatoriedade do Registo de Títulos e Documentos e a questão de sua efetivação* – O art. 139 estabeleceu um prazo (...) e, no mesmo dispositivo, estabelece que o lugar do registo é o do domicílio das partes contratantes, e quando estas residam em circunstâncias (*sic*; leia-se: circunscrições) territoriais diversas o registo se fará em tôdas elas. Contém êsse preceito tôda chave do sistema inaugurado pelo decreto n. 4.857, de 1939. Sem a prescrição do lugar da efetivação do registo, a obrigatoriedade converter-se-ia num mito, e impossível seria o efeito *erga omnes* da transcrição. (...)

A) – *Lugar do registo* – Na legislação pretérita era assunto tormentoso, sobretudo pela ausência de qualquer dispositivo legal, o inerente ao lugar de efetivação do registo. Sua importância é, no caso, decisiva. *Está o lugar do registo ìntimamente ligado aos efeitos do registo*. Se o efeito do registo de títulos e documentos se resumisse na fixação da data (...). Tratando-se de um registo que comunica uma eficácia *erga omnes* a situação muda de aspecto. (...)

Na atual legislação, *as dúvidas se encontram desfeitas*, inteiramente. *A fixação do lugar do registo* de par com a obrigatoriedade de transcrição *põem têrmo à controvérsia*.

Será que as dúvidas se desfizeram mesmo? Em lacônico comentário ao mesmo art. 139 do Decreto 4.857, de 1939 – não devidamente fundamentado, como seria de esperar-se, mas até certo ponto ousado e correto se, no lugar de vendedor, se dissesse disponente –, consta:[157] "*O registro deveria ser obrigatorio apenas no domicilio do vendedor*".

O Decreto-lei 911, de 1º.10.1969, alterou a redação do art. 66 da Lei 4.728, de 1965,[158] e estabeleceu normas de processo sobre alienação fiduciária. O art. 66 da Lei 4.728, de 1965, passou então a ter a seguinte redação (grifos meus):

Art. 66. A alienação fiduciária em garantia transfere ao credor o domínio resolúvel e a posse indireta da coisa móvel alienada, independentemente da tradição efetiva do bem, tornando-se o alienante ou devedor em possuidor direto e depositário com todas as responsabilidades e encargos (...)

§ 1º. A alienação fiduciária somente se prova por escrito e seu instrumento, público ou particular, qualquer que seja seu valor, será obrigatoriamente arquivado, por cópia ou microfilme, no Registro de Títulos e Documentos *do domicílio do credor*, sob pena de não valer contra terceiros, e conterá, (...)

(...)

§ 10. A alienação fiduciária em garantia de veículo automotor deverá, para fins probatórios, constar do Certificado de Registro, a que se refere o art. 52 do Código Nacional de Trânsito.

Do domicílio do credor, apenas?! Isto é: Não é necessário o registro no Registro de Títulos e Documentos do domicílio do garantidor, que dispôs sobre sua própria competência a tal ponto, que parece ter havido supressão dela,[159] e continua na posse direta da coisa móvel infungível? Creio que Serpa Lopes indagaria, perplexo: Como submeter terceiro, em eventual contato jurídico com o alienante, aos efeitos de alienação fiduciária da qual ele, terceiro, pode justificadamente não ter conhecimento, nem ter meio razoável de obtê-lo?[160] E, igualmente, Melchiades Picanço: O registro é obrigatório apenas no Registro de Títulos e Documentos do domicílio do credor-adquirente? Não deveria ser obrigatório apenas no do domicílio do "vendedor" – garantidor-alienante?[161]

C) O Decreto-lei n. 1.000, de 21 de outubro de 1969 – que se propunha modificar e atualizar o Decreto 4.857, de 1939 –, embora publicado, jamais entrou em vigor.

157. Melchiades Picanço, *Dos Registros Publicos (Decreto n. 4.857 – de 9 de novembro de 1939, com as alterações feitas pelos decretos n. 5.318, de 29 de fevereiro de 1940, e 5.553 – de 6 de maio de 1940)*, Rio de Janeiro, A. Coelho Branco Filho Ed., 1940, p. 78 (grifos meus).

158. Cf. 1.5.2.3, acima.

159. Cf. 1.5.2.3, acima.

160. Eis aí a exceção juridicamente insustentável, a que pouco antes se fez referência.

161. Como, aliás, estabelece textualmente o § 1º do art. 1.361 do Código Civil.

D) A Lei 6.015, de 31.12.1973, que dispõe sobre os registros públicos e dá outras providências, revogou expressamente a Lei 4.827, de 1924, e o Decreto 4.857, de 1939, e encontra-se em vigor. A competência territorial do Registro de Títulos e Documentos está disciplinada em parte do art. 130, *caput*, da mesma Lei, a saber (grifos meus):

> Art. 130. (...) todos os atos enumerados nos arts. 127 e 129 *serão registrados no domicílio das partes contratantes* e, *quando residam estas em circunscrições territoriais diversas, far-se-á o registro em todas elas*.

Transcrevo a seguir dois comentários – muito breves e, no meu entender, demasiadamente superficiais – sobre o art. 130 da Lei 6.015, de 1973:

> *323. Domicílio da parte regula a atribuição do cartório* – O domicílio determina a *atribuição* de serviço, ao cartório de uma certa comarca, para que se assegure a cognoscibilidade por todos os terceiros. O assentamento fora do domicílio das partes, dos apresentantes e interessados dificultaria o conhecimento do ato por terceiros.
>
> Havendo mais de um registro na comarca, a transcrição poderá ser feita em qualquer deles, vedada que é a distribuição (art. 131).[162]
>
> *1. Competência "ratione loci"* – Em razão do lugar, a competência do Registro de Títulos e Documentos define-se pelo domicílio das partes contratantes e, quando residam estas em circunscrições territoriais diversas, dar-se-á o registro em todas elas.
>
> Preceito idêntico vigorava no direito anterior. Entretanto, (...) o Decreto-lei n. 1.027/1939 determinava que o contrato de compra e venda de bens móveis, com reserva de domínio, deveria registrar-se no domicílio do comprador. (...)
>
> Entendemos que o preceito do Decreto-lei n. 1.027/1939 não mais prevalece, em face dos peremptórios termos do art. 130 *sub* comentário, que abrange declaradamente todas as hipóteses do art. 129, em que se enquadram os contratos de compra e venda, em prestações, com reserva de domínio ou não. Assim, sob pena de não valerem contra terceiros, ditos contratos devem ser registrados em qualquer dos Registros de Títulos e Documentos do domicílio das partes, ou, se forem diversos, no domicílio de todas elas.[163]
>
> É óbvio que, independendo os registros de prévia distribuição, difícil será a localização do registro, quando numa só localidade existirem vários cartórios de Registro de Títulos e Documentos.[164]

Vejam-se agora algumas decisões judiciais, todas elas, porém, relativas ao art. 66, § 1º, da Lei 4.728, de 1965, com a redação dada pelo Decreto-lei 911, de 1969 – a exceção infundada, como antes a denominei, na alienação fiduciária em garantia:[165]

> *Alienação Fiduciária* – Direito real do credor – Instituição somente se promovido o duplo registro no ofício de títulos e documentos, no caso de domicílio diverso das partes contratantes, cumulativamente com a anotação no certificado de registro

162. Walter Ceneviva, *Lei dos registros públicos comentada*, 2ª ed., rev. e atual., São Paulo, Saraiva, 1980, n. 323, p. 285.

163. O art. 522 do Código Civil, porém, estabelece: "A cláusula de reserva de domínio será estipulada por escrito e depende de *registro no domicílio do comprador* para valer contra terceiros". Cf. nota 187, abaixo.

164. Wilson de Souza Campos Batalha, *Comentários à Lei de Registros Públicos: Lei n. 6.015, de 31 de dezembro de 1973*, vol. I, 4ª ed., rev. e ampl., Rio de Janeiro, Forense, 1997, coment. aos arts. 130 e 131, n. 1, p. 356.

165. Lair da Silva Loureiro Filho (org.), *Lei de Registros Públicos: a lei nos tribunais (lei de registros públicos, anotações jurisprudenciais, bibliografia)*, São Paulo, Ed. Juarez de Oliveira, 1999, p. 44. Idem em Lair da Silva Loureiro Filho e Claudia Regina Magalhães Loureiro, *Notas e Registros Públicos*, 3ª ed., rev. e ampl., São Paulo, Saraiva, 2009, pp. 529-530. O segundo e o terceiro excerto encontram-se referidos também em Theotonio Negrão e José Roberto F. Gouvêa, com a colab. de Luis Guilherme Aidar Bondioli e João Francisco Naves da Fonseca, *Código Civil e Legislação Civil em Vigor*, 28ª ed., São Paulo, Saraiva, 2009, nota 3a ao art. 1.361, p. 453, em que se indica como fonte do terceiro excerto, além da *Revista Forense* 322/240, a *Revista Trimestral de Jurisprudência dos Estados* 113/113; nesta última (*RTJE* 113/113) indicam-se decisões no mesmo sentido (*RT* 648/117, *RTJ* 127/49 e *RJTJRS* 113/417) e em sentido contrário (*RJTJRS* 133/384, *RTJE* 60/67 e *RT* 515/140).

emanado pelo órgão estadual de trânsito – Falta que restringirá ao âmbito pessoal a relação entre financiante e financiado – Inteligência do art. 130 da Lei 6.015/73 (TARS, *RT* 699/168).

Alienação Fiduciária – Registro – Partes residentes em circunscrições territoriais diversas – Necessidade de que seja efetuado tanto no domicílio do credor como no do financiado alienante para que o contrato surta efeito em relação a terceiros – Invalidade em relação a estes se efetuado somente no domicílio do credor, com omissão de sua efetuação na comarca onde residente o devedor – Inteligência e aplicação dos arts. 66, § 1º, da Lei 4.728/65 e 129 e 130 da Lei 6.015/73 (1º TACivSP, *RT* 648/117).

Alienação fiduciária – Registro duplo – A LRP alterou o DL 911, que entendia ser obrigatório o registro unicamente no domicílio do credor. Pela LRP, em seu art. 130, os contratos devem ser registrados no domicílio das partes contratantes, e quando eles forem diversos, em cada um dos ofícios se fará o registro. Assim, direito real somente se instituirá em prol do credor, se promovido o duplo registro no Ofício de Títulos e Documentos, no caso de domicílio diverso, cumulativamente com a anotação no Certificado de Registro emanado pelo órgão estadual de trânsito. Do contrário a relação entre financiante e financiado se restringirá ao âmbito pessoal, sem as repercussões *erga omnes* (*RF* 322/240).

Creio ser possível – e necessário – enfrentar a questão da competência territorial do Registro de Títulos e Documentos de outra maneira: somente o exame de cada um dos diversos tipos de negócios jurídicos de disposição permite apontar, com a indispensável fundamentação jurídica, em que ofício se deveria registrar o instrumento do negócio de disposição para que este tivesse seus efeitos próprios contra algumas pessoas ou contra todas as pessoas.[166]

Examinem-se, então, os negócios jurídicos de disposição relevantes para este parecer, todos eles – exceto os de constituição de penhor ou de titularidade fiduciária em garantia de título de crédito, porque, nestes, o negócio de disposição é cartular e consiste em endosso, pignoratício ou fiduciário – celebrados por instrumento particular, a saber: *a*) a cessão de crédito; *b*) a constituição de penhor comum e a de penhor de direito (ou de crédito); *c*) a constituição de propriedade fiduciária de coisa móvel, infungível ou fungível; e *d*) constituição titularidade fiduciária em garantia de direito (ou de crédito).

Em todo negócio jurídico bilateral de disposição – como o são todos os negócios relevantes para este parecer –, a parte que dispõe sobre sua própria competência, transmitindo-a à outra parte[167] ou limitando-a em favor da outra parte,[168] pode denominar-se disponente; e a parte que adquire certa competência, em virtude da disposição que a outra parte faz sobre sua própria competência, pode denominar-se adquirente. O disponente tem sua competência primitiva suprimida[169] ou reduzida[170] em prol do adquirente; e o adquirente tem sua competência primitiva sempre aumentada à custa da supressão ou da redução da competência do disponente. Tais modificações de competência, tanto da do disponente como da do adquirente, ensejariam a instauração de estado de ignorância comum – justificável, mas prejudicial aos valores jurídicos de certeza e segurança –, um de cujos aspectos é a possível coexistência de segredo (ser, mas não parecer) com aparência (parecer, mas não ser), não fora a criação pela ordem jurídica de meio de publicação que propiciasse a qualquer pessoa obter – mediante o cumprimento de dever que se lhe pudesse impor, de modo razoável, como ônus

166. Cf. 1.5.2, acima.

167. Na cessão de crédito (cf. 1.5.2.1, acima).

168. Na constituição de penhor e na constituição de propriedade fiduciária ou de titularidade fiduciária (cf. 1.5.2.2, 1.5.2.3 e 1.5.2.4, acima).

169. Na cessão de crédito.

170. Na constituição de penhor e na constituição de propriedade fiduciária ou de titularidade fiduciária.

– conhecimento[171] da celebração de negócio de disposição por disponente e adquirente.[172]

Semelhante meio de publicação é o registro do instrumento particular do negócio de disposição no Registro de Títulos e Documentos.[173] Indague-se novamente: Mas em que ofício do Registro de Títulos e Documentos há de registrar-se o instrumento particular de negócio de disposição? Em todos? Ou em qualquer um? Ou, então, em ofício cuja competência territorial apresente alguma conexão com o negócio de disposição?

Acabou de ver-se que no direito brasileiro a primeira resposta – Em todos – não se estabeleceu jamais por lei, nem se defendeu pela doutrina, nem se proclamou por decisão judicial. Compreende-se: o registro em todos os ofícios do Registro de Títulos e Documentos do país, conquanto plenamente apto a desempenhar sua função de publicação, seria inviável para o disponente e o adquirente, que se veriam submetidos a dever destituído da mínima razoabilidade. A segunda resposta – Em qualquer um –, embora não expressamente disposta em lei, construiu-se pela doutrina majoritária, para não dizer unânime, que também a defendeu com ardor, mediante o preenchimento de lacuna legislativa e, salvo uma ou outra, também prevaleceu amplamente nas decisões judiciais. No meu entender, contudo, de modo insustentável: o registro em qualquer ofício do Registro de Títulos e Documentos tornaria a obtenção de conhecimento por qualquer pessoa inviável, e o dever de obtê-lo, que se lhe imporia como ônus, completamente desprovido de razoabilidade: o estado de ignorância comum, ainda que pernicioso, permaneceria justificável.

Também se viu que a terceira resposta – Em ofício cuja competência territorial apresente alguma conexão com o negócio de disposição – já se encontrou e ainda se encontra em lei, tendo sido ou ainda sendo elemento de conexão: *a*) o domicílio do disponente, seja qual for o do adquirente; *b*) o domicílio do adquirente, seja qual for o do disponente; e *c*) o domicílio do disponente e o do adquirente: se ambos estiverem na mesma circunscrição territorial, um único registro bastará, mas, se estiverem em circunscrições territoriais diferentes, serão necessários dois registros, um em cada uma delas.

O registro do instrumento particular de negócio bilateral de disposição em Registro de Títulos e Documentos do domicílio do disponente é necessário porque o disponente tem sua competência primitiva suprimida ou reduzida: não fora o registro, a competência aparente do disponente continuaria plena e exclusiva, ao passo que permaneceria secreta a competência plena e exclusiva (no caso de disposição transmissiva e abdicativa) ou a competência concorrente e limitada do adquirente (no caso de disposição limitativa e atributiva). Compreende-se, então, por que o registro no domicílio do disponente é requisito para que o negócio de disposição adquira sua eficácia própria contra todos, não apenas contra disponente e adquirente,[174] ou, então, para que o negócio de disposição adquira sua eficácia própria até mesmo contra o disponente e o adquirente.[175] Qualquer pessoa que entrasse em contato jurídico com outra poderia saber se está diante de alguém que dispôs ou não dispôs sobre sua própria competência mediante transmissão ou limitação: bastaria exigir certidões ou informações do ofício[176] ou, se houver mais de um, de todos os

171. Trata-se, no meu entender, do conhecimento acessível a qualquer "pessoa de diligência normal, em face das circunstâncias do negócio", para empregar os termos do art. 138 do Código Civil.

172. Cf. 1.5.2.1 a 1.5.2.4, acima.

173. Cf. 2.1, acima.

174. Na cessão de crédito, cuja eficácia contra o devedor-cedido, porém, depende da ciência que dela ele venha a ter (cf. 1.5.2.1, acima).

175. Na constituição de penhor (que, se for de direito, exige também a ciência do devedor), na constituição de propriedade fiduciária e na titularidade fiduciária (que, se for de direito, exige também a ciência do devedor) (cf. 1.5.2.2, 1.5.2.3 e 1.5.2.4, acima).

176. Cf. os arts. 16 a 21 da Lei 6.015, de 1973.

ofícios de Registro de Títulos e Documentos do domicílio desta outra pessoa.[177-178]

Mas, registrado o instrumento particular de negócio bilateral de disposição – em que são partes o disponente e o adquirente – em Registro de Títulos e Documentos do domicílio do disponente, indaga-se: Seria mesmo necessário outro registro, agora em Registro de Títulos e Documentos do domicílio do adquirente – que, insista-se, também é parte no negócio bilateral de disposição –, cuja competência primitiva apenas aumentou ou porque substituiu, em sua plenitude e exclusividade, competência do disponente (no caso de disposição transmissiva e abdicativa), ou porque passou a concorrer, sem plenitude, nem exclusividade, com competência do disponente (no caso de disposição limitativa e atributiva)?

Creio que não, apesar de expresso texto legislativo em sentido contrário, pelas razões que passo a expor.

Na cessão de crédito,[179] o segundo registro do correspondente instrumento particular, agora em Cartório de Títulos e Documentos do domicílio do adquirente, é, no meu entender, desnecessário. Qualquer pessoa que entrasse em contato jurídico com o adquirente – o credor-cessionário – poderia saber se está diante de alguém que dispôs ou não dispôs sobre sua própria competência mediante transmissão ou limitação: bastaria exigir certidões ou informações do ofício ou, se houver mais de um, de todos os ofícios de Registro de Títulos e Documentos do domicílio do adquirente. E poderia saber se está diante de alguém que é ou não é titular de certo direito subjetivo de crédito, que inclui a competência: bastaria pedir ao adquirente o título aquisitivo do direito subjetivo de crédito e, portanto, da competência; se este não o exibisse, creio que nenhuma "pessoa de diligência normal, em face das circunstâncias do negócio" levaria adiante o contato jurídico com o adquirente porque inferiria não estar diante de titular de semelhante direito.

Na constituição de propriedade fiduciária de coisa móvel, infungível ou fungível, e na constituição de titularidade fiduciária de direito,[180] registrado o respectivo instrumento em Registro de Títulos e Documentos do domicílio do disponente – o garantidor e proprietário fiduciante ou titular fiduciante, respectivamente –, o segundo registro, agora em Registro de Títulos e Documentos do domicílio do adquirente – o credor e proprietário fiduciário ou titular fiduciário, respectivamente –, é também, no meu entender, desnecessário. Qualquer pessoa que entrasse em contato jurídico com o adquirente poderia saber se está diante de alguém que dispôs ou não dispôs sobre sua própria competência mediante transmissão ou limitação: bastaria exigir certidões ou informações do ofício ou, se houver mais de um, de todos os ofícios de Registro de Títulos e Documentos do domicílio do adquirente. E poderia saber se está diante de alguém que é ou não é titular de certo direito subjetivo real (propriedade

177. Poderia saber se está diante de alguém que dispôs ou não dispôs sobre sua própria competência; mas não poderia saber se está diante de alguém que é ou não é titular de certo direito subjetivo, cuja aquisição pode ser legítima ainda que não conste em nenhum registro público.

178. Se, porém, o instrumento do negócio de disposição estivesse registrado apenas em Registro de Títulos e Documentos do domicílio do adquirente, quem entrasse em contato jurídico com o disponente teria o ônus, destituído da mínima razoabilidade, de exigir certidões ou informações de todos os ofícios do Registro de Títulos e Documentos do país. Compreende-se então por que pouco antes se apontou a falta de fundamento jurídico para a excepcional fixação de competência territorial de Registro de Títulos e Documentos no domicílio do credor (adquirente no negócio bilateral de disposição e proprietário fiduciário) instituída pelo Decreto-lei 911, de 1969, em alteração do art. 66 da Lei 4.728, de 1965 – relativa, portanto, à alienação fiduciária em garantia no âmbito do mercado financeiro e de capitais. Creio que as decisões judiciais que a afastaram, invocando o art. 130, *caput*, da superveniente Lei 6.015, de 1973, não o teriam feito se a competência territorial singular tivesse sido fixada no domicílio do devedor (disponente no negócio bilateral de disposição e proprietário fiduciante).

179. Cf. 1.5.2.1, acima.

180. Cf. 1.5.2.3 e 1.5.2.4, acima.

resolúvel de coisa móvel, infungível ou fungível): bastaria pedir ao adquirente o título aquisitivo do direito subjetivo real, que inclui a competência; se este não o exibisse, creio que nenhuma "pessoa de diligência normal, em face das circunstâncias do negócio" levaria adiante o contato jurídico com o adquirente porque inferiria não estar diante de titular de tal direito.

É precisamente essa a solução consagrada no art. 1.361, § 1º, do Código Civil, a saber (grifos meus):

> Art. 1.361. (...)
>
> § 1º. Constitui-se a propriedade fiduciária com o *registro do contrato*, celebrado por instrumento público ou particular, que lhe serve de título, *no Registro de Títulos e Documentos do domicílio do devedor*, ou, em se tratando de veículos, na repartição competente para o licenciamento, fazendo-se a anotação no certificado de registro. (...)

E decerto não é apenas para repetir texto expresso de lei que se editou a Súmula n. 60 do Tribunal de Justiça do Estado de São Paulo, que afirma (grifos meus):[181]

> A propriedade fiduciária constitui-se com o registro do instrumento no registro de títulos e documentos *do domicílio do devedor*.

Na constituição de penhor,[182] a necessidade do segundo registro do correspondente instrumento particular, agora em Cartório de Títulos e Documentos do domicílio do adquirente, é discutível. Continua certo que qualquer pessoa que entrasse em contato jurídico com o adquirente – o credor pignoratício – poderia saber se está diante de alguém que dispôs ou não dispôs sobre sua própria competência mediante transmissão ou limitação: bastaria exigir certidões ou informações do ofício ou, se houver mais de um, de todos os ofícios de Registro de Títulos e Documentos do domicílio do adquirente. E continua certo também que poderia saber se está diante de alguém que é ou não é titular de certo direito subjetivo real (penhor): bastaria pedir ao adquirente o título aquisitivo do direito subjetivo real, que inclui a competência; se este não o exibisse, creio que nenhuma "pessoa de diligência normal, em face das circunstâncias do negócio" levaria adiante o contato jurídico com o adquirente porque inferiria não estar diante de titular tal direito, a não ser que o adquirente estivesse na posse direta do bem sobre o qual incide o penhor, ou seja, apenas no caso de penhor comum: excluem-se, portanto, os penhores especiais (rural, industrial, mercantil e de veículo[183]) e o penhor de direito,[184] para os quais, no meu entender, é igualmente desnecessário o segundo registro do instrumento particular de sua constituição, agora em Cartório de Títulos e Documentos do domicílio do adquirente.

Qualquer pessoa que entrasse em contato jurídico com o adquirente de penhor comum, não recebendo deste o título aquisitivo do penhor, ou teria o ônus, destituído da mínima razoabilidade, de exigir certidões ou informações de todos os ofícios do Registro de Títulos e Documentos do país, ou teria sua ignorância por justificável. Que ignorância? A ignorância da causa ou fundamento jurídico da posse direta em que se encontra o adquirente: não poderia saber se a causa da posse é o penhor ou qualquer outro direito subjetivo, real ou não, e poderia até mesmo crer motivadamente, em certas circunstâncias, que a causa da posse do adquirente é o direito subjetivo de propriedade; aqui, a

181. *Diário da Justiça do Estado de São Paulo*, 14.4.2011, Cad. Adm., p. 2. Como a Súmula n. 59, anteriormente citada (cf. nota 126, acima), também esta é originária das Câmaras Reservadas de Direito Empresarial.

182. Cf. 1.5.2.2, acima.

183. No penhor especial de veículo (arts. 1.461 a 1.466 do Código Civil), a posse direta do bem mantém-se com o garantidor; e é necessário o registro do instrumento "no Cartório de Títulos e Documentos do *domicílio do devedor*" (art. 1.462, *caput*, do mesmo Código; grifos meus), sendo o devedor ou o garantidor o disponente no negócio de disposição, que se mantém na posse direta do bem.

184. Cf. 1.5.2.2, acima.

competência aparente do adquirente (plena e exclusiva) coexistiria com a competência secreta do disponente (limitada e concorrente), mas, visto que no âmbito da teoria da aparência o parecer pode preferir ao ser,[185] o direito do disponente – insista-se: do disponente, não do adquirente – poderia vir a ser suplantado pelo direito de alguém que, nas condições aqui delineadas, adquirisse competência do adquirente mediante outro negócio de disposição, em que o adquirente no primeiro negócio fosse agora disponente. Portanto, eventual conflito de direitos, em particular direitos subjetivos de propriedade, poderia instaurar-se apenas entre direito do primeiro disponente e direito do segundo adquirente – sucessor singular *inter vivos* do primeiro adquirente –, em detrimento ocasional tão somente de direito do primeiro disponente; mas, cumpre realçar, o direito do primeiro disponente, que eventualmente se suplantaria por direito do segundo adquirente, não é o direito real de penhor (comum), cujo titular é o primeiro adquirente e segundo disponente, não o primeiro disponente.

Compreende-se, então, a utilidade do segundo registro de instrumento particular de constituição de penhor comum, agora em Cartório de Títulos e Documentos do domicílio do credor pignoratício: com tal segundo registro, suprime-se ou, pelo menos, reduz-se a eventual superação de direito do garantidor – que não é, repito, o direito real de penhor – por direito de ulterior sucessor singular *inter vivos* do credor pignoratício. Não tenho a menor dúvida de que esse segundo registro é útil, mas apenas para o garantidor, não para o credor pignoratício; porém não creio que esse segundo registro, cuja utilidade para o garantidor é inegável, seja necessário para que o penhor adquira sua eficácia própria: o direito real de penhor constitui-se com o registro do instrumento de sua constituição em Registro de Títulos e Documentos do domicílio do garantidor e, a partir de então, adquire sua eficácia própria contra o garantidor, o credor pignoratício e todas as demais pessoas.[186-187]

No penhor e na titularidade fiduciária de título de crédito, o negócio jurídico de disposição é cartular e consiste no endosso – pignoratício e fiduciário, respectivamente. O contrato de constituição de penhor e a cessão fiduciária de titularidade de título de crédito são negócios jurídicos de obrigação, não de disposição; se celebrados por instrumento público, sua eficácia probatória é plena e, portanto, têm efeitos (probatórios) contra quem nele é parte e contra todas as demais pessoas, independentemente de qualquer registro; se celebrados por instrumento particular, têm efeitos (probatórios) apenas contra seus signatários, mas, se registrados em registro público, têm efeitos (probatórios)

185. Cf. 1.4, acima.

186. Cf. 1.5.2.2, acima.

187. Não ignoro que a chamada venda com reserva de domínio (arts. 521 a 528 do Código Civil) depende de "registro no domicílio do comprador para valer contra terceiros" (art. 522 do mesmo Código). Conquanto seja ela estranha aos temas deste parecer, não posso deixar de observar que, no meu entender, nela se tem negócio de disposição em que o disponente é o vendedor, e o adquirente é o comprador; o registro, então, haveria de fazer-se em Registro de Títulos e Documentos do domicílio do adquirente, não do disponente, em contradição com o que acaba de expor-se e defender-se. Não há contradição, todavia: na venda com reserva de domínio, o vendedor-disponente atribui ao comprador-adquirente a posse direta sobre bem móvel (cf. os arts. 524 e 521 do mesmo Código); o art. 522 do mesmo Código revela a preocupação do legislador com o vendedor-disponente porque o registro no domicílio do comprador-adquirente é útil para ele, vendedor-disponente; os terceiros deste artigo são apenas os eventuais sucessores singulares *inter vivos* do comprador-adquirente, não são todas as demais pessoas, que não o vendedor-disponente e o comprador-adquirente; o registro público apenas no domicílio do comprador-adquirente não pode ter efeitos contra todas as pessoas porque é insuficiente para atingir eventuais sucessores singulares *inter vivos* do vendedor-disponente – este, sim, titular de direito subjetivo de propriedade, cuja transmissão (subordinada a condição) é um dos efeitos próprios da venda com reserva de domínio; o registro público no domicílio do vendedor-disponente é, portanto, necessário, ao passo que o referido no art. 522 é útil, e útil para o vendedor-disponente.

também contra todas as demais pessoas.[188-189] Tratando-se de negócios jurídicos de obrigação apenas, não há disposição, nem, portanto, disponente, cujo domicílio fixe a competência territorial do Registro de Títulos e Documentos: se celebrados por instrumento particular, o contrato de constituição de penhor e a cessão fiduciária de titularidade de título de crédito devem, para que sua eficácia probatória seja plena, registrar-se em Registro de Títulos e Documentos do domicílio de qualquer uma das partes ou, até mesmo, em qualquer Registro de Títulos e Documentos.

2.3 Eficácia cronológica do registro público de negócio de disposição

Examine-se agora a eficácia cronológica do registro em Registro de Títulos e Documentos do instrumento de negócio jurídico de disposição, em busca de resposta a indagações anteriormente formuladas: Se o registro em Registro de Títulos e Documentos de instrumento particular de negócio de disposição for requisito para que este adquira sua eficácia própria ou para que adquira sua eficácia própria contra todos, a partir de quando tal eficácia se dá? A partir da celebração do negócio de disposição? Ou a partir do registro do instrumento no Registro de Títulos e Documentos? Ou, então, a partir de algum outro momento, que não esses dois?

A eficácia cronológica do próprio registro está disciplinada na Lei 6.015, de 1973, e pode dar-se da seguinte maneira: *a*) a partir da data da apresentação do título, para registro, ao Registro de Títulos e Documentos, a que se seguem, incontinente, a anotação e a protocolização, e a que deve seguir-se, se possível de imediato também, o lançamento do registro,[190] integral ou resumido, do título no livro próprio;[191] ou *b*) a partir da data de perfazimento do próprio título, se a apresentação deste, para registro, ao Registro de Títulos e Documentos se der em até vinte dias depois de tal data.[192]

E, portanto, a eficácia cronológica de cada um dos negócios jurídicos de disposição relevantes para este parecer é a seguinte:

Na cessão de crédito, o credor-cedente e o credor-cessionário ficam submetidos aos seus efeitos próprios a partir do momento em que a celebram, independentemente de registro do respectivo instrumento em Registro de Títulos e Documentos; o devedor-cedido o fica, a partir da ciência que dela tenha, ou em virtude de notificação, ou por declaração de tê-la tido (independentemente também, portanto, de tal registro); e todas as demais pessoas o ficam: ou a partir da apresentação daquele instrumento, para registro, em Registro de Títulos e Documentos do domicílio do credor-cedente; ou a partir da data de perfazimento daquele instrumento, se semelhante apresentação se der em até vinte dias depois dessa data.[193]

Na constituição de penhor comum e na constituição de penhor especial de veículo,[194] o garantidor, o credor pignoratício e todas as demais pessoas ficam submetidos aos efeitos próprios do penhor: ou a partir da

188. Cf. 1.5.2.2 e 1.5.2.4, acima.

189. Equivocada, portanto, no meu entender, a inclusão do registro "dos instrumentos particulares, para a prova das obrigações convencionais de qualquer valor" no art. 127 da Lei 6.015, de 1973: o registro de tais instrumentos é necessário apenas para "surtir efeitos (probatórios) em relação a terceiros" e, assim, sua correta posição legislativa seria no art. 129 da mesma Lei.

190. Emprega-se comumente o singelo termo registro para referir o ato de lançamento, em livro próprio, do registro ou da averbação de certo título; tal ato de lançamento é praticado por oficial ou serventuário de Registro de Títulos e Documentos.

191. Cf. os arts. 146, 147 e 153 da Lei 6.015, de 1973.

192. Cf. o art. 130, *caput* e par. ún., da Lei 6.015, de 1973.

193. Cf. 1.5.2.1, 2.1 e 2.2, acima.

194. São totalmente estranhos a este parecer os seguintes penhores especiais: rural, agrícola ou pecuário, industrial e mercantil; também o é o penhor legal.

apresentação do instrumento de penhor, para registro, em Registro de Títulos e Documentos do domicílio do garantidor; ou a partir da data de perfazimento de tal instrumento, se semelhante apresentação se der em até vinte dias depois dessa data.[195]

Na constituição de penhor de direito, o garantidor, o credor pignoratício e todas as demais pessoas, exceto o devedor, ficam submetidos aos efeitos próprios do penhor: ou a partir da apresentação do instrumento de penhor, para registro, em Registro de Títulos e Documentos do domicílio do garantidor; ou a partir da data de perfazimento de tal instrumento, se semelhante apresentação se der em até vinte dias depois dessa data; e o devedor o fica, a partir da ciência que da constituição de penhor tenha, ou em virtude de notificação, ou por declaração de tê-la tido,[196] não sendo suficiente para tal ciência aquele registro.

Na constituição de propriedade fiduciária de coisa móvel, infungível ou fungível, o garantidor-proprietário fiduciante, o credor-proprietário fiduciário e todas as demais pessoas ficam submetidos aos efeitos próprios dela: ou a partir da apresentação do instrumento de sua constituição, para registro, em Registro de Títulos e Documentos do domicílio do garantidor e proprietário fiduciante; ou a partir da data de perfazimento de tal instrumento, se semelhante apresentação se der em até vinte dias depois dessa data.[197]

Na constituição de titularidade fiduciária de direito, o garantidor-titular fiduciante, o credor-titular fiduciário e todas as demais pessoas, exceto o devedor, ficam submetidos aos efeitos próprios dela: ou a partir da apresentação do seu instrumento, para registro, em Registro de Títulos e Documentos do domicílio do garantidor e titular fiduciante; ou a partir da data de perfazimento de tal instrumento, se semelhante apresentação se der em até vinte dias depois dessa data; e o devedor o fica, a partir da ciência que da constituição de titularidade fiduciária de direito tenha, ou em virtude de notificação, ou por declaração de tê-la tido,[198] não sendo suficiente para tal ciência aquele registro.

Na constituição de penhor de título de crédito ao portador ou à ordem e na constituição de titularidade fiduciária de título de crédito ao portador ou à ordem, o endossante-garantidor, o endossatário-credor e todas as demais pessoas ficam submetidos aos efeitos próprios delas a partir do momento em que se preencherem os seguintes três requisitos cumulativos: 1º) a celebração do contrato de penhor ou da cessão fiduciária, por instrumento público, independentemente de registro em qualquer registro público; ou a mesma celebração, por instrumento particular, cuja eficácia probatória plena depende de registro em Registro de Títulos e Documentos do domicílio de qualquer uma das partes ou, até mesmo, em qualquer Registro de Títulos e Documentos; 2º) o endosso, pignoratício ou fiduciário, em preto; e 3º) a transmissão da posse direta que recai sobre o título, do endossante-garantidor ao endossatário-credor.[199]

Na constituição de penhor de título de crédito nominativo e na constituição de titularidade fiduciária de título de crédito nominativo, o endossante-garantidor e o endossatário-credor ficam submetidos aos efeitos delas a partir do momento em que se preencherem os mesmos três requisitos que apontei para os títulos ao portador ou à ordem; mas somente eles, endossante-garantidor e endossatário-credor, porque o próprio emitente do título e todas as demais pessoas ficam submetidos aos efeitos daquelas constituições apenas a partir de sua averbação no registro do emitente do título.[200]

195. Cf. 1.5.2.2, 2.1 e 2.2, acima.
196. Cf. 1.5.2.2, 2.1 e 2.2, acima.
197. Cf. 1.5.2.3, 2.1 e 2.2, acima.
198. Cf. 1.5.2.4, 2.1 e 2.2, acima.
199. Cf. 1.5.2.2, 1.5.2.4, 2.1 e 2.2, acima.
200. Cf. 1.5.2.2, 1.5.2.4, 2.1 e 2.2, acima.

3. RESPOSTAS AOS QUESITOS FORMULADOS

Tendo apresentado as – creio eu – necessárias ou, pelo menos, úteis considerações de índole geral acerca da eficácia subjetiva de certos negócios jurídicos e sobre a eficácia do registro em Registro de Títulos e Documentos do instrumento particular de cada um deles, passo agora a responder ordenadamente a cada um dos quesitos que se me formularam, observando desde logo que de vários deles, senão de todos, já se cuidou com minúcia neste parecer, conquanto não se vá deixar de repetir uma ou outra daquelas considerações, aqui ou acolá.

A) *Efeito do Registro e Riscos da Ausência de Registro*

I. Qual o tipo de eficácia que traz ao negócio jurídico obrigacional o registro (excluída a cessão de crédito), em cartório de Títulos e Documentos, de seu instrumento particular, realizado para efeitos do art. 221 do Código Civil, com base no art. 127, I da Lei 6.015/73 – Lei de Registros Públicos – LRP? Pode-se dizer que tais efeitos se limitam ao probatório e de datação?

O negócio jurídico de obrigação[201] é exercício de competência compreendida na autonomia mediante o qual seu autor cria, para si mesmo, obrigação para com outrem ou, de comum acordo com esta outra pessoa, modifica obrigação anteriormente criada para com ela. Os efeitos de negócio de disposição são as entidades por ele criadas ou modificadas e consistem em complexo de modalidades normativas de conduta: para o devedor, obrigação e permissão; e, para o credor, pretensão, não pretensão e modificação ampliativa da sua competência material. Ficam, portanto, submetidos aos efeitos próprios do negócio de obrigação apenas o devedor e o credor, rigorosamente definidos pela situação e pelo tema da obrigação criada pelo autor de tal negócio para si mesmo ou, de comum acordo com o credor, modificada. O negócio de obrigação não tem nenhum efeito próprio que submeta quem não seja nem o devedor, nem o credor: não tem eficácia própria contra terceiros.[202]

A eficácia probatória de negócio jurídico de obrigação pode ser: plena – isto é, tem efeitos (probatórios) contra quem nele é parte e contra todas as demais pessoas –, se seu instrumento é público, independentemente de qualquer registro em Registro de Títulos e Documentos;[203] ou limitada – isto é, tem efeitos (probatórios) apenas contra quem nele é parte –, se seu instrumento é particular, mas, se registrado em Registro de Títulos e Documentos do domicílio de qualquer uma das partes ou, até mesmo, em qualquer Registro de Títulos e Documentos, adquire eficácia probatória plena.[204]

Lembre-se, porém, que a divisão dos negócios jurídicos em negócios de obrigação e negócios de disposição, além de não ser exaustiva, não se traduz em duas classes mutuamente excludentes: nem todo negócio jurídico ou é de obrigação, ou é de disposição e, portanto, em certos negócios jurídicos podem encontrar-se elementos de negócio de obrigação e elementos de negócio de disposição.[205] Se houver (também) elementos de negócio de disposição em determinado negócio jurídico – que é fenômeno individual e concreto –, haverá ele de tratar-se, no tocante

201. Cf. 1.3.2 e 1.5.1, acima.

202. Isso não significa que os terceiros conhecedores do negócio de obrigação não tenham o dever de respeitá-lo, por assim dizer, abstendo-se de condutas que induzam, instiguem ou auxiliem quem é parte nele a descumpri-lo. Trata-se da chamada tutela externa do crédito, que, porém, não é efeito próprio do negócio de obrigação, mas, sim, dever de não intervir na esfera jurídica alheia, que encontra sua disciplina própria no campo da chamada responsabilidade civil extracontratual ou aquiliana.

203. Cf. o art. 215, *caput* e § 1º, do Código Civil e o art. 364 do Código de Processo Civil [*de 1973; art. 405 do CPC/2015*].

204. Cf. o art. 221, *caput*, do Código Civil e o art. 127, *caput*, inc. I, da Lei 6.015, de 1973. Cf. também 1.5.2.2, 1.5.2.4, 2.1 e 2.2, acima.

205. Cf. 1.3.2, acima.

ao registro de seu instrumento em Registro de Títulos e Documentos, como negócio de disposição, não (apenas) como negócio de obrigação.

II. É necessário o registro em cartório de Títulos e Documentos do instrumento da dívida garantida, para que seja possível ou eficaz o registro do acordo de constituição da garantia?

Como acabei de afirmar, ao responder ao quesito anterior, o negócio jurídico de obrigação não tem eficácia própria contra terceiros: o registro de seu instrumento em Registro de Títulos e Documentos é, portanto, desnecessário para que se produzam seus efeitos próprios. Mas, se celebrado por instrumento particular, sua eficácia probatória é limitada a quem nele é parte, somente adquirindo eficácia probatória plena se o instrumento particular for registrado em Registro de Títulos e Documentos.

III. Especificamente para o caso da cessão de crédito, o Código Civil dispõe no artigo 288 que as cessões de crédito serão "ineficazes perante terceiros" se celebradas por instrumento particular não revestido das solenidades do artigo 654 § 1º. Quais seriam os riscos da ausência de registro dos instrumentos particulares de cessão de crédito em cartório de Títulos e Documentos, considerando, em especial, os artigos 221 e 288 do Código Civil?

A cessão de crédito é tipo de negócio jurídico bilateral de disposição mediante o qual o credor-cedente transmite, abdicando--o, determinado direito subjetivo de crédito seu ao credor-cessionário, que, aceitando-o, o adquire. O credor-cedente transmite ao credor-cessionário modalidades normativas ativas, tanto de conduta – pretensões, permissões e faculdades – como de competência – competências e imunidades. A modificação dos polos ativos e passivos das modalidades normativas de competência instauraria pernicioso estado de ignorância comum e permitiria a coexistência de segredo com aparência – eventualmente prejudicial ao credor-cessionário –, se não fosse possível o registro do instrumento particular do negócio de disposição em Registro de Títulos e Documentos do domicílio do credor-cedente.[206]

A ausência de registro do instrumento de cessão de crédito em Registro de Títulos e Documentos do domicílio do credor-cedente poderia levar o direito de crédito do credor-cessionário (credor secreto) a ver-se desconsiderado por direito de crédito de ulterior sucessor singular *inter vivos* do credor-cedente (credor aparente), se, como é possível no campo da teoria da aparência, o parecer houvesse de preferir ao ser.[207]

IV. Quais seriam os riscos (em especial no caso de falência do garantidor, penhora dos bens dados em garantia e alegação de fraude contra credores) da ausência de registro, em cartório de Títulos e Documentos, dos seguintes instrumentos particulares:

a) Instrumentos particulares de constituição de garantias reais em que o efeito do registro *não é constitutivo* (*i.e.* penhor de coisa)?

b) Instrumentos particulares de constituição de garantias reais em que o efeito do registro é constitutivo (*i.e.* penhor de títulos de crédito ou propriedade fiduciária)?

Não se constitui penhor comum, nem penhor especial de veículo, nem penhor de direito ou de crédito, sem o registro do respectivo instrumento em Registro de Títulos e Documentos do domicílio do garantidor.[208] E não se constitui penhor de título de crédito sem o preenchimento dos três requisitos, cumulativos, já exaustivamente apontados, sendo um deles o contrato de penhor, por instrumento particular registrado em Registro de Títulos e Documentos do domicílio de qualquer uma das partes ou, até mesmo, de qualquer Registro de Títulos e Documentos, a que, no caso de título de crédito nominativo, ainda se acrescenta a averbação de tal penhor no registro do emitente do título.[209]

206. Cf. 1.5.2.1, 2.1 e 2.2, acima.

207. Cf. 1.5.2.1 e 2.2, acima.

208. Cf. 1.5.2.2 e 2.2, acima.

209. Cf. 1.5.2.2 e 2.2, acima.

Não se constitui propriedade fiduciária de coisa móvel, infungível ou fungível, nem titularidade fiduciária de direito, sem o registro do seu instrumento em Registro de Títulos e Documentos do domicílio do garantidor e proprietário fiduciante ou titular fiduciante.[210] E não se constitui titularidade fiduciária de título de crédito sem o preenchimento dos três requisitos, cumulativos, já exaustivamente apontados, sendo um deles o contrato de cessão, por instrumento particular registrado em Registro de Títulos e Documentos do domicílio de qualquer uma das partes ou, até mesmo, de qualquer Registro de Títulos e Documentos, a que, no caso de título de crédito nominativo, ainda se acrescenta a averbação de tal titularidade no registro do emitente do título.[211]

Ausente tal registro e, no caso de título de crédito nominativo, ausente tal averbação, portanto, o credor 'pignoratício' – ainda que esteja na posse direta da coisa, no caso de penhor comum ou de penhor de título de crédito – e o credor e 'proprietário fiduciário' ou 'titular fiduciário'[212] – ainda que esteja na posse direta da coisa, no caso de titularidade fiduciária de título de crédito – não serão titulares, respectivamente, do direito subjetivo real (absoluto) de penhor e do direito subjetivo real de propriedade ou de titularidade fiduciária; e como não há, no direito brasileiro, direito subjetivo pessoal (relativo) de penhor, nem direito subjetivo pessoal de propriedade fiduciária ou de titularidade fiduciária, o credor 'pignoratício' e o credor e 'proprietário fiduciário' ou 'titular fiduciário' não serão titulares de nenhuma garantia real que possa contrapor-se a garantia real de outro credor do garantidor e devedor, no caso de insolvência, recuperação judicial ou falência deste,[213] ou que possa impedir a penhora do bem em execução por quantia certa contra devedor solvente proposta em face do garantidor e devedor por outro credor seu. E, não havendo disposição sem tal registro – a não ser no caso de título de crédito, em que o negócio jurídico de disposição é cartular e consiste no endosso –, sequer não chega a configurar-se o poder de anulação de negócio jurídico de constituição de garantia real ou "de transmissão gratuita de bens" em fraude contra credores, de que seria titular qualquer outro credor do garantidor e devedor.[214]

No caso de penhor ou de titularidade fiduciária de título de crédito nominativo, sua eficácia própria contra o emitente do título e todas as demais pessoas exige, também, averbação em registro do emitente:[215] sem ela, o emitente do título de crédito nominativo e todas as demais pessoas têm imunidade[216] contra o credor 'pignoratício' ou contra o credor e 'titular fiduciário', que, portanto, como acabei de afirmar, não serão titulares de nenhuma garantia real que possa contrapor-se a garantia real de outro credor do garantidor e devedor ou impedir a penhora do bem; e a mesma imunidade de todas as

210. Cf. 1.5.2.3, 1.5.2.4 e 2.2, acima.

211. Cf. 1.5.2.4 e 2.2, acima.

212. Emprego as aspas simples, escrevendo 'pignoratício', 'proprietário fiduciário' e 'titular fiduciário', porque, antes do registro do respectivo negócio de disposição em Registro de Títulos e Documentos do domicílio do garantidor, não se configura juridicamente o penhor comum, nem a propriedade fiduciária de coisa móvel, infungível ou fungível, nem a titularidade fiduciária de direito ou de crédito; e porque, antes do registro do respectivo negócio de obrigação, se por instrumento particular, não se prova contra todas as pessoas a celebração do contrato de penhor de título de crédito ou de cessão fiduciária de título de crédito.

213. Cf., em particular, no caso de insolvência do garantidor e devedor, o art. 961 do Código Civil e o art. 768, *caput*, do Código Civil; e, em particular e respectivamente, no caso de recuperação judicial ou de falência do garantidor e devedor, os arts. 49, §§ 3º e 5º, e 83, *caput*, inc. II, da Lei 11.101, de 2005.

214. Cf. os arts. 158 a 165 e 171, inc. II, do Código Civil.

215. Cf. 1.5.2.2 e 1.5.2.4, acima.

216. Costuma falar-se de inoponibilidade do direito do credor a todas as demais pessoas ou de ineficácia relativa do direito do credor contra todas as demais pessoas. Do ponto de vista das modalidades normativas de competência (cf. 1.2, acima), trata-se de imunidade de todas as demais pessoas e de incompetência do credor.

demais pessoas contra o credor impede, no meu entender, que se configure o poder de anulação de negócio jurídico em fraude contra credores, de que seria titular outro credor do garantidor e devedor.

V. No caso do registro cujo efeito é constitutivo da garantia (*i.e.* penhor de títulos de crédito ou propriedade fiduciária), é possível a execução da garantia contra o garantidor (ressalvando-se os casos de recuperação judicial ou falência), sem que tal registro tenha sido feito? Em outras palavras, qual a eficácia mínima do acordo de constituição da garantia sem que tenha ocorrido o registro do instrumento?

Como acabei de reiterar na resposta ao quesito anterior, não se constitui penhor comum, nem penhor especial de veículo, nem penhor de direito, sem o registro do respectivo instrumento em Registro de Títulos e Documentos do domicílio do garantidor; e não se constitui propriedade fiduciária de coisa móvel, infungível ou fungível, nem titularidade fiduciária de direito, sem o registro do seu instrumento em Registro de Títulos e Documentos do domicílio do garantidor e proprietário fiduciante ou titular fiduciante. Ausente tal registro, portanto, o credor 'pignoratício' – ainda que esteja na posse direta da coisa, no caso de penhor comum – e o credor e 'proprietário fiduciário' ou 'titular fiduciário' não serão titulares, respectivamente, do direito subjetivo real (absoluto) de penhor e do direito subjetivo real (absoluto) de propriedade ou de titularidade fiduciária; e como não há, no direito brasileiro, direito subjetivo pessoal (relativo) de penhor, nem direito subjetivo pessoal (relativo) de propriedade fiduciária ou de titularidade fiduciária, o credor 'pignoratício' e o credor e 'proprietário fiduciário' ou 'titular fiduciário' não serão titulares de nenhum direito real (absoluto) de garantia.[217]

Não se constitui penhor de título de crédito, nem titularidade fiduciária de título de crédito, sem o preenchimento dos três requisitos, cumulativos, já exaustivamente apontados, sendo um deles o contrato de penhor ou o contrato de cessão, por instrumento particular registrado em Registro de Títulos e Documentos do domicílio de qualquer uma das partes ou, até mesmo, de qualquer Registro de Títulos e Documentos, a que, no caso de título de crédito nominativo, ainda se acrescenta a averbação de tal penhor ou de tal titularidade fiduciária no registro do emitente do título. Ausente tal registro e, no caso de título de crédito nominativo, ausente tal averbação, portanto, o credor 'pignoratício' e o credor e 'titular fiduciário' – embora estejam na posse direta da título – não serão titulares, respectivamente, do direito subjetivo real (absoluto) de penhor e do direito subjetivo real (absoluto) de titularidade fiduciária; e como não há, no direito brasileiro, direito subjetivo pessoal (relativo) de penhor, nem direito subjetivo pessoal (relativo) de titularidade fiduciária, o credor 'pignoratício' e o credor e 'titular fiduciário' não serão titulares de nenhuma garantia real.[218]

VI. Nas garantias reais, mais especificamente na cessão fiduciária de créditos, é comum que haja "reforço da garantia" (quando o valor da garantia torna-se inapto para assegurar o pagamento da dívida garantida), hipótese em que o garantidor entrega novos créditos em garantia. Da mesma forma, é comum a "substituição" dos créditos dados em garantia por outros. Uma vez que os créditos originais são pagos ao credor fiduciário, o garantidor oferece novos créditos contra a liberação dos recursos do crédito cedido em garantia. Tal reforço ou substituição é feito conforme previsão expressa constante do acordo de constituição

217. No caso de penhor comum, o único efeito jurídico é o de tornar justa, embora precária, a posse direta que o credor 'pignoratício' exerce sobre a coisa enquanto não se exigir sua restituição (cf. os arts. 1.433, inc. I, e 1.434 do Código Civil, *a contrario sensu*); se o credor 'pignoratício' não restituir a posse direta da coisa tão logo se lhe exija, deixará ela de ser justa e passará a ser injusta (cf. os arts. 1.200 e 1.208 do mesmo Código).

218. No caso de penhor de título de crédito ou de titularidade fiduciária de título de crédito, o único efeito jurídico é o mesmo que no caso de penhor comum (cf. nota 217, acima).

da garantia, que fora devidamente registrado em cartório de Títulos e Documentos. Em ambos os casos, o cedente entrega documento, por ele firmado, ao credor fiduciário, especificando os novos créditos cedidos em garantia. Haveria necessidade de registro ou averbação do registro existente para especificação desses novos créditos, cedidos de forma complementar ou suplementar e com base no acordo já registrado?

Parece-me que semelhante "acordo de constituição de garantia" não consiste em cessão de créditos futuros, que, em si mesma, é compatível com a ordem jurídica brasileira, se os créditos forem desde logo individuados tanto em seu aspecto subjetivo como em seu aspecto objetivo,[219] "o garantidor oferece novos créditos"; "o cedente entrega documento, por ele firmado, ao credor fiduciário, especificando os novos créditos cedidos em garantia". Trata-se de novas constituições de titularidade fiduciária de direito (ou de crédito), que ou substituem antigas, ou se acrescem a antigas.

O registro em Registro de Títulos e Documentos de tal "acordo de constituição de garantia" é, portanto, insuficiente para as novas constituições de titularidade fiduciária de direito (ou de crédito): cada uma delas, subjetiva e objetivamente individuada, há de ter seu instrumento registrado em Registro de Títulos e Documentos do domicílio do garantidor (credor-cedente-fiduciante) para adquirir eficácia contra todas as pessoas – exceto o devedor-cedido, contra quem a eficácia de tal constituição somente se dá a partir da ciência que dela tenha, ou em virtude de notificação, ou por declaração de tê-la tido.

Quando extinguir-se, por esgotamento de sua eficácia própria, qualquer constituição de titularidade fiduciária de direito (ou de crédito) cujo instrumento estiver registrado em Registro de Títulos e Documentos do domicílio do garantidor, poderá averbar-se o seu cancelamento.[220]

B) *Local para o Registro*

VII. Nos instrumentos particulares de constituição de garantia, dever-se-ia registrar o instrumento no domicílio do devedor, se apenas o garantidor e o credor garantido são partes no instrumento?

Como já exaustivamente afirmado, na constituição de qualquer garantia real o registro necessário é o do instrumento do negócio jurídico de disposição, exceto no caso de penhor de título de crédito ou de titularidade fiduciária de título de crédito, em que o negócio de disposição é cartular e consiste no endosso, pignoratício ou fiduciário, e o negócio de obrigação, se por instrumento particular, deve ser registrado apenas para adquirir eficácia probatória plena.

Não se tratando de penhor ou de titularidade fiduciária de título de crédito, o registro necessário é apenas em Registro de Títulos e Documentos do domicílio do garantidor, que pode ser o próprio devedor e pode não sê-lo: se o for, o registro há de fazer-se em Registro de Títulos e Documentos do domicílio do devedor não porque ele é devedor, mas, sim, porque ele é garantidor – disponente; se não o for, o registro é necessário apenas em Registro de Títulos e Documentos do domicílio do garantidor, não em Registro de Títulos e Documentos do domicílio do devedor, que não é disponente.

Tratando-se de título de crédito, o registro necessário para a eficácia probatória plena do contrato de penhor ou da cessão de titularidade fiduciária de título de crédito,

219. "A cessão dos créditos *futuros* apenas exige que se haja caracterizado o que se cede, isto é, que, ao nascer o crédito, se saiba, ao certo, qual será o crédito cedido. O que é preciso é que não se precise de *concretização* quanto ao crédito cedido, posto que o crédito cedido possa ser correspondente a dívida genérica. É da mais alta importância a distinção. No momento em que ao cedente nasce o crédito traspassa-se ao cessionário, mas a eficácia em relação ao devedor está sujeita à regra jurídica do art. 1.069 do (velho) Código Civil, bem assim em relação a terceiros, à do art. 1.067, *in fine*" (Francisco Cavalcanti Pontes de Miranda, *Tratado de Direito Privado*, t. XXIII, cit., § 2.823, 1, p. 275).

220. Cf. os arts. 128 e 164 da Lei 6.015, de 1973.

se por instrumento particular, é em Registro de Títulos e Documentos do domicílio de qualquer uma das partes ou, até mesmo, em qualquer Registro de Títulos e Documentos.

VIII. Nos instrumentos particulares de cessão de crédito ou de cessão fiduciária em garantia de créditos, dever-se-ia registrar o instrumento no domicílio do devedor do crédito cedido?

É desnecessário o registro do instrumento de cessão de crédito e o de constituição de titularidade fiduciária de direito (ou de crédito) em Registro de Títulos e Documentos do domicílio do devedor-cedido porque ele não é disponente em tais negócios de disposição: a cessão de crédito e a cessão fiduciária de direito (ou de crédito) adquirem sua eficácia própria contra o devedor-cedido a partir da ciência que daquela ou desta ele tenha, ou em virtude de notificação, ou por declaração de tê-la tido, não por efeito de tal registro.

IX. Considerando o artigo 130 da Lei de Registros Públicos no que tange ao lugar do registro, quais são as consequências de realização do registro apenas no domicílio de uma das partes contratantes? Neste caso, há uma eficácia territorial ou probatória reduzida? Qual seria a eficácia mínima de tal registro? Haveria diferença se o instrumento fosse registrado apenas no domicílio do credor garantido ou apenas no domicílio do garantidor?

Creio que a resposta a todos os pontos suscitados nesse quesito se encontra no tópico 2.2. Competência territorial do Registro de Títulos e Documentos deste parecer.

C) *Prazo para o Registro*

X. Quais são as consequências de realização do registro em Títulos e Documentos após o prazo legal, nos seguintes casos:

a) Nos instrumentos particulares de constituição de garantias reais em que o efeito do registro é constitutivo de *direito*, qual o efeito da realização do registro após o prazo legal (em especial em relação ao termo legal da falência/período suspeito)?

b) Nos instrumentos particulares de constituição de garantias reais em que o efeito do registro *não é constitutivo de direito*, qual o efeito da realização do registro após o prazo legal?

c) Para os instrumentos particulares de caráter obrigacional, qual o efeito do registro caso feito após o prazo legal?

Acredito que a resposta a quase todos os pontos suscitados nesse quesito se encontra no tópico 2.3. Eficácia cronológica do registro público de negócio de disposição deste parecer. Cumpre, porém, acrescentar o que segue.

Sabendo-se que, por expressa disposição legislativa, é ineficaz contra a coletividade dos credores do falido a constituição, no intervalo cronológico do chamado termo legal da falência,[221] de direito real de garantia – e o penhor, seja de que tipo for, a propriedade fiduciária em garantia de coisa móvel, infungível ou fungível, e a titularidade fiduciária em garantia de direito ou de título de crédito o são[222] –, o registro do respectivo instrumento em Registro de Títulos e Documentos do domicílio do garantidor-devedor-falido será ineficaz contra a massa falida se a data de apresentação, para registro, do instrumento estiver no termo legal da falência.[223-224]

221. Desde que tal constituição se refira a obrigação constituída antes dele e não tenha sido prevista e efetivada nos termos de eventual anterior plano de recuperação judicial, segundo o disposto nos arts. 129, *caput*, inc. III, e 131 da Lei 11.101, de 9.2.2005, que regula a recuperação judicial e a falência do empresário e da sociedade empresária e substitui o Decreto-lei 7.661, de 21.6.1945.

222. Cf. o art. 1.361, *caput*, do Código Civil. Acrescento também que, como afirmei anteriormente (cf. 1.5.2.3, acima), na constituição de propriedade fiduciária de coisa móvel, infungível ou fungível, e na constituição de titularidade fiduciária de direito ou de título de crédito se tem negócio jurídico de disposição mediante o qual o garantidor modifica sua própria competência pessoal e, portanto, sua própria competência material – limitando-a, não a suprimindo; não se trata então, no meu entender, de negócio de disposição mediante o qual seu autor transmite, abdicando-o, determinado direito subjetivo a outrem, que, aceitando-o, o adquire, como ocorre, por exemplo, na cessão de crédito, também já por mim examinada (cf. 1.5.2.1, acima).

223. Se apresentado o instrumento, para registro, em até vinte dias depois de seu perfazimento, a data

Reafirmei ainda há pouco que o negócio jurídico de obrigação não tem nenhum efeito próprio que submeta quem não seja nem o devedor, nem o credor: não tem eficácia própria contra terceiros. Sua eficácia probatória, todavia, pode ser: plena – isto é, tem efeitos (probatórios) contra quem nele é parte e contra todas as demais pessoas –, se seu instrumento é público, independentemente de qualquer registro em Registro de Títulos e Documentos; ou limitada – ou seja, tem efeitos (probatórios) apenas contra quem nele é parte –, se seu instrumento é particular, mas, se registrado em Registro de Títulos e Documentos do domicílio de qualquer uma das partes ou, até mesmo, em qualquer Registro de Títulos e Documentos, adquire eficácia probatória plena. A eficácia cronológica probatória do registro de instrumento particular de negócio de obrigação, por sua vez, começa: ou a partir da apresentação de seu instrumento, para registro, em Registro de Títulos e Documentos do domicílio de qualquer uma das partes;[225] ou a partir da data de perfazimento de tal instrumento, se semelhante apresentação se der em até vinte dias depois dessa data.

É o meu parecer.

São Paulo, 18 de fevereiro de 2015

deste estiver no termo legal da falência, a ineficácia contra a massa falida decorreria da mesma causa apontada no texto: a data de apresentação, para registro, do instrumento também estaria – e com maior razão ainda, porque posterior à data do perfazimento dele – no termo legal da falência.

224. O penhor, seja de que tipo for, a propriedade fiduciária em garantia de coisa móvel, infungível ou fungível, e a titularidade fiduciária em garantia de direito ou de título de crédito estão, no meu entender, sujeitos ao inc. III do art. 129, *caput*, da Lei 11.101, de 2005, não ao inc. IV, que, juntamente com o inc. V, refere o chamado período suspeito da falência – os dois anos anteriores à decretação da falência.

225. Digo do domicílio de qualquer uma das duas partes – e até mesmo em qualquer Registro de Títulos e Documentos – porque, tratando-se de negócio de obrigação apenas, não há disposição, nem, portanto, disponente, cujo domicílio fixe a competência territorial do Registro de Títulos e Documentos.

Pareceres

RECUPERAÇÃO JUDICIAL. CESSÃO FIDUCIÁRIA DE DIREITOS CREDITÓRIOS

PAULO FERNANDO CAMPOS SALLES DE TOLEDO

I. A consulta

Os ilustres Advogados AA, que representam em juízo BB, nos processos de recuperação judicial impetrados por empresas que o integram, honram-me com a consulta abaixo reproduzida.

Considerando os fatos descritos abaixo:

I – Da relação entre BB e CC

Em 4.7.2013, a empresa DD S.A. emitiu 3 (três) Cédulas de Crédito à Exportação ("CCEs") emitidas pelos Bancos EE, FF, e CC, atual denominação de QQ, figurando o EE como Banco Líder da operação. Por meio destas CCEs, assumiu-se a promessa de pagamento do valor histórico de R$ 100.000.000,00 (cem milhões de reais).

1. Tais CCEs estavam garantidas por meio da cessão fiduciária de direitos creditórios decorrentes e a serem pagos pela empresa HH do contrato ("Contrato") celebrado com a empresa DD S.A., conforme previsto no "Instrumento Particular de Contrato de Cessão Fiduciária de Direitos Creditórios em Garantia e Outras Avenças" ("Instrumento de Cessão").

2. Referida garantia fiduciária foi concedida simultaneamente de forma "sindicalizada" a três CCEs distintas, emitidas pelos Bancos EE, FF e CC, figurando o EE como Banco Líder da operação.

3. O Instrumento de Cessão previa, como garantia do pagamento da CCE, 50% dos direitos creditórios, principais e acessórios – *incluindo os direitos, prerrogativas e privilégios* – presentes e futuros, de titularidade da DD S.A. em face da HH, oriundos do Contrato.

4. Posteriormente, em 29.8.2014 foi ajuizado o pedido de recuperação judicial das empresas que são denominadas, conjuntamente, "BB" ou "Recuperandas". Em decisão proferida em 15.9.2014, foi deferido o processamento da recuperação judicial conjunta das nove empresas. O Plano de Recuperação Judicial ("Plano") foi aprovado em sede de Assembleia Geral de Credores ("AGC") realizada em 13.5.2015 – 2ª Convocação, atendendo os quóruns legais previstos no art. 45 da Lei 11.101/2005 ("LFRE"), e homologado pelo D. Juízo da Recuperação em decisão proferida na data de 21.5.2015.

5. Na ocasião do ajuizamento, o crédito detido por CC foi arrolado como crédito extraconcursal pelo fato de que estava garantido pela cessão fiduciária de recebíveis, o que foi posteriormente confirmado pela Il. Administradora Judicial quando da elabo-

ração da sua relação de credores conforme prevê o § 2º do art. 7º da LFRE.

6. Após o deferimento do pedido de recuperação judicial, a HH notificou a DD S.A., na data de 1.12.2014, comunicando a rescisão unilateral do contrato celebrado entre as partes em função de alegados descumprimentos contratuais pela DD S.A. Discordando da rescisão unilateral, a DD S.A. ajuizou Medida Cautelar de Produção Antecipada de Provas autuado perante a Vara Cível da Comarca do Rio de Janeiro, com a intenção de se apurar futura indenização em face de HH.

7. Em função da rescisão contratual, BB ajuizou, em 5.2.2015, impugnação de crédito contra a lista elaborada pela Il. Administradora Judicial, visando a retificação da classificação do crédito da CC para a classe dos credores quirografários, demonstrando que (i) a garantia do crédito da CC se esvaziou ante a rescisão contratual aperfeiçoada e apenas noticiada pela HH; (ii) a natureza do crédito era consequentemente quirografária, apenas caracterizada como extraconcursal em decorrência da garantia anteriormente constituída; (iii) a CC, ao penhorar outros bens da BB, abriu mão de sua garantia ("Impugnação de Crédito CC").

8. Em paralelo, a CC ajuizou ação de execução de título extrajudicial em face da BB, cm trâmite perante o D. Juízo da Execução, oportunidade em que requereu o arresto de diversos bens de titularidade da BB.

9. Partindo da premissa de extraconcursalidade do crédito, nos termos do art. 49, § 3º, da LFRE, o D. Juízo da Execução deferiu a penhora dos créditos da II junto a JJ, que estavam consignados na ação em trâmite perante o D. Juízo da Vara da Fazenda Pública da Comarca de São Paulo.

10. Contra essa decisão, BB interpôs Agravo de Instrumento 203, o qual foi distribuído para a Câmara Reservada de Direito Empresarial do E. Tribunal de Justiça de São Paulo ("TJSP"), em função da prevenção para julgar recursos que envolvam questões da recuperação judicial, visando a reforma da r. decisão para que fosse reconhecido (i) a concursalidade do crédito da CC e (ii) a impossibilidade de penhora de outros bens diversos à garantia prestada. Este recurso foi desprovido com observação pelo E. TJSP, consignando que o arresto deveria respeitar os limites da garantia prestada. Atualmente este recurso encontra-se em fase de recurso especial, aguardando elaboração de parecer pela D. Procuradoria Geral de Justiça ("PGJ") para posterior juízo de admissibilidade pelo E. TJSP.

11. Paralelamente à interposição do Agravo de Instrumento 203, BB pleiteou ao D. Juízo da Recuperação a suspensão da execução movida pela CC ou, sucessivamente, que os atos constritivos recaíssem apenas sobre a sua garantia. Em sequência, o D. Juízo da Recuperação decidiu que o crédito da CC é extraconcursal até o limite de sua garantia, podendo a execução recair apenas sobre os direitos decorrentes do contrato firmado com HH.

12. Tal decisão foi objeto de recurso tanto pela CC (Agravo de Instrumento 210), o qual já transitou em julgado, e por BB (Agravo de Instrumento 202), que por sua vez encontra-se em fase de recurso especial, aguardando elaboração de parecer pela D. PGJ para posterior juízo de admissibilidade.

13. Ambos os recursos foram desprovidos, tendo o E. TJSP ratificado o posicionamento de extraconcursalidade do crédito, a limitação da extraconcursalidade aos bens dados fiduciariamente em garantia e a competência do D. Juízo da Recuperação para analisar atos de constrição sobre o patrimônio das empresas da BB, para que não haja perigo de dano à preservação da empresa.

14. Independente dessa controvérsia, em 28.11.2014 o EE resgatou o valor de 4 (quatro) Certificados de Depósito Bancário ("CDBs") de propriedade da DD S.A. na intenção de satisfazer seu crédito e repassar, nas proporções previamente estabelecidas, ao demais Bancos integrantes do Sindicato. BB, entendendo que tais CDBs não eram vinculados às CCEs objeto de garantia (muito menos a fiduciária) concedida ao EE, requereram ao D. Juízo da Recuperação a restituição de tal quantia, o que foi deferido e o EE, em cumprimento a determinação judicial, depositou os valores correspondentes na conta vinculada à recuperação judicial.

15. Esta decisão foi objeto de Agravo de Instrumento 201, interposto pelo EE, o qual foi provido pelo E. TJSP e atualmente

encontra-se em fase de recurso especial interposto pelo BB. Em função deste julgamento, em cumprimento a decisão proferida pelo TJSP, foi autorizado em 29.10.2015 o levantamento dos valores anteriormente depositados pelos Bancos Sindicalizados, cada qual em sua proporção, decisão que não foi objeto de recurso pelo BB.

16. Por fim, em 26.11.2015, o Juízo da Recuperação julgou improcedente a Impugnação de Crédito CC, ajuizada pela BB, dispondo que (i) "a garantia não restou esvaziada, seja porque a rescisão do contrato é objeto de discussão judicial, seja porque existem direito creditícios decorrentes do contrato que os impugnantes possuem em face da HH/KK"; e (ii) "deve-se considerar também que eventual alteração da garantia posteriormente ao ajuizamento da recuperação judicial, não tem o condão de alterar retroativamente a qualificação do crédito".

17. Contra referida decisão proferida na Impugnação de Crédito CC foi interposto recurso de agravo de instrumento pela BB (processo n. 203), ao qual foi negado provimento pelo TJSP, e atualmente está em curso prazo para apresentação de embargos de declaração/recurso especial.

II – Da Recuperação Judicial da BB – Grave Crise Econômico-financeira

1. Com o desenvolvimento do processo recuperacional, iniciou-se a fase de cumprimento do Plano de Recuperação Judicial, com o pagamento das parcelas trabalhistas a partir de 25.8.2015. Diante das dificuldades financeiras, a 3ª parcela trabalhista, que venceu em 25.11.2015, não foi quitada integralmente. Nessa mesma situação, foi que a 4ª parcela trabalhista vencida em 25.2.2016 também não foi adimplida pelo BB.

2. Partindo da necessidade de obtenção dos recursos e da previsão no Plano para monetizações, a BB apresentou petição em 17.2.2016 em que requereu a intimação da HH para que liberasse a quantia de USD 23.588.586,75, devida por prestação dos serviços prestados e aprovados previstos no Contrato celebrado entre a Recuperanda DD S.A. e a HH, fundamentando o pedido na impossibilidade de compensação de créditos com empresa em recuperação judicial, já que eventual crédito detido pela HH também estaria sujeito aos efeitos da recuperação judicial.

3. Posteriormente, a CC apresentou manifestação objetivando que, em caso de deferimento do pedido da BB, 50% dos valores fossem depositados na conta, vinculada ao Contrato e administrada pelo Banco Líder do Financiamento – EE, sob o argumento de que os valores requeridos pela BB haviam sido cedidos fiduciariamente em favor do Sindicato dos Bancos. Na hipótese de não ser deferido, a CC também requereu autorização do D. Juízo da Recuperação para a penhora da participação acionária da Recuperanda DD S.A. na empresa LL S/A.

4. Em 17.3.2016 o D. Juízo da Recuperação deferiu o pedido da BB, intimando a HH para imediato pagamento da quantia requerida pelas Recuperandas, diante do reconhecimento da intenção de compensação pela HH, uma vez que foi ajuizada habilitação de crédito da quantia de US$ 96.372.432,02 pela HH, tendo a ordem sido cumprida em 1.4.2016, mediante depósito de R$ 83.704.100,08 em conta judicial, sem pronunciar-se sobre a pretensão da CC.

5. Diante desta decisão, a CC opôs embargos declaratórios visando que o Juízo da Recuperação decidisse sobre a sua pretensão. Foi então que, em 7.4.2016, o Juízo da Recuperação indeferiu seu pedido, consignando que (i) não seria razoável o bloqueio de valores a serem utilizados pela recuperanda para o cumprimento das obrigações do plano em função de crédito cuja existência e/ou exigibilidade ainda pendem de confirmação judicial; (ii) ainda que tal crédito venha a ser reconhecido como devido e tenha natureza extraconcursal, a CC poderá pleitear oportunamente a cobrança do valor devido, mas a constrição não poderia atingir estes ativos pois são absolutamente essenciais para os pagamentos dos créditos trabalhistas sujeitos ao Plano; (iii) mesmo credores extraconcursais ficam obstados de realizar seus créditos na medida em que tal providência possa representar lesão à recuperação, preservando-se os resultados sociais benéficos que decorrem da atividade empresarial; (iv) não se pode admitir que a constrição de ativos da recuperanda em

favor da CC coloque em risco o sucesso da recuperação judicial, de modo que os atos de constrição serão submetidos previamente à análise do juiz da recuperação para que não haja perigo de dano à preservação da empresa.

6. Na mesma oportunidade, o Juízo da Recuperação determinou que as Recuperandas levantassem parcialmente os valores depositados nos autos pela HH, para que destinassem a quantia de R$ 23.833.968,00 para pagamento das parcelas trabalhistas do Plano e a importância de R$ 25.000.000,00 para pagamento de verbas extraconcursais para regularização da operação e manutenção das atividades. O saldo dos recursos – R$ 34.870.132,08 somente poderia ser levantado pela BB quando fosse definida a sua destinação, conforme determinação do Juízo da Recuperação.

7. Dos recursos levantados, a BB apresentou sua prestação de contas final em 27.5.2016, fiscalizada detalhadamente pela Il. Administradora Judicial e atestada em parecer protocolado em 30.5.2016.

8. Contra esta decisão, que autorizou o levantamento parcial dos valores, a CC interpôs, em 10.5.2016, recurso de agravo de instrumento, pleiteando a concessão de efeito suspensivo para impedir a BB de proceder ao levantamento dos valores, bem como requereu fosse autorizado o levantamento da parte proporcional dos valores depositados pela HH ("Agravo de Instrumento CC"). Ao final, requereu a reforma da decisão proferida pelo Juízo da Recuperação para que 50% dos valores depositados pela HH fosse destinada ao Sindicato dos Bancos. Embasando o pedido, a CC impugnou os fundamentos da decisão recorrida no sentido de que (i) a impugnação de crédito não seria o meio hábil para questionar a questão da extraconcursalidade do seu crédito, uma vez que já teria sido julgada em 1º grau; (ii) o Juízo da Recuperação, a BB e o E. TJSP já teriam supostamente reconhecido a extraconcursalidade do seu crédito; (iii) os valores devidos pela HH ao BB não são essenciais ao êxito da Recuperação Judicial, já que existem outros valores relevantes de posse da BB; (iv) pelo instrumento de cessão firmado com a BB, os valores depositados pela HH são de sua propriedade; e (v) eventual chancela do E. TJSP abalaria todo o funcionamento regular do mercado financeiro brasileiro.

9. Em análise preliminar, o Il. Des. Relator MM indeferiu, em 19.5.2016, o pedido de efeito suspensivo formulado pela CC, esclarecendo que a questão seria complexa e, por isso, não poderia de maneira monocrática deferir o levantamento de vultosos valores, de modo que tal matéria deveria ser objeto de decisão colegiada para conferir segurança jurídica.

10. Ato seguinte e em razão do saldo remanescente dos valores depositados nos autos pela HH, a BB requereu reiteradamente ao D. Juízo da Recuperação o levantamento do saldo remanescente dos valores depositados nos autos pela HH, informando que a Il. Administradora Judicial já havia conferido e atestado a prestação de contas do BB sobre os valores anteriormente levantados. E, intimada a se manifestar, a Il. Administradora Judicial apresentou seu parecer opinando pelo deferimento do novo pedido de levantamento realizado pela BB.

11. Em paralelo e ante a não concessão do efeito suspensivo pleiteado nos autos do Agravo de Instrumento CC, a CC opôs embargos declaratórios, em 24.5.2016, contra a decisão monocrática do Il. Relator MM, sustentando que a r. decisão teria sido omissa em relação ao pedido de obstar a BB de proceder com qualquer levantamento de valores depositados pela HH nos autos da recuperação judicial.

12. No bojo da recuperação judicial e em razão de manifestações do PP informando pendências de pagamentos de verbas trabalhistas extraconcursais, o Juízo da Recuperação, em 10.6.2016, designou audiência para o dia 17.6.2016, com o objetivo de que os representantes (gestores) da BB prestassem os esclarecimentos sobre as prioridades na destinação de ativos, sendo que no mesmo ato deveria comparecer também os representantes do PP e a Il. Administradora Judicial.

13. A BB então protocolou petição em 14.6.2016, pleiteando o levantamento parcial de R$ 20.981.854,92, diante da urgência no pagamento de (i) parcelas trabalhistas do Plano; (ii) verbas trabalhistas extraconcur-

sais oriundas de rescisões contratuais; (iii) salários atrasados, e (iv) fornecedores essenciais. Nesta oportunidade, BB anexou à sua petição os demonstrativos de utilização dos valores pleiteados, indicando as proporções exatas da utilização.

14. Em 15.6.2016, o Juízo da Recuperação deferiu o pedido do BB, determinando o levantamento e que o valor de R$ 20.981.854,92 fosse utilizado exatamente na forma exposta pelo BB em sua petição.

15. Em 16.6.2016, no impedimento ocasional do Il. Relator MM- férias, o Il. Desembargador NN, na qualidade de 2º juiz, acolheu monocraticamente os embargos declaratórios opostos pelo CC, atribuindo efeito suspensivo ao Agravo de Instrumento CC para impedir qualquer levantamento de valores no bojo da recuperação judicial, tanto pelo BB, quanto pelo CC. Então, na audiência presidida pelo Juízo da Recuperação, realizada em 17.6.2016, ficou decidido que a guia de levantamento já expedida em favor do BB deveria ser recolhida.

16. O BB então apresentou recurso de agravo interno, em 21.6.2016, contra decisão proferida pelo Il. Des. NN, na qualidade de 2º juiz, em sede dos declaratórios opostos pela CC, requerendo liminarmente: (i) a revogação da decisão que atribuiu efeito suspensivo ao Agravo de Instrumento CC, a fim de que fosse autorizado ao BB o levantamento de recursos para pagamentos essenciais, sob pena de riscos irreversíveis ao processo recuperacional e (ii) provimento integral ao recurso respaldado na demonstração de que o objeto do agravo de instrumento interposto pela CC não mais subsistira, em decorrência do levantamento dos valores R$ 25.000.000,00 e R$ 23.833.968,00, sendo que o efeito suspensivo não poderia atingir a decisão que deferiu o levantamento dos R$ 20.981.854,92, já que posterior ("Agravo Interno").

17. Na mesma data – 21.6.2016 –, o Il. Relator MM proferiu despacho determinando o processamento do Agravo Interno e intimando a CC, na figura de Agravado, para pronunciar-se em 15 dias úteis, à luz do quanto previsto no § 2º do art. 1.021 do Código de Processo Civil ("CPC" – Lei 13.105/2015), consignando que somente será possível decidir-se sobre a manutenção ou revogação da decisão agravada proferida pelo Il. Des. NN após o pronunciamento do CC.

18. Em 23.6.2016, o BB protocolou pedido de reconsideração do despacho emanado pelo Il. Des. MM no Agravo Interno, requerendo fosse analisado o pedido liminar formulado na minuta de Agravo Interno e, em caráter subsidiário, fosse o CC intimado para manifestar-se em 48 horas sobre o requerimento liminar, sem prejuízo de apresentação de contraminuta dentro do prazo legal.

19. Após, o Il. Relator rejeitou o pedido de reconsideração de BB, esclarecendo que "não cabe reconsiderar ou reformar o que já foi decidido pela interposição de agravo interno sem pronunciamento da parte adversa, salvo raríssimas exceções (*periculum in mora*) e isso não está demonstrado".

20. Ato seguinte, em 30.6.2016 e 6.7.2016 o Sindicato OO e o Sindicato PP, respectivamente, ofertaram manifestações nos autos do Agravo Interno pugnando pelo indeferimento do pleito realizado pela CC, consubstanciando o pedido na essencialidade dos valores depositados pela HH ao pagamento de verbas trabalhistas. Em 15.7.2016, o FF, na qualidade de assistente litisconsorcial – e CC apresentaram contraminuta ao agravo interno interposto pelo BB pleiteando por seu integral desprovimento.

21. Dada a apresentação da contraminuta ao Agravo Interno por parte de CC, BB ofertou em 21.7.2016 novo pedido de reconsideração para apreciação do pleito liminar realizado na minuta do agravo interno, visando a autorização do levantamento de recursos na recuperação judicial para pagamentos essenciais.

22. Ao mesmo tempo, a D. PGJ elaborou seu parecer para os autos do Agravo de Instrumento 209, opinando pelo provimento integral do recurso interposto pela CC sob os fundamentos de que (i) a extraconcursalidade já havia sido decidida pelo E. TJSP em oportunidades anteriores, uma vez que decidido que a relação jurídica entre as partes não atinge garantia dada a terceiros, de modo que se o Contrato com a HH for revertido em eventuais perdas e danos, a garantia também alcançaria as eventuais

perdas e danos; (ii) a essencialidade dos bens somente poderia recair sobre os bens de capital durante o prazo de suspensão das execuções, com fulcro no art. 49, § 3º da LFRE.

23. No atual momento, os autos do Agravo Interno, dos embargos declaratórios e do Agravo de Instrumento CC encontram-se conclusos com o Il. Relator MM, sem nenhuma pendência de manifestação de qualquer parte, o que justifica a urgência na presente consulta.

24. Atualmente, no processo de recuperação judicial de BB o Plano, apesar de estar depositado em juízo o valor de aproximadamente 34 milhões de reais decorrente do depósito realizado pela HH, o Plano ainda não foi cumprido integralmente, havendo parcelas trabalhistas, de credores quirografários e pequenas empresas em aberto, aguardando-se a definição sobre esses valores. O impacto dessas discussões, somado à crise financeira que abala o Brasil, ocasionou uma greve na fábrica do BB, que hoje se encontra com suas atividades paralisadas.

25. O valor atualmente depositado em juízo – aproximadamente 34 milhões – e retido em razão do Agravo de Instrumento CC seria vital para a superação da crise econômica vivida pelas Recuperandas e, especialmente, para o cumprimento do Plano e pagamento dos credores trabalhistas.

Colocam-se as seguintes questões:

1. O fato de existir uma demanda judicial discutindo os termos da rescisão do Contrato com a HH (ação de produção antecipada de provas) altera, de qualquer forma, as consequências e efeitos jurídicos dessa rescisão frente aos credores (Banco Sindicalizado) que haviam recebido o Contrato em garantia fiduciária? Ou seja, há alguma interferência nos efeitos jurídicos da rescisão do Contrato, especialmente na garantia fiduciária, pela existência de uma ação judicial na qual se discute os termos da rescisão?

2. Rescindido e encerrado o Contrato objeto da garantia fiduciária, na hipótese de esse ser resolvido em perdas e danos em favor do BB, os Bancos Sindicalizados terão direito ao recebimento da eventual indenização, nas proporções fixadas, considerando a alegada garantia fiduciária anteriormente existente?

3. Sob a ótica da legislação civil, da LFRE e do Contrato, considerando a rescisão do Contrato firmado com a HH e suas consequências em relação à garantia fiduciária prestada em favor dos Bancos Sindicalizados, pode prevalecer o entendimento de que quaisquer valores, de qualquer natureza, relacionados ao Contrato, que venham a ser pagos pela HH à BB, depois da rescisão, devam ser revertidos em favor dos Bancos Sindicalizados que detinham a garantia fiduciária?

4. Mesmo na hipótese de ser considerado o crédito dos Bancos Sindicalizados como extraconcursal, a competência também seria do Juízo da Recuperação Judicial para deliberar sobre o patrimônio das empresas Recuperandas, inclusive os valores depositados em juízo pela HH em favor das Recuperandas? É da competência do Juízo da Recuperação Judicial não permitir atos de constrição sob o patrimônio das Recuperandas requeridos por credor extraconcursal?

5. Os recursos depositados nos autos da Recuperação Judicial (valores depositados na recuperação judicial pela HH), independentemente de sua natureza e discussão sobre propriedade, são caracterizados como bens essenciais para as Recuperandas? Considerando a situação econômica das Recuperandas, os recursos depositados são essenciais para recuperação judicial?

6. Ainda que considerado a CC como credor extraconcursal, a essencialidade dos recursos (valores depositados na recuperação judicial pela HH) para a recuperação judicial justifica a utilização dos recursos para cumprimento do Plano e de custos para a manutenção das atividades empresariais?

7. Deve haver compatibilização dos interesses de credores extraconcursais e concursais, para que seja suportado o ônus da recuperação judicial em prol da preservação dos resultados sociais benéficos que decorrem da manutenção da atividade empresarial?

8. A essencialidade de bens somente pode ser caracterizada sobre bens de capital

da BB, como opinou a D. PGJ no parecer elaborado no Agravo de Instrumento 209? Diante das circunstâncias envolvidas no processo de recuperação judicial da BB, os recursos depositados não são tão ou mais essenciais para a recuperação judicial, pela aplicação do § 3º do art. 49 da LFRE?

9. É justificável e acertado o posicionamento de utilização dos recursos para cumprimento das obrigações previstas no Plano, especialmente pagamento de credores trabalhistas, em detrimento da satisfação de um único suposto credor extraconcursal, com base nos parâmetros e princípios previstos da LFRE?

10. Deve apenas um único credor ter seu suposto crédito satisfeito em detrimento de todos os demais credores sujeitos à Recuperação Judicial considerando a essencialidade dos recursos atualmente depositados nos autos da Recuperação Judicial?

II. O parecer

1. Considerações iniciais

A consulta historia amplamente o ocorrido, de modo que vou me cingir a uma breve referência aos fatos pertinentes ao agravo ora *sub judice*, um entre muitos recursos interpostos nos processos de recuperação judicial de empresas da BB. Farei, igualmente, uma incursão pelos temas pertinentes à hipótese, com pontuais remissões ao caso concreto.

DD S.A. cedeu fiduciariamente, em garantia de financiamentos obtidos junto ao EE, ao QQ, que veio a ser sucedido por CC, e FF, créditos decorrentes de contrato de fornecimento firmado com a HH. A garantia fiduciária foi expressamente consignada em cédula de crédito à exportação emitida pela cedente. A cessão fiduciária foi regularmente registrada em Cartório de Registro de Títulos e Documentos.

As empresas da BB ingressaram com pedido de recuperação judicial em 29.8.2014 e, em data posterior, 1º.12.2014, a HH notificou a DD S.A., comunicando a resilição unilateral do contrato. Mais adiante, em 17.2.2016, a BB pleiteou a liberação, pela HH, da quantia de US$ 23.588.586,75, decorrente de serviços prestados pela DD S.A. nos termos do contrato de fornecimento, e que não poderiam ser compensados, como pretendia a HH, com créditos de que esta eventualmente fosse titular, porque sujeitos à recuperação judicial.

O requerimento foi deferido pelo d. Juízo da Recuperação, e, em cumprimento da ordem, foi depositado o valor de R$ 83.704.100,08. Entende a CC que esses recursos integram a garantia fiduciária que lhe foi prestada, sendo sua, portanto, a titularidade, como credora fiduciária. A recuperanda, ao contrário, postula levantar a quantia depositada, argumentando que, diante da resilição unilateral do contrato originário, a garantia não mais prevalece. Acentua, mais, que esse importe é essencial para o cumprimento das obrigações assumidas no plano de recuperação e, em especial, para o pagamento dos credores trabalhistas, conforme nele previsto.

2. Cessão fiduciária de recebíveis

A Lei de Recuperação de Empresas, ao enumerar, no art. 49, § 3º, os chamados credores proprietários, e consignar que não se sujeitam à recuperação judicial, não incluiu no rol os cessionários fiduciários de crédito. A circunstância suscitou dúvidas de interpretação, formando-se a respeito duas correntes opostas.

Diziam os opositores da exclusão desses créditos que a previsão relativa à alienação fiduciária em garantia de bens móveis ou imóveis não se estendia à cessão fiduciária de créditos. Argumentavam que a proteção limitava-se a quem tivesse o domínio, ainda que resolúvel, de coisa móvel ou imóvel. A cessão fiduciária de direitos creditórios não conferia ao credor o domínio, e sim a titularidade.

Para essa resistência, contribuía, ainda, a circunstância de que, segundo se proclamava, a não sujeição desses créditos à recuperação judicial esvaziava de vez a possibilidade de reerguimento da empresa, uma vez que seus recebíveis ficavam atrelados ao contrato com o banco credor fiduciário, minando o capital de giro da recuperanda.

Veio a prevalecer, no entanto, o entendimento de que, ao referir-se a "proprietário fiduciário de bens móveis ou imóveis", o legislador estava também abrangendo o titular de direito creditório cedido fiduciariamente em garantia, uma vez que esses direitos, por expressa disposição legal, são qualificados como bens móveis. É o que se lê no art. 83, inciso III, do Código Civil, que considera "móveis para os efeitos legais" "os direitos pessoais de caráter patrimonial".

Daí se pode dizer que alienação fiduciária de bens *stricto sensu* e a cessão fiduciária de créditos são espécies do gênero *alienação fiduciária*. Esta se conceitua, no dizer de Melhim Namem Chalhub, como:

> o negócio jurídico pelo qual o devedor, também chamado fiduciante, com escopo de garantia, contrata a transferência ao credor, ou fiduciário, da propriedade resolúvel de determinada coisa móvel ou da titularidade de direito sobre coisa móvel ou de título de crédito.[1]

Observo, para encerrar este tópico, que a *praxis* costuma chamar de cessão fiduciária de *recebíveis* a essa modalidade negocial. Este o motivo do emprego dessa nomenclatura no subtítulo.

2.1 Cessão de créditos atuais e futuros

Admitida, portanto, a extraconcursalidade da cessão fiduciária de créditos (pois recebem o mesmo tratamento dispensado à alienação fiduciária em garantia de coisas móveis ou imóveis), cabe observar que esses créditos podem ser atuais ou futuros. Tenha-se em vista, a propósito, que os negócios fiduciários de que se cogita implicam a transferência resolúvel da coisa ou do direito ao credor. Assemelham-se, pois, à compra e venda, embora as finalidades sejam distintas. Desse modo, pode-se invocar a regra segundo a qual a "compra e venda pode ter por objeto coisa atual ou futura".[2]

No sentido do exposto pode-se invocar lição jurisprudencial contida em acórdão da lavra do Des. Romeu Ricúpero, no qual o eminente Relator, após citar a regra legal acima mencionada, conclui que a cessão fiduciária pode ter por objeto créditos futuros e assevera que:

> Como é evidente, a alienação fiduciária aperfeiçoou-se com o registro do contrato celebrado, ocorrido antes da celebração da recuperação judicial, sendo inteiramente irrelevante que parte de seu objeto seja coisa futura, que só virá a existir depois do ajuizamento da recuperação judicial.[3]

O mesmo dispositivo acima referido (art. 483), assevera, ainda, que, no caso de coisa futura (e, pois, também de crédito futuro), "ficará sem efeito o contrato se esta não vier a existir, salvo se a intenção das partes era de concluir contrato aleatório". Na hipótese, pela própria natureza do negócio, não há falar-se em contrato aleatório. Assim, para que se reconheça a cessão fiduciária de crédito futuro é preciso que este exista, ainda que potencialmente.

Para que a aludida potencialidade ocorra, é preciso que o cumprimento do contrato originário (aquele em que se irá gerar o crédi-

1 Melhim Namem Chalhub, *Negócio Fiduciário*, 4ª ed., Rio de Janeiro, Renovar, 2009, n. 5.2, p. 158.

2. Cf. Código Civil, art. 483.

3. Cf. TJSP, AI 0456721-58.2010.8.26.0000, j. 17.5.2011, v.u., rel. Des. Romeu Ricupero. Este mesmo acórdão foi citado por Francisco Satiro, em percuciente estudo sobre o tema ("Recuperação judicial e a excepcionalidade dos créditos garantidos por cessão fiduciária de créditos futuros", in Ricardo Lupion Garcia (org.), *10 anos da Lei de Falências e Recuperação Judicial de Empresas: inovações, desafios e perspectivas*, Porto Alege, Ed. Fi, 2016, pp. 159-181, esp. pp. 171-172).

to futuro) seja provável. Desse modo, a partir do momento em que aquele contrato deixa de existir, não há geração de novos créditos e, consequentemente, a garantia fiduciária perde sua base fática, e não mais subsiste.

2.2 Aplicação nos processos concursais

É claro que, em se tratando de devedor fiduciante em recuperação judicial, esta especial situação se reflete no exercício dos direitos do credor. Mesmo levando em conta que o credor fiduciário não se submete aos efeitos da recuperação judicial, a própria lei estabelece uma exceção expressa.

Assim é que, durante o *stay period* (que se prolonga por 180 dias a contar do deferimento do processamento da recuperação), não se permite "a venda ou retirada do estabelecimento do devedor dos bens de capital essenciais a sua atividade empresarial".[4] Durante esse espaço de tempo, tido – em tese – como suficiente para que o plano de recuperação tenha sido discutido e aprovado, e tenha sido encontrada uma solução satisfatória também para os créditos extraconcursais, a satisfação desses últimos estará limitada pela impossibilidade de remoção dos bens essenciais.

A razão de ser da regra é óbvia: permitir que o devedor, mantendo a atividade empresarial, viabilize a preservação da empresa. Na precisa síntese de Rachel Sztajn, "aqui o que se visa é garantir a geração de caixa, preservar empregos, oferecer produtos, bens ou serviços à sociedade".[5]

O objetivo de preservar-se a empresa não se esgota, contudo, no exíguo prazo de seis meses. Concedida judicialmente a recuperação, cabe ao devedor cumprir o que se comprometeu no plano aprovado pelos credores e homologado pelo juiz. Só se poderá afirmar que a finalidade da lei foi atingida se, ao fim do processo, o devedor efetivamente recuperou-se e pôde voltar ao mercado em condições de competitividade.

Em decorrência, permanecendo a mesma justificativa – de preservar a empresa, pela manutenção de bens essenciais ao exercício da atividade empresarial, sem a qual a finalidade da lei não será alcançada – não se pode deixar de convir que, para esse efeito especial, cabe prorrogar o prazo de suspensão. Não há sentido lógico em restringir a 180 dias o período em que se reconhece a necessidade de preservar a empresa, como se, depois disso, esse objetivo pudesse ser posto de lado, mesmo diante de um plano de recuperação em condições de ser cumprido, desde que mantidos, *si et in quantum*, os bens essenciais.

No sentido do exposto manifestam-se Scalzilli, Spinelli e Tellechea, citando, em abono da posição, acórdão do STJ:

> Mesmo na hipótese de o crédito não se sujeitar aos efeitos da recuperação ("crédito imune à recuperação"), como é o caso do crédito do titular da posição de proprietário fiduciário, as ações e execuções permanecerão suspensas com a prorrogação do *stay period*, caso os bens em discussão sejam essenciais à manutenção da atividade produtiva da empresa.[6]

Ora, a interpretação da lei deve levar em conta dois fatores. De um lado, o interesse legítimo do credor fiduciário de receber seu crédito, pela via contratualmente avençada. De outro, os interesses da coletividade de credores, os quais, por óbvio, também fazem jus a almejar a satisfação de seus créditos. Entre eles, o devedor, que, na exata medida

4. LRE, art. 49, § 3º, *in fine*, e art. 6º, § 4º.

5. Comentário ao art. 49, in Francisco Satiro de Souza Junior e Antônio Sérgio A. de Moraes Pitombo (coord.), *Comentários à Lei de Recuperação de Empresas e Falência*, 2ª ed., São Paulo, Ed. RT, 2007, p. 230.

6. João Pedro Scalzilli, Luís Felipe Spinelli e Rodrigo Tellechea, *Recuperação de Empresas e Falência: teoria e prática na Lei 11.101/2005*, São Paulo, Almedina, 2016, cap. 11, n. 2.6.1, p. 279. O acórdão citado foi proferido pela 2ª Seção no AgRg no CC 119337-MG, rel. Min. Raul Araújo, j. 8.2.2012.

do convencionado no plano de recuperação, assume a obrigação de cumprir os compromissos assumidos com todos os credores.

Neste ponto, cabe notar que todos aqueles direta ou indiretamente envolvidos no processo concursal, como credores a ele sujeitos ou não, devem levar em consideração a situação de crise econômico-financeira do devedor. Sabem, portanto, que seus créditos não poderão ser, como regra, pagos nas condições originalmente estabelecidas.

Assinalam, a propósito, Luís Felipe Salomão e Paulo Penalva Santos, que:

> Em suma, o fato de o crédito fiduciário não se submeter à recuperação judicial não torna o credor livre para satisfazê-lo de imediato e ao seu talante. Preservam-se o valor do crédito e a garantia prestada, mas se veda a realização da garantia em prejuízo da recuperação.[7]

Observam esses Autores que a jurisprudência do STJ firmou-se sem a ressalva acima expressa. Cabe consignar, no entanto, que, em julgado recente, a Segunda Seção do Superior Tribunal de Justiça, por unanimidade, decidiu no sentido da prorrogação do *stay period*, a fim de evitar a constrição de bens essenciais à atividade da recuperanda. Consta da ementa o seguinte trecho:

> A despeito do art. 6º, § 4º, da Lei 11.101/2005 assegurar o direito de os credores prosseguirem com seus pleitos individuais passado o prazo de 180 (cento e oitenta) dias da data em que deferido o processamento da recuperação judicial, a jurisprudência desta Corte tem mitigado sua aplicação, tendo em vista tal determinação se mostrar de difícil conciliação com o escopo maior de implementação do plano de recuperação da empresa. Precedentes.[8]

De tudo se infere que (i) o *stay period* pode ser prorrogado, quando tal medida se justificar para manter na posse do devedor bens essenciais ao cumprimento do plano e à preservação da empresa; (ii) a extensão do período aplica-se igualmente a credores não sujeitos à recuperação judicial; (iii) é, pois, aplicável aos casos de alienação fiduciária; (iv) entre estes, a cessão fiduciária de direitos creditórios.

Não será fora da sequência desta exposição, afirmar, desde logo, que, na hipótese *sub judice*, o prazo de 180 dias pode ser estendido, desde que se trate de bem essencial.

2.3 Bens essenciais à atividade empresarial

Como já se mencionou, não é permitida, no *stay period* (que, segundo se tem entendido, pode ser prorrogado), "a venda ou a retirada do estabelecimento do devedor dos bens de capital essenciais a sua atividade empresarial". É o que se lê na parte final do art. 49, § 3º, da LRE. Cabe agora precisar quais são esses bens.

Scalzilli, Spinelli e Tellechea, após fazerem referência a ter o legislador usado a expressão "bens de capital" "da forma mais ampla possível", compreendendo "aqueles tangíveis de produção, como prédios, máquinas, equipamentos, ferramentas e veículos, entre outros empregados, direta ou indiretamente, na cadeia produtiva da recuperanda".[9] Não se pretende, aqui, discutir o exato conceito de bens de capital, mas sim como este deve ser interpretado, no contexto legal em que a norma se insere.

A propósito dessa interpretação, é contundente a posição assumida por Manoel Justino Bezerra Filho, para quem:

> Qualquer bem objeto de alienação fiduciária, arrendamento mercantil ou reserva

7. Luis Felipe Salomão e Paulo Penalva Santos, *Recuperação Judicial, Extrajudicial e Falência: teoria e prática*, 2ª ed., Rio de Janeiro, Forense, 2015, cap. VI, n. 7, p. 235.

8. Cf. STJ, AgRg no Conflito de Competência 143.802-SP, j. 13.4.2016, v.u., rel. Min. Marco Aurélio Bellize.

9. João Pedro Scalzilli, Luís Felipe Spinelli e Rodrigo Tellechea, *Recuperação de Empresas e Falência...*, cit., cap. 11, n. 2.6.6, p. 286.

de domínio deve ser entendido como essencial à atividade empresarial, até porque, adquirido pela sociedade empresária, somente pode ser destinado à atividade exercida pela empresa. Este caráter de essencialidade, em caso de empresa em recuperação, deve permitir um entendimento mais abrangente do que aquele normalmente aplicado.[10]

Nem poderia ser diferente, uma vez que a expressão não pode ser lida isoladamente. O fator predominante é a essencialidade desse bem para a atividade empresarial desenvolvida pelo devedor. Sem ele, não terá como a recuperanda manter-se ativa, e paralisada não terá como cumprir a finalidade buscada pelo legislador.

Bem por isso, lembra Fábio Ulhoa Coelho a paralisação das atividades empresariais como critério "definidor dos bens de produção", e cita em seu abono julgado do Tribunal de Justiça de São Paulo.[11]

2.4 Competência do juízo da recuperação

Os créditos extraconcursais não são sujeitos à recuperação judicial e, portanto, as pretensões a eles referentes não se submetem ao juízo da recuperação. Daí pode decorrer problemas concretos, especialmente quanto a atos de constrição judicial, atingindo bens essenciais à atividade empresarial, a ponto de inviabilizar o cumprimento do plano de recuperação.

O Judiciário, chamado a decidir essa questão, sedimentou entendimento no sentido de que a palavra final a respeito de atos de constrição, mesmo em se tratando de créditos extraconcursais, pertence ao Juízo da recuperação. Ou seja: esses credores podem exercer normalmente seus direitos, e vê-los reconhecidos. A satisfação de seus créditos no entanto, fica na dependência de decisão favorável do Juízo da recuperação. Este, com efeito, tem visão ampla sobre o patrimônio do devedor, o que não acontece nas execuções singulares. Sabe, portanto, se o bem pretendido é ou não essencial para o êxito da recuperação.

Para confirmar a assertiva acima, podem ser mencionados alguns acórdãos do Superior Tribunal de Justiça. Assim, o caráter pacífico da jurisprudência foi enfatizado ao definir "a competência do Juízo universal para analisar e deliberar os atos constritivos ou de alienação, ainda quando em sede de execução fiscal, desde que deferido o pedido de recuperação judicial".[12]

Por outro lado, em acórdão já citado acima,[13] a Segunda Seção do Superior Tribunal de Justiça, por votação unânime, consignou que, tratando-se de bens essenciais à atividade econômico-produtiva, os bens essenciais devem permanecer com a recuperanda, sendo competente para analisar a hipótese o juízo da recuperação.

A solução em tela abrange mesmo credores não sujeitos à recuperação judicial, como os trabalhistas e os fiscais. Para exemplificar, entre tantos precedentes, faço referência a acórdão unânime da Quarta Turma do STJ, que consignou não poderem esses credores "expropriar bens essenciais à atividade empresarial".[14]

Evidentemente, o que acima se afirmou aplica-se aos credores fiduciários. Asseveram, a propósito, Luís Felipe Salomão e Paulo Penalva Santos, que, face ao:

10. Fabio Ulhôa Coelho, *Lei de Recuperação de Empresas e Falência: Lei 11.101/2005 comentada artigo por artigo*, 11ª ed., São Paulo, Ed. RT, 2016, com. ao art. 49, p. 163.

11. José Francelino de Araújo, *Comentários à Lei de Falências e de Recuperação de Empresas,* 8ª ed., São Paulo, Saraiva, 2008, com. ao art. 49, n. 103-A, p. 192. O acórdão citado foi proferido no AI 1.227.167-0/3, e teve a relatoria do Des. Gomes Varjão.

12. Cf. STJ, AgRg no Conflito de Competência 120.642-RS, j. 22.10.2014, v.u., rel. Min. João Otávio de Noronha.

13. Cf. STJ, AgRg no Conflito de Competência n. 143.802-SP, j. 13.4.2016, v.u., rel. Min. Marco Aurélio Bellize.

14. Cf. STJ, REsp 1.298.670-MS, j. 21.5.2015, rel. Min. Luís Felipe Salomão.

> imperativo maior da preservação da empresa, (...) é o Juízo da recuperação que vai ponderar, em cada caso, os interesses em conflito, o de preservar a empresa, mediante a retenção de bens essenciais ao seu funcionamento, e o de satisfação do crédito tido pela Lei como de especialíssima importância.

A lição referida assume particular relevância no caso em exame, em que se discute exatamente se é o cessionário fiduciário que faz jus ao levantamento da quantia depositada, ou se esses recursos, qualificados como essenciais para comprimento do plano de recuperação, devem ser liberados, com as cautelas de estilo, para a recuperanda.

3. A bússola: a preservação da empresa

Dispensável, para o objetivo deste parecer, tecer considerações acerca do princípio da preservação da empresa. O tema é mais do que conhecido.

Cumpre, tão somente, lembrar que a preservação da atividade empresarial foi erigida pelo legislador à categoria de princípio maior da recuperação judicial. Para definir a Lei 11.101/2005 em poucas palavras, basta dizer que foi editada visando a propiciar às empresas em dificuldades econômico-financeiras a solução jurídica para que possam voltar, recuperadas, ao mercado, desde que essa alternativa se mostre viável. Em consequência, essa finalidade máxima deve perpassar todas as fases do processo recuperacional, e iluminar a interpretação das regras jurídicas a serem aplicadas.

Assim sendo, a norma legal em que, de modo expresso, se consignou a preservação da empresa como o fim a ser perseguido (art. 47 da Lei 11.101/2005), é considerado o dispositivo nuclear desse diploma, irradiando efeitos sobre todos os demais artigos da Lei. Evidentemente, não irá substituí-los, nem muito menos contrariá-los, porém não se pode deixar de convir que a interpretação de cada um deles deve levar em conta o princípio da recuperação da empresa.

Não há hierarquia entre princípios e normas, uma vez que eles desempenham "funções diferentes e complementares, não se podendo sequer conceber uma sem a outra, e outra sem a uma", como ensina Humberto Ávila. Os princípios não se destinam a soluções de casos específicos, função atribuída às normas, as quais, embora gerais e abstratas, regulam situações concretas. Aos princípios, no entanto, incumbe trazer fundamentos, de natureza sistemática, contribuindo "para a tomada de decisão" acrescenta o mesmo Autor.[15]

De tudo se depreende que a questão referente à satisfação do crédito do cessionário fiduciário – debatida neste processo – deve ser dirimida à luz do princípio da preservação da empresa, que não colide com as disposições atinentes aos direitos do credor, mas dá-lhes um enfoque condizente com a situação jurídica do devedor.

4. Respostas aos quesitos

4.1 Ao primeiro quesito, "O fato de existir uma demanda judicial discutindo os termos da rescisão do Contrato com a HH (ação de produção antecipada de provas) altera, de qualquer forma, as consequências e efeitos jurídicos dessa rescisão frente aos credores (Banco Sindicalizado) que haviam recebido o Contrato em garantia fiduciária? Ou seja, há alguma interferência nos efeitos jurídicos da rescisão do Contrato, especialmente na garantia fiduciária, pela existência de uma ação judicial na qual se discute os termos da rescisão?", *respondo que não, absolutamente*.

15. Humberto Ávila, *Teoria dos Princípios: da definição à aplicação dos princípios jurídicos*, 11ª ed., São Paulo, Malheiros Editores, 2010, respectivamente pp. 121 e 184 [17ª ed., revista e atualizada, São Paulo, Malheiros Editores, 2016, pp. 148 e 226].

Segundo informou o Consulente, diante da resilição unilateral pela HH do contrato de fornecimento, a providência processual tomada foi a propositura de medida cautelar de produção antecipada de provas, visando futura demanda de cunho indenizatório. A via escolhida para tanto é a arbitral. O procedimento arbitral ainda não foi instaurado.

Conforme consta da contraminuta do agravo, não se pretende, pela arbitragem ou qualquer outra ação judicial, "a retomada ou manutenção do contrato" (cf. f. 1.050). O que a BB tem em vista é o recebimento de indenização, pelos prejuízos sofridos em decorrência da resilição do contrato. Como se vê, a existência dessas demandas em nada interfere na discussão relativa aos direitos creditórios invocados pela CC. Nenhum crédito derivado do objeto do contrato de fornecimento será reconhecido por esse meio.

Os créditos cedidos fiduciariamente são aqueles gerados pelo cumprimento do contrato originário. A DD S.A. comprometeu-se a prestar serviços, fazendo jus, em contrapartida, a ser remunerada pela HH. Esses créditos, decorrentes dos serviços prestados, é que foram cedidos fiduciariamente. Não há como confundi-los com a indenização buscada na arbitragem a ser requerida.

Note-se, mais, que a BB não almeja dar continuidade ao contrato de fornecimento, que foi definitivamente extinto. Com essa extinção, a geração de créditos tornou-se obviamente impossível.

4.2 Ao segundo quesito, "Rescindido e encerrado o Contrato objeto da garantia fiduciária, na hipótese de esse ser resolvido em perdas e danos em favor da BB, os Bancos Sindicalizados terão direito ao recebimento da eventual indenização, nas proporções fixadas, considerando a alegada garantia fiduciária anteriormente existente?", *reitero a resposta anterior: não.*

Reporto-me aos termos da resposta anterior, uma vez que eventual indenização que vier a ser recebida pela BB em razão do rompimento do contrato por iniciativa exclusiva da HH, não se confunde com os créditos gerados na vigência do contrato. Estes é que foram objeto de garantia.

4.3 Ao terceiro quesito, "Sob a ótica da legislação civil, da LFRE e do Contrato, considerando a rescisão do Contrato firmado com a HH e suas consequências em relação à garantia fiduciária prestada em favor dos Bancos Sindicalizados, pode prevalecer o entendimento de que quaisquer valores, de qualquer natureza, relacionados ao Contrato, que venham a ser pagos pela HH à BB, depois da rescisão, devam ser revertidos em favor dos Bancos Sindicalizados que detinham a garantia fiduciária?", *respondo como segue.*

No caso dos autos, o valor em disputa corresponde a crédito decorrente do contrato originário, depositado por ordem judicial em atendimento a pedido da recuperanda.

Ocorre, no entanto, que a particular situação jurídica da cedente exige que se dê atenção maior ao caso. Devem ser ponderados os interesses do credor e as consequências que decorrerão da satisfação de seu crédito no tocante ao cumprimento do plano de recuperação judicial. Se os recursos impedirem o sucesso do processo recuperacional, se forem indispensáveis à superação da crise da devedora, não se justifica que, em benefício de um único credor todos os demais sejam prejudicados, e se inviabilize a recuperação.

Note-se que a cessão de direitos creditórios, como todo negócio jurídico, deve ser analisada nos planos da existência, validade e eficácia. Ensina Antônio Junqueira de Azevedo que esses são "os três planos nos quais a mente humana deve sucessivamente examinar o negócio jurídico, a fim de verificar se ele obtém plena realização".[16] Para tanto,

16. Antônio Junqueira de Azevedo, *Negócio Jurídico: existência, validade e eficácia*, 4ª ed., São Paulo, Saraiva, 2002, p. 24.

é preciso que estejam presentes os elementos de existência, os requisitos de validade e os fatores de eficácia.

No caso em exame, pode-se reconhecer a existência e a validade da cessão fiduciária de créditos. Não são aqui discutidos esses pontos. Cumpre questionar, entretanto, o atendimento dos fatores de eficácia. O negócio pode ser existente e válido, mas, na hipótese, não se tem como admitir sua eficácia relativamente à recuperação judicial. E isto pelo simples, mas poderoso motivo, de que, enquanto os recursos pleiteados pelo credor forem essenciais para a sobrevivência da recuperanda, a eficácia do negócio deverá ser contida. Em situação de plena normalidade, a cessão produziria efeitos igualmente plenos. Na recuperação judicial, a eficácia, na situação retratada, não pode ser reconhecida. Não será demais enfatizar: *in casu*, a cessão fiduciária é ineficaz em relação à cedente, em razão da essencialidade desses recursos para o cumprimento do plano de recuperação.

Quanto a outros valores, que venham a ser pagos pela HH, após a extinção do contrato pela resilição unilateral, a exemplo da indenização postulada pela recuperanda, não há como submetê-los ao regime da cessão fiduciária, na medida em que não tiverem sido gerados na vigência da relação contratual originária.

4.4 Ao quarto quesito, "Mesmo na hipótese de ser considerado o crédito dos Bancos Sindicalizados como extraconcursal, a competência também seria do Juízo da Recuperação Judicial para deliberar sobre o patrimônio das empresas Recuperandas, inclusive os valores depositados em juízo pela HH em favor das Recuperandas? É da competência do Juízo da Recuperação Judicial não permitir atos de constrição sob o patrimônio das Recuperandas requeridos por credor extraconcursal?", *respondo afirmativamente, sem dúvida alguma, a ambas as indagações*.

Reporto-me, nesta resposta, ao item 2.4, acima. É hoje entendimento remansoso do Superior Tribunal de Justiça ser da competência do Juízo da recuperação a análise de todos os casos em que se pleiteie a constrição de bens da recuperanda. Mesmo em se tratando de credores extraconcursais, mesmo que a pretensão destes tiver sido deduzida perante outras jurisdições (como a trabalhista e a fiscal), a satisfação dos créditos só poderá dar-se com a autorização do Juízo da recuperação.

Com efeito, somente o Juízo da recuperação terá uma visão abrangente da situação patrimonial do devedor, e poderá, desse modo, decidir abalizadamente se a constrição pedida afetará ou não o êxito do processo recuperacional, valor maior a ser atingido, pois representará a preservação da empresa. Se o bem for essencial à recuperação, sua constrição não poderá ser autorizada.

4.5 Ao quinto quesito, "Os recursos depositados nos autos da Recuperação Judicial (valores depositados na recuperação judicial pela HH), independentemente de sua natureza e discussão sobre propriedade, são caracterizados como bens essenciais para as Recuperandas? Considerando a situação econômica das Recuperandas, os recursos depositados são essenciais para recuperação judicial?", *respondo categoricamente que sim*.

Cumpre lembrar, antes de mais nada, que os direitos de crédito são legalmente qualificados como bens móveis, nos termos do art. 83, inc. III, do Código Civil. Exatamente por isso a cessão fiduciária de créditos está compreendida na previsão contida no art. 49, § 3º, da Lei de Recuperação de Empresas e Falência. Assim, os recursos financeiros, sobre os quais incidem os direitos creditórios, serão ou não considerados essenciais, conforme o caso. Aplica-se a eles, portanto, toda a construção doutrinária e jurisprudencial aferente à manutenção dos bens essenciais na posse do devedor.

Na espécie *sub judice*, os recursos depositados nos autos pela HH, sobre os quais se discute, são absolutamente necessários à sobrevivência da recuperanda. A retomada de suas atividades depende desses recursos, que serão destinados precipuamente, consoante previsto no plano de recuperação, ao pagamento dos credores trabalhistas, que estão sem receber há algum tempo, o que provoca problemas sociais que não podem ser desconsiderados. A essencialidade desses recursos é evidente. Sem eles, a recuperação judicial não será atingida, e os trabalhadores não serão pagos.

Na hipótese, mostra-se bem nítida a distinção a ser feita entre o interesse individual do credor ao recebimento de seu crédito e o interesse coletivo dos demais credores, que também almejam ser satisfeitos, na medida prevista no plano de recuperação judicialmente homologado. Ou se paga um único credor, e a empresa fecha suas portas, ou se possibilita a recuperação do devedor. Entre esses dois pesos, a opção do legislador, reconhecida pela jurisprudência, é claramente favorável à preservação da empresa.

4.6 Ao sexto quesito, "Ainda que considerado o CC como credor extraconcursal, a essencialidade dos recursos (valores depositados na recuperação judicial pela HH) para a recuperação judicial justifica a utilização dos recursos para cumprimento do Plano e de custos para a manutenção das atividades empresariais?", *respondo que sim, justifica plenamente.*

Como se viu, e como é tranquilo na jurisprudência, a essencialidade deve ser aferida mesmo quando se tratar de credor extraconcursal. Este, é certo, não se sujeita à recuperação judicial, não consta necessariamente do plano apresentado pelo devedor, pode ajuizar a ação a que faça jus, e nela obter o reconhecimento de seu crédito. Não lhe é permitido, contudo, buscar a satisfação de seu crédito fora do âmbito da recuperação judicial.

A solução é exatamente igual para o credor fiduciário. Do mesmo modo que a coisa objeto de alienação fiduciária em garantia não pode ser, na recuperação judicial, atribuída ao credor, assim deixando de estar na posse direta exercitada pelo devedor fiduciante, quando este bem for essencial para o cumprimento do plano e o prosseguimento da atividade empresarial, também para o cessionário fiduciário igual regra se aplica. Em ambas as situações é de alienação fiduciária em garantia que se trata. Não há porque ser diferente o tratamento jurídico.

No presente caso, é indiscutível a essencialidade dos recursos depositados para que chegue a bom termo a recuperação judicial.

4.7 Ao sétimo quesito, "Deve haver compatibilização dos interesses de credores extraconcursais e concursais, para que seja suportado o ônus da recuperação judicial em prol da preservação dos resultados sociais benéficos que decorrem da manutenção da atividade empresarial?", *respondo, convictamente, que sim.*

A questão foi bem colocada. Efetivamente, em todos os processos aplicáveis às empresas em crise, tanto na falência quanto na recuperação judicial ou extrajudicial, parte-se do pressuposto de que, em razão dos problemas enfrentados pelo devedor, não terá ele condição de solver suas obrigações nos termos e nas condições avençadas.

Os remédios legais disponíveis no ordenamento jurídico preveem basicamente, na falência, a realização dos ativos do falido e, com o resultado, o pagamento possível dos credores. Na recuperação, o que se estabelece é a apresentação de uma proposta pela recuperanda, discutida com os credores, por eles aprovada, e submetida ao crivo judicial. O que os credores e o devedor têm em comum, nos dois regimes, é o ônus de suportar os efeitos materiais da crise.

Ora, a atenuação desse ônus pode dar-se com a compatibilização dos interesses de todos os credores, concursais e extraconcursais. A situação jurídica do devedor conduz naturalmente a essa alternativa. Quanto aos credores concursais, o simples fato de estarem todos sujeitos a um único plano, a ser submetido a eles, já leva a uma deliberação comum. Ainda que nem todos tenham votado favoravelmente ao plano, este obriga a todos. Acomodam-se os múltiplos interesses, embora sejam eles tão diversificados.

No tocante aos credores extraconcursais, os poderes conferidos ao Juízo da recuperação, para decidir acerca da parcela do patrimônio do devedor que pode ser objeto de constrição para a satisfação dos créditos não sujeitos à recuperação judicial, propicia igualmente a compatibilização dos interesses. Sempre tendo como norte a preservação da empresa.

4.8 Ao oitavo quesito, "A essencialidade de bens somente pode ser caracterizada sobre bens de capital da BB, como opinou a D. PGJ no parecer elaborado no Agravo de Instrumento 209? Diante das circunstâncias envolvidas no processo de recuperação judicial da BB, os recursos depositados não são tão ou mais essenciais para a recuperação judicial, pela aplicação do § 3º do art. 49 da LFRE?", *respondo negativamente à primeira indagação e positivamente à segunda.*

O caráter essencial dos bens é diretamente relacionado, como se viu, à atividade empresarial. Sem que esta se desenvolva normalmente, a finalidade da recuperação não é atingida e a empresa não é preservada. O legislador reconhece que os bens de capital (ou seja, aqueles ativos adquiridos para a produção e não destinados à circulação) devem ser, nos termos previstos no art. 49, § 3º, *in fine*, da Lei 11.101/2005, mantidos na posse do devedor, quando essenciais à atividade empresarial.

O conceito estrito de bens de capital não atende às exigências ditadas pela aplicação da recuperação judicial. Há outros bens que são tão essenciais quanto os de capital, e que não estão compreendidos no conceito em tela. Este pode servir muito bem para os propósitos das ciências contábeis, porém não se ajusta aos objetivos visados pelo legislador.

A interpretação jurídica deve levar em conta a função da norma legal, e esta tem em vista, indubitavelmente, a preservação da empresa. Aqui não se cuida de um retrato estático da situação da empresa, pelos números constantes do balanço, mas sim de uma visão dinâmica, em que se mostra a empresa em movimento, na peculiar atividade a que se propõe. Bem por isso, dá-se muita importância ao *going concern value*, à empresa em atividade, cujo valor supera o de seus bens, ainda que considerados em conjunto.

Ora, se o que se pretende é resguardar os bens essenciais à atividade empresarial, não se pode deixar de convir que o conceito de bens de capital, para os fins ora em discussão, deve ser flexibilizado.

Reporto-me, no mais, ao item 2.3, acima.

Por outro lado, o quesito indaga, ainda, se os recursos depositados neste processo de recuperação são também essenciais. Na resposta ao sexto quesito, concluí ser "indiscutível a essencialidade dos recursos depositados para que chegue a bom termo a recuperação judicial". As considerações ali tecidas são neste ponto reiteradas.

4.9 Ao nono quesito, "É justificável e acertado o posicionamento de utilização dos recursos para cumprimento das obrigações previstas no Plano, especialmente pagamento de credores trabalhistas, em detrimento da satisfação de um único suposto credor extraconcursal, com base nos parâmetros e princípios previstos da LFRE?", *respondo afirmativamente.*

O juiz, ao sopesar os interesses em confronto, deve levar em consideração que o interesse de um único credor não pode se contrapor ao da coletividade de credores, especialmente quando a satisfação daquele acarreta o prejuízo destes. Nos processos concursais, a visão deve ampliar-se, não se restringindo a uma só relação de débito e crédito, para abranger a situação patrimonial do devedor, o que ele pode oferecer aos seus credores, e quais as perspectivas de reerguimento da empresa.

Na hipótese em tela, os recursos em discussão são de tal modo necessários, como se acentuou na resposta ao quesito 4.5, que sem eles a recuperanda não poderá dar sequência à atividade empresarial.

4.10 Ao décimo quesito, "Deve apenas um único credor ter seu suposto crédito satisfeito em detrimento de todos os demais credores sujeitos à Recuperação Judicial considerando a essencialidade dos recursos atualmente depositados nos autos da Recuperação Judicial?", *reafirmo que isso não pode acontecer.*

Os recursos acima mencionados são absolutamente indispensáveis para o cumprimento do plano, e em especial para o pagamento dos credores trabalhistas. O benefício de um único credor levaria ao prejuízo de todos os demais e inviabilizaria o cumprimento do plano.

A especificidade deste caso, acentuada neste parecer, mostra que não pode aqui prevalecer uma interpretação meramente formalista e literal. O art. 5º da Lei de Introdução às Normas do Direito Brasileiro (Decreto-lei 4.657/1942) mostra o caminho: "Na aplicação da lei, o juiz atenderá aos fins sociais a que ela se dirige e às exigências do bem comum". A jurisprudência vem correspondendo a essa proposição, adequando as arestas da Lei de Recuperação de Empresas e Falência às finalidades buscadas pelo legislador.

São Paulo, 29 de agosto de 2016.

Opinião

O PIB, ESSE DESCONHECIDO

Fábio Nusdeo

De tempos para cá, tem-se tornado frequentes as avaliações e as previsões referentes ao comportamento do PIB (Produto Interno Bruto). Parece oportuno, portanto, apresentar algumas considerações a respeito dessa variável, que tem marcada dimensão macroeconômica, por se referir à totalidade do valor dos bens e serviços produzidos ou disponibilizados a uma dada comunidade durante determinado período de tempo. Tal período é normalmente fixado em um ano, o que não significa não possa ser calculado para períodos menores, como o trimestre ou, mesmo, o mês.

Tais períodos menores, no entanto, não permitem dar o adequado tratamento estatístico à questão da sazonalidade, bastando lembrar, por exemplo, que durante os meses da chamada entressafra, a produção agrícola se atrofia, dificultando comparações com outros meses de pletora do mesmo ano. A sazonalidade é, pois, o primeiro problema que se coloca para a adequada comparação intertemporal do PIB.

Muito embora os estatísticos e os econometristas tenham desenvolvido métodos e técnicas para "corrigir" ou "ajustar" tal sazonalidade é preciso atenção para o fato de que nem tudo é sazonal, tais como fatores aleatórios diversos que afetam setores da atividade econômica ou ela toda em seu conjunto de maneira imprevista ou aleatória, como crises de liquidez, alterações climáticas extras, padrão, crises de aversão ao risco, surgimento de novos concorrentes em alguns mercados, como no presente momento quando a oferta de petróleo se eleva enormemente com o produto proveniente do xisto betuminoso e a entrada em produção de novos campos de exploração antes tidos como inacessíveis ou antieconômicos. Assim sendo, é necessária muita cautela com as comparações entre os mesmos períodos de cada ano, durante os quais podem se alterar o número de variáveis influentes ou a mudança das respectivas ponderações independentemente de fatores sazonais.

A sazonalidade, no entanto, é o menor dos problemas associados ao PIB, pois, como dito, o desenvolvimento do cálculo estatístico tem permitido reduzir tais distorções puramente sazonais que ocorrem e sempre ocorreram em todo o mundo. Adequado, portanto, discutir-se outros elementos sensíveis quanto à sua quantificação e utilização.

O primeiro deles reside na questão da dupla (ou enésima) contagem de um mesmo produto ao longo da sua cadeia produtiva.

Como parece claro, qualquer bem incorpora em si outros bens, produtos ou serviços que entram no seu feitio, normalmente chamados de componentes. Assim, um automóvel é o bem final de uma longa corrente a envolver os mais diferentes produtos (e seus valores) tais como as chapas ou folhas de aço, metais outros, vidros, couro, borracha, óleos, diversos tipos de objetos em plástico, etc. além de variados serviços de mão de obra. É por isso que as fábricas de automóveis são apropriadamente chamadas de "montadoras".

Na sequência é preciso não esquecer que as chapas de aço provem do aço bruto e este do ferro e este dos diversos minérios ferríferos, os quais passam pelos mais diferentes processos de extração e transformação. O mesmo se dá com todas as outras partes de qualquer veículo, inclusive a chamada "borracharia". E, pode-se acrescentar, de qualquer bem que venha a ser oferecido nos inúmeros mercados setoriais para compor um veículo.

Surge, assim, o intrincado problema de eliminar tal contagem em cascata, o que elevaria, irrealisticamente, os valores atribuídos ao PIB. Tal eliminação, no entanto, nem sempre pode ser cabal, havendo aí uma margem possível de sobreposição que os progressos da pesquisa quantitativa tendem a manter sob certo controle. Por outro lado, tal margem de erro tende a se repetir ano a ano, em que pese a tendência à sua progressiva superação, o que torna perfeitamente aceitável a comparação dos PIBs anuais, desde que em períodos de tempo não por demais extensos.

Tanto é assim que, periodicamente, em todo o mundo, os cálculos passam por uma revisão a fim de adequá-los às mudanças observadas entre uma revisão e outra, refletindo a dinâmica da própria vida econômica e os serviços da tecnologia.

Um terceiro problema vem a ser o fato de o PIB considerar na sua construção apenas os bens e serviços de alguma forma precificados e expressos monetariamente, ignorando que se os bens produzidos devem ser somados, alguns custos associados a essa produção, não diretamente expressos em moeda, devem ser subtraídos. É o que ocorre, claramente com a poluição e a depleção dos recursos naturais.

Em quarto lugar, cabe lembrar o fato de que em países menos desenvolvidos haver ainda uma certa parcela de autoconsumo, seja em nível de unidade produtora, seja em nível regional, ou seja, bens que atendem as necessidades de parte da população sem passar pelo circuito mercantil, como no caso do consumo "in loco", ou do escambo puro e simples. Com as alterações trazidas pelo progresso, em etapas de tempo posteriores, tal autoconsumo passa a diminuir ou a desaparecer e aí todo o conjunto de bens circula dentro dos parâmetros mercantis, ou seja, precificadamente, dando a ideia, inexata, de ter havido um aumento de disponibilidade desses bens, quando o que houve realmente foi a sua maior circulação, agora quantificada e mensurada.

Um quinto aspecto a exigir atenção diz respeito ao cálculo da produção de bens e serviços – que é no que consiste o PIB – relacionado à destinação dos mesmos pelos vários setores da comunidade. Em outras palavras: os bens produzidos, realmente atendem às necessidades da sociedade à qual se destinam? Em alguns casos poderão desatendê-las. E gravemente.

O primeiro exemplo que acode à memória é o dos bilhões ou trilhões de litros de combustível que se perdem, na atmosfera quando queimados nos congestionamentos de tráfego das grandes cidades ou, mesmo, das médias. Eles são computados como integrantes do PIB, mas não apenas deixam de atender a qualquer necessidade da população, como, ainda, causam-lhe evidentes males, tais como as doenças respiratórias como o próprio câncer, e, ainda, movimentam toda uma máquina de produção de remédios e de assistência médico hospitalar às vítimas da poluição, máquina essa que seria desnecessária caso a poluição não existisse ou fosse bastante reduzida. Claramente, ela, poluição, permeia todas as atividades humanas, causando os seus notórios danos, que não passam de custos, chamados sociais, por exemplo. O exemplo do congestionamento urbano foi dado, apenas, por representar um caso extremo de sua geração, sem qualquer benefício à comunidade.

A observação acima evidencia o fenômeno das externalidades negativas que vem a ser aqueles custos existentes em todo o processo produtivo como acima indicado e por isso não descontados dos valores que integram o PIB, e, pelo menos até há pouco, ignorados pelas próprias unidades produtoras. Assim, o abate de uma floresta, sem a sua reposição, aumenta os números do PIB de um dado ano pelo valor monetário da sua madeira. No entanto, não são daí deduzidos os serviços que deixaram de ser prestados por aquela floresta na regularização das chuvas, na estabilização do clima, na contenção do solo ou, mesmo, ao proporcionar um local de lazer para parcelas da comunidade. Tais serviços, simplesmente, deixarão de existir, em que pese a sua patente utilidade.

Daí ter-se desenvolvido no âmbito do Conselho Econômico e Social das Nações Unidas, a elaboração de um novo índice destinado a captar uma outra realidade, qual seja, o Índice de Desenvolvimento Humano. Ele inclui na sua construção o próprio PIB, mas colocando-o lado a lado com outras variáveis altamente significativas, como "a esperança de vida" e o nível educacional, o que se afigura muito mais funcional para qualquer diagnóstico que queira fazer de uma dada situação social.

Há, ainda, a ressaltar, como sexto problema, a questão da ponderação de cada setor da economia na formação do PIB, a qual, normalmente altera-se ao longo do tempo. Assim, os três setores básicos de qualquer sistema econômico são os chamados setor primário, compreendendo a agropecuária e a extração mineral ou vegetal (*commodities*), o setor secundário, correspondente à indústria de transformação e o setor de serviços em geral, cada um deles comportando diversas subdivisões.

Parece claro que em fases preliminares ao desenvolvimento econômico, a agropecuária e a indústria extrativa possam ser responsáveis por 50 ou 60% da atividade econômica total, vale dizer, do PIB. Foi o caso, no Brasil, do café, do algodão e do cacau. À indústria de transformação caberiam cerca de 20 ou 30% e aos serviços, em geral, ligados diretamente aos dois anteriores, os restantes, 20 ou 30%.

Como ocorreu no Brasil, um crescimento expressivo da indústria, superior ao do setor primário, parece evidente que tais proporções não poderão mais prevalecer, alterando-se os respectivos pesos ou porcentagens que devem ser observados nos cálculos, a fim de conferir maior fidelidade às estimativas anuais baseadas naqueles percentuais. Nesses casos, os pesos atribuídos a cada setor terão, necessariamente, de ser alterados, passando a diminuir para o setor primário e a aumentar para os dois outros, perfazendo, por exemplo, 25, 40 e 35% respectivamente. Pela nova ponderação, um crescimento da agricultura e da extração em 10%, significará uma alta do PIB de 2,5%, caso os outros dois setores permaneçam estáveis, contra 5% na hipótese anterior (agricultura e extração com peso 50) o que, por obvio, representaria uma inadequação do cálculo em relação ao novo perfil setorial do aparelho produtivo.

Malgrado todas as dificuldades ou distorções acima apontadas, como elas estão sempre presentes, repetindo-se, ano a ano, o PIB mantem-se como a grande variável macroeconômica, normalmente considera em qualquer análise. No entanto, a sua utilidade restringe-se, basicamente, a dar uma ideia do crescimento ou retração da economia como um todo, sem autorizar, porém, qualquer paralelo confiável com relação a níveis de bem-estar vigentes em cada período.

Quando se fala, pois, em crescimento ou queda do PIB é importante questionar onde ou em que setores o movimento ocorreu: se foi na produção de alimentos, na indústria de produtos essenciais ou de infraestrutura nos serviços de maior significância, como os de saúde a avaliação será uma. Pelo contrário, caso tenha se dado em ramos de menor essencialidade, como automóveis de corrida, indústria de cosméticos e outros que tais, não se poderá concluir que tal elevação tenha representado algo de palpável em termos de padrão de vida da população. Tal afastamento entre PIB e padrão de vida tenderá a ser tanto maior quanto mais ampla for a disparidade de rendas existente em cada sociedade, como parece óbvio.

Finalmente, em sétimo lugar, na mesma esteira da distinção entre PIB e bem-estar, acima apresentada, pode-se trazer à baila a distinção entre PIB e desenvolvimento, uma vez que o primeiro nem sempre expressa a presença do segundo.

O desenvolvimento econômico tem sido definido como um processo autossustentado, que leva a renda *per capita* a se elevar continuamente ao longo de um dado período. Em outras palavras, é um processo contínuo pelo qual a disponibilidade de bens e serviços (PIB) cresce em proporção superior ao do incremento demográfico de uma dada sociedade.

Esta definição é aceitável, mas peca por ser incompleta ou por ser por demais otimista. Incompleta porque poderá haver o crescimento assinalado sem se fazer acompanhar por um efetivo progresso em outros requisitos necessários para caracterizar um verdadeiro desenvolvimento. Otimista porque, tomada por outro lado, leva a crer que a simples elevação da renda implicará necessariamente aquele progresso, o que nem sempre corresponde à realidade.

A conclusão a se tirar é a de que o desenvolvimento é, sem dúvida, um processo como acima enunciado, mas exige não apenas o crescimento da renda (equivalente ao PIB), mas mudanças outras de caráter muito mais qualitativo do que quantitativo, sendo, pois, muito mais envolvente e exigente, não podendo se limitar a dados puramente numéricos, muito embora a variável escolhida – renda *per capita* – represente uma grandeza complexa, no sentido de abarcar toda uma gama de indicadores e de situações. Mas não é somente isso. O desenvolvimento envolve uma série infindável de modificações de ordem qualitativa e, também, quantitativa, de tal maneira a conduzir a uma radical mudança de estrutura da economia e da própria sociedade do país em questão. Mesmo quando tais mudanças são quantitativamente expressas, elas traem ou revelam uma massa substancial de alterações de natureza qualitativa, inclusive de ordem psicológica, cultural e política.

Daí surge a diferença entre desenvolvimento e crescimento. Este último seria apenas o crescimento da renda e do PIB, porém sem implicar ou trazer mudanças estruturais mais profundas. E isso por duas razões alternativas: ou porque tal transformação estrutural já se verificou e o país, portanto, já se desenvolveu, ou então o crescimento, como soe acontecer é, apenas, transitório e não se autossustentará, justamente por não conseguir alterar a estrutura da economia, como, por exemplo, a expansão industrial, o maior grau de urbanização, melhora do nível de ensino e saúde, a capacidade da absorção de tecnologia e, porque não, o aperfeiçoamento do sistema político?

Pode dar-se o crescimento quando, em razão de um fator às vezes exógeno, isto é, externo ao sistema em foco, este último passa a aumentar acentuadamente o seu PIB e, pois, a sua renda *per capita*, sem alterar, porém a sua estrutura produtiva e as suas características básicas. Trata-se mais de um surto do que um processo. Cessada a causa que lhe deu origem, tudo se contrai, tão ou mais rapidamente, do que quando se havia expandido, e tudo volta à situação anterior.

Quando o fator desencadeante é externo e até mesmo exterior, no sentido geográfico, chama-se tal crescimento de induzido. Ele se ajusta perfeitamente ao sucedido com os ciclos da economia colonial brasileira.

Os ciclos do açúcar, do ouro, da borracha, do couro mostram um comportamento como o acima descrito. Um fator externo, de caráter até acidental – alta dos respectivos preços provocada por causas aleatórias – induziu a expansão geral nas zonas produtoras, um verdadeiro inchaço que não gerou qualquer mudança de estrutura das mesmas, mas apenas a sua ampliação. Desaparecido o fator de indução, tudo desaba e volta exatamente ao que era antes, sem deixar maiores vestígios, a não ser alguns casarões opulentos, igrejas, chafarizes e pouca coisa mais. Há estimativas segundo as quais, encerrado o ciclo do ouro nas Gerais, a renda caiu a níveis inferiores aos prevalecentes no seu início.

Já o café teve um destino diverso. Inicia-se como mais um ciclo típico de economia colonial e assim se comporta ao percorrer o Vale do Paraíba até aproximar-se da cidade de São Paulo. Contornando-a, devido ao seu clima mais frio, espraia-se pelo interior do Estado, já não mais como um ciclo, mas, sim, como uma atividade condutora do desenvolvimento por razões diversas que fogem ao escopo deste ensaio.

De qualquer maneira, o que nele se procurou demonstrar foi que os dados exclusivamente quantitativos do PIB, quando isoladamente considerados ou não cotejados com outras variáveis, por assim dizer, "satélites" pouco ou nenhum significado terão como elementos explicativos de qualquer conjuntura econômica.

Hoje em dia, dada a consciência ecológica que, bem ou mal, instalou-se em boa parte das nações, usa-se uma expressão, cunhada na Noruega – *o desenvolvimento sustentável* – para significar aquele processo desenvolvimentista ou mesmo de mero crescimento que se dá levando em conta a preservação ecológica, já que, caso essa preservação não ocorra, o próprio processo estará logo mais comprometido. Como se pode verificar a ideia é a mesma do *processo autossustentado de desenvolvimento* de que se falava há pouco. A autossustentação envolve um mecanismo de cunho econômico; a sustentabilidade, aí de natureza ecológica. Por essa razão, é aconselhável usar-se a expressão "desenvolvimento autossustentado" para significar o mecanismo econômico que assegura a continuidade do processo, deixando-se a expressão "desenvolvimento sustentável" para caracterizar a indispensável preservação da ecologia e não a sua destruição. Em outras palavras, a autossustentação é um conceito econômico, no sentido da produção, enquanto a sustentabilidade é um conceito também econômico, mas voltado ao sentido de ecologia. Isto porque os bens ecológicos transformaram-se, também, em bens econômicos devido ao aumento de sua escassez.

As considerações, acima, tiveram, pois, o escopo de chamar a atenção para as possíveis discrepâncias entre PIB e bem-estar, por um lado e PIB e desenvolvimento por outro, discutindo preliminarmente os problemas ou "ciladas" que podem surgir no cálculo dessa importante variável macroeconômica.

NORMAS DE PUBLICAÇÃO

CHAMADA PERMANENTE DE ARTIGOS E NORMAS DE PUBLICAÇÃO

Tema – A revista está aberta às mais diversas abordagens teóricas e metodológicas, inclusive a textos interdisciplinares, no formato de artigos, comentários jurisprudenciais e resenhas, desde que relacionados às áreas da linha editorial.

Avaliação dos Artigos – Todos os artigos enviados passam pela análise prévia do Comitê de Redação. Uma vez verificada sua adequação à linha editorial da revista, os artigos serão submetidos ao processo conhecido como *double blind peer review*. Caso sejam sugeridas alterações, elas deverão ser incorporadas ao texto do artigo, cuja versão final deverá ser reencaminhada para nova avaliação.

Requisitos e Formatação

Os artigos devem ser inéditos.

O tamanho máximo permitido é de 30 laudas de 2.100 caracteres cada, que devem ser acompanhadas por (i) um resumo de, no máximo, 250 palavras, contendo estudo, objetivo, método, resultado e conclusões, bem como por (ii) sete palavras-chave. Textos mais extensos poderão ser publicados a critério do Comitê de Redação.

Serão aceitos artigos em português, inglês, espanhol, italiano ou francês. O título, resumo e palavras-chave deverão ser apresentados também em língua inglesa.

A formatação do texto deverá obedecer às seguintes regras:

O papel utilizado será de formato A4.

Margens superiores e esquerdas terão 3,0 cm e margens inferiores e direitas terão 2,0 cm.

A fonte será Times New Roman e, no corpo do texto, deverá ter tamanho 12 e espaçamento de 1,5 linha. Nas notas de rodapé, o tamanho será 10, com espaçamento simples.

Citações deverão seguir as regras vigentes da Associação Brasileira de Normas Técnicas ("ABNT").

Para permitir a avaliação anônima, os artigos não deverão indicar sua autoria ou conter qualquer referência que permita identificá-la.

Serão admitidos artigos redigidos em coautoria ou com colaboração.

Submissão – A revista está aberta a receber artigos para avaliação, de modo contínuo e permanente, pelo e-mail rdm@usp.br. Os artigos enviados devem ser acompanhados pelo *curriculum vitae* atualizado do(a) autor(a).

A Equipe *RDM* aproveita a oportunidade para demonstrar sua preocupação com a ampliação da diversidade em suas publicações. Nesse sentido, incentivamos o envio de artigos por autores(as) de todos os gêneros, origens, etnias, idades e/ou que se encaixem em outros grupos que sofram com qualquer processo de discriminação.

A remessa do texto implica a cessão de direitos autorais, inclusive os de tradução, para o Instituto Tullio Ascarelli.

GRÁFICA PAYM
Tel. [11] 4392-3344
paym@graficapaym.com.br